Jon R. Katzenbach
Douglas K. Smith
McKinsey & Company, Inc.

Teams

Der Schlüssel
zur Hochleistungsorganisation

Aus dem Amerikanischen
von Annemarie Pumpernig
und Stefan Gebauer

WILHELM HEYNE VERLAG
MÜNCHEN

HEYNE BUSINESS
22/1045

Titel der amerikanischen Originalausgabe:
THE WISDOM OF TEAMS
Erschienen 1993 bei Harvard Business School Press, Boston

Für Michael Katzenbach und Alena und Eben Smith,
für die uns gewidmete Zeit

Besuchen Sie uns im Internet:
http://www.heyne.de

Umwelthinweis:
Dieses Buch wurde auf chlor- und
säurefreiem Papier gedruckt.

Ungekürzte Taschenbuchausgabe
im Wilhelm Heyne Verlag GmbH & Co. KG, München
Copyright © 1993 by McKinsey & Company, Inc.,
mit freundlicher Genehmigung von Harvard Business School Press
Copyright © der deutschsprachigen Ausgabe 1993
by Wirtschaftsverlag Carl Ueberreuter, Wien
Printed in Germany 1998
Umschlaggestaltung: Atelier Adolf Bachmann, Reischach
Umschlagillustration: Bildagentur Mauritius/AGE, Mittenwald
Technische Betreuung: M. Spinola
Satz: Schaber Satz- und Datentechnik, Wels
Druck und Verarbeitung: Presse-Druck, Augsburg

ISBN 3-453-14188-1

Inhalt

Danksagungen

Der Idee, ein Buch über Teams zu schreiben, näherten wir uns mit großer Vorsicht. Schließlich, so meinten wir, seien Teams ein bekanntes Phänomen, über das es schon Tausende von Büchern geben müsse. Dennoch hegten wir den Verdacht, daß die meisten dieser Bücher hauptsächlich bezweckten, den Leser davon zu überzeugen, daß »Teams wichtig sind«, oder ihm praktische Ratschläge zum Aufbau von Teams zu geben, wobei das schon das Ziel war. Wir hingegen wollten wissen, was jemand, der bereit ist, sich mit Veränderung und Leistung auseinanderzusetzen, von echten Teams und Nicht-Teams lernen kann. So hofften wir zu Erkenntnissen zu gelangen, die sich – zumindest für uns – vom Inhalt der meisten anderen Bücher abheben würden.

Das Kernteam

Wahrscheinlich war es Carol Franco, unsere Lektorin bei der Harvard Business School Press, die als erste vorschlug, daß »wir alle ein Team bilden könnten«. Unser erstes richtiges Teammitglied war Nancy Taubenslag – eine klare Wahl für uns, war sie doch schon Mitglied des Rapid-Response-Teams (Kapitel 5) gewesen. Nancy brachte unschätzbare Eigenschaften wie diszipliniertes Projektmanagement, methodisches Denken, aber auch Skepsis und konstruktive Kritik in unser Team ein. Wir werden Nancy auch immer dafür dankbar sein, daß sie uns ständig daran erinnerte, daß auch Teams Gefühle haben.

Unsere nächste Entdeckung war Mark Voorhees, ein freier Journalist, der sich als »kritische Stimme« und als Geheimwaffe des Teams erweisen sollte. Ohne Marks

Hartnäckigkeit, wenn es darum ging, der eigentlichen Story auf der Spur zu bleiben, hätten wir nicht einmal die Hälfte unserer Erkenntnisse gewinnen können. Mark weigert sich, irgend etwas als gegeben hinzunehmen, besitzt den natürlichen Instinkt eines Detektivs und schreibt griffiger als wir alle zusammengenommen. Zum Beratertum konnten wir ihn (Gott sei Dank) nie ganz bekehren, aber im Laufe unserer Zusammenarbeit wurde er etwas gemäßigter.

Gigi Hamed-Annonio und Tricia Hennessy mußten alle möglichen Dinge wieder und wieder tippen, wieder und wieder ablegen, wieder und wieder suchen – ob wir sie nun letzten Endes in das Buch aufnahmen oder nie verwendeten. Wir wissen nicht, in wie vielen Nachtschichten die beiden an dem Buch arbeiteten, aber ohne ihr Engagement und ihre Geduld würde es dieses Buch nicht geben. Vor allem aber trösteten sie mehr als einmal die verzweifelten Autoren, wenn diese aufgrund defekter Computer, verlorengegangener Akten oder verlegter Unterlagen in Panik gerieten. So gelang es Katz einmal an einem Wochenende auf Long Island, das gesamte Microsoft Windows-Programm samt Dateien und allem Drum und Dran von der Festplatte zu löschen – oder zumindest befürchtete er das. Nach einer verzweifelten mitternächtlichen Rückfahrt nach New York führte ihn sein Sohn Ray (Manager im Computerbereich in Seattle) telefonisch schrittweise durch den Prozeß der Wiederherstellung der Dateien. Natürlich verdient Ray für dieses Wunder eine besondere Erwähnung.

Sehr zum Mißfallen seiner Familie begann Katz mit der eigentlichen Niederschrift des Buches während seines Sommerurlaubs in East Hampton. Aber in seinem Wahnsinn lag Methode. Er wußte, daß seine Frau Linda eine geborene Lektorin und hervorragende Leserin war, und hoffte insgeheim, sie für eine Mitarbeit gewinnen zu können. Linda war natürlich viel zu schlau, um auf seine ersten hinterhältigen Versuche, sie in die Sache zu verwickeln, hereinzufallen, aber schließlich erklärte sie sich zur Mitarbeit bereit, jedoch unter der Voraussetzung, daß sie über ihre Arbeitsstunden Buch führen dürfe, um ihn wissen zu lassen, wieviel Zeit sie seinem Werk widmete. Am Ende stellte sich heraus, daß es buchstäblich Hunderte von Stunden gewesen waren, und wir werden hier nicht verraten, was das Katz kosten wird. Linda war unbezahlbar, denn sie ging mit uns durch dick und dünn (übrigens einer der Ausdrücke, die sie haßt) und half uns nicht nur mit ihrer Klugheit, sondern auch mit ihrer Genauigkeit.

Das letzte Mitglied, das sich unserem Team anschloß, war Alan Kantrow, dessen verständnisvolles Lektorat das Buch auf eine andere Ebene hob. Alan ging an dieses Buch noch vorsichtiger heran als wir – es dauerte lange, bis er überzeugt war, daß das überhaupt ein Buch werden würde. Aber schließlich fing er doch Feuer. Die von ihm investierte Zeit, sein Engagement und seine Beiträge machten ihn eindeutig zu einem Mitglied des Kernteams. Soweit dieses Buch tatsächlich irgendwelche klugen Erkenntnisse enthält, ist es in hohem Maß Alans Verdienst, sie uns entlockt zu haben.

Weitere Schlüsselbeiträge

Es gibt noch einige Leute, deren überdurchschnittlicher Einsatz besondere Erwähnung verdient. Dick Cavanagh, Don Gogel und Roger Kline waren so freundlich, eine komplette frühe Fassung unseres Manuskripts zu lesen und uns sowohl durch Ermutigung als auch durch konstruktive Kritik zu unterstützen. Besonders Cavanagh tat alles, um uns besondere Erkenntnisse zu vermitteln und uns mit verschiedenen Teams bekannt zu machen. Fred Gluck, Ted Hall und Bill Matassoni lasen unser endgültiges Manuskript und gaben uns die so dringend benötigte Ermutigung bezüglich McKinsey-Relevanz und Unterstützung. Wir möchten uns auch bei den von der Harvard Business School Press aus der »Peer Group« ausgewählten anonymen Lesern bedanken. Sie alle wandten viel Zeit und Mühe auf, um uns offenes und konstruktives Feedback zu einem frühen Entwurf zu geben, was uns sehr half (wie übrigens auch eine absolut vernichtende Kritik, die wir erhielten). Ken Kurtzman und Chris Gagnon leisteten Basisarbeit zum Thema und schufen so nicht nur den groben Rahmen für unsere Überlegungen zum Thema Teams, sondern lieferten auch einige ausgezeichnete Beispiele.

Robert Waterman und Tom Peters waren so freundlich, sich einige Stunden mit Katz zusammenzusetzen, noch bevor wir irgend etwas geschrieben hatten. Sie kommentierten unsere ursprünglichen Vorstellungen und wiesen uns auf einige mögliche Fallstricke gemeinsamer Autorenschaft hin. Viele ihrer Ideen haben unsere Denkweise entscheidend beeinflußt.

Frank Ostroff schulden wir besonderen Dank für seine einmaligen Bemühungen, für uns Kontakte zu wichtigen Nicht-Kundenunternehmen herzustellen. Bob Kaplan, Mike Nevens, Dave Noble und Bruce Roberson setzten sich besonders dafür ein, für uns Gespräche bei wichtigen Unternehmen zu arrangieren und Fallbeispiele zu liefern. Gene Zelazny, seit fast dreißig Jahren graphischer Berater bei McKinsey, erstellte die Schaubilder und Graphiken.

Bob Irvin trug zur Stärkung unserer Leistungskurve bei und verhalf uns zu neuen Einsichten über Arbeitsgruppen an der Unternehmensspitze. Dank Diane Grady und Ashley Stevenson gewannen wir ein besseres Verständnis dafür, wie wichtig Teams für breit angelegte Veränderungen an der »Front« sind. Steve Dichter teilte uns seine Erkenntnisse über Teams und Veränderungen in Übergangssituationen mit. Tsun-Yan Hsieh verhalf uns zu völlig neuen Einsichten über Führung und Teams, die Veränderungen bewerkstelligen sollen. Mike Murray verdient besondere Erwähnung, weil er unsere Aufmerksamkeit erstmals auf das Leistungsethos eines Unternehmens lenkte.

Neben Carol Franco arbeiteten folgende Mitarbeiter der

Harvard Business School Press an unserem Buch mit: Gayle Treadwell, David Givens, Nat Greenberg, Sarah McConville, Billie Wyeth und Leslie Zheutlin.

Des weiteren unterstützten uns u. a. Dick Ashley, Susan Barnett, Charlie Baum, Molly Bayley, Marvin Bower, Esther Brimmer, Lowell Bryan, John Cecil, Steve Coley, Alison Davis, Dolf DiBiasio, Chuck Farr, Bob Felton, Peter Flaherty, Dick Foster, Peter Foy, Larry Kanarek, Jeff Lane, Gil Marmol, Scott Maxwell, Mike Pritula, Jim Rosenthal, Bror Saxberg, Charlie Schetter, Jane Smith, Andy Steinhubl, Warren Strickland, Robert Taylor, Denis Tinsley, Judy Wade. Peter Walker und Don Waite mit Verständnis und Geduld.

Last, but not least, möchten wir uns bei den Dutzenden echten Teams und Nicht-Teams bedanken, die uns ihre Erfahrungen und Erkenntnisse mitteilten; sie sind fast alle im Anhang aufgelistet. Der größte Teil von dem, was an diesem Buch nützlich und wahr ist, ist ihnen zu verdanken. Sie alle haben uns nicht nur ihre Zeit, sondern auch ihr Wissen geschenkt. Wichtiger noch: Wie alle echten Teams gingen sie das Risiko ein, sich relativ fremden Personen offen und ehrlich zu entdecken. Wir können ihnen nicht genug danken – nicht nur dafür, daß sie es uns ermöglichten, dieses Buch zu schreiben, sondern vor allem für das, was wir von ihnen gelernt haben.

Worum geht es in diesem Buch?

Der Begriff Team ist allen wohlbekannt.

Daher sollte dieses Buch ursprünglich Teams in einem breiteren Organisationskontext untersuchen. Wir waren auch der Überzeugung, daß unsere eigenen Erfahrungen gemeinsam mit den vorhandenen Forschungsergebnissen den Großteil der von uns benötigten Informationen enthalten würden. Das war falsch.

Bei der Suche nach Beispielen zur Bestätigung dessen, was wir zu wissen glaubten, erkannten wir bald, wieviel wir übersehen hatten und wie vielschichtig das Thema »Teams« tatsächlich ist. Daraufhin begannen wir, mit Hunderten von Leuten in Dutzenden von Organisationen zu sprechen, wobei wir uns auf solche Gruppen konzentrierten, die Teams waren oder als solche hätten gelten können (siehe Anhang). Wir entdeckten keine negativen Beispiele; wir lernten von ihnen allen. Und wir erkannten, wieviel aus solchen Erfahrungen zu lernen ist.

Die Botschaft dieses Buches ist einerseits offenkundig und andererseits subtil. Viele Leute sehen, was an Teams offenkundig ist. So sind beispielsweise die Elemente unserer Definition offenkundig, das Regelwerk, das sie zusammenhält, jedoch nicht. Dazu kommt, daß jedes Element zwar eine offenkundige Bedeutung, aber auch subtilere Implikationen hat. Und schließlich ist offenkundig, daß Teams mehr leisten als Einzelpersonen. Nicht offenkundig ist hingegen, wie sich das Top-Management diesen Vorteil des Teams am besten zunutze machen kann. Deshalb haben wir dieses Buch geschrieben.

Aus diesem Grund haben wir Geschichten über echte Teams in den Mittelpunkt unseres Buches gestellt. Diesen

Fallstudien verdanken wir unsere Erkenntnisse, auf ihnen gründen unsere Thesen, sie liefern das Belegmaterial. Die von uns geschilderten Beispiele umfassen eine große Bandbreite von Aufgabenstellungen, Persönlichkeiten und Organisationsumfeldern. Wahrscheinlich wird sich keines der Beispiele genau mit jenen spezifischen Teamsituationen decken, die Sie erlebt oder kennengelernt haben. Auch werden Sie wahrscheinlich nicht alle Geschichten gleichermaßen überzeugend finden. Wir hoffen dennoch, daß Sie sie ebenso lehrreich finden werden wie wir.

Wir sollten darauf hinweisen, daß wir die Geschichten von Teams und nicht von ganzen Organisationen erzählen. Um die Teamdynamik in verschiedenen Kontexten besser zu verstehen, haben wir absichtlich Teams in Organisationen mit breitgestreuten Leistungen ausgewählt. Die oft außergewöhnlichen Teamleistungen sind allerdings stets nur Leistungen des Teams und haben im großen und ganzen nur so lange Bestand wie das Team selbst. Trotzdem war es für uns aufschlußreich und überzeugend zu beobachten, wie überall, unter den verschiedenartigsten wirtschaftlichen Bedingungen und in den unterschiedlichsten Unternehmensumfeldern, die Voraussetzungen für Teamarbeit entstehen.

Wie erwartet, erkannten wir, daß Teamleistung großteils auf dem gesunden Menschenverstand beruht. Wir stießen aber wiederholt auf Teamleistungsfaktoren, die nicht so klar auf der Hand lagen. Mit diesem Prolog wollen wir dem Leser die wichtigsten Erkenntnisse in beiden Kategorien zusammenfassen und ihm zeigen, worauf es uns bei Analyse und Interpretation der verschiedenen Fallbeispiele in diesem Buch ankommt.

Naheliegende Erkenntnisse

Wenn auf der Grundlage des gesunden Menschenverstandes über Teams eine neue Erkenntnis gewonnen werden kann, dann jene über das Paradoxon der praktischen Anwendung. Viele Leute wenden einfach nicht systematisch an, was sie bereits über Teams wissen, und lassen so das Team-Leistungspotential ungenutzt. So sagt uns beispielsweise der gesunde Menschenverstand, daß Teams nicht erfolgreich sein können, wenn sie kein gemeinsames Ziel verfolgen; und trotzdem sind sich in den meisten Unternehmen Teams *als Team* nicht im klaren darüber, was sie erreichen wollen und warum. Dieses Buch befaßt sich eingehend damit, warum es so schwer ist, mit dem gesunden Menschenverstand an Teams heranzugehen:

1. *Anspruchsvolle Leistungsanforderungen fördern die Entstehung von Teams.*

Für den Erfolg von Teams spielt das Verlangen nach Leistung eine viel größere Rolle als Teambildungsaktivitäten, spezielle Anreize oder Teamführer mit idealen Voraussetzungen. Tatsächlich ist es oft so, daß sich Teams als Antwort auf solche Herausforderungen ohne Hilfestellung oder Unterstützung seitens des Managements bilden. Umgekehrt gelingt es potentiellen Teams ohne solche Herausforderungen normalerweise nicht, zu echten Teams zu werden.

2. *Die methodische Anwendung der »Teamrahmenbedingungen« wird oft vernachlässigt.*

Zum Teamrahmen zählen Dinge wie Größe, Zweck, Ziele, Fähigkeiten, Arbeitsansatz und Verantwortlichkeit. Nur die strikte Beachtung dieser Faktoren schafft die Voraussetzungen für Teamleistung. Fehlt es an einer dieser Grundregeln, so wird das Team entgleisen. Trotzdem übersehen die meisten potentiellen Teams einen oder mehrere dieser Faktoren.

3. *Gelegenheiten für Teamleistung gibt es in allen Teilen einer Organisation.*

Die Rahmenbedingungen gelten für viele verschiedene Gruppen, so auch für Teams, die etwas empfehlen (wie

z. B. Projektgruppen), Teams, die etwas tun oder herstellen
(z. B. Arbeiter- oder Verkäuferteams) und Teams mit Führungsaufgaben (z. B. Managementteams auf verschiedenen
Ebenen). Diese verschiedenen Typen von Teams stehen
natürlich vor ganz unterschiedlichen Herausforderungen.
Im Bemühen um Teamleistung sind die Gemeinsamkeiten
aber wichtiger als die Unterschiede. Bedauerlicherweise
erkennen die meisten Organisationen nur in einer oder
zwei der genannten Kategorien Möglichkeiten für ein
Team und lassen so einen Großteil des Potentials für
Teamleistung brach liegen.

*4. Teams an der Unternehmensspitze sind am problema-
tischsten.*

Die komplexe Natur langfristiger Aufgabenstellungen, die
überfüllten Terminkalender der Topmanager und der tiefverwurzelte Individualismus von Führungskräften behindern die Teamarbeit an der Spitze. Dazu kommt, daß jenes
Verhalten, das von Führungskräften erwartet wird, oft im
Gegensatz zu effizienter Teamleistung steht. Die Folge ist,
daß es an der Spitze großer Organisationen wenige Teams
gibt; und wenn es sie gibt, haben sie meist wenige Mitglieder. Unserer Meinung nach liegt das daran, daß es
eine Reihe von falschen Annahmen über Teams und Verhaltensweisen an der Spitze des Unternehmens gibt.

*5. Die meisten Organisationen geben der individuellen Ver-
antwortung den Vorzug gegenüber der Gruppen-(Team-)
verantwortung.*

Aufgabenbeschreibungen, Vergütungsschemata, Karriere-
wege und Leistungsbewertungen sind auf die Einzelperson ausgerichtet. Auf Teams kommt man oft erst im nach-
hinein und hält sie eher für »schmückendes Beiwerk«. Unsere Kultur betont die Leistungen einzelner, und wir fühlen uns unbehaglich, wenn unsere Karriereambitionen
von den Leistungen anderer abhängen. Die gängige Ein-

stellung lautet: »Wenn du möchtest, daß etwas richtig gemacht wird, dann mach es selbst.« Schon der Gedanke, die individuelle Verantwortung an ein Team abzutreten, ist uns unangenehm.

Überraschende Erkenntnisse

Wir sind auch auf viele weniger naheliegende Aspekte gestoßen, die einen großen Einfluß auf die Leistungen eines Teams hatten. So betrachteten sich beispielsweise viele der besten Teams gar nicht als Teams, bis wir den Begriff ins Spiel brachten. Dazu kommt, daß in besonders leistungsstarken Teams die Rolle des Teamführers weniger wichtig und schwerer einzugrenzen ist, da sich die Mitglieder in der Führung des Teams abwechseln. Diese und andere Teams lehrten uns – entgegen unserer Erwartung –, daß Teams und Teamwork nicht dasselbe sind; Teamführer erkennt man am ehesten an ihrer Einstellung und daran, was sie *nicht* tun; und es funktioniert selten, wenn man sich in erster Linie auf das Ziel konzentriert, »ein Team zu werden«.

Unter anderen werden wir auf folgende überraschende Erkenntnisse in diesem Buch näher eingehen:

1. *Unternehmen mit strengen Leistungsmaßstäben scheinen einen günstigeren Nährboden für »echte Teams« abzugeben als Unternehmen, die Teams um ihrer selbst willen fördern.*

Teams werden nicht einfach deshalb zu Teams, weil wir sie Teams nennen oder ihre Mitglieder in Workshops über die Bildung von Teams schicken. So entstehen viele Enttäuschungen mit großangelegten Versuchen, Organisationen auf Teams aufzubauen, genau aus diesem Ungleichgewicht. Echte Teams entstehen am ehesten, wenn das Management klare Leistungsanforderungen stellt.

2. Hochleistungsteams sind extrem selten.

Trotz der großen Aufmerksamkeit, die Teams heutzutage zuteil wird, trifft man nur sehr selten auf ein wirkliches Hochleistungsteam – d. h. ein Team, das höhere Leistungen erbringt als ähnliche Teams und das die auf seiner Zusammensetzung beruhenden Erwartungen übertrifft. Das liegt hauptsächlich daran, daß sich die Mitglieder von Hochleistungsteams, verglichen mit denen anderer Teams, durch ein besonders hohes Maß an persönlichem Engagement füreinander auszeichnen. Diese Art von Engagement läßt sich nicht managen, sie kann allerdings zum großen Vorteil anderer Teams und der Organisation insgesamt genutzt werden und als Vorbild dienen.

3. Hierarchie und Teams passen fast so gut zusammen wie Teams und Leistung.

Teams integrieren und fördern formale Strukturen und Prozesse. Hierarchische Strukturen und grundlegende Prozesse sind in großen Organisationen etwas Wesentliches und werden von Teams nicht zwangsläufig bedroht. Tatsächlich ist der Einsatz von Teams die beste Methode, um über strukturelle Grenzen hinweg Integration zu erreichen und Kernprozesse zu gestalten und voranzutreiben. Wer Teams als Ersatz für hierarchische Strukturen betrachtet, begreift ihr tatsächliches Potential nicht.

4. Teams verbinden auf natürliche Weise Leistung und Lernen.

Bisher hat noch niemand den im Begriff »lernende Organisation« implizierten Anspruch in Frage gestellt. Trotzdem sind viele Leute skeptisch, ob sich kurzfristige Leistungsschwerpunkte mit längerfristigem institutionellen Aufbau vereinen lassen. Wir entdeckten, daß Teams ebendies tun. Indem längerfristige Ziele in definierbare Leistungsvorgaben übersetzt und anschließend jene Fähigkeiten entwickelt werden, die zu ihrer Erreichung erforderlich sind, beschränkt sich das Lernen nicht nur auf Teams, sondern überdauert sie.

5. Teams sind für eine wachsende Zahl von Organisationen die vorrangige Leistungseinheit.

Manager sind heute nicht imstande, die vor ihnen liegenden Chancen und Herausforderungen zu meistern, wenn sie sich nicht mehr denn je auf Teams stützen. Die Leistungsanforderungen, denen Großunternehmen aller Branchen gegenüberstehen – wie zum Beispiel Kundenservice, technologischer Wandel, Wettbewerbsbedrohungen und Umweltzwänge – erfordern ein Maß an Reaktionsfähigkeit, Geschwindigkeit, Qualität und ständiger Anpassung an Kundenwünsche, das die individuelle Leistungsfähigkeit übersteigt. Teams können diese Lücke schließen.

Der Sinn von Teams liegt zum Großteil im methodischen Streben nach Leistung. Darauf gehen wir in den drei Abschnitten dieses Buches ein. In Teil I, der den Titel trägt *»Teams verstehen«,* wird untersucht, warum Teams für die Leistung großer Organisationen immer wichtiger werden, warum die strikte Beachtung der Grundelemente unserer Teamdefinition zur Teamleistung verhilft und warum echte Hochleistungsteams so selten sind. Teil II, *»Zum Team werden«,* erläutert, wie und warum sich die Leistungen von Gruppen, Teams wie auch Nicht-Teams, unterscheiden. Dieser Teil beschäftigt sich auch mit der Frage, was aus der Sicht des Teams nötig ist, um zu einem Team zusammenzuwachsen, was erfolgreiche Teamführer tun, und warum das grundlegende Regelwerk für Teams noch wichtiger wird, wenn ein Team sich »festfährt«. Teil III mit dem Titel *»Das Potential nutzen«* konzentriert sich auf die Rolle des Top-Managements beim Versuch, das Leistungspotential verschiedener Teams in der gesamten Organisation, einschließlich des Führungsteams selbst, auszuschöpfen. In Teil III wird auch die Frage untersucht, wie und warum Teams so wichtig für die Bewältigung des tiefgreifenden Wandels von Fähigkeiten, Werten und Verhaltensweisen sind, die für die meisten Unternehmen, die nach höchster Leistung streben, von entscheidender Bedeutung sind.

Wir wissen sicher nicht alles, was es über Teams zu wissen gibt. So müssen wir zum Beispiel noch mehr über Teams an der Spitze lernen, oder über die Vernetzung verschiedener Teams, über die Rolle von Teams in Hochleistungsorganisationen und über den Einfluß echter Teams auf ihre Umgebung. Überdies haben wir weder die Geschichten, die wir erzählen noch die daraus gezogenen Lehren einer wissenschaftlichen oder statistischen Beweisführung unterzogen. Statt dessen haben wir mehr Beispiele aufgenommen und sie detaillierter dargestellt, als sonst nötig gewesen wäre, weil wir aufrichtig hoffen, daß der Leser aus dem Vergleich des angebotenen Materials mit seinen eigenen Teamerfahrungen seine eigenen Schlüsse ziehen wird. Darüber hinaus sind wir überzeugt, daß der Sinn von Teams sich aus praktischen Beispielen eher ergibt als aus theoretischen Abhandlungen. Nachdem wir also viel Zeit mit einer großen Zahl von Teams in -zig Organisationen verbracht haben, möchten wir Ihnen nun die Erkenntnisse aus der Zusammenarbeit mit denen weitergeben, die uns großzügigerweise gezeigt haben, warum sie – als Teams – etwas bewirkt haben.

Vorwort zur deutschen Ausgabe

Wir sind alle Teammitglieder. Auch wenn nicht, wie bei uns in der Firma McKinsey, das Team die formale Grundstruktur unseres beruflichen Alltags ist. Vom Sportverein über den Elternbeirat bis hin zu »Task forces« und »Führungskreisen« machen wir unsere Teamerfahrung. Ist dieses Buch deshalb überflüssig, wie selbst die Autoren zu Beginn ihrer Arbeit gelegentlich dachten? Mehr noch, trägt es gerade in Deutschland Eulen nach Athen, wo doch hier, weit mehr als in den USA, das Kollegialprinzip in Unternehmensvorständen fest verankert ist und Führungsteams die selbstverständlichste Sache der Welt sind? Ich meine, nein.

Dagegen spricht die Erfahrung, daß sich die Rahmenbedingungen für erfolgreiche Teams auch in Deutschland nur langsam verbessern. Erst in jüngster Zeit werden stark hierarchisch geprägte Strukturen mit gegeneinander abgeschotteten Bereichen durchlässiger und teamfreundlicher. Und zum Teil erschöpft sich die Einrichtung von Teams immer noch in der Umwidmung von traditionell umfangreichen Arbeitskreisen.

Dagegen sprechen auch einige paradox erscheinende Einsichten, mit denen die Autoren den vermeintlich teamerprobten Leser verblüffen. Zum Beispiel: Wir wissen, was Teams sind, aber nicht, wie man sie bildet. Wir wissen, daß Teams zu überragenden Leistungen fähig sind, aber nicht, wie wir sicherstellen können, daß diese Leistungen tatsächlich zustande kommen. Wir wissen, daß die Rolle des Teamführers wichtig ist, aber nicht, wie sie sich von anderen Leitungs- und Managementrollen unterscheidet. Wir wissen, daß Teamerfahrungen unvergeßlich sein können, aber nicht, wie wir aus ihnen bleibende Lernerfahrungen machen. Wir wissen, daß die erfolgreichsten und leistungsfähigsten Organisationen aller Art intensiv Teams einsetzen, aber wir haben lange nicht verstanden, daß eben diese Teams die Schlüsselkomponente der überlegenen Leistung sind. Und schließlich wissen wir, daß Teams etwas leisten können, aber nicht, daß sie etwas leisten müssen.

Diese Einsichten und die konkreten Schlußfolgerungen daraus sind nicht am grünen Tisch entstanden. Sie stammen auch nicht überwiegend aus der persönlichen Erfahrung der beiden Autoren, die als Unternehmensberater zusammen über 50 Jahre Lebenserfahrung mit Teamarbeit aufzuweisen haben. Zugrunde liegt eine zweijährige Analyse von über 50 Fallstudien in 30 Unternehmen. In ihr wurden Erfolge und Mißerfolge von Teams unterschiedlichster Konstellationen und Erfahrungen systematisch ausgewertet. Damit liegt hier, wie ich glaube, erstmals eine empirisch fundierte, praktisch einsetzbare Hilfe für den wirksamen Einsatz von Teams vor.

Bemühungen, Leistungsträger in Gruppen oder Teams zusammenzuführen und damit in neue Dimensionen der Leistungs- und Wettbewerbsfähigkeit vorzustoßen, sind heute allerorten zu beobachten. Da kann es sehr hilfreich sein, aus erster Hand zu erfahren, warum eine Handvoll Personen so lange nicht zum Team wird, wie der Zweck der Übung die Teambildung ist: Erst ein gemeinsames, möglichst konkretes und anspruchsvolles Ziel läßt ein Team entstehen. Damit wird auch verständlich, daß sich in ausgeprägt leistungsorientierten Unternehmen Teams quasi von allein und automatisch bilden, während andernorts den entschlossensten Anläufen zu einer Teamkultur bald die Luft ausgeht.

Unmittelbar einsichtig werden die kläglichen Ergebnisse der Vielzahl von Pseudo-Teams, deren Mitglieder sich eher gegenseitig behindern als beflügeln und die daher zusammen weniger vollbringen als die Summe der möglichen Einzelleistungen. Und ebenso erklärbar – und nachahmbar – wird das enorme Potential der Hochleistungs-Teams: Sie haben ein gemeinsames Ziel und bringen auch die übrigen »team basics« mit, so die überschaubare Anzahl Mitglieder, komplementäre Fähigkeiten, eine verbindlich und eindeutig vereinbarte Vorgehensweise und gemeinsames Verständnis der Einzel- und Gesamtverantwortung – und sie weisen darüber hinaus ein weiteres wesentliches Merkmal auf: das gegenseitige Interesse an persönlichem Wachstum und Erfolg.

Gerade in Deutschland mit der historisch gewachsenen Teamtradition in Teilbereichen müßten die Erfahrungsberichte und Hinweise fruchtbare Impulse geben. Weil sie vieles bestätigen, was vielleicht gar nicht mehr so recht gewürdigt wird, eben weil zu lange schon vertraut. Aber auch, weil klar wird, wieviel Potential für Motivation, Leistung und Leistungsfreude wir brachliegen lassen.

Mir persönlich haben die Lektüre und der Gedankenaustausch mit den Autoren unschätzbare Anregungen gegeben. Diese Erfahrung wünsche ich auch möglichst vielen anderen Lesern von »Team Power«.

Dr. Axel Born

Teil I

TEAMS VERSTEHEN

Teams leisten mehr als einzelne, die allein oder in größeren Gruppierungen in einer Organisation aktiv sind. Dies gilt insbesondere, wenn die Leistung von einer Vielzahl verschiedener Fertigkeiten, Einschätzungen und Erfahrungen abhängig ist. Die meisten Leute erkennen die Leistungsmöglichkeiten von Teams, und die meisten haben soviel gesunden Menschenverstand, daß sie Teams zum Funktionieren bringen. Und trotzdem übersehen es die meisten Leute, wenn sich für sie selbst Teamgelegenheiten ergeben.

Die Unklarheit darüber, wie Teamleistung eigentlich zustandekommt, erklärt dieses Muster der verpaßten Gelegenheiten nur zum Teil. Eine bessere Erklärung ist ein natürlicher Widerstand dagegen, über individuelle Rollen und individuelle Verantwortung hinauszugehen. Es fällt uns nicht leicht, Verantwortung für die Leistung anderer zu übernehmen, und ebenso schwierig ist es, anderen Verantwortung für uns zu überlassen. Um diesen Widerstand zu überwinden, bedarf es der rigorosen Anwendung bestimmter Teamgrundregeln, wie sie in Abbildung I.1 dargestellt sind. Die Spitzen des Dreiecks zeigen, welche Ergebnisse Teams erbringen; an den Seiten und innen stehen die Elemente des Regelwerks, die dies ermöglichen. Durch die Konzentration auf Leistung und Teamgrundregeln – im Gegensatz zu dem Versuch, »ein Team zu werden« – gelingt es den meisten kleinen Gruppen, genau die Ergebnisse zu erzielen, die Teamverhalten sowohl erfordern als auch erzeugen.

Der beste Weg zum Verständnis von Teams besteht darin, Teams zu beobachten. An ihren Geschichten zeigen sich ihre Leistungen, ihre Fähigkeiten, ihre Emotionen und ihr Engagement besser als an jeder abstrakten Abhandlung oder logischen Darstellung. Echte Teams zeichnen sich durch ein starkes Engagement für ihr Anliegen, ihre Ziele und ihren Arbeitsansatz aus. Mitglieder von Hochleistungsteams setzen sich außerdem sehr stark füreinander ein. Jedenfalls begreifen sie, daß der Sinn von Teams in der Konzentration auf kollektive Arbeitsergebnisse, persönliche Entwicklung und Leistungsergebnisse liegt. Unabhängig von ihrer Bedeutung entstehen Teams immer dann, wenn es um eine anspruchsvolle Leistungsanforderung geht.

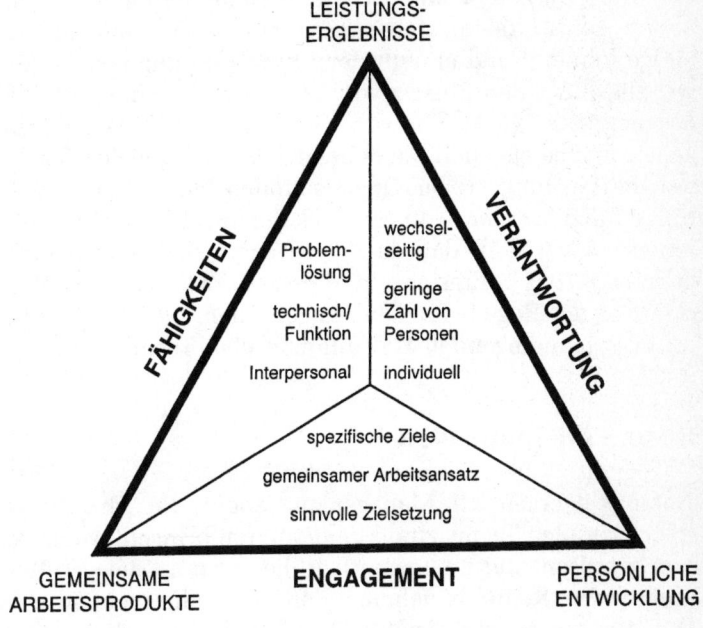

KONZENTRATION AUF DIE TEAM-RAHMENBEDINGUNGEN

LEISTUNGS-
ERGEBNISSE

FÄHIGKEITEN

VERANTWORTUNG

Problem-
lösung

technisch/
Funktion

Interpersonal

wechsel-
seitig

geringe
Zahl von
Personen

individuell

spezifische Ziele

gemeinsamer Arbeitsansatz

sinnvolle Zielsetzung

GEMEINSAME
ARBEITSPRODUKTE

ENGAGEMENT

PERSÖNLICHE
ENTWICKLUNG

Abbildung I.1

Kapitel 1

Warum Teams?

Teams gibt es seit Hunderten von Jahren. Sie waren Thema ungezählter Bücher und werden in vielen Ländern und Kulturen gepriesen. Die meisten Leute glauben zu wissen, wie Teams arbeiten und welche Vorteile sie bieten. Viele haben selbst Team-Erfahrungen gesammelt, von denen einige lohnend und andere Zeitverschwendung waren. Als wir allerdings den Einsatz von Teams untersuchten, wurde immer deutlicher, daß sowohl die potentielle Wirkung einzelner Teams als auch die kollektive Wirkung vieler Teams auf die Leistung großer Organisationen leider viel zu wenig genutzt werden – ungeachtet der rasch um sich greifenden Erkenntnis, daß das, was Teams zu bieten haben, gebraucht wird. Einsicht in dieses Paradoxon und Verständnis der Regeln für den Umgang damit sind der Kern unserer grundlegenden Erkenntnisse über Teamleistung.

Unsere Erkenntnisse

Anfangs dachten wir, Manager und andere Entscheidungsträger könnten Teams zum Funktionieren bringen, wenn sie nur begriffen, warum Teamarbeit die Leistung steigert. Wir mußten zur Kenntnis nehmen, daß die Sache nicht so einfach ist. Die meisten Leute, vor allem Führungskräfte der Wirtschaft, erkennen den Wert von Teams bereits. Allerdings scheinen tiefverwurzelte Gewohnheiten, knappe Termine sowie haltlose Annahmen sie daran zu hindern, die sich aus Teams ergebenden Möglichkeiten voll zu nutzen.

Wir dachten auch, daß man im großen und ganzen verstünde, was ein Team von einem Nicht-Team unterscheidet, und daher lediglich eine klarere Definition der Begriffe brauchte, um Teams bestmöglich nutzen zu können. Wir mußten hingegen entdecken, daß die meisten das, was sie bereits über Teams wissen, einfach nicht systematisch anwenden und daher das in vorhandenen Teams schlummernde Leistungspotential ungenutzt lassen – ganz zu schweigen von Bemühungen, nach neuen potentiellen Team-Chancen zu suchen.

Der Sinn von Teams bedeutet noch viel mehr, als wir je erwartet hatten, und das wollen wir in der folgenden Zusammenfassung unserer wichtigsten Erkenntnisse über Teams und Teamleistung kurz darstellen.

1. *Signifikante Leistungsanforderungen spornen Teams an, unabhängig davon, an welcher Stelle der Organisation sie sich befinden.*

Es entsteht kein Team ohne Leistungsanforderung, die für die Beteiligten von Bedeutung ist. Harmonisches Umgehen miteinander oder das Bedürfnis, »ein Team zu werden«, können die Werte der Teamarbeit fördern – aber Teamarbeit ist nicht dasselbe wie ein Team. Vielmehr wird eine Reihe von gemeinsamen anspruchsvollen, von einer Gruppe als erstrebenswert betrachteten Leistungszielen in den meisten Fällen sowohl zur Leistung als auch zur Bildung eines Teams führen. Das vorrangige Ziel ist jedoch die Leistung, *und das Team bleibt immer das Mittel, nicht der Zweck.* Sie ist von vorrangiger Bedeutung für zahlreiche verschiedene Gruppierungen: für Teams, die etwas empfehlen, für Teams, die etwas tun oder herstellen, und für Teams, die etwas managen oder leiten. Jede dieser drei Arten von Teams steht vor ganz eigenen Herausforderungen.

Teams, die etwas tun oder herstellen, müssen für ihre Zusammenarbeit häufig neuartige Fertigkeiten entwickeln, um sich gegenüber anderswo in der Organisation angesiedelten Teams abzugrenzen. Teams, die etwas empfehlen, sehen oft ihre größte Herausforderung darin, ihre Empfehlungen an diejenigen weiterzugeben, die sie zu implementieren haben. Die Gruppen schließlich, die etwas managen oder leiten, müssen sich stärker als jene, die empfehlen, durchführen oder herstellen, mit hierarchischen Hindernissen und politischen Interessen auseinandersetzen. Aber trotz solcher spezieller Fragen wird jedes Team – sofern es sich ungeachtet seiner Stellung in der Organisation und seiner Aufgabe, auf Leistung konzentriert – bessere Resultate erzielen als ein einzelner, der allein und ohne Teamunterstützung arbeitet.

2. *Unternehmensführer können Teamleistung am besten fördern, wenn sie ein starkes Leistungsethos aufbauen, anstatt lediglich ein teamfreundliches Umfeld zu schaffen.*

Zur Schaffung eines teamfreundlichen Organisationsumfelds durch Führungskräfte ist auch Konzentration auf Leistung unabdingbar, wie wir herausfanden. Zu viele Manager erliegen der Versuchung, Teams anscheinend um ihrer selbst willen zu fördern. Sie sprechen davon, ganze Organisationen sollten zu einem »Team« werden, und setzen damit Teams und Teamarbeit gleich. Oder sie reorganisieren ihre Unternehmen rund um Selbstverwaltungs-Teams und riskieren damit, die Zahl offiziell eingesetzter Teams zu einem Ziel vor dem der Leistung zu machen. Manchmal bezeichnen sie ihre eigene kleine Gruppe an der Unternehmensspitze leichthin als Team, während die meisten Leute in ihrer Organisation erkennen, daß sie alles andere als ein Team sind.

Echte Teams funktionieren viel eher, wenn sich die Führungskräfte an Leistungsergebnissen orientieren, welche die Bedürfnisse von Kunden, Mitarbeitern und Aktionären miteinander in Einklang bringen. Ein klar definierter Existenzzweck und eindeutige Ziele sind mächtige Werkzeuge in unserer Welt, die sich immer rascher wandelt. Die meisten Leute auf allen Organisationsebenen verstehen, daß die Sicherheit ihres Arbeitsplatzes von der Zufriedenheit der Kunden und der finanziellen Leistung abhängt, und sie sind bereit, an diesen Kriterien gemessen und entsprechend entlohnt zu werden. Vielleicht weniger gewürdigt wird die ebenso wahre Tatsache, daß die Chance, klar definierten Kundenbedürfnissen und finanziellen Anforderungen zu entsprechen, die Arbeit befriedigender macht und die persönliche Entwicklung fördert.

Die meisten von uns wollen wirklich etwas bewegen. Natürlich können Teamleistungen in Unternehmen, deren Leistungskultur bereits gefestigt ist, durch Organisationspolitik, Organisationsdesign und Maßnahmen zur Förderung von Teams weiter vorangetrieben werden. Aber in Unternehmen, deren Leistungskultur oder -ethos schwach ist, können Führungskräfte dadurch ein solideres Fundament für Teams legen, daß sie Leistung fordern und sich auf diese konzentrieren, anstatt sich an ein gerade in Mode gekommenes Organisationsdesign zu klammern, selbst wenn es sich dabei um Teams handelt.

3. Natürlich gibt es den Hang zum Individualismus, der aber Teamleistung nicht unbedingt blockieren muß.

Die meisten von uns wachsen mit einem ausgeprägten Sinn für individuelle Verantwortung auf. Eltern, Lehrer, Betreuer und Rollenvorbilder aller Art formen unsere Werte auf der Grundlage individueller Leistung. Entstehungsgeschichte und politische Ordnung unseres Landes werden krassem Individualismus zugeschrieben. Dieselben Werte leben in unseren Unternehmen weiter, wo Aufstiegs- und Entlohnungssysteme auf individuellen Beurteilungen beruhen. Selbst wenn Teams zum Bild gehören, tritt die individuelle Leistung selten in den Hintergrund. Man lehrt uns, fair zu sein, aber: »Hüte dich vor der Nummer Eins!« Und diese Lehre haben sich die meisten von uns weit mehr zu Herzen genommen als Einstellungen wie: »Wir sitzen alle im selben Boot« oder »Wenn einer scheitert, scheitern alle«.

Selbsterhaltung und Einzelverantwortung können sich allerdings auf zwei entgegengesetzte Arten auswirken. Vernachlässigt man sie, so können sie potentielle Teams verhindern oder zerstören. Erkennt man sie jedoch als das, was sie sind, und setzt sich mit ihnen auseinander, vor allem im Hinblick auf die Erfüllung einer gestellten Aufgabe, so werden individuelle Interessen und Unterschiede zu einer Quelle der Stärke. Teams stehen nicht im Widerspruch zu individueller Leistung. Echte Teams finden immer Mittel und Wege, wie jedes Mitglied seinen individuellen Beitrag leisten und sich dadurch auszeichnen kann. Tatsächlich wird unser Bedürfnis, uns als Individuen auszuzeichnen, zu einer Kraftquelle für die Teamleistung, wenn wir es in den Dienst einer gemeinsamen Zielsetzung stellen. Keine der Beobachtungen, die wir beim Studium Dutzender Teams machen konnten, spricht dafür, daß das Individuum zugunsten des Teams vollkommen aufzugeben wäre. Auch bezieht unser Buch keine solchen Entweder/Oder-Positionen.

4. Disziplin – innerhalb des Teams und der Organisation – schafft die Bedingungen für Teamleistung.

Jede Gruppe, die für sich selbst Teamleistung anstrebt, und jeder Manager, der starke Leistungsstandards in seiner Organisation aufbauen möchte, muß sich strikt auf Leistung konzentrieren. Für Unternehmensführer bedeutet das, deutliche und konsistente Anforderungen festzulegen, die die Bedürfnisse von Kunden, Aktionären und Beschäftigten widerspiegeln, und sich selbst sowie das Unternehmen dafür uneingeschränkt zur Verantwortung zu ziehen. Aus solchen Anforderungen entstehen die besten Bedingungen für Teams. Die gleiche Erkenntnis gilt auch für Teams. Wir betrachten die in Kapitel 3 gegebene Teamdefinition nicht als eine Reihe von Elementen zur Charakterisierung von Teams, sondern vielmehr als ein Regelwerk, ganz wie eine Diät, das bei strikter Befolgung die Bedingungen für Teamleistung schafft. *Durch diszipliniertes Vorgehen werden Gruppen zu Teams. Sie formulieren ein gemeinsames Anliegen, vereinbaren Leistungsziele, definieren einen gemeinsamen Arbeitsansatz, *entwickeln* komplementäre Fertigkeiten auf hohem Niveau und machen sich gegenseitig für die Resultate verantwortlich. Und wie jede effiziente Disziplin sorgt auch diese dafür, daß sie all das immer weiter tun.

Die Notwendigkeit von Teams

Wir sind der Überzeugung, daß das Team – das echte Team, nicht einfach eine Gruppe, die vom Management »Team« genannt wird – die grundlegende Leistungseinheit für die meisten Organisationen sein sollte, unabhängig von deren Größe. In jeder Situation, die das Echtzeit-Zusammenwirken vielfacher Fertigkeiten, Erfahrungen und Beurteilungen erfordert, erbringt ein Team unweigerlich bessere Resultate als eine Gruppe von Einzelpersonen, die sich in genau eingegrenzten beruflichen Rollen und Verantwortungsbereichen bewegen. Teams sind flexibler als größere Gruppierungen, denn sie können schneller versammelt, eingesetzt, neu ausgerichtet und aufgelöst werden; und dabei werden dauerhaftere Strukturen und Prozesse normalerweise eher gefördert als gestört. Teams sind produktiver als Gruppen, die über keine klaren Leistungsziele verfügen, da ihre Mitglieder sich dafür einsetzen, greifbare Leistungsergebnisse zu erbringen. Die Verbindung von Teams und Leistung ist unschlagbar.

Die Bilanz der von Teams erzielten Leistungen spricht für sich selbst. Teams erbringen ausnahmslos beträchtliche Leistungen in den Bereichen Geschäftsleben, Wohlfahrt, Schule, Regierung, Gemeinde oder Militär. Motorola, kürzlich bejubelt, als es die japanische Konkurrenz mit der Herstellung der leichtesten, kleinsten und qualitativ besten Mobiltelefone überflügelte, die statt aus über tausend nur noch aus wenigen hundert Teilen bestehen, verließ sich dabei hauptsächlich auf Teams. Dasselbe traf auf Ford zu, das mit seinem Modell Taurus im Jahr 1990 zu Amerikas rentabelstem Autohersteller wurde. Bei 3M sind Teams ausschlaggebend dafür, daß das deklarierte Unternehmensziel, die Hälfte des jährlichen Ertrags aus den Produktinnovationen der letzten fünf Jahre zu bestreiten, erreicht wird. General Electric hat Selbstverwaltungs-Arbeiterteams zum Kernstück seines neuen Organisationsansatzes gemacht. Ebenso zahlreich sind Teamaktivitäten im nichtgeschäftlichen Bereich. Am überzeugenden Sieg, den die Allianz der USA mit ihren Verbündeten im Golfkrieg über den Irak errang, waren viele Teams beteiligt.

So spielte ein Team aus Offizieren im aktiven Dienst und Reservisten eine zentrale Rolle bei Antransport, Verteilung und Versorgung von 300 000 Soldaten und 100 000 Fahrzeugen mit mehr als 7 000 000 Tonnen Ausrüstung, Treibstoff und Ersatzteilen, beginnend mit dem Aufmarsch Ende 1990 bis zur Beendigung der Kampfhandlungen im Sommer 1991. Bei einem Bildungsprogramm für die Bronx gestaltete ein Team aus Mitarbeitern und Kuratoren die erste landesweit anerkannte Elementarschule für Erwachsene. Ein Team von Bürgern gründete und führte in Harlem die erste Little-League-Gruppe, die es dort seit über vierzig Jahren gegeben hatte.

Wir behaupten nicht, daß derartige Teamergebnisse ein neues Phänomen sind. Aber wir glauben, daß heute Teamleistung dringender gebraucht wird denn je, u. z. aufgrund der Verbindung zwischen Teams, Verhaltensänderungen des einzelnen und hoher Leistung. Eine »Hochleistungsorganisation« erbringt in einem längeren Zeitraum, beispielsweise in zehn Jahren oder mehr, durchwegs mehr Leistung als ihre Konkurrenz. Sie übertrifft auch die Erwartungen ihrer wichtigsten Interessengruppen, nämlich Kunden, Aktionäre und Mitarbeiter. Heute zweifelt kaum mehr jemand daran, daß eine neue Ära begonnen hat, in der solch hohe Leistungsniveaus davon abhängen, ob man »kundenorientiert« arbeitet, »total quality« bietet, »ständig Verbesserungen und Innovationen« durchführt, »Kompetenzen an die Mitarbeiter delegiert« und eine »Partnerschaft mit Zulieferern und Kunden« aufbaut. Dazu bedarf es allerdings spezifischer Verhaltensänderungen in der ganzen Organisation, die für eine Einzelperson schwer zu erreichen sind, geschweige denn für eine ganze Organisation. Auf der anderen Seite haben wir beobachtet, daß dieselbe Teamdynamik, welche die Leistung fördert, auch Lernprozesse und Verhaltensänderungen unterstützt; und zwar effizienter als größere Organisationseinheiten oder sich selbst überlassene Einzelpersonen. Daraus schließen wir, daß Teams eine immer bedeutendere Rolle dabei spielen werden, Hochleistungsorganisationen zunächst zu schaffen und dann zu erhalten.

Natürlich ist Wandel immer eine Herausforderung an das Management gewesen. Aber bis vor kurzem meinten Manager, die von Veränderungen sprachen, »normale« Veränderungen – das heißt neue Bedingungen im Rahmen der bestehenden Managementansätze. Mit dieser Art von Wandel haben Manager täglich zu tun. Sie ist ein grundlegender Bestandteil ihrer Arbeit und umfaßt Preiserhöhungen, Umgang mit verärgerten Kunden oder unnachgiebigen Gewerkschaften, Neubesetzung von Positionen und sogar Verschiebung strategischer Prioritäten. Viele werden allerdings der Meinung sein, daß Wandel heute eine vollkommen andere Bedeutung bekommen hat. Zwar haben alle Manager weiterhin mit »normalem« Wandel zu tun, aber eine zunehmende Zahl ist auch mit »tiefgreifendem« Wandel konfrontiert, der von vielen im gesamten Unternehmen – einschließlich derer an der breiten Basis der Organisation – verlangt, bisher nicht ausreichend beherrschte Verhaltensweisen und Fertigkeiten rasch zu entwickeln. Die Zeiten sind vorüber, da man Wandel als etwas betrachtete, das vorrangig mit strategischen Entscheidungen und Reorganisation des Managements zu tun hat.

Sehen wir uns beispielsweise an, wie Jack Welch, Lawrence Bossidy und Edward Hood 1990 in einem Brief an die Aktionäre von General Electric die Herausforderung beschrieben, der sich das Unternehmen gegenüber sah.

Wandel liegt in der Luft. Bei GE hat man erkannt, wie rasch sich Veränderungen vollziehen, daß rasches Handeln nottut, und daß wir bei allem, was wir tun, unweigerlich schneller werden müssen ... Aus diesem Bemühen um Schnelligkeit ... entstand unsere Vision für die neunziger Jahre: ein unbegrenztes Unternehmen. Unbegrenzt ist ein unübliches Wort ... ein Wort, das eine *Gesamtheit von Verhaltensweisen* beschreibt, die unserer Überzeugung nach unerläßlich sind, um Schnelligkeit zu erreichen. In einem unbegrenzten Unternehmen sind die Zulieferer keine »Außenstehenden«.... Alle Anstrengungen aller Männer und Frauen im Unternehmen sind darauf gerichtet, die Bedürfnisse der Kunden zu befriedigen. Die Grenzen zwischen den internen Funktionen verschwimmen. Kundendienst? *Das ist nicht irgend jemandes Aufgabe. Das ist jedermanns Aufgabe.* [Die Betonungen wurden hinzugefügt.]

In den achtziger Jahren nahm General Electric jene strategischen, strukturellen und managementbezogenen Veränderungen vor, die man üblicherweise mit dem Top-Management verbindet. Um ihr Ziel, auf jedem einzelnen ihrer gewählten Märkte entweder Nummer Eins oder Nummer Zwei zu werden, zu erreichen, gaben Jack Welch und seine Kollegen Vermögenswerte im Wert von 10 Milliarden Dollar ab und tätigten Akquisitionen im Wert von fast 20 Milliarden. Alle diese Schritte waren schwierig und wichtig – und dennoch waren sie nur ein Teil der Aufgabe des Top-Managements. Der andere Teil besteht im Managen der oben beschriebenen Verhaltensänderung – unser Kollege Micky Huibregtsen nennt das Veränderungen »mobilisieren«.

Dies ist eine bei weitem schwierigere Herausforderung, und selbst die Weisesten unter den Führern wissen selten genau, was zu verändern ist oder wie es im einzelnen vor sich gehen soll. Jack Welch beispielsweise gibt gerne zu, daß er den mittlerweile berühmt gewordenen »Work-Out«-Ansatz von General Electric großteils mit Hilfe der »Trial-and-Error«-Methode entwickelt hat.* Heutzutage können die meisten Führungskräfte ihre Ziele ohne die Beteiligung

---

* »Work out« ist doppelsinnig: 1. trainieren, sich körperlich verausgaben, 2. Arbeit(saufwand) aus geschäftlichen Abläufen ausgliedern.

und die Kenntnisse von Mitarbeitern an der Basis der Organisation nicht erreichen. Das Top-Management und diejenigen, die von ihm Führung erwarten, müssen gemeinsam die wesentlichen neuen Fähigkeiten, Werte und Verhaltensweisen identifizieren und erlernen, und dann diese Verhaltensweisen zur Aufrechterhaltung einer hohen Leistung institutionalisieren. Wir sind der Überzeugung, daß Teams entscheidend für die Erreichung solcher Ziele sind, da sie sowohl als Bestandteil wie auch als Nebenprodukt von Teamleistung stets Verhaltensänderungen bewirken.

Es gibt verschiedene bekannte Phänomene, die erklären, warum Teams gut funktionieren. Erstens vereinigen sie in sich komplementäre Fähigkeiten und Erfahrungen, die naturgemäß über die jedes einzelnen im Team hinausgehen. Diese umfassendere Mischung von Fähigkeiten und Knowhow versetzt Teams in die Lage, vielfältigen Herausforderungen zu begegnen, wie etwa Innovation, Qualität und Kundenservice. Zweitens bauen Teams, indem sie gemeinsam klare Zielvorstellungen und Arbeitsansätze entwickeln, eine Kommunikation auf, die sofortige Problemlösung und Initiative fördert. Teams reagieren flexibel auf sich verändernde Gegebenheiten und Anforderungen. Die Folge ist, daß Teams ihren Arbeitsansatz rascher, zielgenauer und effektiver an neue Informationen und Herausforderungen anpassen können als Einzelpersonen, die im Netz größerer Organisationsgefüge gefangen sind.

Drittens sorgen Teams für eine einzigartige soziale Dimension, die positiven Einfluß auf die wirtschaftlichen und administrativen Aspekte der Arbeit hat. Echte Teams entwickeln sich erst, wenn die daran beteiligten Personen sich ernstlich bemühen, alle Hindernisse für gemeinschaftliche Leistungen zu überwinden. Indem sie diese Hindernisse gemeinsam überwinden, bauen die Teammitglieder gegenseitiges Vertrauen und Zutrauen in die Fähigkeiten der anderen auf. Auch bestärken sich die Mitglieder gegenseitig in ihrer Absicht, ihr Teamziel über alle individuellen oder funktionalen Aufgabenbereiche hinaus zu verfolgen. Durch die Überwindung von Leistungshemmnissen werden Gruppen zu Teams. Die Bedeutung der Arbeit wie auch der darauf verwendete Einsatz werden größer, bis schließlich die Teamleistung sich selbst belohnt.

Schließlich: Teams haben mehr Spaß. Dies ist kein triviales Argument, denn diese Art von Spaß ist untrennbar mit ihrer Leistung verbunden. Die Teammitglieder, mit denen wir uns unterhielten, hoben alle spontan hervor, daß sie Spaß an ihrer gemeinsamen Arbeit gehabt hatten.

Selbstverständlich gehörten zu diesem Spaß auch Parties, Unterhaltung und Feiern. Aber jede Personengruppe kann eine tolle Party veranstalten. Was den Spaß, den Teams haben, unterscheidet, ist die Art, wie er sowohl die Teamleistung fördert als auch von ihr gefördert wird. Beispielsweise finden wir bei Teams, die Spitzenleistungen erbringen, häufig einen besser entwickelten Sinn für Humor bei der Arbeit, denn dieser hilft ihnen, mit dem Druck und der Belastung fertigzuwerden, die bei Hochleistung entstehen. Und wir hören immer wieder, daß die tiefste, befriedigendste Quelle der Freude darin bestehe, »Teil eines größeren Ganzen gewesen zu sein«.

Auch Verhaltensänderungen finden im Teamumfeld eher statt. Aufgrund ihres gemeinsamen Engagements sind Teams durch Veränderung weniger gefährdet als Einzelpersonen, die sich allein durchschlagen müssen. Und da sie flexibel und bereit sind zur Erweiterung ihres Lösungsspielraums, bieten Teams ihren Mitgliedern mehr Möglichkeit zur Entwicklung und Veränderung als Gruppen mit engen eingegrenzten Aufgabenstellungen, bei denen die Arbeit nach hierarchischen Gesichtspunkten vergeben wird. Aufgrund ihrer Konzentration auf Leistung schließlich motivieren Teams den einzelnen, fordern ihn heraus, belohnen und unterstützen ihn in seinem Bemühen, seine Arbeitsweise zu ändern.

So können Teams bei den umfassenden Veränderungen, denen sich Organisationen heute immer öfter gegenübersehen, dazu beitragen, der Top-down-Führung Richtung und Qualität zu geben, neue Verhaltensweisen zu fördern und funktionsübergreifende Aktivitäten zu erleichtern.

Wenn ein Team funktioniert, ist das die erfolgreichste Methode, unausgereifte Zukunftsperspektiven und Wertvorstellungen in schlüssige Handlungsmuster umzusetzen, da es darauf aufbaut, daß Menschen zusammenarbeiten. Es ist auch die praktischste Möglichkeit, innerhalb einer Organisation unter den Mitarbeitern gemeinsame Vorstellungen über die Zielrichtung zu wecken. Teams können die Hierarchie reaktionsfähig machen, ohne sie zu schwächen, sie können über die Grenzen einer Organisation hinweg Prozesse vorantreiben, und sie können bei der Bearbeitung schwieriger Fragen eine Vielzahl von Fähigkeiten nutzen.

Tatsächlich gründen sich die meisten Modelle der »Organisation der Zukunft«, von denen wir erfahren haben, sei es das »Network« – das »Cluster« –, das »nichthierarchische« oder das »horizontale« Modell – darauf, *daß Teams das Individuum als vorrangige Leistungseinheit im Unternehmen ablösen*. Gemäß Vorhersagen wird das Management auf der Suche nach schnelleren, besseren Möglichkeiten der Abstimmung von Ressourcen auf Kundenpotentiale oder Wettbewerbsanforderungen nicht mehr das Individuum, sondern das Team als grundlegenden Baustein wählen. Das bedeutet nicht, daß individuelle Leistung oder Verantwortung bedeutungslos würden. Aber die Herausforderung für das Management wird zunehmend darin bestehen, die Rollen von Individuum und Team auszugleichen, anstatt eine von beiden Varianten abzuschaffen oder der anderen vorzuziehen. Darüber hinaus werden in Zukunft eher Teams als Managementhierarchien Rolle und Leistung des Individuums ausschöpfen; das heißt, in vielen Fällen werden nicht Manager, sondern Teams bestimmen, was die einzelnen Teammitglieder zu tun haben und wie ihre Leistungen sind.

Widerstand gegen Teams

Derartige Voraussagen in bezug auf Teams sind jedoch mit einiger Skepsis verbunden. Wir finden die Argumente für einen verstärkten Einsatz von Teams überzeugend; und die meisten Leute, mit denen wir sprachen, stimmen darin mit uns überein. Wenn es allerdings dazu kommt, daß sie selbst den Teamansatz für sich oder jene, für die sie verantwortlich sind, nutzen sollen, sträuben sich die meisten, sich auf Teams zu stützen. Ungeachtet der Beweise für erfolgreiche Teamarbeit überall um uns, ungeachtet der Bedeutung von Teams für das Management von Verhaltensänderungen und Hochleistung, und ungeachtet der täglichen lohnenden Erfahrungen mit Teams, unterschätzen viele die Teamoption, vergessen sie oder stellen sie gar offen in Frage, wenn es daran geht, sich ihren eigenen Leistungsanforderungen zu stellen. Wir können uns diesen Widerstand nicht ganz erklären; es gibt wahrscheinlich ebenso viele Gründe und Emotionen, wie es Menschen gibt. Auch wollen wir diesen Widerstand weder als »schlecht« noch als »gut« werten. Wir halten ihn allerdings für stark, da er auf tief verwurzelten individualistischen Wertvorstellungen beruht, über die man weder ganz hinweggehen kann noch soll.

Das Widerstreben gegenüber Teams kommt hauptsächlich aus drei Quellen: Fehlende Überzeugung, daß ein Team oder Teams besser funktionieren als andere Alternativen; persönlicher Stil, Fähigkeiten und Vorlieben, die Teams riskant und unangenehm machen; und ein schwach entwickeltes Leistungsethos in der Organisation, das die Bedingungen für erfolgreiche Teameinsätze verschlechtert.

1. Fehlende Überzeugung.

Manche Leute glauben nicht, daß Teams wirklich bessere Leistungen bringen als Einzelpersonen, ausgenommen unter ungewöhnlichen oder unvorhersehbaren Bedingungen. Manche denken, daß Teams den Ärger, den sie verursachen, nicht wert sind, da ihre Mitglieder viel Zeit mit unproduktiven Meetings und Diskussionen verschwendeten und eigentlich mehr Beschwerden als konstruktive Ergebnisse verursachten. Andere halten Teams vom Standpunkt der menschlichen Beziehungen aus für wahrscheinlich nützlich, aber für hinderlich bei Arbeit, Produktivität und entschlossenem Handeln. Wieder andere glauben, daß die umfassende Anwendung von Konzepten der Teamarbeit und der Übertragung von Verantwortung in einer Organisation es überflüssig macht, sich über die Leistung spezifischer kleiner Personengruppen Gedanken zu machen oder sie methodisch anzustreben.

Einerseits haben die meisten Menschen viel konstruktives, praktisches Wissen über Teams, wenden es aber nicht konsequent an. Man weiß zum Beispiel, daß Teams selten ohne gemeinsames Ziel funktionieren; und trotzdem geben sich allzu viele Teams mit Zielen zufrieden, die weder anspruchsvoll noch präzise und realistisch sind, und eben *nicht von allen* geteilt werden. Andererseits fordert die große Popularität des Wortes »Team« Ungenauigkeit gleichsam heraus. Die wenigsten machen sich bei der Verwendung des Begriffs große Gedanken über seine spezifische Bedeutung im jeweiligen Umfeld. So bleibt den meisten Leuten unklar, was ein echtes Team ausmacht. Ein Team ist nicht einfach irgendeine Gruppe von zusammenarbeitenden Personen. Komitees, Beiräte und Projektgruppen sind nicht notwendigerweise Teams. Eine Gruppe wird nicht einfach dadurch zum Team, daß jemand sie so nennt. Die gesamte Belegschaft eines großen und komplexen Unternehmens kann niemals ein Team sein. Ganze Organisationen können zwar an Teamarbeit glauben und sie praktizieren, aber Teamarbeit und ein Team sind eben nicht dasselbe.

Die meisten Manager treten ausdrücklich für Teamarbeit ein. Und sie tun gut daran. Teamarbeit steht für ein Wertesystem, das positive Verhaltensweisen fördert, wie Zuhören und konstruktiv auf Meinungsäußerungen anderer reagieren, anderen im Zweifel Recht geben, die unterstützen, die Hilfe benötigen, die Interessen und Leistungen anderer anerkennen. Wenn diese Werte praktisch angewandt werden, helfen sie uns allen, effektiver miteinander zu kommunizieren und zu arbeiten; damit werden sie zu positiven und wertvollen Verhaltensweisen. Es liegt auf der Hand, daß die Werte der Teamarbeit den Leistungen von Teams zugute kommen. Sie regen auch unsere individuelle Leistung und jene der gesamten Organisation an. Mit anderen Worten: Die Werte der Teamarbeit sind – für sich genommen – weder auf Teams beschränkt, noch genügen sie bereits, um Teamleistung zu garantieren.

Teams repräsentieren abgegrenzte Leistungseinheiten und kein absolutes Wertesystem. Und als Leistungseinheit unterscheiden sie sich vom Individuum und von der Gesamtorganisation. Ein Team ist eine kleine Gruppe von Personen (in der Regel weniger als zwanzig) mit komplementären Fähigkeiten, die für einen gemeinsamen Zweck und eine Reihe spezifischer Leistungsziele eingesetzt werden. Seine Mitglieder haben sich dazu verpflichtet, miteinander zu arbeiten, um das Teamziel zu erreichen, und tragen gemeinsam die Verantwortung für die Ergebnisse des Teams. Teamarbeit spornt Teams an und trägt zu ihrem Erfolg bei; aber Teamarbeit allein macht noch kein Team aus. Daher versuchen Spitzenmanager, die aus dem gesamten Unternehmen ein »Team« machen wollen, in Wirklichkeit die Werte der Teamarbeit zu verbreiten. Wenn das auch noch so gut gemeint sein mag, können derartige Begriffsverwirrungen zu unergiebigem Durcheinander führen. Darüber hinaus verwechseln diejenigen, die das Team vorrangig als Mittel für die Beteiligten betrachten, sich wohlzufühlen oder besser miteinander auszukommen, nicht nur Teamarbeit mit Teams, sondern sie lassen auch das grundlegende Merkmal außer acht, das echte Teams von Nicht-Teams unterscheidet: die beständige Konzentration auf Leistung.

Teams gedeihen bei Leistungsanforderungen; ohne sie verkümmern sie. Ohne ein leistungsbezogenes Ziel, das den Weiterbestand des Teams sichert und rechtfertigt, können Teams nicht lange bestehen. Gruppen, die nur gebildet werden, um ein Team zu schaffen, die Tätigkeit attraktiver zu machen, die Kommunikation zu fördern, die Effektivität der Organisation zu steigern oder auch ein herausragendes Leistungsniveau zu erreichen, werden selten zu echten Teams. Ein deutliches Zeichen dafür ist Groll, der in vielen Unternehmen nach Experimenten mit

Qualitätszirkeln zurückbleibt. Qualität ist zwar anerkennenswert als Zielsetzung, Qualitätszirkel jedoch versäumen oft, spezifische, erreichbare Leistungsziele mit der gemeinsamen Anstrengung der Mitglieder zu verknüpfen.

Wir vermuten, daß an den offensichtlich gescheiterten Teamversuchen zum Großteil die Vernachlässigung des Leistungsaspekts schuld ist. So hat Peter Drucker die Schwierigkeiten von u. a. General Motors, P&G und Xerox beschrieben, die bei ihren Anstrengungen auf dem Gebiet der »Teambildung« über das Ziel hinausschossen. Es steht außer Frage, daß Teams und Teamanstrengungen manchmal scheitern. Aber meistens liegen solche Mißerfolge daran, daß die Erfolgsregeln für Teams nicht befolgt werden. Mit anderen Worten: Verschwommene Vorstellungen und unklares praktisches Vorgehen erklären solche Enttäuschungen eher als die Frage, ob das Team die geeignete Leistungseinheit ist, um eine Aufgabe zu erfüllen. Ungeachtet der Ursachen dafür tragen derartige unbefriedigende persönliche Erlebnisse in als Teams bezeichneten Gruppen dazu bei, den Glauben an das Team noch weiter zu schwächen. Viele von uns, die Versuche zur Teambildung beobachteten oder daran teilnahmen und dabei zusehen mußten, wie die besten Intentionen in kürzester Zeit vergessen oder geringgeschätzt wurden, sind gegenüber Teams zynisch, vorsichtig oder gar feindselig geworden.

2. Persönliches Unbehagen und Risiko.

Viele Menschen empfinden Furcht oder Abneigung gegenüber der Arbeit von Teams. Manche sind echte Einzelgänger, die die besten Ergebnisse erzielen, wenn man sie in Ruhe unabhängig arbeiten läßt. Einige Forscher, Universitätsprofessoren und Fachberater passen in dieses Schema. Das Unbehagen der meisten Menschen beruht allerdings darauf, daß sie den Teamansatz für zu zeitaufwendig, zu unsicher oder zu riskant halten.

»Mein Job ist auch so hart genug«, so hört man oft, »auch ohne daß ich mir Gedanken darüber machen muß, wie ich mit einer Horde von Leuten zurechtkomme, die ich nicht einmal richtig kenne – oder die ich sehr wohl kenne, aber nicht unbedingt besonders mag. Für so etwas habe ich einfach nicht die Zeit.« Unter diesem Blickwinkel betrachtet, sind Teams eine riskante zusätzliche Belastung, die individuelle Erfolge und individuellen Fortschritt zu bremsen droht. Manchen Leuten liegt es nicht, im Rahmen einer Gruppe das Wort zu ergreifen, sich aktiv zu beteiligen oder auf andere Art aufzufallen. Manche fürchten sich davor, Verpflichtungen einzugehen, die sie möglicherweise nicht halten können. Und vielen Leuten gefällt einfach die Idee nicht, auf andere angewiesen zu sein, sich entgegengesetzte Standpunkte anhören oder ihnen zustimmen zu müssen, oder die Konsequenzen von anderer Leute Fehlern mittragen zu müssen. Diese Bedenken haben besonders Manager, denen es schwerfällt, Teil eines Teams zu sein, ohne die Führungsrolle zu übernehmen.

Nur wenige Menschen sprechen den Werten der Teamarbeit oder dem potentiell leistungssteigernden Einfluß von Teams den Nutzen ab. Aber im Innersten fühlen sich die meisten Menschen an Werte gebunden, die der individuellen Verantwortung und Leistung den Vorzug vor jeder Art von Gruppe geben, sei es nun ein Team oder eine andere Variante. Von unserer frühesten Kindheit an betonen unsere Eltern, Lehrer, Pfarrer und andere Autoritätspersonen, wie wichtig individuelle Verantwortung ist. Wir wachsen in einer Gesellschaft auf, die individuelle – nicht kollektive – Leistung mißt (akademische Grade), belohnt (Gehälter) und bestraft (Vorsprachen beim Direktor). Wann immer wir wünschen, daß »etwas erledigt wird«, denken wir zu allererst daran, jemand bestimmten dafür verantwortlich zu machen.

Es kann daher kaum überraschen, daß man bei Einzelpersonen, die sich einem Team anschließen sollen, eine sehr ängstliche Haltung vorfindet. Nicht daß Teams und Teamarbeit in unserer Kultur fehlen. Wir alle kennen die Geschichte berühmter Teams, die das Unmögliche erreichen: von »Die drei Musketiere« über »Das dreckige Dutzend« bis zu »Raumschiff Enterprise«. Unsere beliebtesten Sportarten sind Teamsportarten. Und auch unsere Eltern und Lehrer haben uns Werte der Teamarbeit gelehrt und erwarten von uns, daß wir sie in die Tat umsetzen. Aber für die meisten von uns bleiben diese noblen Begriffe, so potentiell lohnend sie auch immer sein mögen, unser Leben lang zweitrangig im Vergleich zu unserer individuellen Verantwortung. Individuelle Verantwortung und Selbstbehauptung bleiben die Regel: geteilte Verantwortung auf der Grundlage gegenseitigen Vertrauens ist die Ausnahme. Das Widerstreben, ein Risiko einzugehen und das eigene Schicksal der Leistung eines Teams zu unterwerfen, ist daher fast angeboren.

3. Schwach ausgeprägtes Leistungsethos im Unternehmen.

Das Widerstreben, das eigene Schicksal einem Team anzuvertrauen, beherrscht die meisten Organisationen mit schwach entwickeltem Leistungsethos. Solchen Unternehmen fehlt es an einer überzeugenden Zielsetzung, die ihre Mitarbeiter auf rationaler und emotionaler Ebene anspricht. Den Führungskräften gelingt es nicht, klare und sinnvolle Leistungsanforderungen zu formulieren, für die sie die Organisation und, was am wichtigsten ist, auch sich selbst verantwortlich machen. Dem Unternehmen insgesamt gegenüber offenbart ein solches Verhalten sich darin, daß das Interesse an unternehmensinterner Politik oder der Wirkung nach außen größer ist als das Engagement für eine klare Zielsetzung, welche die Erwartungen von Kunden, Aktionären und Mitarbeitern gleichermaßen berücksichtigt. Im schlimmsten Fall unterminiert ein solches Umfeld das gegenseitige Vertrauen und die Offenheit, von denen Teams abhängen. Es besteht die fest verankerte Erwartung, jede weitreichende Entscheidung müsse an der Unternehmensspitze gefällt oder zumindest von so vielen anderen Ebenen abgesegnet werden, daß derjenige, der diese Entscheidung implementiert, ausreichend abgesichert ist. Die Politik wird statt der Leistung Mittelpunkt des Tagesgeschäfts. Und solche Politik nutzt unvermeidlich individuelle Unsicherheiten aus, welche ihrerseits den Willen und Mut zum Teameinsatz weiter untergraben. Auf diese Weise werden schlechte Teamerfahrungen geradezu heraufbeschworen.

Mit zunehmender Bedeutung von Teams wird es selbstverständlich notwendig, weniger Nachdruck auf individuelle Verantwortung zu legen als jetzt. Jedoch: *Ein Ersetzen der auf den einzelnen ausgerichteten Managementstrukturen und -ansätze durch ein teamorientiertes Design wird solange wenig verändern oder sich sogar schädlich auswirken, bis die Organisation über ein stark ausgeprägtes Leistungsethos verfügt.* Ist das der Fall, so kann eine Verschiebung des Akzents vom Individuum zum Team sowohl die Anzahl von Teams als auch ihre Leistung steigern – insbesondere dann, wenn auch das Management mit Teamsituationen umzugehen versteht. Aber alle Politik zur Förderung von Teams wird erfolglos bleiben, wenn die Teams nicht davon überzeugt sind, daß Leistung eine wirklich wichtige Rolle spielt. Selbstverständlich werden stets einige Teams entstehen – ungeachtet aller Widrigkeiten. Aber sie werden die Ausnahme bleiben. Aufgrund der äußerst wichtigen Verbindung zwischen Team und Leistung wird in Unternehmen mit schwach ausgeprägtem Leistungsethos stets Widerstand gegen das Team an sich entstehen.

Fazit

Teams sind *nicht* die Lösung für jedermanns gegenwärtige und zukünftige organisatorische Bedürfnisse. Sie können nicht jedes Problem lösen, die Arbeitsergebnisse jeder Gruppe verbessern oder dem Top-Management helfen, an alle Leistungsanforderungen heranzugehen. Wenn sie falsch eingesetzt werden, können sie sogar kostspielig und störend wirken. Nichtsdestotrotz leisten Teams üblicherweise mehr als andere Gruppen oder Einzelpersonen. Sie sind eines der besten Mittel zur Unterstützung der umfassenden

Veränderungen, die auf dem Weg zur Hochleistungsorganisation nötig sind. Und Manager, die wirklich glauben, daß verhaltensabhängige Merkmale wie Qualität, Innovation, Kosteneffektivität und Kundenservice dazu beitragen, einen Wettbewerbsvorteil aufzubauen, werden der Entwicklung von Teamleistung höchste Priorität einräumen.

Damit diese Bemühungen von Erfolg gekrönt werden, müssen Manager und andere sehr gut darauf achten, warum die meisten Menschen Teams reserviert gegenüberstehen. Dieser Widerstand entspringt großteils den zweifellos vorhandenen Erfahrungen und Überzeugungen über die individuelle Verantwortung und über die Risiken, die das Vertrauen zu anderen mit sich bringt. Teams erfordern beispielsweise, daß die individuelle Verantwortung mit der Verantwortung füreinander verschmilzt, Teams verlangen auch, daß die Beteiligten sehr viel Zeit miteinander verbringen; es wäre geradezu töricht anzunehmen, Teams könnten Leistung erbringen, ohne Zeit in die Formulierung und Vereinbarung einer gemeinsamen Absicht, eines Zielgerüsts und eines Arbeitsansatzes zu investieren. Außerdem wird kaum eine Gruppe zu einem echten Team, ohne zur Überwindung individueller, funktionaler und hierarchischer Grenzen auch Risiken auf sich zu nehmen. Und die Mitglieder eines Teams hängen im Streben nach gemeinsamer Leistung voneinander ab.

Es ist also kein Wunder, daß viele von uns entscheidende Fragen nur widerstrebend einem Team zur Lösung anvertrauen. Wir alle betrügen uns selbst, wenn wir denken, gutgemeinte Bemühungen, »als Team besser zu arbeiten«, reichten aus, um die Widerstände gegen Teams zu zerstreuen. Der Aufbau von Teamleistung überall in einer Organisation, die bessere Leistungen erbringen muß, ist unserer Meinung nach unverzichtbar. Aber das bedeutet eine weitaus größere Herausforderung, als irgend jemand von uns gerne zugeben würde.

Das Gute dabei ist, daß es Regeln für Teams gibt, deren strikte Befolgung Widerstreben in Teamleistung verwandeln kann. Mehr noch: Einige Elemente dieses Regelwerks widersprechen zwar jeder Intuition und müssen erlernt werden – so z. B. die Regel, daß es nicht das vorrangige Ziel sein kann, »ein Team zu werden« –; der Großteil aber besteht aus vom gesunden Menschenverstand nahegelegten Grundsätzen – etwa jenem, daß Zielvereinbarungen und wechselseitige Verantwortung von großer Bedeutung sind. Darüber hinaus gelten diese Regeln sowohl für Teams mit Führungsaufgaben als auch für solche, die Empfehlungen abgeben, und solche, die etwas tun oder herstellen. Was auf operativer Ebene gelingt, gelingt auch in der Managementetage.

Das Schlechte dabei ist, daß wie bei allen Regelwerken der Erfolg sich nur bei strikter Befolgung der Regeln und ständiger Übung einstellt. Nur den wenigsten Leuten gelingt es ohne ständige Übung und Disziplin abzunehmen, das Rauchen aufzugeben oder Klavier- oder Golfspielen zu lernen. Und nur sehr wenige kleine Gruppen werden ohne Disziplin zu Teams. Das Erreichen von Teamleistung ist eine große Herausforderung. Langjährige Gewohnheiten, heillose Verwirrung über Teams und Teamarbeit und scheinbar negative Teamerfahrungen untergraben genau in dem Moment, wo Teamleistung so wichtig geworden ist, die von Teams gebotenen Möglichkeiten. Gruppen wachsen nicht einfach auf Geheiß zu Teams zusammen; die Aufstellung Hunderter von Teams wird nicht zwangsläufig zur Formierung echter Teams an den richtigen Stellen führen; und die Bildung von Teams an der Spitze von Unternehmen bleibt eine der schwierigsten Übungen. Es bleibt jedoch eine Tatsache, daß potentielle Teams in den meisten Organisationen meist mehr leisten könnten, als dies tatsächlich der Fall ist. Wir glauben, daß dieses brachliegende Potential nach stärkerer Beachtung, besonders durch das Top-Management, regelrecht verlangt. Weiter glauben wir, daß der Schlüssel zu solcher Leistung darin liegt zu erkennen, welche Klughcit im Einsatz von Teams liegt, den Mut zu einem Versuch zu haben und dann systematisch daran zu gehen, aus den Erfahrungen zu lernen.

Kapitel 2

»*Ein Team«: Eine Geschichte über Leistung*

Das Team ist für die meisten Organisationen eine grundlegende Leistungseinheit. Es bündelt die Fähigkeiten, Erfahrungen und Erkenntnisse mehrerer Leute und stellt die natürliche Ergänzung individueller Initiative und Leistung dar, weil es mehr Engagement für ein gemeinsames Ziel hervorbringt. Wir können zunehmend beobachten, daß Manager überall in der Organisation sich auf Teams verlassen, um die Leistungsfähigkeit zu verbessern.

Aber noch immer werden mit dem Begriff »Team« sehr unterschiedliche Vorstellungen verbunden. Die meisten Leute haben ein Team vor Augen, das ein Spiegelbild ihrer persönlichen Erfahrungen ist, seien diese nun gut oder schlecht. Einige von uns stellen sich unter einem Team eine Projektgruppe mit Sonderaufgaben vor, andere denken vielleicht an einen militärischen Sturmtrupp, wieder andere an die Analogie mit ihrem Lieblingssport. Leider vermitteln diese Beispiele selten ein klar umrissenes Bild davon, was ein echtes Team ist. Auch geben solche Beispiele kein methodisches Verständnis der Tatsache wieder, warum Teams unter gleichen Bedingungen so unterschiedliche Leistungen zeigen. In diesem Buch werden wir auf zahlreiche verschiedene Erfahrungen von Teams und Nicht-Teams zurückgreifen, um zu zeigen, wie eine in sich geschlossene und methodische Betrachtung des Teams ein hohes Leistungsniveau möglich machen kann.

Erfolgreiche Teamerfahrungen zeichnen sich durch das aus, was vom Team erreicht wird und was jedes einzelne Mitglied lernt. Außerdem gleicht keine Teamerfahrung der anderen. Jedes Team hat seine eigene Zusammensetzung von Personen, Arbeitsprodukten und Leistungsergebnissen. Kein Team geht an eine Aufgabenstellung genauso heran oder erarbeitet genau die gleichen Resultate wie ein anderes. Dennoch gibt es eine Reihe von Gemeinsamkeiten, die alle Teams verbinden, die etwas leisten. Aus der Erkenntnis dieser Gemeinsamkeiten verschiedener Teamsituationen ergibt sich der Haupt-Lerneffekt dieses Buches.

In diesem Kapitel wird die einzigartige und denkwürdige Geschichte eines Teams beschrieben, das unerwartete Leistungen erzielte – und zwar im wesentlichen durch die methodische Anwendung von Teamrahmenbedingungen, die die meisten von uns bereits anerkennen. Wir glauben, daß dieses Beispiel hilft, den Ton anzugeben für das Verständnis jener Elemente der Teamleistung, die verschiedenen Arten von Teams gemeinsam sind. Auch zeigt es, welch bemerkenswerte Ergebnisse Teams zu erzielen imstande sind. Im Verlauf des Berichts werden Sie zweifellos viele der Elemente, die dieses Team zum Erfolg geführt haben, erkennen. Andere Elemente liegen möglicherweise nicht so klar auf der Hand. Die spezifischen Merkmale dieses Beispielfalls sind zwar einzigartig, aber die anhand dieses Falls beschriebenen Gemeinsamkeiten werden im gesamten Buch immer wieder auftauchen. Die vielleicht interessanteste Frage, die diese Geschichte aufwirft, lautet: Warum ist es um so vieles leichter, die für Teamleistungen notwendigen Bedingungen zu erkennen, als sie zu schaffen?

Das »Intermodal«-Team von Burlington Northern

Die Deregulierung der Eisenbahnindustrie im Jahr 1981 eröffnete etablierten Bahngesellschaften wie Burlington Northern die Chance, im Bereich des sogenannten »Intermodal«-Transports einen neuen Geschäftszweig aufzubauen. »Intermodal« bedeutet hier die Kombination unterschiedlicher Transportmittel – in diesem Fall Straße und Schiene – zur Verkürzung der Lieferzeiten und Senkung der Kosten für komplexe Transportvorgänge, welche mit einer Transportart allein nicht effizient bewältigt werden können. Das völlig andere Geschäftskonzept paßte nicht so recht zur herkömmlichen Arbeitsweise der Bahnen.

Hintergrund

Der Begriff »Huckepack-Transport« beschreibt am besten das heute vertraute Bild der Karawanen von LKW-Aufbauten oder Containern, die auf speziellen Eisenbahnanhängern über das Land fahren. Das Huckepack-Konzept macht es möglich, im Rahmen eines einzigen Transportvertrags Güter im LKW von Hartford/Connecticut nach New York City zu bringen, sie von dort per Eisenbahn nach San Francisco zu transportieren und schließlich erneut mit dem LKW an ihrem endgültigen Bestimmungsort in Watsonville/Kalifornien abzuliefern.

Vor der Deregulierung war der Huckepack-Transport selten und wurde kaum angeboten. Die Güterzüge bestanden großteils aus gedeckten Güterwagen und wurden von Ingenieuren mit Hilfe starker Lokomotiven in logistisch komplexen Netzwerken hin- und herbewegt. Eisenbahner waren Techniker, Logistiker und Handwerker, die aufgrund der langen Geschichte und Tradition ihrer Berufe fest in althergebrachten Arbeitsabläufen verankert waren. Ihre Tätigkeit war durch und auf ihre Schienennetze beschränkt. Wenn Spediteure Lastwagen brauchten, um ihre Transporte zu Ende fahren zu können, schlossen sie gesonderte Verträge dafür ab. Der Gründer von Conrail, Ed Jordan, behauptet halb im Spaß, daß die Organigramme großer Eisenbahngesellschaften vor der Deregulierung fast 100 Jahre lang nicht geändert worden waren. Dasselbe galt auch für ihr Leistungsangebot an die Kunden. Die Eisenbahner hegten eine tiefe Abneigung gegen die Trucker. Sie sahen in ihnen Konkurrenten und Emporkömmlinge, obwohl die Trucker den Eisenbahnen ab Mitte des Jahrhunderts einen beträchtlichen Teil des Geschäfts abgenommen hatten. Die Trucker galten als »Nachtflug«-Unternehmer, die nicht an Vorschriften, Traditionen, Netze oder althergebrachte Arbeitsmethoden gebunden waren. Allein die Vorstellung, Trucker und Eisenbahner könnten zusammenarbeiten und gemeinsam dieselben Kunden bedienen, galt bei den großen Eisenbahngesellschaften als Ketzerei. Aber genau auf dieser Idee beruhte das Straßen/Schienensystem.

Im März 1981, knapp vor der Deregulierung, bat der Marketingleiter von Burlington Northern einen Bereichsleiter namens Bill Greenwood, innerhalb des Marketings die kürzlich gebildete Intermodaleinheit zu übernehmen. Greenwood nahm an, weil er glaubte, die Deregulierung sei eine Gelegenheit, das Straßen/Schienenkonzept aus dem Schatten in den Vordergrund zu rücken. Er wußte, Deregulierung bedeutete Wettbewerb; Wettbewerb wiederum bedeutete neue Macht für die Kunden. Und er spürte, daß die Kunden nach wesentlich innovativeren und bedürfnisgerechteren Produkten, Dienstleistungen und Preisen verlangen würden. Nach Greenwoods Vorstellung würde der bevorstehende Wandel das Geschäft von den Güterwagen zu den flexibleren und effektiveren Containern und Anhängern des Straßen/Schienensystems verlagern. Er war überzeugt, der Intermodal-Bereich von Burlington Northern könne dabei eine Vorreiterrolle spielen; also begann er mit dem raschen Aufbau eines Teams, um dies in die Tat umzusetzen. Er unterschätzte jedoch bei weitem Reichweite und Größe der Hindernisse, mit denen der Weg dorthin gepflastert sein würde.

Die Leistungsanforderung

Im Jahr 1981 bot Burlington Northern ein typisches Beispiel für die widerstrebende Haltung der Eisenbahnen gegenüber dem kombinierten Verkehrssystem. Bestenfalls betrachtete man das Straßen/Schienenkonzept zähneknirschend als notwendiges Übel, nicht jedoch als echte unternehmerische Chance. Um mit den Worten eines Beobachters zu sprechen: Die Infrastruktur der Eisenbahnen für den kombinierten Verkehr war mehr als trostlos. Die rund 160 im ganzen Land verstreuten Verladerampen von Burlington Northern erinnerten an einen Flickenteppich; mit den Bedürfnissen der Kunden oder mit operativer Effektivität hatte das nichts zu tun. All diese Verladerampen wurden von den zuständigen Managern, die auf Güterzüge eingeschworen waren und etwas gegen LKWs hatten, sträflich vernachlässigt. Dazu kam, daß die Anlagen veraltet, schlecht gewartet und schlecht bedient waren. Die meisten Mitarbeiter mit Aufgaben im Bereich »Kombinierter Verkehr« waren zum Großteil durchschnittliche Mitarbeiter ohne Karriereaussichten. Die Ergebnisse der Straßen/Schienenaktivitäten des Unternehmens spiegelten diese Situation wider; 1981 rangierte Burlington Northern in der Branche an letzter Stelle.

Diese Situation als »Aufgabe« zu beschreiben, dürfte noch untertrieben sein. Aber gerade diese Art der Herausforderung ist es, die häufig den Anstoß zu einer echten Teamanstrengung gibt. Solche Teams werden selten benannt, gefördert oder auch nur anerkannt. Sie kommen einfach irgendwie zustande, weil die Arbeit getan werden muß. So verhielt es sich auch beim Burlington-Northern-Intermodal-Team, welches dafür sorgte, daß das Unternehmen Ende der achtziger Jahre im Straßen/Schienen-Geschäft den Sprung vom letzten auf den ersten Platz in der Branche geschafft und ein Milliardengeschäft aufgebaut hatte.

Gemeinsam setzten sich die sieben Männer, die schließlich das Team bildeten, ein überwältigendes Ziel: die Schaffung eines völlig neuen Geschäftskonzeptes im Bahnbereich – eines Konzeptes, das nicht nur Burlington Northern, sondern gewissermaßen die gesamte Eisenbahnindustrie verändern würde. Und das, obwohl sie das Gefühl hatten, daß ihnen die etablierten Machtstrukturen bei Burlington Northern extrem feindselig gegenüberstanden. Jeder einzelne der sieben Männer wußte, daß er es mit dem Unternehmen aufnahm. Trotz alledem waren sie von ihrer Chance überzeugt, den Kundendienst der Bahn anders definieren und erneuern zu können. Mit der Zeit entwickelten die Mitglieder ein tiefes Sendungsbewußtsein. Kein Hindernis schien ihnen unüberwindlich. Schließlich wuchsen sie durch das echte Engagement für ihre gemeinsame Sache und füreinander sowie durch das Ausmaß ihrer Leistung zu einem wirklich außergewöhnlichen Team zusammen.

Es geht los

Das Intermodal-Team bildete sich in den Jahren 1981 und 1982. Greenwood war sich der Tatsache bewußt, daß kaum jemand, nicht einmal sein neuer Chef, seinen Optimismus und seine Begeisterung teilte. Er wußte aber auch, daß er das Geschäft nicht allein würde aufbauen können. Es mangelte ihm nicht nur an ausreichenden Ressourcen, sondern mit einer für einen potentiellen Teamführer unerläßlichen Haltung wußte er, daß er nicht alle Lösungen allein finden würde. Er brauchte Hilfe und gewann zunächst einen jungen, in Finanzfragen sehr gewandten Manager namens Mark Cane dafür, aus dem operativen Bereich mit ihm zu kommen. Einen weiteren Enthusiasten fand Greenwood in Emmet Brady, der bereits seit Jahren im Bereich »kombinierter Verkehr« mitarbeitete. Anders als einige seiner eher matten Kollegen fing Brady sofort an Greenwoods Zukunftsvision Feuer und erklärte sich bereit, in jeder erdenklichen Weise und mit größtem Einsatz zu helfen. Eher zufällig stieß ein dritter Mann namens Ken Hoepner von außerhalb des Unternehmens hinzu: Kurz nachdem Greenwood seine neue Aufgabe übernommen hatte, erhielt er einen Anruf von Hoepner, der sowohl im operativen Bereich als auch in der strategischen Planung über Erfahrung verfügte, und der Greenwood um eine Referenz für eine Bewerbung bitten wollte. Bill hatte etwas anderes im Sinn.

»Ich erzählte Bill von dem neuen Job, der mich interessierte«, erinnert sich Hoepner, »als es am anderen Ende der Leitung ganz still wurde. Ich dachte: ›Mist, er hat aufgelegt.‹ Also sagte ich: ›Bill, bist du noch dran?‹«

»Er sagte: ›Ja, ich bin noch dran.‹ Dann fuhr er fort: ›Hör zu Ken, vergiß diesen neuen Job. Laß dir lieber von Intermodal erzählen. Wir wollen etwas völlig Neues auf die Beine stellen. Ich weiß noch nichts Genaues – wir werden bei Null beginnen müssen. Aber wir stellen gerade ein Team zusammen, und ich hätte dich gerne dabei.‹«

Hoepner ahnte eine einmalige Gelegenheit und die Chance, mit seinem alten Freund zusammenzuarbeiten. So willigte er ein. Bei der Erinnerung daran, daß er sich ausgerechnet am 1. April 1981 Greenwood, Brady und Cane anschloß, muß er heute noch lachen. Die vier Männer wandten sich sofort den dringlichsten Punkten zu. Sie schickten sich an, ihre Geschäftseinheit von einem Sammelplatz für Leute mit schwacher Leistung in eine Gemeinschaft aktiver, talentierter Mitarbeiter zu verwandeln – keine sehr leichte Aufgabe! Darüber hinaus suchten und nutzten sie systematisch Vortragstermine innerhalb und außerhalb des Unternehmens, um dem schlechten Image der neuen Art von Geschäft entgegenzuwirken. Schließlich richteten sie gemeinsam mit Vertretern der Eisenbahn eine Taskforce »kombinierter Verkehr« ein, um die Chancen für das neue Transportkonzept zu untersuchen und eine wirklich funktionsübergreifende Strategie zu erarbeiten, um diese Chancen zu ergreifen.

»Ich wurde als Repräsentant der Transportabteilung in die Taskforce berufen«, erzählt Dave Burns, der Anfang 1982 von der Projektgruppe zu Greenwoods Team überwechselte. »Die Burschen von Intermodal hatten folgenden schlauen Gedanken: Wenn, wie sie glaubten, in Zukunft bei der Bahn Fracht anstatt in Güterwaggons auf kombinierte Anhänger verladen würde, so wären sie besser beraten, die Sache so zu drehen, daß die übrigen bei Burlington Northern diese unangenehme Wahrheit aussprechen müßten. Auf diese Weise würde die Geschäftseinheit ›kombinierter Verkehr‹ nicht als Unglücksprophet dastehen.«

Neben Burns nahmen mehr als vierzig Leute aus allen Funktionsbereichen und Geschäftseinheiten der Eisenbahngesellschaft an der Taskforce teil, die fast das ganze Jahr 1981 hindurch im Einsatz war. Die Projektgruppe stimmte der Zukunftsvision Greenwoods zu und feilte sie noch weiter aus. Man sagte zum Beispiel voraus, daß den Güterwaggons Fracht im Wert von fast einer halben Milliarde Dollar verlorengehen würde; das entsprach mehr als einem Zehntel des gesamten Geschäfts von Burlington zu jener Zeit.

Mit ihrer Strategie verfolgte die Task-force drei Stoßrichtungen: Erstens sollten die 160 Verladerampen in ein System von 22 Zentren für den kombinierten Verkehr integriert werden, welche die Frachtlinien von Burlington Northern an die Lkw-Routen auf den Interstate-Highways anschließen würden. Zweitens schlugen sie vor, die veralteten Anlagen des Bereichs durch neue zu ersetzen. Drittens vermutete die Task-force Erfolgsaussichten in der Fähigkeit und Bereitschaft der Gesellschaft, Produkte und Preise zu entwickeln, die den Kundenbedürfnissen entsprechen würden.

Wohlgemerkt: Die Task-force war kein Team. Zunächst einmal war sie als Gruppe von vierzig Leuten zu groß, um als echtes Team funktionieren zu können. Folglich konnte sie nicht das Gefühl der gemeinsamen Verantwortung für die gemeinsamen Leistungsziele entwickeln, das Teams haben. Das bedeutet nicht, daß die Task-force schlecht gearbeitet hätte, ganz im Gegenteil. Angeregt durch das Engagement des Intermodal-Teams gab sie eine Reihe ausgezeichneter Empfehlungen ab.

Greenwood, Hoepner, Cane und Brady waren vom Positionspapier der Task-force begeistert. Nach fast einem Jahr im Bereich »kombinierter Verkehr« hatten sie einen brauchbaren Plan, der zu ihrer wachsenden Begeisterung und ihren Ansprüchen paßte. Darüber hinaus gewannen sie mit Burns von der Transportabteilung und mit Bill Dewitt von der zentralen Planung zwei weitere überzeugte Verfechter ihrer Idee für ihr Team. Im Sommer 1982 stieß auch noch Bill Berry dazu, ein Manager aus dem betrieblichen Bereich.

Interessanterweise hatte zwar Greenwood Cane und Hoepner eindeutig ausgesucht und als Chef der Einheit die anderen Mitglieder des Teams »angestellt«, doch wählte tatsächlich auch jeder Mann sich selbst als Teammitglied. Jeder von ihnen sah eine bedeutsame Herausforderung, der er sich stellen wollte. Greenwood wiederum fand bei ihnen allen jene freudige Erregung, die er selbst bei dem Gedanken empfunden hatte, etwas zu bewerkstelligen. Wie bei den meisten Teams war die Mitgliedschaft eher eine persönliche als eine Personalfrage. Jeder der Männer, Greenwood eingeschlossen, verdiente sich seinen Platz im Team jeden Tag von neuem. Keiner verließ sich auf seine formale Zugehörigkeit oder seine Tätigkeitsbezeichnung. Ihre Rollen ergaben sich aus ihren grundlegenden Fähigkeiten und den jeweiligen Teamerfordernissen.

Die Überwindung von Hindernissen

Alle sieben Männer im Team erkannten bald, daß sich die bis 1981 in der Organisation herrschende Indifferenz gegenüber dem Bereich innerhalb eines Jahres in offene Feindseligkeit verwandelt hatte. Mit zunehmend freimütigen Äußerungen und aggressivem Auftreten provozierte das Team andere bei Burlington Northern durch seine Empfehlung, Kapital, Kunden, Fracht, Arbeitskräfte und Ressourcen von Güterwaggons auf Plattformwagen zu verlagern. Das Team machte kein Geheimnis daraus, daß es eine neue Art von funktionsübergreifender Organisation

55

aufbauen wollte, welche die traditionellen Schranken zwischen Marketing, Betrieb, Buchhaltung, EDV und so weiter niederreißen würde. Und es suchte gezielt nach Wegen zur Zusammenarbeit mit den Lkw-Speditionen. Diese Aussichten beunruhigten jene, die »Business as usual« bequem fanden. Das Team wurde zu einer echten Bedrohung des Status quo.

»Da war dieser schreckliche Gegensatz zwischen der Außenwelt und dem internen Umfeld«, berichtet Greenwood. »Die Außenwelt wußte, daß wir etwas aufbauten. Unternehmensintern jedoch herrschten ein furchtbarer Mangel an Verständnis und Widerstand. Selbst mein eigener Chef wollte uns an den Kragen und trommelte praktisch in der übrigen Marketingorganisation Unterstützung zusammen, um unser Projekt zum Scheitern zu bringen.«

So wie Greenwoods Chef standen viele diesen eigenwilligen Persönlichkeiten und den kühnen Träumen des Intermodal-Teams ablehnend gegenüber. Wann immer sich eine Gelegenheit bot, kritisierten die Neinsager das Projekt lauthals und machten es seinen Verfechtern schwer, an Ressourcen, Informationen, Leute und Genehmigungen zu kommen. Zeitweise ging die Feindseligkeit in Sabotage über. Laut Angaben des Teams manipulierte beispielsweise ein Manager eine Ausschreibung, um zu verhindern, daß das Team gemeinsam mit dem favorisierten Anbieter an einer wichtigen neuen Generation von Plattformwagen arbeitete. All das schweißte das Intermodal-Team nur noch enger zusammen und machte es autarker.

»Jedesmal, wenn man das Firmengebäude betrat«, erinnert sich Ken Hoepner, »schaute man sich um und fühlte sich als Zielscheibe. Für uns hieß das nur eins: ›Burschen, wir sitzen alle in einem Boot!‹«

Gemeinsamkeit beherrschte das Vorgehen des Teams. Das begann schon mit der Zeit, die man gemeinsam verbrachte. Man traf sich jeden Morgen – als Team – von 8.00 Uhr bis 8.20 Uhr. Während des Arbeitstages, der sich viel eher an achtzehn als an den üblichen acht Stunden orientierte, handelten die Teammitglieder ständig in gegenseitigem Einvernehmen. Heute noch erinnert sich jeder der Männer daran, wer von ihnen spät zu Bett ging oder extra früh aufstand, um mit den Telefonaten weiterzumachen, die von morgens bis abends zu erledigen waren. Im ersten Jahr beispielsweise führten Greenwood und Hoepner, echte Nachteulen, fast jeden Abend zwischen elf Uhr und Mitternacht ihre Gespräche. Wann immer eine Frage auftauchte, die man nicht während der morgendlichen Meetings oder bei anderen Gelegenheiten klären konnte, traf sich das gesamte Team Sonntag nachmittags in Greenwoods Haus. Sie verlangten Offenheit und Objektivität voneinander.

»Wenn man eine Idee an dieses Team herantrug«, resümiert Dewitt, »erhielt man zu jeder relevanten Frage eine Menge kritische Hinweise. Jedermann kannte sich mit dem Markt und dem Betrieb aus, jeder wußte Bescheid über die Anlagen und so weiter. Keinem in der Gruppe konnte man etwas vormachen. Das war ein Grund dafür, daß wir einander so sehr vertrauten. Man konnte sich darauf verlassen, daß die anderen, wenn irgend etwas an einem Gedankengang oder seiner Umsetzung nicht stimmte, sofort sagen würden: ›Einen Augenblick. Erklär das noch einmal.‹«

Greenwood bestätigt das: »Wir hatten viele Meinungsverschiedenheiten, es gab verschiedene Vorstellungen, wir betonten verschiedene Bereiche. Aber es herrschten immer Selbstachtung und Respekt den anderen gegenüber.«

Wie alle wirklich effektiven Teams nutzten diese Sieben ihre gegenseitige Aufrichtigkeit und ihren Respekt füreinander, ohne je die gemeinsame Herausforderung aus den Augen zu verlieren. Alle ihre Aktivitäten orientierten sich an denselben Fragen: Was war nötig, um ein Straßen/Schienen-Geschäft bei Burlington Northern aufzubauen? Was mußte jeder, was mußten alle zusammen tun – an dem Tag, in der Woche, in dem Monat – um das Ziel zu erreichen?

>»Für mich«, sagt Dave Burns, »lautete das Schlüsselwort für dieses Team ›gemeinsam‹. Wir teilten alles. Es herrschte völlige Offenheit untereinander. Und das Bedeutendste, was wir gemeinsam hatten, waren ein Ziel und eine Strategie, die wir miteinander entwickelt hatten. Das war unser Orientierungspunkt für jeden Tag: Taten wir etwas, das unseren Plan unterstützte?«

Erfahrungen, die zusammenschweißen

Die einmütige Konzentration des Teams, seine Hingabe und seine Arbeitsmoral griffen auf die gesamte Geschäftseinheit für kombinierten Verkehr über, die bis Mitte 1982 auf 42 Personen angewachsen war. In jenem Frühjahr und Sommer arbeitete jeder in der Einheit an dem Konzept für die Frachtzentren mit, das Burlington Northerns Interesse an dem Geschäft auf die entscheidende Probe stellte: Würde die Gesellschaft das nötige Kapital und die betrieblichen Veränderungen genehmigen, damit der erste wirkliche Schritt zur Implementierung der von der Projektgruppe empfohlenen Strategie getan werden konnte?

Es war sehr zweifelhaft, wie das Konzept ankommen würde. Erstens reichte der Widerstand gegen das Geschäft bis in die oberste Etage des Unternehmens. Zweitens bedeutete die Forderung nach Kapital zur Schließung der 160 Verladerampen und Eröffnung der neuen Frachtzentren einen Eingriff in die wichtigste Ressource des Unternehmens. Drittens machte das Team einen Vorschlag, der

die gesamte Belegschaft schockierte: Es wollte Lastwagen-
fahrer einstellen, um die Frachtzentren zu betreiben, und
zwar in Positionen, in denen sie sich auch Boni verdienen
konnten.

»Die Leute waren noch im Denkschema der Regulierung des Schienenverkehrs gefangen«, erklärt Bill Dewitt, »in dem der Lkw-Fahrer der absolut schlimmste
Feind war, den man sich überhaupt vorstellen konnte.
Und da kamen wir und wollten Trucker bei der Eisenbahn den Betrieb übernehmen lassen.«

Jeder im Team erinnert sich noch lebhaft an den Tag, an
dem das Konzept der Frachtzentren dem Vorstandsvorsitzenden und dem Präsidenten vorgelegt wurde. Die gesamte Geschäftseinheit hatte monatelang an diesem Konzept
gefeilt, und die Erwartungen waren hoch. Greenwood sollte der Wortführer sein, und trotz der Ungeheuerlichkeit
seiner Forderung und des sattsam bekannten Widerstands
dagegen vertraute das Team vollkommen darauf, daß Bill
den Sieg davontragen würde.

Das Meeting war für den frühen Nachmittag anbe-
raumt. Auf den ersten Blick schien es, als ginge jeder im
Geschäftsbereich vollkommen konzentriert seiner Arbeit
nach. Aber es gab keinen Zweifel an der großen Besorgnis
in ihren bescheidenen Räumen in der Firmenzentrale in
Fort Worth. Als der Nachmittag voranschritt, begannen
die Leute, auf den Gängen umherzuwandern, sie standen
in Grüppchen um die Kaffeemaschinen, stellten Vermutungen an und machten sich immer mehr Sorgen. Der Anschein normaler Arbeit kam völlig zum Stillstand. Am
Spätnachmittag fragten die Leute einander offen: »Was
kann denn nur so lange dauern?«

Tatsächlich verlief das Meeting noch schlimmer, als
Greenwood erwartet hatte. Statt einer Stunde dauerte es
fast vier. Einer der hochrangigen Manager stellte sich von
Anfang an offen gegen die Frachtzentren, und weder Fakten noch Gefühl konnten ihn auch nur einen Zentimeter

von seinem Standpunkt abbringen. Glücklicherweise leistete der andere Manager, der am Anfang seiner Laufbahn selbst einmal mit kombiniertem Verkehr zu tun gehabt hatte, vorsichtige Unterstützung. Aber er wollte kein großes Risiko eingehen.

Stundenlang ging man wieder und wieder alle Vorzüge und Risiken des Konzepts durch. Greenwood tat sein Bestes, um Einwände zu widerlegen, Ängste auszuräumen, an geleistete Gefälligkeiten zu erinnern; und er versprach ihnen alles mögliche, um endlich den Durchbruch zu schaffen. Alle seine Bemühungen scheiterten.

»Am Ende«, erzählt Greenwood, »sagten beide Männer, sie würden dem Vorschlag nicht zustimmen, solange Intermodal nicht bewiesen habe, daß es seine Versprechen auch würde halten können. Sie wollten, daß wir mit den Frachtzentren einen Pilotversuch durchführten. Zu allem Überfluß pickten sie dafür die beiden schlechtestmöglichen Standorte heraus.

Einer der beiden glaubte nicht, daß wir in der Lage sein würden, unser gesamtes bestehendes Geschäft aufrechtzuerhalten, während wir die Verladerampen stilllegten und die neuen Frachtzentren errichteten. Daher suchte er Midway in Minnesota aus, wo die größte Anzahl von Rampen stillgelegt werden mußte. Der andere dachte, wir wären nicht in der Lage, das Geschäft entsprechend unserer Planung auszubauen. Daher suchte er Portland aus, wo die Konkurrenz von anderen Bahngesellschaften am härtesten war.«

Greenwood glaubt: »Dieser Test war nur dazu da, uns scheitern zu sehen.«

Als das Meeting beendet war, war Greenwood erschöpft und entmutigt. Es hatte nicht das gebracht, was er erhofft hatte, und sicher nicht das, womit das Team oder die Geschäftseinheit rechneten. Aber es war immer noch besser als gar nichts.

Als Bill am Abend ins Büro zurückkehrte, drängte sich

die ungeduldige Gruppe in dem einzigen Raum, der alle Leute aufnahm. Ihre erwartungsvollen Gesichter machten es Bill noch schwerer, die Nachricht zu verkünden. »Es ist nicht das, was wir uns erhofft haben«, sagte er, »aber wir haben das OK für zwei Frachtzentren. Ich denke, wir sollten es versuchen.«

Bill hatte die Entschlossenheit seiner Gruppe in mancher Hinsicht unterschätzt. Natürlich waren sie enttäuscht, und einen Augenblick lang herrschte Stille. Alle wußten sofort, welche Schwierigkeiten mit den beiden ausgewählten Zentren verbunden waren. Abgesehen davon, daß in Midway/Minnesota zahlreiche Verladerampen stillgelegt werden mußten, und abgesehen vom Wettbewerb in Portland/Oregon mußten die Zentren auch noch im Winter 1982/83 eröffnet werden, zu einer Zeit, da die Bauarbeiten von der Kälte gebremst würden und das Geschäft aufgrund der landesweiten tiefen Depression litt. Eine weniger unabhängige Gruppe mit weniger Engagement hätte möglicherweise entmutigt, frustriert oder im Vorgefühl des Versagens aufgegeben. Nicht so das Intermodal-Team. Man hatte grünes Licht bekommen – zwar nicht für das, was man sich erwünscht hatte, aber immerhin grünes Licht. Sekunden nach Bills Erklärung schwirrten im Raum Zurufe voll Tatendrang, Unterstützung, Entschlossenheit herum.

»Wir hatten diese geballte Energie«, sagt Bill Dewitt. »Ich hatte nie zuvor an einem Projekt teilgenommen, wo alle für den Erfolg relevanten Fragen derart gründlich mit all ihren Wechselwirkungen durchdacht worden waren. Wir wußten bereits, wie wir die Stillegung der Verladerampen abwickeln mußten, wir wußten, wo wir die neuen Anlagen herbekommen würden und wie sie zu betreiben waren. Für uns war es der Startschuß, der uns endlich erlaubte, etwas zu tun.«

Das Team krempelte die Ärmel hoch und arbeitete buchstäblich rund um die Uhr, um das Frachtzentrum in Midway im Oktober und jenes in Portland im November 1982 in Betrieb nehmen zu können. Das Timing hätte wahrlich nicht ungünstiger sein können! Der Winter war noch kälter als gewöhnlich, das Land befand sich in einer Rezession, und wie üblich ging das Frachtgeschäft nach Weihnachten zurück. Aber solche Dinge spornen Teams wie Intermodal erst recht an. Die beiden neuen Burlington-Northern-Terminals übertrafen alle in sie gesetzten Erwartungen, und mit diesem Erfolg bewies das Intermodal-Team endgültig, daß es ein außergewöhnliches Team geworden war.

Engagement und Spaß

Alle echten Teams teilen ein Engagement für ihre gemeinsame Sache. Aber nur außergewöhnliche Teammitglieder wie jene von Intermodal kennen diese Art von echtem Einsatz füreinander. Die sieben Männer entwickelten ein Interesse für- und ein Engagement zueinander, die ebenso tief waren wie ihre Hingabe an die Vision, die sie zu verwirklichen trachteten. Sie kümmerten sich um das Wohlergehen der anderen, unterstützten einander, wann immer notwendig, und arbeiteten ununterbrochen zusammen, um zu erledigen, was auch immer zu erledigen war. Dazu kam, daß jeder von ihnen die Gesellschaft der anderen genoß. Greenwood spricht für das ganze Team, wenn er sagt: »Es gab Dinge, die wir mit dem Rest des Unternehmens machen mußten und die keinen Spaß machten. Aber im Team hatten wir immer Spaß. Man konnte sich geben, wie man war. Wir waren einfach immer gerne zusammen.«

Die Kombination von Engagement füreinander und für die Sache verlieh dem Team eine starke Bedeutung. Dazu Bill Berry: »Wir glaubten wirklich fanatisch an das, was wir anstrebten. Wir wußten, es würde sich nicht nur auf uns, sondern auch auf das Unternehmen auswirken. Wir glaubten, daß wir etwas Großes bewirken würden.«

Fähigkeit und Vertrauen

Das Team zeichnete sich durch zahlreiche Stärken aus. Jeder der Männer galt innerhalb der Gesellschaft als Abtrünniger; jeder glaubte fest an Greenwood. Bemerkenswert ist, daß keiner von ihnen jemals Marketingerfahrungen gesammelt hatte, während sie alle über Erfahrungen im operativen Bereich verfügten. Aber Greenwood hatte nicht auf nachweislichen Marketingerfahrungen bestanden; instinktiv suchte er sich Leute aus, die über das Potential verfügten, um alle für die Bewältigung der Herausforderungen erforderlichen Fähigkeiten zu entwickeln – und die das auch tatsächlich taten.

»Wir kamen in eine Marketinggruppe«, sagt Mark Cane, »dabei hatte niemand von uns je im Marketing gearbeitet. Ich glaube, das war von Vorteil für uns, denn wir gingen unvoreingenommen an die Dinge heran und waren frei von jedem Ballast. Außerdem war uns allen klar, daß wir das Geschäft neu strukturieren mußten, wenn es vermarktungsfähig werden sollte.«

Jeder der Männer übernahm eine eigene Funktion. Es stellte sich heraus, daß Dewitt der beste Marketingmann war; Burns, Brady und Berry konzentrierten sich auf den operativen Bereich, Greenwood auf den Vertrieb, Cane und Hoepner auf Strategie, Finanzierung und Planung. Aufgrund ihrer gemeinsamen operativen Vorbildung und ihrer geringen Erfahrung im Marketing entwickelten die Teammitglieder obendrein austauschbare Fähigkeiten auf diesen Gebieten – was ihr gegenseitiges Vertrauen und ihre Fähigkeit erhöhte und sie flexibler machte, als sie es ansonsten gewesen wären.

Auch die Führung war auf das ganze Team verteilt. Greenwood beschreibt seine eigene Rolle als die eines Mannes, der innerhalb des Teams ein kreatives Umfeld schaffen und sich selbst vorrangig darum bemühen mußte, dem übrigen Unternehmen und dessen Kunden das

Straßen/Schienen-Konzept zu verkaufen. Die intellektuelle Führung lag zu einem wesentlichen Teil bei Dewitt, Cane und Hoepner. Burns übernahm die soziale Führung und sorgte laufend für Ermunterung und positives Feedback.

»Ich habe nie *für* Bill Greenwood gearbeitet«, sagt Hoepner heute, »sondern *mit* ihm.«

Leistung und Belohnung

Nach dem Erfolg der Pilot-Frachtzentren gab es nichts mehr, was dieses starke Team zurückhalten konnte. Als die Finanzabteilung sich weigerte, für die Ausarbeitung einer Preisstruktur ein bereits vorhandenes Kostenmodell zur Verfügung zu stellen, »borgte« das Team sich dieses. Als es an der dringend benötigten Information und EDV-Unterstützung zur Aufstellung einer Gewinn-Verlust-Rechnung für den Bereich fehlte, setzte sich das Team über die Unternehmenspolitik hinweg und besorgte sich eigene PCs. Als die Teammitglieder Kommunikationsausrüstung brauchten, um miteinander und mit dem stetig anwachsenden Netz von Frachtzentren in Kontakt bleiben zu können, umgingen sie die Kommunikationsabteilung und kauften Voice Mail. Das Team spielte fair, aber nach eigenen Regeln. Und die erste Regel lautete: »Was immer nötig ist, um die Leistung zu bringen, wird getan.«

Burlington Northern war seit langen Jahren daran gewöhnt, in den Medien Zurückhaltung zu üben; Intermodal machte viel Reklame. Um die Lkw-Spediteure anzusprechen, verzichtete das Team in seinen Werbeanzeigen bewußt auf Bilder von Zügen – ein Verrat in den Augen der übrigen Eisenbahngesellschaft. In der gesamten Branche strich man die Anhänger weiß; Intermodal ließ die seinen grün streichen. Die Mitglieder dieses Teams waren stets die ersten, die ein neues Gerät ausprobierten; einmal bestellten sie sogar Anhänger, die noch nicht einmal von der für die Interstate-Highways verantwortlichen Kommission zugelassen worden waren.

Dave Burns hat für all das einen Ausspruch geprägt, der wie viele andere für das Team besondere Bedeutung hatte. Er nennt ihn das »Jesuitenprinzip« des Managements: »Um Verzeihung zu bitten ist sehr viel leichter, als um Erlaubnis zu bitten.«

In Anbetracht der Leistungen des Teams mußten seine Mitglieder allerdings nur selten um Verzeihung bitten. Innerhalb von achtzehn Monaten stieg Burlington Northern im kombinierten Verkehr zur Nummer Eins unter den Eisenbahngesellschaften auf und begann dann, sich mit den Lkw-Spediteuren zu messen. Ein neuer Rekord nach dem anderen wurde aufgestellt; von wöchentlich 5000 über 7000 auf 12 000 Anhänger pro Woche, ohne daß die Anzahl der Anhänger selbst erhöht wurde. »Wir überschritten bei weitem die Ergebnisse, die dieses Netzwerk ursprünglich hätte erbringen sollen«, jubelt Greenwood. »Uns wurde schwindlig von den Zahlen.«

Bis auf den letzten Mann sind die Mitglieder von Intermodal voller Stolz auf das, was sie aufgebaut haben. Die Ergebnisse von Burlington Northern übertrafen die höchsten Erwartungen des Teams. Mitglieder des Intermodal-Teams stiegen in der Gesellschaft, die sie solange so hart bekämpft hatte, in hohe Positionen auf: Bill Greenwood wurde Leiter des operativen Geschäfts; Mark Cane übernahm einen 4 Milliarden-Dollar technischen Geschäftsbereich; Bill Dewitt wurde Vizepräsident des Fahrzeugmarketings.

Und dennoch, wenn man mit diesen Männern spricht, scheint ihre größte Belohnung die Arbeit im Team selbst gewesen zu sein. Stellvertretend für die anderen sei Ken Hoepner zitiert, der mit großer Rührung erklärte: »Die meisten Menschen bekommen nie die Chance, in einem solchen Team zu arbeiten. Ich selbst habe weder vorher noch nachher Ähnliches erlebt. Aber ich möchte sofort wieder dabeisein.«

Fazit

Beim Intermodal-Team von Burlington Northern sind zahlreiche Teamaspekte leicht erkennbar. Die Hingabe an eine gemeinsame Aufgabe und eine gemeinsame Herausforderung, das Gefühl der gegenseitigen Verantwortung, die Offenheit und der gegenseitige Respekt im Umgang miteinander, ja selbst die wachsende Zuneigung zwischen den Teammitgliedern – alles das sind Dinge, die jeder von uns in Teams beobachtet oder erfahren hat. Unser gesunder Menschenverstand sagt uns, daß sich unter solchen Bedingungen ein echtes Team und die Leistung, zu der es fähig ist, eher ergeben.

Andere bedeutsame Elemente des Intermodal-Teams sind vielleicht weniger offensichtlich. Beispielsweise hörten wir von diesem Team zum ersten Mal in einem Gespräch mit Greenwood über ein ganz anderes Thema. Wie viele höhere Führungskräfte neigte er dazu, an Teams nur als spezielle Projektgruppen zu denken. Aber als wir begannen, die Eigenschaften echter Teams zu beschreiben, kam ihm sofort das Intermodal-Team in den Sinn, und dabei strahlte er über das ganze Gesicht. Weder Greenwood noch irgendeiner der anderen war je gezielt daran gegangen, ein Team zu bilden; und keiner von ihnen hätte sich selbst oder die anderen als Mitglieder eines Teams bezeichnet.

Ihre Bemühungen um das Team waren kein »zusätzlicher« oder »Extra«-Aufwand in dem Sinn, daß sie dafür Zeit oder Aufmerksamkeit opferten, die sie ansonsten ihren individuellen Aufgaben gewidmet hätten. Ihr Teamansatz bestand einfach in ihrer Art zu arbeiten, nichts weiter. Gewiß verlangte das Ethos der Teamarbeit allen Mitgliedern sehr viel ab, aber nicht auf Kosten der Leistungsanforderung, sondern zu ihrem Nutzen. Viele Menschen, vom Top-Manager bis zum Vorarbeiter, stolpern über diese Unterscheidung. Auch sie gehen häufig davon aus, Teams bedeuteten zu hohe Kosten, falsch eingesetzte Ressourcen und unklare Verantwortlichkeiten. Unglückli-

cherweise nehmen ihnen derartige Annahmen von vornherein die Möglichkeit, das Potential von integrierter Anstrengung im Team und Verpflichtung auszuschöpfen, wo
die gegenseitige Verantwortung über die individuellen Rollen hinausgeht.

Greenwood übersah auch ein anderes subtiles Moment
in der Geschichte. Er verfocht die Ansicht, ausschlaggebend für die Bildung eines Hochleistungsteams sei die anfängliche Auswahl der Mitglieder. Aber gerade die Entwicklung des Intermodal-Teams zeigt deutlich, daß zwar
Bill alle anderen Mitglieder »anheuerte«, das Team sich
gleichzeitig jedoch selbst auswählte – und zwar sowohl zu
Anfang und vor allem auch später, im Laufe der Arbeit.
Brady, Dewitt und Burns wollten mindestens ebenso gern
bei Greenwoods Unternehmen dabeisein, wie Greenwood
sie dabeihaben wollte. Darüber hinaus hing die Mitgliedschaft im Team sehr viel mehr von kontinuierlichen
Beiträgen als von der Auswahl der Leute ab. Wie die Mitglieder aller effektiven Teams mußten auch die von Intermodal ihre Mitgliedschaft jeden Tag neu verdienen. Somit
ist zwar die anfängliche Auswahl wichtig für die Leistungsfähigkeit eines Teams, aber noch wichtiger ist es,
nach der Auswahl jene Bedingungen zu schaffen, die es
den Beteiligten ermöglichen, ihre Mitgliedschaft im Team
kontinuierlich weiterzuentwickeln und zu verdienen.

Schließlich lassen sich anhand des Intermodal-Teams
einige überraschende Schlüsse darüber ziehen, wie viele
Personen an einem Team beteiligt sein können, und welchen Einfluß Teams auf ihre Umgebung haben. In den Gesprächen über diese Geschichte mit den Beteiligten wurde
deutlich, daß die sieben Schlüsselfiguren die einzigen
wirklichen Teammitglieder waren. Sie wollten allerdings
keineswegs mit der Bemerkung, alle anderen hätten nicht
zum Team gehört, den Wert deren Beiträge schmälern.
Vielmehr verwendeten sie laufend Ausdrücke wie »Kern-
truppe« oder »Basisteam«, wenn sie von sich selbst sprachen. Und doch wußten sie instinktiv, daß es etwas gab,
durch das sich ihre Rollen von denen der übrigen fünf-

undvierzig Leute in der Intermodal-Geschäftseinheit abhoben.

Tatsächlich verdeutlicht die Geschichte beispielhaft den bisher nicht ausreichend gewürdigten Einfluß, den ein echtes Team auf das »erweiterte Team« in seiner Umgebung ausüben kann. Durch ihre Einstellung und ihr Verhalten bringen Teams wie Intermodal Schwung und Zielrichtung für die Anstrengungen anderer, so daß sich ihre Arbeit weit über die vom Team selbst erzielten Ergebnisse hinaus auswirkt. Dieses Phänomen des erweiterten Teams geht über Teamwork und gegenseitige Unterstützung hinaus, indem es Richtung, Motivation, Werte und Leistungsstandards der erweiterten Gruppe klärt und intensiviert. Aus diesem Grund sind wir überzeugt, daß einer der besten Wege zur Verbesserung des Leistungsethos einer Gesamtorganisation in der Förderung einiger weniger echter Teams besteht.

Wir halten die Geschichte des Intermodal-Teams für bemerkenswert. Diese sieben Männer und das erweiterte Team um sie machten aus einer großen Chance ein Milliarden-Dollar-Geschäft, und das im Angesicht großer Widerstände. Sie alle erlebten etwas Besonderes, Unvergeßliches, etwas, das größer war als sie selbst. Zugegeben, ihr Engagement und ihre Erfolge waren außergewöhnlich. Aber allein der Erfolg ihrer Anstrengung wirft im Vergleich mit weniger wirkungsvoll genutzten Teamchancen in unser aller Leben eine Reihe von Fragen auf. Wenn Teams ein derart attraktives Leistungspotential bieten, warum übersehen wir so oft die Möglichkeit eines Teameinsatzes oder nutzen sie nicht richtig? Warum sind die Erfolgsvoraussetzungen für Teams so viel einfacher zu erkennen als umzusetzen? Welche Einstellungen, Annahmen und Gewohnheiten versperren uns den Weg? Offen gesagt sind wir zu der Überzeugung gekommen, daß die Antworten auf diese Fragen, ebenso wie das ungenutzte Potential von Teams überall um uns, zum Großteil im Verständnis und der konsequenten Anwendung der bewährten Team-Leistungsprinzipien liegen.

Kapitel 3

Der Teamrahmen: Arbeits-definition und Methodik

Wozu den Begriff »Team« definieren? Vor allem, um deutlich zu machen, was *wir* darunter verstehen, denn mit dem Wort verbindet fast jeder etwas anderes. Die einen denken ausschließlich an den Sport, wo Coaching, »individuelle Bestleistungen« und harte Arbeit, um zu siegen, am meisten bedeuten. Andere denken an die mit Teamarbeit verbundenen Werte, wie »kooperieren«, »teilen« und »einander helfen«. Manche denken, jede Gruppe, die zusammenarbeite, sei ein Team; andere glauben, jede Management-Gruppierung sei ein Team; wieder andere denken bei dem Begriff hauptsächlich an Gemeinschaften zwischen zwei Personen wie etwa jene in Ehe und Partnerschaft.

Auch begegnen wir vielen verschiedenen Ansichten zu Kosten und Nutzen von Teams. Die einen glauben wie wir, daß Teams ein hervorragendes Medium für Leistung sind. Andere halten es für den größten Wert des Teams, das Selbstvertrauen seiner Mitglieder aufzubauen und zu festigen oder Engagement, Delegation von Verantwortung und Teamarbeit auf breiter Basis zu fördern. Manche Leute glauben, Teams seien nur für die Arbeit an kurzfristigen Projekten von Wert. Auf der anderen Seite sind viele Leute der Meinung, Teams verschwendeten Zeit, vergeudeten Ressourcen und behinderten entschlossene individuelle Aktion und Leistung. Wieder andere sind überzeugt, die Mitwirkung in Teams setze sie unerfreulichen persönlichen Risiken aus, wie etwa dem Verlust hierarchischer Kontrolle.

Aufgrund dieser unterschiedlichen Einschätzungen müssen wir eine klare Definition aufstellen, um die Fallbeispiele in diesem Buch interpretieren zu können. Wir wollen auch klären, was wir *nicht* tun wollen: Wir lassen uns nicht darüber aus, was das Wort »Team« für andere bedeuten sollte. Die in diesem Buch beschriebenen Gruppen könnten mit zahlreichen Etiketten versehen werden. Wir hätten sie als »effektive Gruppen« oder »Leistungskader« bezeichnen können. Wir hätten auch einen neuen Terminus erfinden können. Statt dessen entschieden wir uns für die Bezeichnung »Team« (eigentlich »echtes Team«, wie Sie später sehen werden). Der Leser sollte ruhig die Termini verwenden, die er am hilfreichsten findet. Wir bieten unsere Definition nicht an, um bestimmte Etikettierungen zu verfechten, sondern um die für dieses Buch relevanten Inhalte zu vermitteln. Wir wollen uns darauf konzentrieren, was Teams tun, und nicht darauf, wie sie genannt werden.

Kernstück unserer Definition von Teams ist unsere grundlegende Prämisse, daß Teams und Leistung untrennbar miteinander verknüpft sind. Wir sind überzeugt, daß das wirklich engagierte Team die produktivste Leistungseinheit darstellt, die dem Management zur Verfügung steht – *vorausgesetzt, das Team ist für ganz spezifische Resultate kollektiv verantwortlich, und das Leistungsethos des Unternehmens verlangt diese Resultate auch.*

Allerdings widmen die meisten potentiellen Teams ebenso wie die Unternehmen, denen sie angehören, weder den Leistungsstandards der Unternehmen noch dem Existenzzweck und den Zielen des jeweiligen Teams genügend Aufmerksamkeit. Das Ergebnis ist, daß allzu viele Teams hinter ihren Leistungsmöglichkeiten zurückbleiben. Innerhalb des Teams ist nichts so entscheidend wie das Engagement jedes einzelnen Teammitglieds zu einer gemeinsamen Sache und einer Reihe damit verbundener Leistungsziele, für die die Gruppe sich gemeinsam verantwortlich fühlt. Jedes Mitglied muß überzeugt sein, daß der Existenzzweck des Teams ausschlaggebend für den Erfolg des Unternehmens ist; und gemeinsam müssen sie darauf achten, bei der Bewertung ihrer Leistungen hinsichtlich dieser Aufgabe ehrlich zu sein. Es geht nicht nur darum, daß jedes einzelne Mitglied von seiner Aufgabe besessen ist, sondern daß *alle* Mitglieder von *derselben* Aufgabe besessen sind. Ohne diese innere Teamdisziplin bleiben die Ergebnisse des Teams hinter seinen Möglichkeiten zurück.

Innerhalb einer Organisation ist kein einzelner Faktor von derart ausschlaggebender Bedeutung für die Bildung wirkungsvoller Teams wie die Klarheit und Schlüssigkeit der unternehmensweit übergeordneten Leistungsstandards – des »Leistungsethos«. Unternehmen mit sinnvollen, genau definierten Leistungsstandards ermutigen und unterstützen effektive Teams, denn sie helfen ihnen, ihre eigenen Ziele maßzuschneidern und zu verstehen, wie sie durch Erreichung dieser Ziele die übergeordneten Bestrebungen des Unternehmens unterstützen können. Das Leistungsethos eines Unternehmens gibt den Anstrengungen des Teams Sinn und Richtung.

Der entscheidende Zusammenhang zwischen Teams und außergewöhnlicher Leistung ist nicht unsere Erfindung. Eher ist er das wichtigste, was wir bei der Arbeit an diesem Buch von Teams und Nicht-Teams gelernt haben. Im Rahmen unserer Auseinandersetzung mit dem Thema Team lasen wir Dutzende ausgezeichneter Artikel und Bücher, um herauszufinden, was Experten über das Thema zu sagen hatten. Ihre Aussagen waren sehr hilfreich, und wir haben sie in den Abschnitt »Literaturauswahl« am Ende des Buches aufgenommen. Aber nur im Gespräch mit Menschen, die Mitglieder eines Teams oder potentiellen Teams sind oder waren, entwickelten wir unsere Definition, die ein Team von einer Personengruppe mit gemeinsamer Aufgabenstellung unterscheidet:

Ein Team ist eine kleine Gruppe von Personen, deren Fähigkeiten einander ergänzen und die sich für eine gemeinsame Sache, gemeinsame Leistungsziele und einen

*gemeinsamen Arbeitsansatz engagieren und gegenseitig
zur Verantwortung ziehen.*

Wir werden diese Definition im Verlauf des Buches immer
wieder aufgreifen, denn es ist allzu leicht für potentielle
Teams, darüber hinwegzusehen. Wir betrachten sie weniger als eine Definition, sondern vielmehr als einen wesentlichen Verhaltenskodex, der, sofern er umgesetzt wird,
sowohl die Bildung von Teams als auch Leistung zur Folge
hat.

Wenige Mitglieder

Praktisch alle Teams, denen wir begegnet sind, über die
wir gelesen und gehört haben oder an denen wir beteiligt
waren, hatten zwischen zwei und fünfundzwanzig Mitgliedern. Die meisten zählten, ebenso wie das Burlington-Northern-Team, weniger als zehn Personen. Daher haben
wir den Begriff »kleine Gruppe« in unsere Definition aufgenommen.

Wir geben zu, daß die Teamgröße nicht dieselbe Bedeutung hat wie eine sinnvolle gemeinsame Sache, spezifische Leistungsziele, ein gemeinsamer Arbeitsansatz, einander ergänzende Fähigkeiten und gegenseitige Verantwortlichkeit. Diese fünf Aspekte sind absolut unverzichtbar.
Die »kleine Gruppe« ist eher ein pragmatischer Richtwert.
Eine größere Zahl von Personen, etwa fünfzig oder mehr,
können theoretisch auch ein Team bilden. Aber Gruppen
von dieser Größe zerfallen leichter in kleinere Subteams,
als daß sie wie ein einziges Team funktionieren.

Warum? Weil größere Gruppen von Menschen – eben
aufgrund ihrer Größe – Schwierigkeiten haben, konstruktiv als Gruppe miteinander umzugehen; geschweige denn,
Einigkeit über spezifische nachkontrollierbare Gesichtspunkte herzustellen. Zehn Personen können viel eher als
fünfzig über die individuellen, funktionalen und hierarchischen Unterschiede hinweg auf ein gemeinsames Ziel hin-

arbeiten und gemeinsam die Verantwortung für die Ergebnisse übernehmen.

Große Gruppen müssen sich mit logistischen Problemen auseinandersetzen, etwa mit der Beschaffung von genügend Raum und Zeit für die nötigen Treffen. Diese Gruppen stehen auch vor komplexeren Beschränkungen wie etwa Gruppen- oder Herdenverhalten, welche den intensiven Meinungsaustausch verhindern, der für die Bildung eines Teams unverzichtbar ist. Das Resultat: Große Gruppen neigen dazu, sich auf eine weniger klare Aufgabendefinition zu einigen – die üblicherweise von den hierarchischen Führern vorgegeben wird – und sie machen die Werte der Teamarbeit zu ihrem Arbeitsansatz. Und wenn die Werte der Teamarbeit dann versagen, greift man wieder auf formale Hierarchie, Struktur, Politik und festgelegte Abläufe zurück.

Selbst kleine Personengruppen wachsen nicht allein dadurch, daß sie sich auf Werte der Teamarbeit stützen, zu einem Team zusammen. Nehmen wir zum Beispiel Sandy Charlab, eine Lehrkraft an der Dutchess Day School in Millbrook/New York. Wie andere ihrer Kollegen absolvierte auch Sandy Teamtrainingskurse in der Hoffnung, für die Kinder eine bessere Lehrerin und Beraterin zu werden. Nach dem Training verbesserte sich die Teamarbeit zwischen Lehrern und Verwaltungsangestellten, was die Atmosphäre der Schule positiv beeinflußte.

Aber auf die Frage, ob sie und die anderen ein Team geworden seien, antwortet Sandy: »Nein. Wir behandeln einander nun zwar etwas besser. Und wir treffen uns regelmäßig, um den Teamgedanken am Leben zu erhalten. Aber abgesehen vom allgemeinen Wunsch, ›etwas zu verbessern‹, wissen wir im Grunde nicht, warum wir das eigentlich tun. Ich habe sogar bemerkt, daß unsere Versammlungen in letzter Zeit zu einer Pflichtübung geworden sind – wir treffen uns eher, weil wir glauben, wir müssen, als weil wir wollen.«

Wenn Versammlungen zu einer Pflichtübung werden, ist das ein Zeichen dafür, daß die Leute in der Gruppe nicht mehr genau wissen, warum sie eigentlich zusammengekommen sind, abgesehen davon, daß sie das Gefühl haben, so besser miteinander zurechtzukommen. Die meisten Leute betrachten dies als Zeitverschwendung. Für gewöhnlich erreichen große Gruppen diesen kritischen Punkt sehr viel eher als kleine.

Daher haben Gruppen mit mehr als zwanzig oder fünfundzwanzig Mitgliedern Schwierigkeiten, zu echten Teams zu werden. Wie jedoch die Geschichte von Burlington Northern zeigt, können ziemlich große Gruppen als erweiterte Teams funktionieren, die durch den Einfluß eines echten Teams mitten unter ihnen zu Leistungen angespornt werden, die weit über das bei einer hierarchischen Ordnung zu erwartende Maß hinausgehen. Die leistungsfähigsten erweiterten Teams entstehen dort, wo das echte Team wie bei Burlington Northern Intermodal an der Spitze operiert. Aber auch andere Teams können diese Art von Wirkung erzeugen. Im nächsten Kapitel erzählen wir zum Beispiel die Geschichte des »ELITE«-Teams, eines Teams von Leuten »an der Front«, das zahlreiche Kollegen dazu anregte, als erweitertes Team zu agieren und dadurch wiederum die Leistung des Unternehmens beträchtlich zu steigern.

Trotzdem sind die hier vorgenommenen Unterscheidungen wegen der begrenzten Anwendbarkeit des Teamkonzepts wichtig. Erweiterte Teams, so wirkungsvoll sie auch sein mögen, sind keine echten Teams. Aus den oben aufgezeigten Gründen sind große Gruppen für gewöhnlich nicht in der Lage, sich wie echte Teams auf eine gemeinsame Sache, Ziele, Ansatz und gegenseitige Verantwortlichkeit zu einigen. Und wenn sie es versuchen, gelangen sie normalerweise nur zu einem oberflächlichen »Auftrag« und zu gutgemeinten Intentionen. Daraus ergibt sich, vielleicht entgegen der Intuition, daß die Vorzüge eines Teams eher auf eine große Gruppe ausgedehnt werden können, indem man Teilgruppen davon signifikante Leistungsziele vorgibt und diesen Teilgruppen dann dabei hilft, zu echten Teams zu werden. Ein echtes Team im Herzen einer großen Gruppe ist eher geeignet, die Leistungen der Gesamtgruppe zu haben, als jede noch so große Zahl von Erklärungen zur Aufgabenstellung oder zur Teamarbeit.

Einander ergänzende Fähigkeiten

Teams müssen die richtige Mischung von Fähigkeiten finden, das heißt all jene komplementären Fähigkeiten, die erforderlich sind, um die Aufgabe des Teams zu erfüllen. Diese Fähigkeiten gliedern sich in drei Kategorien:

- *Fachliche oder funktionelle Sachkenntnis.*
  Es wäre wenig sinnvoll, wollte eine Gruppe von Ärzten einen arbeitsrechtlichen Fall vor einem Gerichtshof ausfechten. Jedoch führen *Teams* von Ärzten und Rechtsanwälten häufig über ärztliche Kunstfehler oder Personenschäden Prozesse. Ebenso haben in der Produktentwicklung Gruppen, die ausschließlich aus Marketingfachleuten oder aus Ingenieuren bestehen, geringere Erfolgsaussichten als solche, in denen beide Berufszweige mit ihren einander ergänzenden Fähigkeiten vertreten sind.

- *Fähigkeiten zur Problemlösung und Entscheidungsfindung.*
  Teams müssen imstande sein, die vor ihnen liegenden Probleme und Chancen richtig zu erkennen und die Handlungsoptionen auszuwerten. Schließlich müssen sie abwägen und entscheiden, wie sie weiter vorgehen sollen. Die meisten Teams brauchen einige Mitglieder, die diese Fähigkeiten von vornherein mitbringen, obwohl viele Teams sie am besten im Verlauf der Arbeit entwickeln.

- *Fähigkeiten für den Umgang miteinander.*
  Eine von allen geteilte Perspektive und eine gemeinsame Aufgabe können nicht ohne effektive Kommunika-

tion und konstruktive Auseinandersetzungen entstehen, die ihrerseits von entsprechenden Fähigkeiten abhängen. Dazu gehören die Fähigkeit, Risiken auf sich zu nehmen, konstruktive Kritik zu äußern, Objektivität zu wahren, aktiv zuzuhören, im Zweifel dem anderen Recht zu geben, Unterstützung zu leisten und die Interessen und Leistungen anderer anzuerkennen.

Der gesunde Menschenverstand sagt uns, daß es ein Fehler ist, bei der Auswahl eines Teams nicht auf Fähigkeiten zu achten. Ohne ein Mindestmaß an einander ergänzenden Fähigkeiten, insbesondere solcher technischer und funktionaler Natur, kann ein Team nicht zu arbeiten beginnen. Und kein Team kann seinen Zweck erfüllen, ohne alle erforderlichen Fähigkeiten auf den verschiedenen Ebenen zu entwickeln. Es ist überraschend, wie viele Teams immer noch hauptsächlich danach zusammengestellt werden, wie sie zusammenpassen, oder nach der formalen Stellung der Mitglieder in der Organisation.

Interessanterweise besteht aber ein ebenso üblicher Irrtum darin, die Fähigkeiten bei der Teamauswahl *überzubetonen*. So bezeichnet beispielsweise ein Großteil der Populärliteratur über Teams den richtigen Fähigkeiten-Mix als eine Voraussetzung für die Auswahl der Mitglieder und bietet – insbesondere für die den Umgang miteinander betreffenden Fähigkeiten – regelrechte Rezepte an. Im Verlauf unserer Studien trafen wir allerdings nicht auf ein einziges Team, dessen Mitglieder von Anfang an über alle nötigen Fähigkeiten verfügt hätten. Wir entdeckten jedoch, daß Teams ein wirkungsvolles Medium für persönliches Lernen und persönliche Entwicklung sind. Ihre Leistungsorientiertheit hilft Teams dabei, rasch zu erkennen, welche Fähigkeitslücken bestehen und welcher spezifische Weiterentwicklungsbedarf für die Mitglieder sich daraus ergibt. Das gemeinsame Bekenntnis eines Teams zu seinen Zielen fördert eine gesunde Furcht vor dem Versagen. Das hat nichts mit der schwächenden Unsicherheit derer zu tun, deren Lernfähigkeit gefordert ist. Und nicht zuletzt fördert der Sinn jedes Mitglieds für seine persönliche Verantwortung dem Team gegenüber seine Lernbereitschaft. Ist der natürliche Individualismus einmal in den Dienst einer gemeinsamen Sache und einer gemeinsamen Zielsetzung gestellt, so fördert er das Lernen im Team. Bestimmte technische und funktionale Fähigkeiten ausgenommen, haben wir alle das Potential, um die in einem Team nötigen Fähigkeiten zu erlernen. Und unser Individualismus treibt die meisten von uns dazu an, irgendeinen Weg zu suchen, um einen eigenständigen, besonderen und individuellen Beitrag zum Team zu leisten. Solange also das *Potential* an Fähigkeiten vorhanden ist, sorgt die Teamdynamik dafür, daß sich die Fähigkeiten auch herausbilden.

Beispielsweise hatte nicht ein einziges Mitglied des Intermodal-Teams von Burlington Northern eine spezifische Marketingausbildung, obwohl es sich hier in mancher Hinsicht um eine klassische Marketing-Aufgabe handelte. Aber wie die Geschichte zeigt, resultieren viele der Vorteile und Erfolge eines Teams daraus, daß den Mitgliedern Gelegenheit zur persönlichen Weiterentwicklung geboten wird, nachdem sie in das Team eingetreten sind. So hatte beispielsweise ein Fabrikleiter, der zu einem mit der Entwicklung einer Geschäftsstrategie beauftragten Team bei Weyerhaeuser gehörte, das Gefühl, er behindere das Team aufgrund seiner mangelnden Erfahrung mit Computern. Da er aber dem Team unbedingt angehören wollte, verbrachte er seine Freizeit damit, in Eigenregie seine Fähigkeiten am Computer weiterzuentwickeln. General Electric schult neue Mitarbeiter routinemäßig in Fähigkeiten im Umgang miteinander und Problemlösung, um ihnen eine Grundlage zur effektiven Mitarbeit in Teams zu geben. Als bei Motorola eine Mitarbeiterin eines Teams um ihre Versetzung bat, da sie nicht lesen konnte und die übrigen Teammitglieder nicht aufhalten wollte, bestand das Team darauf, ihr das Lesen beizubringen und verfolgte dann seine Ziele weiter. Die Herausforderung für jedes potentielle Team liegt also darin, bei der Zusammenstellung jener komplementären Fähigkeiten, die zur Erreichung der langfristigen Teamaufgabe notwendig sind, das richtige Gleichgewicht zwischen Auswahl und Entwicklung der Mitglieder zu finden.

Engagiert für eine gemeinsame Sache und gemeinsame Leistungsziele

Der Zweck und die Leistungsziele eines Teams gehören zusammen. Und in der Tat haben wir noch kein echtes Team gefunden, das nicht beides besessen hätte. Die kurzfristigen Leistungsziele des Teams müssen stets direkt mit seiner übergeordneten Zielsetzung zusammenhängen; andernfalls werden die Teammitglieder wirr, streben auseinander und fallen auf ein mittelmäßiges Leistungsverhalten zurück.

1. *Ein gemeinsamer, sinnvoller Existenzzweck gibt die Richtung an.*

Teams entwickeln eine Zielrichtung, Schwung und Engagement, indem sie auf die Definition einer sinnvollen gemeinsamen Sache hinarbeiten. Die Verinnerlichung dieser Zielsetzung und das Bekenntnis dazu ist jedoch durchaus vereinbar damit, daß dem Team zunächst von außerhalb eine Richtung vorgegeben wird. Die oft gehörte Behauptung, ein Team könne seinen Zweck nur verinnerlichen, wenn sich das Management von dem Team vollkommen fernhalte, verwirrt potentielle Teams eher, als daß sie ihnen hilft. Tatsächlich ist es ein Ausnahmefall – als Beispiel seien unternehmerische Situationen genannt –, wenn sich ein Team seine Aufgabe wirklich völlig selbständig schafft.

Die meisten Teams definieren ihren Zweck als Reaktion auf eine Forderung oder eine Chance, die – üblicherweise vom Management – an sie herangetragen wird. Jenes Team von Xerox-Forschern, das den Personal Computer erfand, definierte seine Zielsetzung, nachdem der Vorstandsvorsitzende von Xerox zur Entwicklung einer »Informationsarchitektur« aufgerufen hatte. Das Rockingham-Dri-Loc-Team der Sealed Air Corporation begann mit der Formulierung seines übergreifenden Ziels, als es vom Management die Anweisung erhielt, die Abfallmengen und die Ausfallzeiten zu reduzieren. Die Deal-to-Steel-Projektgruppe der Enron Corporation machte es zu seinem Ziel, Enrons Verträge für Pipelinekonstruktionen in großem Stil zu verbessern, als das Top-Management seine Unzufriedenheit mit der Bürokratie und den zahlreichen Hindernissen geäußert hatte.

Anfängliche Führung durch das Management hilft dem Team, in Gang zu kommen, denn sie umreißt grob die Leistungsanforderungen des Unternehmens. Robert Waterman und Tom Peters bezeichnen dies als »Lösungsraum«: Die Grenzen und Reichweite der Autorität werden klar genug umrissen, um die Zielrichtung anzugeben, aber auch flexibel genug, um jene Modifikationen zu ermöglichen, die für die Entstehung von Engagement nötig sind. Umseitige Abbildung ist eine der besten Illustrationen einer Management-Richtlinie für Teams. Sie wurde bei Procter & Gamble während der eindrucksvollen und umwälzenden Veränderung und Leistungsverbesserung der Jahre 1985 bis 1991 entwickelt. Sie definiert eindeutig den Existenzzweck, die Begründung und die Aufgabenstellung für das Team, läßt diesem jedoch genügend Lösungsspielraum zur Festlegung spezifischer Ziele, des Zeitschemas und des Arbeitsansatzes.

Die besten Teams investieren ungeheuer viel Zeit und Energie in die Formulierung und Definition eines Existenzzwecks, über den sich alle Mitglieder einig sind und den diese sowohl gemeinsam als auch einzeln ihr eigen nennen können. Tatsächlich schließen echte Teams diese Auseinandersetzung mit ihrer übergreifenden Zielsetzung niemals ab, denn sie ist wichtig, um die Implikationen für die Teammitglieder aufzuzeigen. Sofern genug Zeit und echte Aufmerksamkeit investiert werden, entstehen unweigerlich ein oder mehrere weitreichende, sinnvolle Zielvorstellungen, die das Team motivieren und seinen zusätzlichen Einsatz rechtfertigen.

Nehmen Sie als Beispiel die Äußerungen dreier verschiedener Leute zum Zweck und den impliziten Werten des »Zebra-Teams« von Kodak. Dieses Team managt fünfzehnhundert Kodak-Angestellte, die für die Herstellung von siebentausend verschiedenen Schwarzweiß-Filmprodukten verantwortlich sind:

»Schwarzweiß ist unsere Lösung – Wir sind alle Partner.«
»Unsere Arbeit und unsere Ergebnisse begeistern uns so sehr, daß wir meinen, das übrige Unternehmen sollte von uns lernen.«
»Wir sind verrückt. Wir machen alles, solange es uns weiterbringt.«

Diese Äußerungen sagen, wie in den meisten Fällen, dem Team mehr als einem zufälligen erstmaligen Beobachter; schließlich hat das Team viel Zeit investiert, um sich darüber klarzuwerden, was es erreichen will und warum. Würde man die Mitglieder des Zebra-Teams aber um eine Interpretation bitten, so würden sie sagen, daß diese Aussagen ihr gemeinsames Bestreben beschreiben, sich an die Spitze einer unternehmensweiten umfassenden Veränderungsinitiative bei Kodak zu setzen, die Werte Partnerschaft und Risikobereitschaft zu verbreiten und die Bedeutung des Schwarzweiß-Films bei Kodak – wo bisher der Farbfilm im Rampenlicht war – unter Beweis zu stellen.

Wohlgemerkt: Das Zebra-Team hat sich sehr wohl klare Leistungsziele gesteckt – so etwa Erhöhung der Gewinne, gleichzeitige Reduzierung der Taktzeiten und der Zwischenbestände, Senkung der Produktionskosten, Verbesserung der Kundenzufriedenheit und der Lieferzuverlässigkeit. Hätte es solche Ziele nicht gehabt, so wäre es kein Team geworden oder geblieben. Aber nach einigen Jahren der ständigen Teamdiskussionen, Entscheidungen, Maß-

Satzung für Initiative-Team

Aufgabe:	Einführung neues Produkt XYZ bis 5. März 1993
Begründung:	(Verbraucher, Käufer, Konkurrenz, Kosten usw.)
Zielsetzungen Input:	(Produktdesign und -zuverlässigkeit, Kosten, Produktionsvolumen/-palette/-rahmen, Preisgestaltung, Kapital usw.)
Zielsetzungen Output:	(Erträge, Volumina, Konsumentenpräferenzen, Zeitpunkt und Kosten der Markteinführung usw.)
Team-Mitglieder:	
Team-Prozeß:	
Sponsoren:	

Entscheidende Herausforderungen	Bewältigung durch
– Unterschiedliche Anlagen in jedem Werk – Reduzierung der Zeit für den Farbwechsel – Verfügbarkeit von wesentlichen Rohmaterialien – Sicherstellung eines raschen Vertriebs bei minimalen Altbeständen	

Wichtige Meilensteine	Timing	Investition in $	Verfügbarkeit von Daten
– Start der Kapitalisierung – Baubeginn – Start der Kapitalisierung – Produktionsbeginn – Auslieferungsbeginn			

nahmen und erneuten Diskussionen beschreiben die hier zitierten drei Leute eine Mission, die weit über betriebswirtschaftliche Aspekte hinausgeht.

Gruppen, denen es nicht gelingt, zu Teams zusammenzuwachsen, haben selten einen gemeinsamen Existenzzweck entwickelt und verinnerlicht, den sie in spezifische und realisierbare Ziele übersetzen können. Aus irgendeinem Grund – das kann eine unzureichende Konzentration auf Leistung, fehlendes Engagement oder schwache Führung sein – wachsen sie nicht rund um eine Herausforderung zusammen. Die Geschäftsleitung eines führenden Finanzdienstleistungsunternehmens bietet dafür ein gutes Beispiel: Nachdem die Gesellschaft viele Jahre lang branchenführend gewesen war, begann ihre Wettbewerbsposition gegen Ende der achtziger Jahre abzubröckeln. Und wie so oft bei langjährigen Branchenführern, dauerte es eine Weile, bis man über die Bedrohung sprach, geschweige denn, ihr Ausmaß zur Kenntnis nahm.

Bis zum Jahr 1991 war es dem Unternehmen jedoch gelungen, eine zuverlässige Wettbewerbsstrategie auszuarbeiten, welche die Gesellschaft in jeder Beziehung wieder auf die Erfolgsschiene zu bringen versprach. Unglücklicherweise wandelte die Geschäftsleitung diese Strategie nicht in eine effektive Teamaufgabe um. Eine tief verwurzelte Angewohnheit des Individualismus, verstärkt durch starke, ausgeprägte Persönlichkeiten und wahrscheinlich auch mangelnde Kenntnis der Notwendigkeit eines Teamansatzes, hinderten die Beteiligten daran, ein spezifisches Teamanliegen zu entwickeln – und folglich auch daran, ein Team zu werden. Ohne gemeinsames Engagement für einen übergeordneten Existenzzweck des Teams müssen Gruppen wie diese Geschäftsleitung zwangsläufig ohne eine Zielrichtung vorgehen, *zu der sie übereinstimmende Vorstellungen haben.*

Was aber macht eine Zweckdefinition wie die des Zebra-Teams von Kodak so wirkungsvoll? Zunächst einmal ist eine gemeinsame Sache das Ergebnis gemeinschaftlicher Kreativität und kommt nur aufgrund der engagierten Zusammenarbeit des Teams zustande. Daher vermittelt dieser Zweck sowohl Stolz als auch Verantwortungsgefühl. Gute Teams betrachten ihre gemeinsame Sache oft als Pflänzchen, das ständig gehegt und gepflegt sein will. Es ist selbstverständlich, daß sie anfangs mehr Zeit mit der Formulierung verbringen; aber auch dann, wenn das Team bereits aktiv ist, setzen sich die Mitglieder in regelmäßigen Abständen erneut mit ihrer Zweckvorstellung auseinander, um sich über deren Bedeutung für das Vorgehen des Teams klar zu werden. Und sie setzen diese Auseinandersetzung mit ihrem Existenzzweck so lange fort, wie das Team besteht.

Aufgrund der intensiven Diskussionen rund um den Existenzzweck des Teams umfaßt dieser ein breites und vielgestaltiges Spektrum von Inhalten, die das Team besonders bei der Verfolgung seiner Ziele leiten. Unzählige Szenarien über Kundenbedürfnisse, Leistungsstärken der Konkurrenz, behördliche und andere Richtlinien, externe und interne Beschränkungen werden entworfen. Dadurch können die Teammitglieder auf Herausforderungen jederzeit reagieren, in dem Bewußtsein, das Vertrauen und die Unterstützung ihrer Mitstreiter zu genießen – und zwar so lange, wie die unternommenen Schritte im Hinblick auf die gemeinsame Sache sinnvoll sind. Mit anderen Worten: Risiken, die sonst vielleicht nicht eingegangen würden, werden ohne viel Aufhebens akzeptiert.

Nicht zuletzt aber vermittelt ein gemeinsames Anliegen dem Team eine Identität, die über die Summe der beteiligten Einzelpersonen hinausgeht. Diese Teamidentität sorgt dafür, daß Auseinandersetzungen – für ein Team ebenso notwendig wie bedrohlich – stets konstruktiv bleiben, denn sie gibt einen sinnvollen Standard vor, anhand dessen Interessenskonflikte zwischen einzelnen und dem Team gelöst werden können. Mit dem Existenzzweck im Hinterkopf weiß jedermann im Team, wann die individuellen Vorstellungen eines einzelnen nicht mehr mit den Interessen des Teams in Einklang stehen und daher in den Hintergrund treten müssen, um ein Auseinanderbrechen des Teams zu verhüten.

2. Spezifische Leistungsziele sind ein integrierender Bestandteil des Existenzzwecks eines Teams.

Der erste Schritt eines Teams, das einen für seine Mitglieder sinngebenden Existenzzweck definieren will, besteht darin, weit gefaßte Richtlinien in spezifische und meßbare

Leistungsziele umzuwandeln. Spezifische Ziele – etwa jenes, ein neues Produkt in der Hälfte der üblichen Zeit auf den Markt zu bringen, auf alle Kundenfragen innerhalb von vierundzwanzig Stunden zu reagieren, oder eine Null-Fehler-Quote bei gleichzeitiger 40prozentiger Kostenreduktion zu erreichen – geben einem Team aus verschiedenen Gründen sicheren Halt.

Erstens definieren sie ein *Arbeitsprodukt des Teams,* welches sich sowohl von der Perspektive des Gesamtunternehmens als auch von der Summe der Arbeitsziele einzelner unterscheidet. Um die Arbeitsprodukte von Teams effektiv zu machen, müssen alle Teammitglieder mehr oder weniger gleichwertige Beiträge erbringen; nur so kann etwas Spezifisches zustandekommen, das bereits für sich einen echten Zusatzwert für das Unternehmensergebnis schafft.

Zweitens erleichtern spezifische Leistungsziele die klare Kommunikation und konstruktive Auseinandersetzung innerhalb des Teams. Ein Beispiel: Bei Sealed Air Corporation* setzte sich eines der Teams auf Werksebene das Ziel, die durchschnittliche Dauer der Maschinenumrüstung auf zwei Stunden zu senken. Die Klarheit dieses Ziels zwang das Team, sich darauf zu konzentrieren, wie es zu erreichen war – oder noch einmal ernsthaft darüber nachzudenken, ob man nicht ein anderes Ziel definieren sollte. Wenn solche Ziele klar formuliert sind, kann das Team seine Diskussionen gezielt darauf richten, wie sie zu erreichen sind oder ob sie geändert werden sollen; sind die Ziele mißverständlich oder gar nicht existent, so sind die Diskussionen viel weniger produktiv.

Drittens hilft es einem Team, seine Konzentration auf die Erzielung von Resultaten aufrechtzuerhalten, wenn es

---

* Sealed Air ist ein leistungsstarker Hersteller von Verpackungsmaterialien und -systemen. Seine Bestrebungen, mit Hilfe des breit angelegten Einsatzes von Teams Weltklassefähigkeiten in der Fertigung aufzubauen, werden in Kapitel 10 beschrieben.

sich an spezifischen Leistungszielen orientieren kann. Ein Produktentwicklungsteam der Peripheral Systems Group von Eli Lilly legte ganz konkrete Vorgaben für die Markteinführung einer Ultraschallsonde fest, mit deren Hilfe Ärzte bei ihren Patienten tiefliegende Venen und Arterien lokalisieren können. So sollte die Sonde ein Signal abgeben, das durch Gewebe in festgelegter Dicke hörbar war, sie sollte in einer Stückzahl von 100 Exemplaren täglich produziert werden können, und die Stückkosten sollten einen im vorhinein festgelegten Betrag nicht übersteigen. Darüber hinaus verpflichtete sich das Team selbst, das Produkt in der Hälfte jener Zeit zu entwickeln, die in dem Unternehmensbereich üblich war. Da jede dieser Zielvorgaben erreichbar und meßbar war, wußte das Team während des gesamten Entwicklungsprozesses stets, wo es stand. Entweder hatte es seine Ziele erreicht oder nicht.

Viertens haben spezifische Zielsetzungen, wie Outward Bound und andere Programme zur Teambildung zeigen, einen nivellierenden Effekt, der dem Teamverhalten förderlich ist. Wenn eine kleine Gruppe von Menschen sich der Herausforderung stellt, eine Mauer zu überwinden, einen Berg zu erklimmen oder eine Wüste zu durchqueren – oder eben die Taktzeit um die Hälfte zu verkürzen – so rücken die jeweiligen Titel, Einkommen und sonstigen »Abzeichen« in den Hintergrund. Erfolgreiche Teams legen statt dessen Wert darauf, was und wie jeder einzelne am besten zur Erreichung des Teamziels beitragen kann. Und wichtiger noch: Sie gehen dabei eher vom Leistungsziel selbst aus, als vom Status des einzelnen oder dessen Persönlichkeit.

Fünftens sollten spezifische Zielsetzungen dem Team ermöglichen, auf dem Weg zu seinem Ziel kleine Siege zu erringen. *Kleine Siege sind von unschätzbarem Wert für den Aufbau von Engagement unter den Teammitgliedern* und für die Überwindung der Hindernisse, die unweigerlich der Erreichung einer sinnvollen langfristigen Zielsetzung im Wege stehen.

Sechstens und letztens: Leistungsziele fordern das

Team. Sie bringen die Mitglieder dazu, sich dafür einzusetzen, daß sie als Team wirklich etwas bewegen.

Die Verbindung aus Spannung, Dringlichkeit und einer gesunden Angst vor dem Versagen treibt ein Team an, wenn es sein kollektives Augenmerk auf ein erreichbares Ziel gerichtet hat. Das Eli-Lilly-Team beispielsweise, das sich mit der medizinischen Sonde befaßte, setzte seinen Stolz aufs Spiel, als es sich dazu verpflichtete, das neue Produkt in Rekordzeit auf den Markt zu bringen. Niemand außer dem Team konnte es schaffen. Es war seine Herausforderung.

3. Die Kombination ist ausschlaggebend für die Leistung.

Der Existenzzweck und die spezifischen Leistungsziele eines Teams stehen in einer symbiotischen Beziehung zueinander; jeder der beiden Faktoren kann nur zusammen mit dem anderen relevant bleiben und am Leben gehalten werden. Die spezifischen Leistungsziele helfen einem Team, die Fortschritte seiner Arbeit zu verfolgen und die Verantwortung dafür zu übernehmen, die in der übergreifenden Zielsetzung eines Teams zusammenfließenden allgemeineren, noch höher gesteckten Ziele vermitteln sowohl Sinn als auch emotionale Kraft. Das Zebra-Team etwa verband übergeordnete Ambitionen (unter anderen die, »dem Schwarzweiß-Film wieder einen angemessenen Platz bei Kodak zu sichern«) und spezifische Zielsetzungen, wie die Reduzierung der Taktzeiten und Verbesserung der Lieferzuverlässigkeit, und gab damit ein hervorragendes Beispiel dafür, was ein Team auf Dauer zusammenhält: Eine übergeordnete Zielsetzung und konkrete Leistungsziele, die sowohl wirtschaftlich als auch sozial, sowohl rational als auch emotional, sowohl leistungsorientiert als auch sinngebend sind.

Meist werden sich die übergreifende Zielsetzung und die gemeinsame Sache aus der beharrlichen Verfolgung spezifischer Leistungsziele ergeben. Das im nächsten Kapitel beschriebene ELITE-Team des *Tallahassee Democrat* machte aus seinem anfänglichen Ziel, Fehler in der Anzeigenabteilung zu beseitigen, den bedeutungsvolleren Existenzzweck, den Kundenservice insgesamt zu verbessern.

Manchmal beginnt ein Team allerdings mit einer ansprechenden und edlen Zielsetzung und arbeitet hart, um diese in spezifische und greifbare Leistungsziele zu übersetzen. So berichtete beispielsweise das PBS-Programm »Schools in America«* von vier unter großem wirtschaftlichen Druck stehenden Schulen, deren Lehrkörper entschlossen waren, »zu beweisen, daß unsere Jugendlichen ebenso erfolgreich sein können wie wirtschaftlich besser gestellte Schüler in den öffentlichen Schulen in Amerika«. Erst später formulierten die Teams meßbare Zielvorgaben für Prüfungsergebnisse, Anwesenheitsraten und Abschlüsse. Manche Teams beginnen mit klar definierten Leistungszielen, andere gelangen erst nach einigem Umhertasten dahin. Aber gleich in welcher Reihenfolge, die für erfolgreiche Teamarbeit unverzichtbare klare Ausrichtung ergibt sich aus der stetigen Integration von übergreifender Zielvorstellung und Leistungszielen.

Engagement für einen gemeinsamen Arbeitsansatz

Teams müssen auch einen gemeinsamen Arbeitsansatz erarbeiten, das heißt, sie müssen sich darauf einigen, wie sie zusammenarbeiten werden, um ihren Existenzzweck zu erfüllen. Tatsächlich sollten sie darauf genausoviel Zeit und Mühe verwenden, wie auf die Formulierung der übergreifenden Zielsetzung. Der Arbeitsansatz eines Teams muß sowohl eine wirtschaftlich-administrative wie auch eine soziale Komponente umfassen. Um der wirtschaftlich-administrativen Herausforderung gerecht werden zu können, müssen alle Teammitglieder in äquivalentem Um-

---

* Nähere Details dazu in Kapitel 7.

fang »echte« Arbeit leisten, also Arbeit, die über das Kommentieren, Überprüfen und Entscheiden hinausgeht. Die Teammitglieder müssen sich darüber einig sein, wer von ihnen für welche bestimmte Tätigkeit zuständig ist, wie Zeitpläne festgelegt und eingehalten werden, welche Fähigkeiten entwickelt werden müssen, wodurch man sich die fortdauernde Mitgliedschaft verdient und wie die Gruppe Entscheidungen fällt beziehungsweise modifiziert einschließlich der Bedingungen, unter denen der Arbeitsansatz selbst zu modifizieren ist. Übereinstimmung über die Einzelheiten der Arbeit und darüber, wie sie sich zwecks Integration der individuellen Fähigkeiten und Förderung der Teamleistung ineinanderfügen, ist entscheidend für die Festlegung eines gemeinsamen Arbeitsansatzes. Es liegt wohl auf der Hand, daß ein Arbeitsansatz, der die gesamte echte Arbeit an einige wenige Teammitglieder (oder Mitarbeiter außerhalb des Teams) delegiert und nur im Rahmen von Revisionsvorgängen und Diskussionsmeetings die Möglichkeit zum »gemeinsamen Arbeiten« gibt, kein echtes Team zusammenhalten kann.

Häufig behandeln Teams den sozialen Aspekt der Arbeit so, als habe er nichts mit der Leistung zu tun. Effektive Teams jedoch haben stets Mitglieder, die ständig sowohl wichtige Sozial- wie auch Führungsfunktionen erfüllen, indem sie herausfordern, interpretieren, unterstützen, integrieren, erinnern und zusammenfassen. Diese Funktionen fördern das gegenseitige Vertrauen und die konstruktive Herausforderung; beide Elemente sind Bedingungen für den Erfolg des Teams. In den besten Teams übernimmt jedes Mitglied je nach Situation verschiedene soziale Funktionen. Als Folge entwickelt jedes Team seine eigenen, charakteristischen Methoden, um einander gegenseitig anzuspornen, zu unterstützen, auf Kurs zu halten und die gegenseitige Aufrichtigkeit zu wahren. Es muß jedoch darauf hingewiesen werden, daß solche Rollen mit der Zeit entstehen, wenn Leistungsanforderungen zu erfüllen sind. Wer über die nützlichen sozialen Funktionen in Teams gelesen hat und nun glaubt, er müsse von vornherein ein Team »mit allen richtigen Komponenten« aufstellen, der macht einen Fehler.

Das Drei-Mann-Team, welches den Bereich Irvington von Garden State Brickface leistungsmäßig vom Schlußlicht zum Spitzenreiter unter den Unternehmensbereichen machte, hörte nie auf, darüber zu diskutieren, auf welche Weise man die Nummer Eins werden könnte – und ob und warum es wichtig war, die Nummer Eins zu werden. Garden State ist ein kleines Bauunternehmen, das sich auf dekorative Ziegelfassaden und Stuckarbeiten spezialisiert hat, wobei das Kundenspektrum von mittelständischen Hausbesitzern bis zu weltberühmten Architekten reicht. Jeder Auftrag ist eine Einzelanfertigung, bei dem Hunderte von Pannen – von gesprungenen Ziegeln über Farb- und Strukturfehler bis zu Schäden an den Gebäuden – den Kunden verärgern können.

Zu dem Zeitpunkt, da Charlie Baum, Doug Jimmink und John Patterson die Sanierung von Irvington ins Auge faßten, hatte der Bereich bereits mehrere leistungsschwache Jahre hinter sich. Die Projekte zogen sich zu lang hin, die Kosten waren außer Kontrolle geraten, und die Qualität ließ zu wünschen übrig. Häufig weigerten sich unzufriedene Kunden zu bezahlen. In der Firma waren Diebstähle, Unfälle, Drogen- und Alkoholmißbrauch an der Tagesordnung. Für all diese Probleme machte der Verkauf die Produktion verantwortlich und umgekehrt.

Jeder der drei Männer brachte seine eigenen Stärken und Schwächen mit ins Team. Charlie, der Bereichsleiter, war Absolvent einer Eliteuniversität und ehemaliger Unternehmensberater mit großen analytischen Fähigkeiten und einem festen Glauben an Werte wie Fairneß und Integrität. Allerdings sah Charlie weder aus wie einer, der Ziegelverblendungen macht, noch wußte er besonders viel über diese komplizierte Arbeit. Überhaupt hatten er und die Arbeiter in Irvington nicht allzuviel gemeinsam.

Doug, als Geschäftsleitungsmitglied für den Verkauf zuständig, war ein geborener Verkäufer und mit allen Wassern gewaschen. Mit seinem temperamentvollen Wesen gelang es ihm zwar, das Verkaufspersonal anzuspornen, aber er war nur wenig an den administrativen Details seiner Position interessiert.

John, dem die Produktion unterstand, hatte sich innerhalb der Firma hochgearbeitet. Er kannte sich mit Ziegelfassaden bestens aus und wußte über das Leben der Arbeiter Bescheid. Anders als Charlie und Doug hatte er keine Management-Vorbildung, und es fehlte ihm an umfassendem Verständnis des Ziegelfassadengeschäfts – er wußte nicht, womit unter dem Strich wirklich Geld verdient wurde.

Als diese drei Männer nun ihren Arbeitsansatz entwickelten, um Irvington zur Nummer Eins innerhalb von Garden State zu machen, rückten ihre formalen Titel gegenüber den wichtigeren Funktionen, Fähigkeiten und praktischen Kenntnissen in den Hintergrund:

- Charlie wurde zur wichtigsten Kontaktperson beim Kundenservice. Er schlug Zielsetzungen vor, vermittelte Wissen, wachte über die Fairneß und hielt die Verbindung zur Unternehmenszentrale. Auch war er die Integrität in Person.
- Doug motivierte, forderte und inspirierte das Team und seine Verkaufscrew. Gemeinsam mit John fand er heraus, wie man am besten dafür sorgen konnte, daß Verkauf und Produktion auf Dauer konstruktiv an der Erreichung der von Charlie gesetzten Ziele arbeiten würden.
- John verbreitete Charlies Glauben an die Fairneß unter den Mitgliedern, sorgte dafür, daß Charlie nicht zu sehr vom Boden abhob, und wurde zum wichtigsten Ansporner und Unterstützer der Belegschaft. Er wurde auch Charlies »Klassenbester«, d. h., er lernte die wirtschaftlichen Grundlagen des Geschäftes mit Ziegelfassaden und wurde so zu einem wichtigen Vorbild für den ganzen Bereich.
- Die Vorgaben für Planung und Problemlösungen definierten sie auf der Basis von Kundenerwartungen, be-

triebswirtschaftlichen Zusammenhängen des Ziegelfassadengeschäfts, spezifisch für jeden Auftrag, und der Weiterentwicklung der Mitarbeiterfähigkeiten.

- Die drei trafen sich zum Spielen (Basketball, Baseball, Darts) und schufen so eine lockere und offene Atmosphäre, in der Teamfragen zur Sprache gebracht, diskutiert und geklärt werden konnten. Dazu Doug: »Diese Dart-Zielscheibe löste mehr Probleme, als man sich je vorstellen könnte.«

Natürlich standen diese Funktionen, Fähigkeiten und Praktiken nicht am ersten Tag fest, an dem sich die drei Männer trafen. Auch wurden sie nicht von Charlie (dem Chef) vorgeschrieben. Sie nahmen im Verlauf endloser Gespräche darüber, wie das Team angesichts der bestehenden Herausforderungen seinen Existenzzweck erfüllen könne, Gestalt an. Die Wirkung entsteht hier dadurch, daß der Arbeitsansatz des Teams ständig von neuem an Zweck und Ziele angepaßt wird. Während das Garden-State-Team nach Wegen für seine Zusammenarbeit suchte, entwickelte es gleichzeitig die nötigen Kenntnisse und den Mut, um zahlreiche schwierige Hindernisse in Angriff zu nehmen, so zum Beispiel:

- Ganz zu Beginn akzeptierte John eine Bestellung von einem Vertreter, der dem Kunden ein derart niedriges Angebot gemacht hatte, daß Garden State unmöglich etwas an dem Auftrag verdienen konnte. Johns Vorgänger hatten solche Aufträge stets abgelehnt, John wußte jedoch, daß die Beziehung zwischen Verkauf und Produktion für den Arbeitsansatz von Garden State wichtiger war als der Gewinn bei einem einzigen Auftrag. Da die Provision für den Vertreter wichtig war, wollte John beweisen, daß er und die Produktionsleute alles in ihrer Macht stehende tun würden, um den Auftrag erfolgreich auszuführen.
- Das Team formulierte neue Ansätze für Bezahlung, Schulung und Information, um die Profitabilität jedes

Auftrags deutlich zu machen. Jede neue Mannschaft erhielt die nötigen Informationen, um die Gewinnmöglichkeiten bei einem Auftrag beeinflussen zu können, außerdem eine Schulung in der Verwendung der Daten zur Leistungssteigerung und, je nach dem Ergebnis jedes Auftrags, entsprechende Bonuszahlungen.

- Die Männer richteten eine »Ziegelfassaden-Akademie« ein, die während der kalten, geschäftlich flauen Wintermonate betrieben wurde und die darauf abzielte, jedermann die Gesamtzusammenhänge des Geschäfts nahezubringen. Diese Weiterbildung »on-the-job« erhielt später eine Auszeichnung durch den amerikanischen Kongreß.

- Das Team änderte das System der Aufgabenzuteilung: Während der alte Ansatz sich an funktionaler Spezialisierung orientiert und an verschiedenen Tagen verschiedene Leute zusammengeführt hatte, war der neue Ansatz darauf ausgerichtet, die Crew intakt zu halten. Dann führten sie eine Mannschaftsauswahl durch, ähnlich wie bei den Teams im Profisport, bei der die Arbeiter selbst die Crew zusammenstellten. Als Folge gelang es Irvington, seine Basiskosten signifikant zu senken und gleichzeitig die Qualität seiner Leistungen zu verbessern.

Gewiß hätte jeder dieser Männer einige dieser Dinge auch dann erreichen können, wenn er auf sich allein gestellt in einer Hierarchie gearbeitet hätte. Aber wir meinen, daß solche Initiativen – sowohl für sich allein genommen als auch in ihrer Gesamtheit – sehr viel eher unter den Bedingungen eines allgemein akzeptierten und kontinuierlich adaptierten Teamansatzes geboren werden. Wenn einzelne sich in eine Teamsituation begeben, insbesondere in einem unternehmerischen Rahmen, hat jeder von ihnen von vornherein eine Aufgabenstellung sowie seine Stärken und Schwächen, die spezifische Vorkenntnisse, Talente, persönliche Eigenschaften und Einstellungen widerspiegeln. Nur indem die Mitglieder einer Gruppe dies aneinander entdecken und verstehen lernen, wie sie all dieses Humankapital in den Dienst einer gemeinsamen Sache stellen können, kann diese Gruppe wirklich gemeinsam den Teamansatz entwickeln und beschließen, der sich am besten für die Erreichung ihrer Ziele eignet. Das Wesentliche bei solchen langwierigen und oft schwierigen Interaktionen ist ein Prozeß des Aufbaus von Engagement, in dessen Verlauf das gesamte Team objektiv untersucht, wer am besten für welche Aufgabe geeignet ist und wie die verschiedenen individuellen Funktionen zusammenwirken können. Damit besiegelt das Team schließlich, bezogen auf die gemeinsame Sache, einen sozialen Vertrag zwischen den Mitgliedern, der ihre Zusammenarbeit leitet und festschreibt.

Wechselseitige Verantwortlichkeit

Keine Gruppe wird je zu einem Team, bevor ihre Mitglieder nicht alle die wechselseitige Verantwortlichkeit anerkennen. Neben gemeinsamem Zweck und Ansatz ist dies ein weiterer Prüfstein für das Team. Denken Sie nur an den feinen, aber bedeutsamen Unterschied zwischen den Aussagen »Ich bin dem Chef verantwortlich« und »Wir übernehmen selbst die Verantwortung«. Der erste Fall kann zum zweiten führen, aber ohne den zweiten kann es kein Team geben.

Keim der Teamverantwortlichkeit sind die aufrichtigen Versprechen, die wir uns selbst und anderen geben, Versprechen, welche zwei vorrangige Charakteristika des Teams unterstreichen: Engagement und Vertrauen. Indem wir versprechen, für die Ziele des Teams Verantwortung zu übernehmen, gewinnt jeder von uns das Recht auf Äußerung seiner eigenen Ansichten zu allen Aspekten der Teamarbeit sowie auf faire und konstruktive Auseinandersetzung mit seinen Standpunkten. Indem wir ein solches Versprechen einhalten, bewahren und vertiefen wir das Vertrauen, auf dem jedes Team aufbauen muß.

Die meisten von uns tasten sich an eine potentielle Teamsituation vorsichtig heran; unser tief verwurzelter Individualismus hält uns davon ab, unser Schicksal in die Hände anderer zu geben. Teams können nicht erfolgreich sein, wenn sie diese individualistische Haltung »fortwünschen« oder einfach ignorieren. Gegenseitige Versprechen und wechselseitige Verantwortlichkeit können ebensowenig erzwungen werden, wie es möglich ist, Menschen Vertrauen zueinander aufzuoktroyieren. Nichtsdestotrotz wächst die gegenseitige Verantwortlichkeit im allgemeinen als ein natürliches Gegenstück zur Entwicklung eines Existenzzwecks, von Leistungszielen und Arbeitsansatz. Verantwortlichkeit wächst mit der Zeit, der Energie und den Aktivitäten, die investiert wurden, um sich darüber klar zu werden, was das Team erreichen will und wie es das am besten kann – um diesen Einsatz dann wiederum zu verstärken. Wenn Menschen auf dem Weg zu einem gemeinsamen Ziel gemeinsam echte Arbeit leisten, so entstehen Vertrauen und Engagement. Folglich übernehmen Teams mit einer starken gemeinsamen Zielsetzung und Arbeitsansatz zwangsläufig selbst die Verantwortung für die Teamleistungen, und zwar als Einzelpersonen ebenso wie als Team.

Die spezifischen Leistungsziele eines Teams bieten auch einen Maßstab für die Verantwortlichkeit: Beispiele sind das Sealed-Air-Team, welches die Dauer der Maschinenumstellung um zwei Stunden reduzieren wollte, oder das Eli-Lilly-Team, welches sein neues medizinisches Gerät in Rekordzeit auf den Markt bringen wollte. Während solche Zielsetzungen diskutiert und die dazugehörigen Arbeitsansätze entwickelt werden, werden die beteiligten Personen – mit der Zeit – vor eine immer klarere Wahl gestellt: Sie können die Zielsetzung und den vom Team eingeschlagenen Weg mißbilligen und folglich das Team verlassen; oder sie können mitmachen und an der Seite ihrer Teamkollegen in die gemeinsame Verantwortung hineinwachsen.

Die Verantwortlichkeit ist damit ein guter Test für die

Zielsetzung und den Arbeitsansatz eines Teams: Wenn es einer Gruppe an wechselseitiger Verantwortung für die Leistung mangelt, dann deswegen, weil es ihr nicht gelungen ist, eine gemeinsame Zielsetzung und einen gemeinsamen Arbeitsansatz zu entwickeln, welche sie als Team zusammenhalten könnten. Die Leitung des zuvor erwähnten Finanzdienstleistungsunternehmens ist ein Beispiel für dieses Problem. Jedes einzelne Mitglied dieser Gruppe ist ein erfahrener Experte, der wiederholt seine Bereitschaft unter Beweis gestellt hat, jede ihm zugeteilte Aufgabe anzunehmen und zu erfüllen. Individuelle Verantwortlichkeit ist jedem von ihnen vertraut. Jedoch gelang es ihnen während der Krise nicht zu zeigen, daß sie innerhalb des Teams die gegenseitige Verantwortung für sämtliche Aspekte der Unternehmensleistung übernahmen. Sie blieben ausschließlich individuell verantwortlich – ein sicheres Zeichen dafür, daß ihnen eine gemeinsame Zielsetzung, gemeinsam angestrebte Arbeitsergebnisse und Übereinstimmung über den einzuschlagenden Weg fehlten. Wenn man hingegen eine Gruppe von Personen beobachtet, die wirkliche Selbstverpflichtung und Verantwortung für die Ergebnisse ihrer gemeinsamen Arbeit empfindet, so kann man fast mit Gewißheit davon ausgehen, daß diese Gruppe eine klar definierte Zielsetzung hat und sich über den Arbeitsansatz einig ist.

Fazit

Obwohl wir alle mit Teams vertraut sind, sind unsere Gedanken darüber ungenau. Daher können Sie wertvolle Hinweise zur Steigerung der Leistungen Ihres Teams gewinnen, indem Sie wirklich verstehen lernen, was ein Team ist und was nicht – und vor allem, wie sehr Teams und Leistung einander bedingen. Unpräzise Vorstellungen über Teams verlieren allerdings an Bedeutung im Vergleich zu der undisziplinierten Einstellung, mit der die meisten von uns an potentielle Teamsituationen herangehen. Teams entstehen nicht durch Zauberei. Auch hat die persönliche Affinität zwischen den Mitgliedern nicht die Bedeutung, die ihr von den meisten Leuten beigemessen wird. Wir glauben vielmehr, daß bei konsequenter Anwendung der hier angebotenen Definition die Leistungen von Teams beträchtlich verbessert werden können. Und Konzentration auf die Leistung – nicht auf Affinität oder Gemeinschaftsgefühl oder gutes Verständnis oder angenehme Atmosphäre – ist der entscheidende Gestaltungsfaktor eines Teams.

Wenn Sie nun an die Analyse der gegenwärtigen Situation Ihrer Gruppe gehen, möchten wir Sie zunächst bitten, über jedes der sechs grundlegenden Teamelemente nachzudenken: 1. Ist die Gruppe klein genug? 2. Haben die Mitglieder einander ergänzende Fähigkeiten auf adäquatem Niveau und ein angemessenes Fähigkeitspotential in allen drei für die Teamleistung relevanten Bereichen? 3. Hat die Gruppe eine übergeordnete, sinnvolle Zielsetzung, die alle Mitglieder erfüllen wollen? 4. Verfügt sie über eine Reihe spezifischer Leistungsziele, die von allen anerkannt werden? 5. Wird der Arbeitsansatz von allen Mitgliedern verstanden und geteilt? 6. Fühlen die Mitglieder sich einzeln und gemeinsam für die Ergebnisse der Gruppe verantwortlich?

Diese Fragen sind zwar schon recht unzweideutig; aber es lohnt sich wahrscheinlich, jede einzelne von ihnen noch näher auszuloten, um praktische und nachvollziehbare Erkenntnisse über mögliche Verbesserungen zu gewinnen. Konkret:

1. Zahl der Mitglieder ist klein genug:
   a) Kann die Gruppe sich leicht und oft versammeln?
   b) Können Sie mit allen Mitgliedern leicht und häufig kommunizieren?
   c) Sind die Diskussionen offen, und können sich alle Mitglieder daran beteiligen?
   d) Versteht jedes Mitglied die Rollen und Fähigkeiten der anderen?

e) Benötigt Ihre Gruppe mehr Mitglieder, um ihre Ziele zu erreichen?

f) Sind Sub-Teams möglich oder nötig?

2. Adäquates Niveau einander ergänzender Fähigkeiten:

a) Sind alle drei Fähigkeitenbereiche tatsächlich oder potentiell im Team vorhanden (funktional/technisch, Problemlösung/Entscheidungsfindung, Umgang miteinander)?

b) Verfügt jedes Mitglied in allen drei Bereichen über genügend Potential, um seine Fähigkeiten bis zu dem Niveau zu entwickeln, welches Existenzzweck des Teams und Arbeitsansatz erfordern?

c) Sind irgendwelche der für die Teamleistung erforderlichen Fähigkeiten nicht oder nicht ausreichend vorhanden?

d) Sind die Mitglieder einzeln und gemeinsam gewillt, die erforderliche Zeit zu investieren, um sich selbst und den anderen dabei zu helfen, die nötigen Fähigkeiten zu erlernen und weiterzuentwickeln?

e) Sind Sie imstande, bei Bedarf neue oder zusätzliche Fähigkeiten hinzuzufügen?

3. Wirklich sinnvolle Zielsetzung:

a) Stellt sie eine weitreichende, über lediglich kurzfristige Ziele hinausgehende Ambition dar?

b) Ist es eine Teamzielsetzung, im Gegensatz zu einer für die Gesamtorganisation geltenden oder einer nur individuellen Zielsetzung (z. B. der Führungsperson)?

c) Verstehen und beschreiben sie alle Mitglieder gleich? Und tun sie dies, ohne auf verschwommene Abstraktionen zurückzugreifen?

d) Verfechten sie die Mitglieder in Diskussionen mit Außenstehenden entschieden?

e) Nehmen die Mitglieder häufig Bezug darauf und erläutern ihre Implikationen?

f) Enthält die Zielsetzung Aspekte, die besonders sinnvermittelnd und bedeutungsvoll sind?

g) Haben die Mitglieder das Gefühl, der Zweck sei wichtig oder sogar mitreißend?

4. Spezifisches Ziel oder Ziele:
   a) Handelt es sich um Teamziele, im Gegensatz zu für die Gesamtorganisation geltenden oder lediglich individuellen Zielen (z. B. der Führungsperson)?
   b) Sind sie klar definiert, einfach und meßbar? Sofern sie nicht meßbar sind: Kann ihre Erfüllung überprüft werden?
   c) Sind sie realistisch und zugleich anspruchsvoll? Ermöglichen sie »Teilsiege«?
   d) Verlangen sie eine Reihe konkreter Team-Arbeitsprodukte?
   e) Ist ihre jeweilige Bedeutung und Priorität allen Mitgliedern klar?
   f) Sind alle Mitglieder einverstanden mit den Zielen, mit ihrer relativen Bedeutung und mit der Art und Weise, in der ihre Verwirklichung gemessen wird?
   g) Drücken alle Mitglieder die Ziele auf dieselbe Weise aus?

5. Klarer Arbeitsansatz:
   a) Ist der Ansatz klar und konkret, wird er von allen Beteiligten verstanden und geteilt? Wird er dazu führen, daß die gesteckten Ziele erreicht werden?
   b) Nutzt und stärkt er die Fähigkeiten aller Mitglieder optimal? Deckt er sich mit anderen Anforderungen an die Mitglieder?
   c) Verlangt er von allen Mitgliedern, echte Arbeit zu gleichen Teilen beizutragen?
   d) Ermöglicht er offene Interaktion, sachliche Problemlösung und ergebnisorientierte Bewertung?
   e) Drücken alle Mitarbeiter den Ansatz auf dieselbe Weise aus?
   f) Ermöglicht er Modifikationen und Nachbesserungen im Lauf der Zeit?
   g) Werden systematisch neue Anregungen und Perspek-

tiven gesucht und aufgenommen, etwa durch Information und Analyse, neue Mitglieder und einflußreiche Förderer.

6. Gefühl wechselseitiger Verantwortlichkeit:
   a) Sind die Mitglieder individuell und gemeinsam verantwortlich für Existenzzweck, Ziele, Ansatz und Arbeitsergebnisse des Teams?
   b) Können sie die Fortschritte an den spezifischen Zielen messen, und tun sie es?
   c) Fühlen sich alle Mitglieder für alle Maßnahmen verantwortlich?
   d) Sind sich die Mitglieder darüber im klaren, wofür sie individuell und wofür sie gemeinsam verantwortlich sind?
   e) Herrscht die Einschätzung vor, daß alle Beteiligten »nur als Team scheitern können«?

Die Antworten auf diese Fragen werden Ihnen zeigen, bis zu welchem Grad Ihre Gruppe als ein echtes Team funktioniert und an welchen Punkten Sie Ihre Bemühungen zur Leistungssteigerung verstärken können. Diese Fragen setzen strenge Standards, und die aufrichtige Beantwortung stellt möglicherweise eine größere Herausforderung dar, als Sie erwartet haben. Gleichzeitig können Sie jedoch, indem Sie sich den Antworten stellen, rasche Fortschritte bei der Ausschöpfung des vollen Teampotentials erzielen. In Teil II werden wir detaillierter beschreiben, was potentielle Teams nun tun, um bei der Beantwortung dieser Fragen – und, was wichtiger ist, bei der Steigerung der eigenen Leistung – »Punkte zu sammeln«.

Kapitel 4

Hochleistungsteams:
Einige hilfreiche Modellbeispiele

Gelegentlich entstehen Teams, die nicht nur alle in sie gesetzten Erwartungen übertreffen, sondern auch die Leistungen sämtlicher unter ähnlichen Umständen arbeitenden Teams in den Schatten stellen. Diese »Hochleistungsteams« überraschen sogar sich selbst. Die sieben Männer, die das Intermodal-Geschäft von Burlington Northern aufbauten, waren solch ein Team; ebenso das ELITE-Team des *Tallahassee Democrat* sowie das Dallas-Mafia-Team, von denen dieses Kapitel handelt. Was diese Teams erreichten, war außergewöhnlich.

Die Geschichten über Hochleistungsteams handeln von Engagement. Wie jedes echte Team muß auch ein Hochleistungsteam aus wenigen Personen bestehen, welche über die erforderlichen Fähigkeiten sowie über Zielsetzung, Arbeitsansatz und Verantwortlichkeit verfügen, wie sie in unserer Arbeitsdefinition beschrieben sind. Was ein Hochleistungsteam jedoch von anderen unterscheidet, ist das Maß an Engagement, insbesondere des Einsatzes der Mitglieder füreinander. Ein derartiger Einsatz ist weit mehr als Anstand und Teamarbeit. Jedes Mitglied unterstützt alle anderen aufrichtig bei der Erreichung ihrer persönlichen wie auch beruflichen Ziele. Überdies reicht ein solcher Einsatz über die Tätigkeit im Unternehmen und sogar über die Lebensdauer des Teams selbst hinaus.

Jennifer Futernick, die zu dem in Kapitel 5 besprochenen Hochleistungsteam Rapid Response gehört, nennt das Gefühl, das ihre Teamkollegen miteinander verbindet, eine Art Liebe. Eine typischere, aber nicht unbedingt sehr viel andere Beschreibung liefert Ken Hoepner vom Intermodal-Team bei Burlington Northern: »Es war nicht nur so, daß wir einander vertrauten und einander respektierten – uns lag wirklich etwas aneinander. Wenn wir jemand Verletzlichen sahen, eilten wir ihm zu Hilfe.« Offensichtlich erfüllt diese Eigenschaft seines Teams Ken mit großem Stolz.

Ein derart starker Einsatz füreinander bringt eine Reihe von Aspekten mit sich, die Hochleistungsteams von allen übrigen unterscheiden. Getrieben von persönlichem Engagement werden Teamzielsetzungen noch anspruchsvoller, Leistungsziele dringlicher, Arbeitsansätze wirkungsvoller. Zum Beispiel sind Hochleistungsteams von dem Gefühl durchdrungen: »Wenn einer von uns scheitert, scheitern wir alle.« Dazu kommt, daß die Sorge um die persönliche Weiterentwicklung der anderen es Hochleistungsteams erlaubt, austauschbare Fähigkeiten und damit größere Flexibilität zu entwickeln. Auch wird in Hochleistungsteams eher als in anderen die Führung geteilt. Und, was auch nicht ganz unwesentlich ist: Hochleistungsteams scheinen einen ausgeprägteren Sinn für Humor und mehr Spaß miteinander zu haben.

Allerdings sind Hochleistungsteams selten. Im Rückblick auf eine – zusammengerechnet – fünfundfünfzigjährige Teamkarriere können wir uns beispielsweise nur an vier Hochleistungsteams erinnern, denen wir einzeln oder beide angehört haben. Das ist nicht weiter verwunderlich, denn das hier beschriebene Maß an persönlichem Einsatz füreinander ist schwer zu erreichen und aufrechtzuerhalten. Es ist nicht leicht, Menschen dahin zu führen oder dazu zu bewegen, sich um den persönlichen Erfolg und die Entwicklung anderer zu kümmern. Mit Sicherheit entstehen derartige Bindungen nicht aus Teamgründungsübungen oder Trainingsprogrammen. Es gibt keine Regeln, keine »best practices« oder Geheimrezepte, die Hochleistungsergebnisse versprechen würden. Nichtsdestotrotz geben Hochleistungsteams, so rar sie auch sein mögen, hervorragende Musterbeispiele für alle potentiellen Teams ab.

Hochleistungsteams findet man nicht dort, wo man sie zu finden hofft, sondern man stößt auf sie. Sie entstehen von allein und unter jeweils ganz unterschiedlichen Bedingungen. In diesem Kapitel wird beispielsweise von einem Team an der »Front« (ELITE) sowie über eine junge Managementgruppe (»Dallas Mafia«) berichtet, die sich beide gleichermaßen zu Hochleistungsteams entwickelten. Die Mitglieder von ELITE waren alle Frauen, fast alle auf der operativen Ebene, bei der Zeitung *Tallahassee Democrat* in Florida beschäftigt. Die Mitglieder der »Dallas Mafia« waren sämtlich hochbezahlte Männer, die eine Geschäftseinheit in der stark wettbewerbsorientierten Welt des Investment Banking leiteten. Man könnte sich kaum unterschiedlichere Ausgangssituationen vorstellen, was die Menschen, Herausforderungen und Bedingungen betrifft. Dennoch zeigen beide Beispiele, wie sehr das persönliche Engagement aus den beteiligten Personen Hochleistungsteams machte und dadurch wiederum die Leistungsfähigkeit der sie umgebenden Organisationen stärkte. Die Gemeinsamkeiten sind auffälliger als die Unterschiede.

Das Elite-Team des Tallahassee Democrat

Wie viele andere Zeitungen in den USA, so sah auch der *Tallahassee Democrat* (der zu Knight-Ridder gehört) sein Geschäft in den achtziger Jahren mit einer ungewöhnlich großen Herausforderung konfrontiert: Die rapide Ausbreitung des (Kabel-)Fernsehens, verbunden mit steigenden Analphabetenzahlen und abnehmender Freizeit, zwang so viele Zeitungen zum Aufgeben, daß in den meisten Städten nur ein oder zwei Blätter übrigblieben. Diejenigen, die wie der *Democrat* überlebten, befanden sich theoretisch in einer starken Verhandlungsposition gegenüber den Werbekunden. Dennoch stießen die meisten Zeitungen bei ihren Versuchen, in die Gewinnzone zu kommen, an Grenzen. Wie andere umkämpfte Branchen in den achtziger Jahren sahen auch die Zeitungen mit der Zeit ein, daß Kundenservice und kontinuierliche Verbesserungen noch am ehesten Wachstumsaussichten versprachen. Diese allerdings machten umfassende Verhaltensänderungen erforderlich – eine Unmöglichkeit, wenn nicht zunächst die Barrieren niedergerissen wurden, die seit eh und je zwischen den Funktionen innerhalb der Zeitungen bestanden.

Die Aufgabe

Fred Mott, der Hauptgeschäftsführer des *Democrat*, erkannte diese Herausforderung früher als die meisten anderen. Einen Teil seiner Anregungen erhielt Mott von Jim Batten, der sofort nach seinem Amtsantritt als Vorsitzender des Vorstands von Knight-Ridder die »Kundenbesessenheit« zum Hauptthema seiner Bemühungen um Erneuerung des Unternehmens gemacht hatte. Aber auch der örtliche Markt beeinflußte Motts Vorstellungen. Der *Democrat* war die einzige Zeitung in Tallahassee und machte trotz der Qualität seines Kundenservices Gewinn. Mott jedoch war davon überzeugt, daß weiteres Wachstum nur dann möglich sein würde, wenn das Blatt seinen Kunden einen Service bieten konnte, der »allem anderen, was es auf dem Markt gibt, haushoch überlegen« wäre.

Die Geschichte des ELITE-Teams begann eigentlich mit der Bildung eines anderen Teams durch Mott und die Leute, denen er direkt vorgesetzt war. Die Managementgruppe wußte, daß sie zunächst sich selbst ändern mußte, wenn sie eine »Kundenbesessenheit« wecken wollte, die die bestehenden Schranken zwischen Produktion, Vertrieb und Werbung überwinden konnte. Viel zu sehr hatten sie sich an »Machtkämpfe und gegenseitige Schuldzuweisungen« gewöhnt, wie sie sich eingestanden.

In regelmäßigen Meetings am Montagmorgen machte sich Motts Gruppe daran, »Stärken und Schwächen der anderen kennenzulernen, ihr Inneres bloßzulegen und Vertrauen aufzubauen«. Was aber am wichtigsten war, sie konzentrierten sich dabei auf echte Arbeit, die sie gemeinsam erledigen konnten. So einigten sie sich beispielsweise gleich zu Anfang darauf, nicht als Leiter der einzelnen Funktionen, sondern als Team ein Budget für das Blatt zu erstellen. Mit der Zeit sprach sich herum, daß an der Spitze eine Verhaltensänderung stattgefunden hatte. Eine der Frauen, die später zum ELITE-Team stieß, bemerkte beispielsweise, daß der Anblick der Top-Manager, die ihr montägliches »Erweckungsmeeting« abhielten, sie und andere wirklich beeindruckte: »Ich sah, was da vor sich ging, und dachte mir: ›Worüber sind die so glücklich?‹«

Als das Team an der Spitze schließlich an Stärke und Selbstvertrauen gewonnen hatte, wandte es sein Augenmerk einer weiterreichenden Ambition zu: die Konzentration auf den Kunden durchzusetzen und die Barrieren an der gesamten organisatorischen Basis der Zeitung niederzureißen. Wie viele Top-Manager wollten sie allerdings instinktiv zuerst eine neue Unternehmensfunktion schaffen; in diesem Fall eine Serviceabteilung für Anzeigenkunden. Um die Anzeigenverkäufer von der administrativen Belastung zu befreien, die auf Kosten ihrer Zeit mit den Kunden ging, sollten nun alle Leute, die mit Werbeanzeigen zu tun hatten – Graphiker, Produktionsleute, Büropersonal, Buchhaltung und Abrechnung – unter einem Dach zusammengefaßt werden.

Ein Jahr nach Einrichtung der neuen Abteilung aber war Mott frustriert und nervös. Weder die Serviceabteilung für Anzeigenkunden noch eine Reihe von Umfragen bei Kunden und vorübergehend aufgestockte Ressourcen noch alle Ermahnungen seitens des Top-Managements hatten irgend etwas bewirkt. Die Fehler in den Anzeigen waren immer noch nicht weniger geworden, und die Anzeigenverkäufer beschwerten sich weiterhin darüber, zuwenig Zeit für ihre Kunden zu haben. Im Grunde hatte sich die neue Abteilung in ein weiteres organisatorisches Hindernis verwandelt.

Wie die Umfragen ergaben, waren allzu viele Werbekunden weiterhin der Meinung, der *Democrat* komme ihren Bedürfnissen nicht entgegen und sei zu sehr mit internen Angelegenheiten und Terminen beschäftigt. Die Leute in der Zeitung hatten außerdem noch weitere Probleme vor Augen: Einmal kam über Fax eine schlampig vorbereitete Anzeige herein, die aussah, als sei »eine Ratte über das Papier gelaufen«. Trotzdem wanderte die Anzeige unbehelligt über die Schreibtische von sieben Angestellten und hätte es wahrscheinlich bis in den Druck geschafft, wäre sie nicht buchstäblich unlesbar gewesen! Später bemerkte jemand dazu: »Keiner war dafür zuständig sicherzustellen, daß eine Anzeige ordentlich aussah. Wenn einer seine Aufgabe einfach darin sah, sie abzutippen oder zu verkleben, so tat er das und gab sie weiter.« Dieses spezielle Fax, liebevoll als das »Rattenspur-Fax« bezeichnet, wurde zum Symbol für die grundsätzliche Herausforderung, vor der der *Democrat* stand.

Kein Wunder, daß Mott wütend war. Er hatte bereits alles Menschenmögliche versucht, da sagte Doris Dunlap, eine seiner direkten Untergebenen und spätere Leiterin des ELITE-Teams, zu ihm: »Fred, die Tatsache, daß Sie etwas unbedingt wollen und wissen, wie nötig es ist, bewirkt noch nichts. Sie müssen einmal loslassen.«

Zu jener Zeit las Mott über die Qualitätsprogramme von Motorola und das Ziel der Nullfehlerquote. Er entschloß sich, Doris Dunlops Ratschlag zu beherzigen und ein spezielles Team aufzustellen, dessen Aufgabe die Eliminierung aller Fehler im Anzeigenbereich sein würde. Heute gesteht Mott ein, daß er damals skeptisch war, ob die Leute auf der ausführenden Ebene zu einem ebenso geschlossenen Team zusammenwachsen könnten wie er und seine Teamkollegen. So machte er Doris als seine Vertraute zur Leiterin des Teams, das den Namen ELITE (ELIminate The Errors) erhielt.

Die Leistungsergebnisse

Ein Jahr darauf war Mott ein »wiedergeborener« Anhänger von Teams. Unter der Führung von ELITE hatte sich die Ausführgenauigkeit der Anzeigenabwicklung – ein

Wert, der vorher bei der Zeitung nie systematisch verfolgt worden war – sprunghaft verbessert und bei über 99 Prozent eingependelt. Die durch Fehler verursachten Einnahmenverluste, die früher bei 10 000 Dollar monatlich gelegen hatten, waren fast auf Null zurückgegangen. Die Anzeigenverkäufer vertrauten vollkommen den Fähigkeiten der Serviceabteilung für Anzeigenkunden und deren Bemühen, jede einzelne Anzeige so zu behandeln, als hinge von ihr die Existenz des *Democrat* ab.

Die Wirkung des ELITE-Teams läßt sich allerdings nicht in Zahlen fassen. Das Team gestaltete den Prozeß des *Democrat* für den Verkauf, den Entwurf, die Herstellung und die Abrechnung von Anzeigen völlig neu. Noch wichtiger aber war, daß es die Kundenbesessenheit und die funktionsübergreifende Zusammenarbeit anregte und förderte, die die Voraussetzungen für das Funktionieren des neuen Prozesses waren.

Letzten Endes verwandelte dieses Team, das hauptsächlich aus Leuten aus den »unteren Ebenen« bestand, im Hinblick auf den Kundenservice ein gesamtes Unternehmen.

Die Formulierung von Existenzzweck des Teams und Leistungszielen

ELITE hatte von Anfang an viele positive Voraussetzungen: Mott gab der Gruppe ein klares Leistungsziel vor (Eliminierung von Fehlern) und sorgte für einen erfolgversprechenden Mix von Fähigkeiten (zwölf der besten Leute aus allen Bereichen der Zeitung). Er verpflichtete sich selbst zur Konsequenz, indem er beim ersten Meeting versprach: »Welche Lösung Sie auch immer vorschlagen, sie wird umgesetzt.« Zusätzlichen Antrieb erhielt die Projektgruppe durch Jim Battens Kampagne in Sachen »Kundenbesessenheit«.

Um aus ELITE ein Hochleistungsteam zu machen, war allerdings mehr nötig als ein guter Start und ein übergeordnetes Unternehmensideal. In diesem speziellen Fall entwickelte sich das Engagement im Lauf der ersten Monate der Zusammenarbeit, während das Team sich mit seiner Aufgabenstellung auseinandersetzte. Zu Anfang verbrachte die Gruppe mehr Zeit mit Schuldzuweisungen als mit der Inangriffnahme der Fehler in den Anzeigen. Erst als eine der Frauen das berühmte »Rattenspur-Fax« aus der Tasche zog und die zugehörige Geschichte erzählte, begann sich die Gruppe einzugestehen, daß alle – und nicht »alle anderen« – im Unrecht waren. Eine der Frauen erinnert sich: »Wir hatten einige recht harte Diskussionen. Und es gab auch Tränen in diesen Meetings.«

Die emotionalen Reaktionen schweißten die Beteiligten untereinander und mit ihrer Aufgabe zusammen. Und je geschlossener das Team wurde, desto stärker konzentrierte es sich auf die Herausforderung. ELITE beschloß, den gesamten Anzeigenprozeß, vom Verkauf über Entwurf und Druck bis zur Abrechnung unter die Lupe zu nehmen. Dabei entdeckte man Parallelen bei den Fehlern, die zum größten Teil auf Zeitdruck, mangelhafte Kommunikation und schlechte Arbeitseinstellung zurückzuführen waren.

Einige dieser Fehler konnten nach Meinung des Teams mit Hilfe technischer und prozeßbezogener Lösungen ausgemerzt werden. Um den Zeitdruck zu mindern, empfahl das Team beispielsweise, die Anzeigenverkäufer mit tragbaren Telefonen und Faxgeräten auszustatten, so daß sie die Aufträge den ganzen Tag über weitergeben konnten, statt alle erst nach fünf Uhr nachmittags. Um Kommunikationslücken zu schließen und den Mitarbeitern eine stärkere Identifikation mit ihrer Arbeit zu vermitteln, forderte ELITE den *Democrat* auf, Tischcomputer und DTP-Software für die Produktionsmitarbeiter anzuschaffen, die dann bei entsprechender Schulung eine Anzeige vom ersten bis zum letzten Schritt erstellen konnten. Allerdings war sich ELITE darüber im klaren, daß man, wollte man die Fehler vollständig eliminieren, alle Leute in der Zeitung dazu bringen mußte, gemeinsam zum Wohl der Kunden zu arbeiten. Eine der Beteiligten formuliert es so:

Wir lernten alle, uns auf den Kunden zu konzentrieren. Nichts, auch nicht die eigene Persönlichkeit, durfte im Weg stehen. Wir wußten so genau, in welche Richtung wir gingen und was wir taten, daß wir uns allen gegenüber verpflichteten, ihnen unsere Sichtweise der Dinge zu vermitteln und nicht zuzulassen, daß irgend etwas dabei störte.

Persönliches Engagement

Das Engagement der Mitglieder füreinander ermöglichte es ELITE, seine Ziele immer höher zu stecken. Das Team, das mit der Aufgabe begonnen hatte, Fehler zu eliminieren, machte sich als nächstes daran, funktionale Barrieren zu beseitigen; dann setzte es sich das Ziel, den gesamten Anzeigenprozeß neu zu gestalten. Als nächstes legte es neue Standards und Methoden für den Kundenservice fest. Und schließlich verbreitete es seine eigene Auffassung von »Kundenbesessenheit« bei allen Mitarbeitern des *Democrat.* Dazu eine der Frauen:

> Wie sollten wir sonst alle anderen an Bord bringen? Wir konnten den Plan in die Tat umsetzen. Wir konnten ihnen die Werkzeuge in die Hand geben. Nur konnten wir nicht in ihre Köpfe hinein und dort die Begeisterung entfachen, die wir selbst fühlten. Aber irgendwie mußten wir das hinüberbringen.

Diese Leidenschaft brachte das ELITE-Team dazu, das offizielle Ende seiner Sonderaufgabe zu ignorieren – es fuhr einfach fort, die Zeitung zu verändern. Tatsächlich bezweifelte ELITE bei allem Respekt und aller Bewunderung für Mott und andere, daß das Management ohne seine Hilfe imstande sein würde, den optimalen Nutzen aus seinen Empfehlungen zu ziehen. Mott war klug genug, sich nicht in den Weg zu stellen:

> Das Team begann, Dinge in Angriff zu nehmen, an die ich nie gedacht hätte – aus den hintersten Winkeln hol-

ten sie mehr Service und Vorteile für den Kunden heraus. Eine unglaubliche Kraft entwickelte sich aus diesem Team, und niemand konnte sich ihr entziehen.

Die Arbeit des erweiterten Teams

Angeregt von ELITE, fing eine Produktionsmannschaft an, um 4 Uhr morgens zur Arbeit zu kommen, um auf diese Weise den Zeitdruck während des Tages zu mildern. Zum erstenmal legte die Anzeigenkunden-Serviceabteilung Richtlinien für die Anzeigenqualität fest und überprüfte sie. Und die Anzeigenverkäufer begannen, nun wirklich mehr Zeit mit den Kunden zu verbringen. Eine neue Atmosphäre verbreitete sich. Eine der Frauen von ELITE erzählt:

> Die Leute im Haus begannen, in einem Stück Papier, sei es nun eine Rechnung oder ein Layout oder was auch immer, nicht länger nur ein Stück Papier zu sehen – sie sahen dahinter den Kunden. Ich denke, dies war die schwierigste und aufschlußreichste Verwandlung für mich. Die Leute bemühten sich um dieses Stück Papier wie nie zuvor.

Die Kunden waren begeistert. Ein notorisch anspruchsvoller Restaurantmanager beispielsweise wies eine Anzeige so spät am Abend zurück, daß sie unter normalen Bedingungen »gestorben« wäre. Einem Graphiker gelang es jedoch unter Einsatz der neuen Kommunikationsgeräte und Computer, gemeinsam mit dem Anzeigenverkäufer die Anzeige in weniger als einer halben Stunde umzugestalten. Der Kunde war verblüfft. Und äußerst erfreut. »Er wurde einer unserer besten Kunden«, sagt der Verkäufer.

Bis zum heutigen Tag ist der Geist von ELITE beim *Democrat* lebendig. »Es gibt keinen Anfang und kein Ende«, sagt Dunlap. »Jeden Tag machen wir eine Erfahrung, aus der wir lernen.« Der Geist von ELITE machte alle zu Gewinnern – Kunden, Angestellte, Management und sogar die Leitung von Knight-Ridder. Der Vorstandsvorsitzende Jim Batten war so beeindruckt, daß er einwilligte, Führungskräften von anderen Knight-Ridder-Zeitungen Reisen zum *Democrat* zu bezahlen, damit sie aus der Erfahrung des ELITE-Teams lernen konnten. Und jene zwölf Frauen, die füreinander und für ihre Zeitung einen so starken Einsatz zeigten, werden ihre Wirkung und ihre Erfahrung mit Sicherheit niemals vergessen.

Die Geschichte des ELITE-Teams zeigt, wie das Engagement der Gruppenmitglieder füreinander in Kombination mit dem Engagement für die Teamziele den Existenzzweck und die Ergebnisse eines Hochleistungsteams erweitert und vertieft. Aufbauend auf seinem Engagement entwickelte sich das ELITE-Team von einer Projektgruppe mit eng begrenztem Aufgabengebiet zu einem Team, das in vielerlei Hinsicht die inoffizielle Führung einer Organisation übernahm und den gesamten *Tallahassee Democrat* veränderte. Anders verhielt es sich bei der »Dallas Mafia«, unserem nächsten Beispiel. Diese begann als Führungsgruppe (einer Geschäftseinheit, deren Namen wir geändert haben). Mit Hilfe des Engagements füreinander veränderten die Mitglieder dieses Teams die Strategie und den Schwerpunkt ihres Geschäfts, schufen in ihrer gesamten Organisation ein bemerkenswertes Leistungsethos und hatten dabei noch viel Spaß und persönliche Befriedigung.

Die »Dallas Mafia«

Die Geschichte der »Dallas Mafia« begann eigentlich mit einer Reihe von Strategiediskussionen. Verschiedene Mitglieder des Teams halfen uns, den Inhalt dieser Diskussionen zu rekonstruieren. Stellen Sie sich fünf junge Männer vor, die im achtundzwanzigsten Stock eines Bürogebäudes in Dallas um einen kleinen Konferenztisch sitzen. Es handelt sich um eine Gruppe von Spitzenmanagern, die seit kurzem für die Finanzoperationen von »Global Limited« – einer Investmentbank mit Hauptsitz in New York – im Südwesten verantwortlich ist. Die fünf sitzen seit mehreren Tagen mit kurzen Unterbrechungen beisammen, um eine neue Strategie zu formulieren.

Bob Waldo, einer der jüngeren Männer, meint deutlich erregt: »Investmentbanker sind das, was sie tun. Wenn wir fortfahren, hauptsächlich Nullachtfünfzehn-Geschäfte für durchschnittliche Unternehmen abzuwickeln, dann werden wir auch Nullachtfünfzehn-Banker sein. Wollt ihr das?« Mack Canfield, offizieller Chef der Gruppe, seufzt: »Nun, es mag nicht das sein, was wir wollen, Bob. Aber wir können nicht einfach die routinemäßigen Finanzierungsbedürfnisse unserer Kunden ignorieren. Schließlich werden wir unsere angepeilten Aufwands- und Risikokapitalrenditen nicht erreichen, wenn wir diese Art von Geschäft ablehnen. Es ist ja sehr schön, Finanzberater führender Unternehmer werden zu wollen, aber wir sind noch weit davon entfernt, die Familie Bass über ihre Finanzstrategie für die weltweite Expansion zu beraten.«

Jim Barrows und John Logan beginnen zu lachen, aber Canfield schaut sie wütend an: »Ich weiß, Ihr findet das sehr witzig. Aber hier geht es um meinen Kopf. Es kommt kaum genug Geschäft herein, um das Personal zu beschäftigen, und ihr redet ständig nur darüber, wie ihr die Finanzberater von morgen werden wollt. Ich muß mich um heute kümmern. New York glaubt sowieso, wir hier wären alle zu grün hinter den Ohren, und wenn wir jetzt auch noch anfangen, wegen irgendeiner schönen Idee von einem Imagewandel ein paar vernünftige Geschäfte sausen zu lassen, werden sie uns nächste Woche austauschen. Die orientieren sich an den jährlichen Renditen.«

»Was New York nicht weiß, macht es nicht heiß«, hakt Logan nach. »Die Leute da oben stecken sowieso nur den Kopf in den Sand. Außerdem, wenn ich die nächsten fünf Jahre Nullachtfünfzehn-Geschäfte machen muß, kann ich ebenso nächste Woche gehen. Ich für meinen Teil bin der Meinung, wenn wir nicht die Ärmel hochkrempeln und etwas anderes aus diesem Laden machen, dann sind wir besser beraten, wenn wir uns eine andere Arbeit suchen.«

Die Aufgabe

Wie sich Logan später erinnerte, entschlossen sich die Gruppenmitglieder dazu, entweder etwas zu verändern oder zu gehen. Sie veränderten etwas. Vier Jahre nach der ersten Begegnung hatte das Team einen stagnierenden Geschäftsmix attraktiver gemacht, die Kundenbeziehungen dauerhafter und Dallas zu einer der rentabelsten Niederlassungen. Auch hatte sich das Personal von Dallas qualitativ so gut entwickelt, daß die Niederlassungen aus anderen Regionen bei der Besetzung von Schlüsselpositionen bald routinemäßig bei ihnen anfragten, ob es veränderungswillige Leute gäbe. Ein bedeutsamer Aspekt der Dallas-Geschichte – und kennzeichnend für die meisten Hochleistungsteams – war schließlich der Spaß, den die Mitglieder des Teams miteinander hatten und der ihnen für immer in Erinnerung bleiben wird.

Die Entscheidung für Canfield als Leiter von Dallas war umstritten gewesen, denn er hatte keinerlei Erfahrung in der Leitung einer Niederlassung vorzuweisen. Er ersetzte John Elders, einen gebürtigen Texaner, der die Dallas-Filiale aufgebaut und zwanzig Jahre lang erfolgreich geführt hatte. Zu der Zeit sollten, jeweils im Abstand von weniger als einem Jahr, nicht nur Elders, sondern auch die drei dienstältesten Banker außer ihm in den Ruhestand gehen. In Anbetracht der Jugend und Unerfahrenheit der verbleibenden Angestellten in Dallas, die zudem als etwas ungestüm galten, meinten viele Mitarbeiter in der Zentrale von Global, der achtunddreißigjährige Canfield und die anderen jungen Männer in Dallas seien nicht die richtigen, das Potential im wachsenden Markt für Unternehmensfinanzierung im amerikanischen Südwesten auszuschöpfen. Wie sich herausstellen sollte, war diese Haltung nicht nur ein Hindernis für die »Dallas Mafia«, sondern stärkte auch deren Zusammenhalt.

Les Walters, der Chef von Global, entschied sich trotz aller Einwände für Canfield. Der fand, wie wir am Anfang gesehen haben, bei seiner Ankunft in Dallas eine frustrierte Gruppe vor. Für die jungen Leute bedeutete die Pensionierung von Elders und den anderen eine großartige Chance. Sie waren allesamt von Elders eingestellt worden und bewunderten ihn sehr. Dennoch waren sie davon überzeugt, daß das traditionelle Nullachtfünfzehn-Geschäft der Niederlassung den komplexer werdenden Kundenbedürfnissen und ihren eigenen Fähigkeiten nicht mehr entsprach.

Wie Canfield später sagte, waren die Ansprüche der Gruppe so hoch, daß sie wahrscheinlich auch ohne ihn ein Team geworden wäre. Allerdings wußte keiner von ihnen genau, wie sie ihre Vorstellungen verwirklichen sollten. Auf der anderen Seite wußte Canfield, der zunächst nur die Niederlassung profitabler machen wollte, daß er ihre Hilfe brauchte. »Ich hatte keine Antworten parat«, sagte er. »Aber ich glaubte daran, daß wir sie gemeinsam finden könnten.«

Festlegung der Leistungsziele

Die frühen Strategiediskussionen der Gruppe brachten eine Reihe von Leistungszielen hervor, die auf drei Hauptelementen beruhten:

- Verlagerung des Geschäftsmix vom üblichen, routinemäßigen Emissions-, Kredit- und Investmentgeschäft (volumenorientiertes Geschäft) zu Merger & Akquisition-Beratung und Umstrukturierung (qualitäts- und serviceorientiertes Geschäft).
- Verzicht auf einmalige Geschäfte zugunsten langfristiger Beziehungen mit Führungspersönlichkeiten in gro-

ßen Unternehmen, die die hohe Ausführungsqualität und Problemlösungsfähigkeit der Niederlassung zu schätzen wußten.

- Aufbau und Erhaltung einer besser ausgewogenen und vielschichtigen Gruppe von hochtalentierten und qualifizierten Mitarbeitern.

Ungeachtet Canfields finanzieller Bedenken beschloß das Team außerdem, »nicht nur Mengen- und Gewinn-Wachstum, sondern auch qualitatives Wachstum anzustreben«. Alle Elemente der Team-Strategie wurden in spezifische Leistungsziele übersetzt. So überprüfte das Team beispielsweise rigoros den Geschäftsmix, die Dauer aktiver Geschäftsbeziehungen mit Großkunden und die Qualität der Belegschaft.

Entwicklung des Arbeitsansatzes

Im Lauf des ersten Jahres definierte das Team auch ein spezielles Wertegerüst und einen Arbeitsansatz, die von den Mitgliedern gewissenhaft befolgt wurden. Zwar betreuten sie selten denselben Kunden gemeinsam, aber sie teilten einander offen ihre Erfahrungen, Erkenntnisse, Probleme und Enttäuschungen mit. Jeder achtete bei den anderen darauf, daß sie ihren gemeinsamen Ambitionen treu blieben und bei der Verhandlung von Geschäften, der Aufstellung von Teams zur weiteren Bearbeitung und dem Aufbau von Kundenbeziehungen konsequent das vereinbarte Qualitätsniveau einhielten.

Anders als andere Teams, deren Ziele leichter nachzuprüfen waren, so etwa die Verringerung der Taktzeiten, hatte sich die »Dallas Mafia« Ziele gesteckt, die zwar erreichbar waren, zur Evaluierung der Erfolge jedoch gegenseitige Wachsamkeit erforderten. Jeder beobachtete sorgsam und mit Interesse, was der andere tat. Eines der Teammitglieder beschrieb es später so: »Niemand von uns wollte den anderen erklären müssen, warum es ihm an Mut gefehlt hatte, ein Nullachtfünfzehn-Geschäft abzulehnen. Tatsächlich waren wir fast genauso stolz darauf, wenn wir ein Geschäft aus den richtigen Gründen verloren, wie wenn wir eines abschlossen.«

Das Team bewertete eine gute Idee sehr viel höher als die hierarchische Position dessen, der diese Idee vorbrachte. Ohne das Sicherheitsnetz, das erfahrene Männer wie Elders mit ihren Verbindungen boten, konzentrierte sich das neue Team darauf, für jede Geschäftschance genau die richtige Mischung aus Kundenkenntnis, Problemlösungsfähigkeiten und Kreativität zu finden. Das zwang die fünf Männer, größere Risiken als üblich im Umgang mit jungen Mitarbeitern einzugehen, die nun zum Beispiel regelmäßig in Verhandlungen mit selbst den einflußreichsten Managern auf der Kundenseite dabei waren.

Aufbau von persönlichem Engagement

Mit wachsendem Engagement der Teammitglieder füreinander, zunehmender Aspiration und immer größer werdender Geschäftseinheit förderte das Team eine leistungsorientierte und risikofreudige Umgebung. Alle lernten miteinander und hatten Freude daran. Canfield erinnert sich an eine Episode, die das Wesen der Vorgangsweise und Wertvorstellungen offenbarte, die das Team in der ganzen Niederlassung verbreitet hatte: Qualitätsarbeit, gegenseitiges Vertrauen, sich in der Zusammenarbeit mit anderen auf Risiken einlassen, dem Talent die Chance geben, zu wachsen und Fehler zu machen, füreinander da sein, Spaß haben. Bob Waldo war gerade von der abschließenden Verhandlung mit dem Finanzchef von Texas Instruments (TI) zurückgekehrt. Dorthin hatte er einen besonders talentierten jungen Mitarbeiter namens Allen Duckett mitgenommen.

»Na, wie ist es gelaufen?«, fragte Canfield.

»Oh, den Auftrag haben wir bekommen«, antwortete Waldo. »Aber du wirst nicht glauben, was passiert ist. Ich habe Allen mitgenommen, weil er erstens Erfahrung sammeln sollte und zweitens mehr über das Geschäft von TI weiß als irgendein anderer. Aber du weißt ja, wie eifrig und energiegeladen Allen ist. Natürlich war ich ein bißchen besorgt, wie Dan Kelly (der Finanzchef von TI) auf ihn reagieren würde. Also schärfte ich Allen ein, er solle mir die Gesprächsführung überlassen, bis ich ihn ausdrücklich um seine Kommentare bitten würde.

Wir hatten einen tollen Start. Also forderte ich unser Energiebündel auf, die wichtigsten Herausforderungen an die Industrie aus unserer Sicht zu erläutern. Da es nur einen Besuchersessel in Dans Büro gab, hatte Allen bis dahin beim Fenster an der Wand gelehnt. Er fing gut an. Doch bald – ich kann es immer noch nicht glauben – begannen seine Füße langsam auf dem blanken Holzboden wegzurutschen. Wie er mir hinterher sagte, hatte er am Vortag ein neues Paar Schuhe gekauft, deren Sohlen noch sehr glatt waren. Jedenfalls war Allen so bei der Sache, daß er nicht einmal bemerkte, wie seine Füße wegrutschten und er langsam, aber sicher die Wand hinabrutschte! Dan und ich waren natürlich derart gebannt von diesem Anblick, daß wir nicht dazu kamen, ihn rechtzeitig zu warnen. Zum Glück tat er sich nicht weh.«

»Willst Du damit sagen, er landete auf dem Boden, bevor er bemerkte, was los war?« fragte Canfield und fing an zu lachen.

»Nicht nur das«, rief Waldo aus. »Er hörte keinen Augenblick auf zu reden! Er machte mit seinen Erklärungen weiter, während er vor Dans Tisch auf dem Boden saß, bis ich ihm auf die Füße half – wobei er immer noch redete. Ich mußte mich unheimlich zusammennehmen, um nicht loszuplatzen. Dan muß gedacht haben, er hätte gerade geträumt. Das Tollste ist: Dan war von Allens offensichtlicher Sorge um TI so beeindruckt, daß er uns sofort den Zuschlag gab! Ich denke ernsthaft daran, diese Vorführung in alle meine Verhandlungen einzubauen.«

Genau wie das Intermodal-Team von Burlington Northern verhielt sich die »Dallas Mafia« nicht unternehmenskonform, sondern folgte ihren eigenen Regeln und wendete ihren eigenen Arbeitsansatz an. Zum Beispiel hätte Global normalerweise erwartet, daß Canfield in seiner Funktion als Chef der Niederlassung den wichtigen Großkunden Shell Oil persönlich betreute. Statt dessen übertrug das Team die Verantwortung dafür dem jüngsten Mitglied, Jim Barrows, weil dieser Branchenerfahrung besaß. Barrows war noch nicht einmal ein richtiger Teilhaber, aber das Team bat Canfield, in Sachen Shell an ihn zu berichten – was bei Global zunächst für einen Tippfehler gehalten wurde, bis Canfield erklärte, die Sache habe ihre Richtigkeit.

Der erweiterte Teameffekt

Entgegen der Unternehmenskultur bemühte sich das Team aktiv darum, gute Leute von Dallas in anderen Niederlassungen von Global unterzubringen. Das Team meinte, dieses Vorgehen sei von Vorteil für die Betreffenden, meist junge Leute mit großem Potential. Man glaubte auch, Dallas werde davon profitieren, wenn sie mit »best practices«, neuen Ideen und neuen Arbeitsansätzen zurückkehrten. Im Gegensatz dazu schickten viele andere Bereiche von Global zu jener Zeit nur solche Mitarbeiter in andere Niederlassungen, die nicht gebraucht wurden und nicht erwünscht waren.

Gelegentlich wurden die in Dallas aufgestellten Regeln auch von Global wieder umgestoßen. Beispielsweise beschloß Canfield nach einem Jahr in der Leitung der Niederlassung, daß alle Mitglieder des Teams die gleiche Bezahlung erhalten sollten. Global lehnte ab. Und als Canfield ein Jahr später einen weiteren Anlauf unternahm, lehnte Global nochmals ab. Diese »Fehlschläge« stärkten allerdings nur den Einsatz der Teammitglieder füreinander und für den Fortschritt und Erfolg jedes ihrer Mitstreiter. Und den Erfolg maß das Team an seinen eigenen

Standards und nicht an denen von Global. Ihr Engagement füreinander wirkte sich in der ganzen Niederlassung aus. Hier haben wir ein klassisches Beispiel für die Entstehung eines erweiterten Teams unter dem Einfluß eines Hochleistungsteams. Einer der Mitarbeiter, die nicht zum Kernteam gehörten, beschreibt es so: »In Dallas ging es eben nicht um Kommerz. Wir erzielten höchste Qualität. Selbst der Kunde war nicht die letzte Instanz – wir selbst waren es. Als Resultat waren die Leute bereit, ihren Kopf hinzuhalten, weil sie wußten, daß man sie nie dafür kritisieren würde, daß sie nach ihrer Überzeugung handelten.«

In der Niederlassung herrschte die Atmosphäre, die man typischerweise in einer großen Gruppe vorfindet, die von einem Hochleistungsteam geführt wird: »Work hard – play hard« – harte Arbeit und viel Spaß. Wie Bob Waldos Bericht über Allen Duckett zeigt, hatte das Team seinen Spaß bei der Arbeit – etwas, was wir bei echten Teams und noch mehr bei Hochleistungsteams oft beobachten konnten. Auch die Leute des Intermodal-Teams von Burlington Northern sprachen von Spaß, ebenso die Frauen von ELITE. Bezeichnenderweise beschrieben sie alle den Spaß im Team und seinen Sinn für Humor im direkten Zusammenhang mit Leistung. Wir gehen davon aus, daß Spaß – ebenso wie die Werte der Teamarbeit – nur dann echt und dauerhaft ist, wenn er aus dem Zweck und den Leistungsansprüchen des Teams erwächst.

Im Fall des Dallas-Teams verbreitete sich diese Atmosphäre sogar über die Niederlassung hinaus. Unter der Leitung Elders' waren gesellschaftliche Ereignisse von einer Förmlichkeit gewesen, die Elders' Alter, seiner sozialen Position und seinem Stil entsprachen. Man amüsierte sich, nahm aber auch aus einem Gefühl der Verpflichtung heraus teil. Unter dem Einfluß der »Dallas Mafia« wurde spontaner gefeiert. Beim jährlichen Football-Spiel beispielsweise ließ man den eingefleischten Nichtsportler Canfield jedesmal den entscheidenden Touchdown erzielen, um ihn anschließend monatelang mit der Frage aufzuziehen, mit welchem unfairen Trick er das nur geschafft hatte.

Auch bildete sich eine Freizeitgruppe, deren Mitglieder aus kalifornischen Trauben ihren eigenen Wein kelterten, den sie »Chateau Desenex« (nach einem bekannten Fußpuder) nannten. Dies führte zu einer Episode, welche die Leute aus der Niederlassung nie vergessen haben: Canfield hatte die Aufgabe, die Temperatur der Trauben, die zum Gären in großen Plastik-Mülltonnen in seiner Garage gelagert waren, zu überprüfen. Er wußte wenig über Wein und noch weniger über Gärungsprozesse. Aber seine besser unterrichteten Kollegen hatten ihm eingeschärft, Alarm zu schlagen, falls die Temperatur 26,5 Grad überstieg – wobei sie vergessen hatten zu erwähnen, daß er, um eine exakte Messung zu erhalten, das Thermometer tief hineinstecken mußte (da an der Oberfläche der Gärungsprozeß am aktivsten ist und daher am meisten Hitze erzeugt).

Bevor sie zu Bett gingen, maßen Canfield und seine Frau in den zehn 130-Liter-Behältern die Temperatur – natürlich direkt unter der Oberfläche. Schreckensbilder von verdorbenem Wein und enttäuschten Freunden vor Augen, begann Canfield unverzüglich, mit Eisbehältern die Treppen auf und ab zu hetzen, während seine Frau jedermann, den sie telefonisch erreichen konnte, mit dem Ruf aus dem Bett holte: »Über 26,5 Grad und steigend! Bringt Eis!« Innerhalb weniger Minuten quietschten Autoreifen in der Hauseinfahrt, und die »Eis-Feuerwehr« zählte immer mehr Leute. Nach etwa einer halben Stunde traf der Weinexperte der Niederlassung, Tim Crown, ein. Er sah das wilde Treiben, hob die Arme und rief: »Stop Leute! Hört auf! Hört auf und überlegt einen Augenblick, wieviel Eiswürfel nötig sind, um 1300 Kilogramm gärender, zerquetschter Weintrauben zu kühlen! Seid ihr alle wahnsinnig?«

Totenstille. Dann begann Canfields Frau zu lachen, und augenblicklich brach die ganze Horde in der Garage in wildes Gelächter über die verrückte nächtliche Rettungsaktion aus. Wie Crown viele Jahre später sagte: »Kein Wunder, daß Canfield ein Team brauchte!«

Fazit

Hochleistungsteams unterscheiden sich von echten Teams durch ein ausgeprägtes persönliches Engagement jedes Mitglieds für Entwicklung und Erfolg der anderen Mitglieder. Beflügelt von diesem zusätzlichen Engagement tragen Hochleistungsteams typischerweise die erweiterten Grundmerkmale von Teams: einen tieferen Sinn für die gemeinsame Sache, ambitioniertere Leistungsziele, sorgfältiger ausgearbeitete Arbeitsansätze, umfassendere gegenseitige Verantwortung, austauschbare und komplementäre Fähigkeiten. Diese Unterschiede sind sowohl sichtbar als auch spürbar.

Die Leistungsambitionen des ELITE-Teams und das Bewußtsein seines Existenzzwecks schienen mit dem stärker werdenden Engagement der Frauen füreinander spürbar zu wachsen. Jeder der Männer im Intermodal-Team von Burlington Northern machte sich, in Ergänzung zu seiner Erfahrung im operativen Bereich, mit Marketingtechniken vertraut. Dadurch wurden ihre Fähigkeiten austauschbar, und sie entwickelten in ihrer wechselseitigen Abhängigkeit noch größeres Vertrauen zueinander. Im Fall der »Dallas-Mafia« wurde jedes Teammitglied durch die Sorge um die anderen und um den gemeinsamen Zweck kühn genug, sich von Nullachtfünfzehn-Geschäften abzuwenden, und stellte sich damit bewußter der gegenseitigen Verantwortung für das Ziel, genau zu jenen Investmentbankern zu werden, wie es ihnen vorgeschwebt hatte. Und sie alle hatten besonders viel Spaß dabei.

Dazu kommt, daß in Hochleistungsteams die Führung geteilt wird. Die formalen Führungspositionen bleiben zwar bestehen, sind aber meist Äußerlichkeiten oder dienen dem Auftreten gegenüber der Außenwelt. Dies konnten wir bei den Teams »Dallas Mafia«, ELITE und Intermodal beobachten. In jedem dieser Teams gab es formal eine Führungskraft: Canfield, Dunlap und Greenwood. Sobald aber diese Gruppen zu Hochleistungsteams geworden waren, hatten verschiedene Mitglieder die Führung, je nachdem, wer gerade die Initiative übernahm, um ein Hindernis aus dem Weg zu räumen oder eine Chance zu nutzen. Im Fall der »Dallas Mafia« versuchte Canfield sogar, Global zu bewegen, dieses Arrangement einer geteilten Führung auch formal zu bestätigen. Die Zentrale reagierte jedoch wie die meisten Außenstehenden beim Versuch, die Führungsmuster in Hochleistungsteams zu verstehen: mit Verwirrung.

Dieses Phänomen der geteilten Führung hat zwar auch mit der Delegation von Verantwortung zu tun, geht jedoch darüber hinaus. Die Mitglieder echter Teams fühlen sich üblicherweise befugt, die gemeinsame Sache durchzuziehen. Nachdem sie ausführlich über Existenzzweck, Ziele und Arbeitsansatz des Teams diskutiert und ein sicheres Gefühl dafür entwickelt haben, übernehmen die Teammitglieder ohne weiteres die Initiative. Dennoch werden die Leute in echten Teams noch sehr häufig mit dem Teamführer Rücksprache halten, bevor sie tatsächlich Schritte unternehmen, oder sofort nachdem sie damit begonnen haben. Und die besten Teamführer äußern sich natürlich positiv. Die Mitglieder von Hochleistungsteams gehen einen Schritt weiter. Auch sie stimmen ihre Initiative noch ab, bevor oder nachdem sie aktiv geworden sind. Aber, und das ist der wesentliche Unterschied, sie wenden sich dabei in erster Linie an die anderen Teammitglieder und nicht mehr nur an den Teamführer. Das Urteil des formalen Teamführers hat Gewicht. Aber die Zustimmung des Teams insgesamt ist von größerer Bedeutung.

Der Effekt des »erweiterten Teams« ist charakteristisch für alle Hochleistungsteams und für viele andere Teams. Wir haben ihn am Beispiel des Intermodal-Teams ausführlich beschrieben. Auch bei ELITE war dieser Effekt deutlich zu beobachten; wir sahen, wie dieses Team fast alle Bereiche der Zeitung dazu motivierte, sich auf den Kundenservice zu konzentrieren. Noch offensichtlicher war die Wirkung, die die Aktivität der »Dallas Mafia« auf die übrige Niederlassung hatte.

Die Kombination aus intensivem Einsatz füreinander

und für die gemeinsame Sache, geteilter Führung und austauschbaren Fähigkeiten macht Hochleistungsteams vollkommen eigenständig. Sie gehen nach ihren eigenen Regeln vorwärts. Ablehnung hält sie nicht auf. Ebensowenig können Feindseligkeit oder Indifferenz innerhalb der Organisation, beschränkte Mittel, unzureichende Bezahlung – ja nicht einmal »eisiges Klima«, wie im Fall von Intermodal derart energiegeladene Teams bremsen.

Sie erbringen Leistungen über jedes realistische Maß hinaus, und sie haben Spaß dabei. Auch der feine Sinn für Humor scheint diese Gruppen von anderen abzuheben. Nicht alles, was sie tun, ist mit Vergnügen verbunden, und vielleicht gibt es hier und da auch recht humorlose Hochleistungsteams. Aber wir zweifeln daran. Mit dem Humor haben wir allerdings wieder ein Element, das sich nicht managen läßt: Man kann niemanden zwingen, Spaß zu haben. Eher scheint der Spaß in Hochleistungsteams – wie so vieles andere – ein Nebenprodukt und ein Bestandteil des Einstehens füreinander und für die Leistung zu sein.

Alle Mitglieder von Hochleistungsteams, die wir kennengelernt haben, beschrieben ihr Team als etwas ganz Besonderes und erklärten, sie seien »Teil von etwas gewesen, das größer und besser war als ich«. Darüber hinaus hatten alle diese Teams das Leistungsethos der Gruppen (oder erweiterten Teams) um sie herum. Sie schufen eine Atmosphäre von Begeisterung und Konzentration, welche das Entstehen neuer Fähigkeiten förderte und Offenheit für Veränderung erzeugte. Wie dem auch sei – Teams sind selten. Sie können nicht aus der reinen Absicht heraus geschaffen werden. Daraus ergibt sich, daß Manager sie zunächst verstehen müssen, wenn sie lernen wollen, solche Teams zu erkennen und ihr Potential zu nutzen. Und die klügsten Führungskräfte werden tun, was immer notwendig ist – Anerkennung geben, zusätzliche Herausforderungen schaffen oder sich einfach zurückziehen und den Weg freimachen –, um diese wertvollen Teams und alles, wofür sie stehen und was sie bewirken, zu erhalten und zu nutzen.

Teil II

EIN TEAM WERDEN

Die »Teamleistungskurve« (Abbildung II.1) zeigt, daß die Leistung jedweder kleinen Gruppe von Personen davon abhängt, welchen grundlegenden Arbeitsansatz sie wählt und wie effektiv sie diesen Ansatz umsetzt. Anders als Teams begnügen sich Arbeitsgruppen mit der Summe der »individuellen Bestleistungen«. Sie streben keine kollektiven Arbeitsprodukte an, die eine gemeinsame Anstrengung erfordern würden. Wer aber den Schritt von der Arbeitsgruppe zum Team tat, bekennt sich dazu, die Risiken des Konflikts, gemeinsamer Arbeitsergebnisse und kollektiven Handelns zu tragen, die für die Entwicklung eines gemeinsamen Existenzzwecks, eines Zielgerüsts, eines gemeinsamen Ansatzes und wechselseitiger Verantwortung erforderlich sind. Gruppen von Personen, die sich selbst als Teams bezeichnen, diese Risiken jedoch nicht auf sich nehmen, sind bestenfalls Pseudo-Teams.

Potentielle Teams, die die Risiken auf sich nehmen, um sich auf der Kurve aufwärts zu bewegen, stoßen unweigerlich auf Hindernisse. Einige Teams überwinden sie; andere bleiben stecken. Das schlimmste, was ein solches Team tun kann, ist, es bei der Einhaltung der Rahmenbedingungen aus Teil I an Disziplin fehlen zu lassen. Leistung, nicht Teambildung, kann ein potentielles Team oder ein Pseudo-Team retten – gleichgültig, wie sehr es sich festgefahren hat.

Jedes Team kommt irgendwann an eine Endstation. Das muß jedoch nicht das Ende der Leistung bedeuten. Empfehlungen an andere, Eintritt neuer und Abgang alter Mitglieder sowie Veränderungen in der Teamführung – falls sie ein Übergangsstadium sind, das eine Erneuerung der Rahmenbedingungen verlangt – ermöglichen es den meisten Teams, ihr Leistungspotential noch weiter auszuschöpfen, gleichgültig, ob das Team selbst sich auflöst oder nicht.

Die meisten Teamführer müssen bestimmte Fähigkeiten erst entwickeln, nachdem sie die Aufgabe übernommen haben. Die erfolgreichen unter ihnen bringen die Einstellung mit, daß sie nicht unbedingt selbst alle wichtigen Entscheidungen fällen oder alle Schlüsselpositionen besetzen müssen. Effektive Teamführer haben erkannt, daß sie

DIE TEAM-LEISTUNGSKURVE

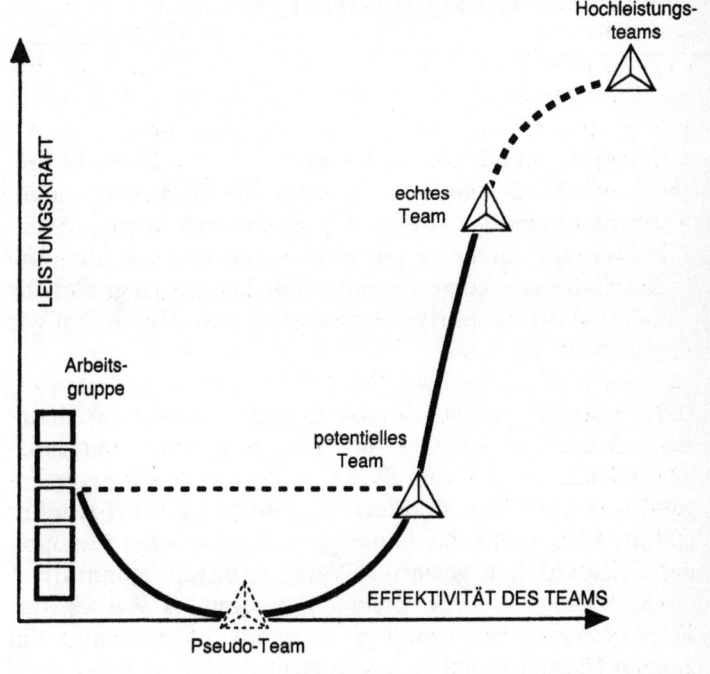

Abbildung II.1

nicht auf alles eine Antwort wissen, und daß sie ohne die anderen Mitglieder des Teams nicht erfolgreich sein werden. Teamklugheit heißt erkennen, daß jeder – ob er nun vorher ein Autokrat oder ein Demokrat war – das Team zu höherer Leistung führen kann, wenn er aufrichtig an die Sache und an das Team selbst glaubt.

Kapitel 5

Die Teamleistungskurve

Solche Kommentare sind schwer außer acht zu lassen. Offensichtlich halten die Leute in diesem Unternehmen uns nicht gerade für ein eingeschworenes Team. Wir arbeiten wohl nicht so gut zusammen, wie wir könnten. Aber ich hatte keine Ahnung, daß das von so großer Bedeutung für die übrige Organisation war. Was sollen wir nun tun?

Der Vorstandsvorsitzende von Cosmo Products Inc. hatte ein informelles Gespräch mit seinen Top-Managern. Sie hatten sich gerade vom Band einige der Interviews angehört, die mit über hundert Angestellten geführt worden waren. Man hatte die Leute gefragt, wie ihrer Meinung nach das kürzlich gestartete Veränderungsprogramm vorankam. Ziel des großangelegten Programms war es, das Verhalten von buchstäblich Tausenden von Leuten im ganzen Unternehmen zu verändern.

Viele der Kommentare waren zu erwarten gewesen. Die Angestellten waren sich darüber im klaren, daß Strategie und Leistung von Cosmo Products in den letzten fünf Jahren deutlich nachgelassen hatten. Dem Unternehmen gelang es nicht, vor der Konkurrenz mit den richtigen Produkten zur richtigen Zeit am Markt zu sein. Auch leistete der Verkauf nicht mehr dasselbe wie in früheren Jahren. Die Antworten der Mitarbeiter lieferten viele Erklärungen für die Misere, darunter zu große Produktvielfalt, Qualitätsprobleme, veränderte Präferenzen der Verbraucher, aggressivere Konkurrenz und demographische Veränderungen in der Verkaufstruppe. Sie wußten auch um die Konsequenzen: der Markt insgesamt stagnierte, Umsätze und

Marktanteile sanken, und dasselbe galt für die Gewinne – und zwar in solchem Ausmaß, daß Wirtschaftspresse und -experten das Unternehmen offen kritisierten. Moral und Selbstvertrauen waren deutlich angeschlagen. Jedermann wußte, daß tiefgreifende Veränderungen erforderlich waren.

Daher waren die Manager peinlich berührt, aber nicht überrascht zu hören, wie die Mitarbeiter sich an bereits fehlgeschlagene Versuche erinnerten, die Situation zu retten – diesmal, so meinten sie, solle die Sache möglichst einmal anders laufen. Sie verstanden und billigten durchaus die neue Vision des Unternehmens. Und es war ihnen durchaus bewußt, daß die Sache dringlich war. Und sie waren auch bereit, sich an der Umsetzung der verschiedenen Veränderungsstrategien zu beteiligen, die in den Schlüsselfunktionen und operativen Einheiten des Unternehmens entwickelt wurden. »Aber«, so der immer wiederkehrende Kommentar auf dem Tonband, »diesmal sollten wir wirklich anders an die Sache herangehen!«

Was die Geschäftsleitung am meisten betroffen machte, war die wiederholte Ermahnung: »Jeder von euch zieht in eine andere Richtung; ihr seid kein Team! Wenn ihr es nicht schafft, das zu regeln, wird sich nichts ändern.« Nachdem die Mitglieder der Führungscrew diese Botschaft gehört hatten, wußten sie, daß Cosmo Products mehr benötigte als ein Team an der Spitze. Aber sie erkannten auch, daß eine echte Teamanstrengung ihrerseits schon sehr viel zum Besseren verändern könnte.

Die entscheidende Wahl

Die Cosmo-Manager standen vor einer entscheidenden Wahl: Sollten sie sich darauf konzentrieren, ihre Effektivität als Arbeitsgruppe zu steigern, oder sollten sie versuchen, ein Team zu werden? Obwohl die Mitarbeiter von Cosmo den Begriff »Team« verwendeten, brachten sie doch zum Ausdruck, daß die Leute an der Spitze entgegengesetzte Ziele verfolgten. Um die Richtung und die Rollen in einer Gruppe festzulegen, bedarf es jedoch keines Teams. In vielen Situationen, vor allem an der Spitze von Unternehmen mit zahlreichen Geschäftszweigen, kann die Entscheidung für eine Arbeitsgruppe sinnvoller sein. Zu oft allerdings wird weder erkannt, daß eine Wahl zwischen Arbeitsgruppe und Team besteht, noch wird diese Wahl bewußt getroffen.

Der grundlegende Unterschied liegt hier in der Leistung. Eine Arbeitsgruppe stützt sich beim Streben nach Gruppenleistung primär auf die individuellen Beiträge ihrer Mitglieder, während ein Team eine verstärkte Wirkung anstrebt, größer als die Leistung, welche die Mitglieder in ihren individuellen Rollen erreichen könnten. Die Wahl zwischen beiden Möglichkeiten hängt zum Großteil davon ab, ob die Summe der individuellen Resultate den Leistungsansprüchen der Gruppe genügt oder ob gemeinschaftliche Arbeitsergebnisse* und Fähigkeiten sowie wechselseitige Verantwortung erforderlich sind.

Arbeitsgruppen überwiegen in großen Organisationen und sind dort auch effektiv. Sie gedeihen in hierarchischen Strukturen, wo individuelle Verantwortlichkeit am meisten zählt. Gute Arbeitsgruppen treffen sich, um Informationen, Perspektiven und Erkenntnisse auszutauschen, um Entscheidungen zu treffen, die den einzelnen Mitgliedern helfen, ihre jeweilige Arbeit besser zu machen, und um die Leistungsstandards eines jeden gegenseitig hochzuhalten. Das Schwergewicht liegt jedoch immer auf individuellen Leistungszielen und Verantwortlichkeiten.

So wie für ein Team ist es auch für eine effektive Arbeitsgruppe ein Vorteil, wenn es einen klar definierten

---

* Wir verwenden den Ausdruck »gemeinschaftliche Arbeitsergebnisse«, um darauf hinzuweisen, daß für jedes Team die Notwendigkeit besteht, etwas zu schaffen, das mehr ist als die Summe der Beiträge der einzelnen Mitglieder – und das erfordert echten Arbeitseinsatz von allen Beteiligten. Die grundlegende Idee besteht darin, daß alle die Ärmel hochkrempeln und echte Arbeit leisten, um etwas Greifbares zu schaffen.

Existenzzweck und eine von allen Mitgliedern geteilte Auffassung über die Bewertung der Leistung gibt. Wie wir sehen werden, scheiterten die Manager von Cosmo zum Teil deshalb, weil sie ihren Existenzzweck nie klar definierten – auch nicht, um eine effektivere Arbeitsgruppe zu werden. Anders als beim Team dient die Zweckvorgabe bei der Arbeitsgruppe nur dazu, die individuellen Rollen, Arbeitsbereiche und Verantwortlichkeiten abzugrenzen. Derartige Rollen entsprechen typischerweise den formalen Positionen innerhalb der Organisation. Um die ihnen zugeteilten Aufgaben zu erfüllen, delegieren Mitglieder von Arbeitsgruppen, insbesondere auf höherer Ebene, die tatsächliche Arbeit üblicherweise weiter. Arbeitsgruppen achten auf individuelle Resultate. Mitglieder effektiver Arbeitsgruppen verfolgen ihre individuellen Leistungsziele in konstruktivem Wettbewerb miteinander. Sie beraten und informieren einander und sind besorgt, wenn einer von ihnen aus dem Tritt kommt. Aber die Mitglieder von Arbeitsgruppen übernehmen ausschließlich für die eigenen Arbeitsergebnisse Verantwortung. Auch bemühen sie sich nicht um zusätzliche Leistungsbeiträge, die einen gemeinsamen Arbeitseinsatz von zwei oder mehr Gruppenmitgliedern erfordern würden.

Teams unterscheiden sich von Arbeitsgruppen. Sie erfordern individuelle *und* gemeinsame Verantwortung. Teams stützen sich auf mehr als Beratung, Diskussion und Entscheidung in der Gruppe, mehr als den Austausch von Informationen und von »best practice«-Beispielen; mehr als die wechselseitige Kontrolle von Leistungsstandards. Ohne ausgesprochene Team-Arbeitsergebnisse, erzielt durch den gemeinsamen, echten Beitrag der Teammitglieder, besteht keine Aussicht auf zusätzliche oder verstärkte Leistung.

Die Teamoption verspricht mehr Leistung als die Arbeitsgruppe. Sie birgt jedoch auch größere Risiken. Aufgrund eines tief verwurzelten Individualismus und eines natürlichen Widerstrebens, sich von der Leistung anderer abhängig zu machen, verlangt die Entscheidung für

das Team einen Sprung ins kalte Wasser. Selbst einge-
fleischte Individualisten – und davon gibt es viele, insbesondere »ganz oben« – können nicht zu echter Teamleistung beitragen, ohne Verantwortung für ihre Mitstreiter
zu übernehmen und zuzulassen, daß diese Verantwortung für sie übernehmen. Und das, obgleich ihr Instinkt
ihnen eigentlich sagt: »Wenn du etwas richtig gemacht
haben willst, dann mach es selbst.« Es widerspricht ihrer
Natur, sich in wirklich wichtigen Dingen auf andere zu
verlassen.

Dazu kommt, daß der Preis für einen »vorgetäuschten«
Sprung ins kalte Wasser hoch ist: Geht der Teamansatz
ins Leere, dann sehen sich die Mitglieder von ihren individuellen Zielen abgebracht, ihre Arbeitsergebnisse sind
nicht von besonders hohem Wert, die Kosten übersteigen
den Nutzen, und die Beteiligten bereuen die Vergeudung
ihrer Zeit und die erzwungene Zurückstellung ihrer Prioritäten.

Arbeitsgruppen bergen geringere Risiken. Effektive Arbeitsgruppen müssen nur wenig Zeit aufwenden, um
ihren Existenzzweck, ihre Ziele und ihren Arbeitsansatz
zu definieren – denn das übernimmt normalerweise der
Führer der Gruppe. Besprechungen haben eine Tagesordnung mit klaren Prioritäten. Die Zeit der Beteiligten wird
effizient genutzt. Und Entscheidungen werden ausgeführt,
indem den einzelnen Aufgaben und Verantwortlichkeiten
zugewiesen werden. Wenn also die Leistungsansprüche
der Gruppe dadurch erfüllt werden können, daß die einzelnen Mitglieder ihre jeweilige Arbeit gut machen, so ist
es meist angenehmer, weniger riskant und weniger explo-
siv, eine Arbeitsgruppe aufzustellen, als die schwerer defi-
nierbaren Teamleistungsniveaus zu erreichen. Wenn keine
Leistungserfordernisse für den Teamansatz sprechen, ist
es wirklich sinnvoller, sich um eine höhere Effektivität der
Arbeitsgruppe zu bemühen, als verzweifelt zu versuchen,
ein Team zu werden.

Die Teamleistungskurve

Um deutlicher zu zeigen, vor welcher Wahl Gruppen wie das Top-Management von Cosmo stehen und welche Risiken und Leistungspotentiale damit verbunden sind, scheint uns ein einfaches Modell hilfreich, das wir als »Teamleistungskurve« bezeichnen (vgl. Abbildung II.1). Wir finden darauf fünf Schlüsselpunkte, die sich auf die Teamdefinition aus Kapitel 3 beziehen. Um Verwirrung zu vermeiden: Ein Team, das alle dort genannten Voraussetzungen erfüllt, ist auf der Kurve ein »echtes Team«.

1. Arbeitsgruppe:

Dies ist eine Gruppe, bei der *keine wesentliche zusätzliche Leistungserfordernis oder -chance* besteht, welche ihre Umwandlung in ein Team erfordern würden. Die Mitglieder interagieren vor allem, um Informationen, »best practices« oder Perspektiven auszutauschen und um Entscheidungen zu treffen, die das einzelne Mitglied bei seiner Leistung innerhalb seines Verantwortungsbereichs unterstützen. Darüber hinaus gibt es keine realistische oder wirklich gewünschte gemeinsame Sache für die Gruppe, keine zusätzlichen Leistungsziele oder gemeinsamen Arbeitsergebnisse, die einen Teamansatz oder wechselseitige Verantwortung voraussetzen würden.

2. Pseudo-Team:

Dies ist eine Gruppe, bei der eine wesentliche zusätzliche Leistungserfordernis oder Chance besteht, die jedoch *kein Augenmerk auf kollektive Leistung legt und sie nicht wirklich anstrebt.* Ein Pseudo-Team mag sich selbst als Team bezeichnen, es zeigt jedoch kein Interesse daran, ein gemeinsames Anliegen oder ein Gerüst von Zielen zu definieren. Pseudo-Teams sind, was die Leistungskraft anbelangt, die schwächsten aller hier beschriebenen Gruppen. Fast immer tragen sie zur Unternehmensleistung weniger bei als Arbeitsgruppen, denn die Interaktionen im Pseudo-Team gehen auf Kosten der individuellen Leistungen der einzelnen Mitglieder, ohne dabei irgendeinen gemeinsamen Beitrag zu liefern. Die Gesamtleistung von Pseudo-Teams ist geringer als das Gesamtpotential der einzelnen Mitglieder.

3. Potentielles Team:

Dies ist eine Gruppe, bei der eine signifikant erhöhte Leistungsanforderung besteht, und die *wirklich versucht, ihre Leistungskraft zu verbessern.* Typisch für das potentielle Team ist allerdings, daß es größere Klarheit über Existenzzweck, Ziele oder angestrebte Arbeitsergebnisse sowie mehr Disziplin bei der Erarbeitung eines gemeinsamen Arbeitsansatzes nötig hat. Es hat noch keine gemeinschaftliche Verantwortung entwickelt. Potentielle Teams gibt es in den Unternehmen zuhauf. Wie unsere Kurve zeigt, kann mit einem sinnvollen Teamansatz eine große Leistungskraft erzielt werden. Wir glauben, daß sich der steilste Anstieg in der Leistungskurve irgendwo zwischen potentiellem Team und echtem Team einstellt; aber jeder Anstieg auf der Kurve ist der Mühe wert.

4. Echtes Team:

Dabei handelt es sich um eine geringe Anzahl von Personen mit einander ergänzenden Fähigkeiten, die sich alle gleichermaßen für eine gemeinsame Sache, gemeinsame Ziele und einen gemeinsamen Arbeitsansatz engagieren und einander gegenseitig zur Verantwortung ziehen. Echte Teams sind eine grundlegende Leistungseinheit, die in Kapitel 3 genau definiert wurde.

5. Hochleistungsteam:

Dies ist eine Gruppe, welche dieselben Bedingungen erfüllt wie das echte Team, deren *Mitglieder sich darüber* hinaus aber auch besonders stark für die persönliche Entwicklung und den Erfolg ihrer Mitstreiter einsetzen. Dieser Einsatz geht üblicherweise über die Teamaktivitäten hinaus. Das Hochleistungsteam übertrifft alle anderen ähnlichen Teams beträchtlich an Leistung, und es übertrifft alle Erwartungen, die an seine Mitglieder gestellt wurden. Es bedeutet eine große Möglichkeit und ein ausgezeichnetes Modell für alle echten und potentiellen Teams. In Kapitel 4 wurde es eingehend beschrieben.

Die Kurve in Abbildung II.1 verdeutlicht bedeutende Beziehungen und Optionen in bezug auf diese fünf Punkte. Erstens zeigt sie, daß es für Arbeitsgruppen ein breites Spektrum potentieller Leistungsergebnisse gibt, und zeigt, daß die Arbeitsgruppe nach wie vor in vielen Situationen eine vernünftige Option darstellt. Zweitens zeigt die Kurve, daß sich bei den meisten Gruppen der größte Leistungszuwachs irgendwo zwischen potentiellem Team und echtem Team einstellt, und daß die mögliche Leistungskraft beim echten Team wesentlich größer ist als bei der Arbeitsgruppe. Die gestrichelte Linie zwischen echtem Team und Hochleistungsteam weist auf das außergewöhnlich starke persönliche Engagement hin, das zur Erzielung von Hochleistungen erforderlich ist. Die gestrichelte Linie schließlich, welche Arbeitsgruppe und potentielles Team verbindet, symbolisiert den Sprung ins kalte Wasser, der mit der Entscheidung zwischen diesen beiden Möglichkeiten verbunden ist. Unterhalb dieser Linie liegen die Risiken und Enttäuschungen der Pseudo-Teamleistung. Sie sollten um jeden Preis vermieden werden, da Pseudo-Teams die geringste Leistungskraft haben und eine schwer zu durchbrechende Eigendynamik entwickeln, wie wir am Beispiel von Cosmo Products zeigen werden.

Für die Spitzenmanager von Cosmo Products gab es genügend Gründe und auch das Potential, um zu dem Team zu werden, das ihre Angestellten erhofften. Erstens verlangte die Aufgabe, der sie sich gegenübersahen, nach einem Team: *Zahlreiche Einflüsse machten sich bemerkbar, es gab keine klare Vorstellung darüber, wie man damit* umgehen sollte, hierarchische Ansätze zur Erreichung der angestrebten Leistungen waren wiederholt gescheitert, und ein himmelschreiender Mangel an Führung ließ ein vereintes Vorgehen nicht zu. Dazu kam, daß sie eine kleine Gruppe von Personen mit der richtigen Mischung an Fähigkeiten waren. Angesichts der Herausforderung, vor der Cosmo Products stand, hätten sie eigentlich eine gemeinsame Sache, gemeinsame Leistungsziele und einen gemeinsamen Ansatz entwickeln und als Team gemeinsame Verantwortung dafür übernehmen können. Darüber hinaus hatte das Unternehmen das zusätzliche Leistungspotential eines Teams bitter nötig.

Bevor sie die Tonbandaufnahmen hörten, die der Chef als »schwer zu ignorieren« bezeichnete, waren die Spitzenmanager von Cosmo Products allerdings nicht einmal eine gute Arbeitsgruppe gewesen. Sie waren ein Pseudo-Team, das heißt, sie bezeichneten sich selbst als Team, machten jedoch keinen ernsthaften Versuch, einen Existenzzweck für die Gruppe festzulegen, gemeinsame Leistungsziele zu erreichen oder ihren Arbeitsansatz zu definieren. Politische Dinge überschatteten fast immer leistungsbezogene Überlegungen. Sie versagten es sich sogar, durch Hebung ihrer individuellen Leistungsstandards, Abgrenzung und Koordinierung ihrer Einzelaktivitäten und Sicherstellung, daß die Einzelergebnisse miteinander die notwendigen Leistungsergebnisse des Unternehmens ergaben, als Arbeitsgruppe besser zu werden.

Die Beschäftigung mit dem Mitarbeiter-Feedback spornte das Management von Cosmo Products an, den Sprung vom Pseudo-Team zum potentiellen und zum echten Team zu wagen. Die Führungsmannschaft war sich einig, daß sie ein Team werden mußte, wenn sie einen grundlegenden Wandel bei Cosmo Products anführen wollte. Interessanterweise aber – und das ist nur allzu typisch für solche Gruppen – wurde vor dem Sprung auf die Teamleistungskurve kaum ernsthaft über die Möglichkeit nachgedacht, als Arbeitsgruppe konsequenter vorzugehen. Auch hatten ihre Besprechungen ausdrücklich zum Ziel, ein Team zu bilden, und nicht, eine spezifische Aufgabenstellung in Angriff zu nehmen.

Die meisten ihrer Meetings standen im Zeichen der Offenheit, die zur Teambildung notwendig ist. Sie arbeiteten hart und setzten sich engagiert mit zahlreichen Fragen auseinander, die für das Management eines umfassenden Wandels bei Cosmo bedeutsam waren. Das sah ętwa so aus:

»Die Unternehmensvision ist zu abstrakt. Wir müssen deutlicher definieren, was die Vision unseren Mitarbeitern und Kunden mitteilen soll.«

»Alles ist hier mittlerweile erste Priorität geworden. Wir müssen einen Weg finden, die Dinge klarer zu positionieren, bevor wir das System überlasten.«

»Die Führung der Unternehmensholding versteht das Problem nicht, das wir hier haben. Wir müssen sie von dem Veränderungsprogramm überzeugen, das wir durchzuführen versuchen.«

»Unsere Leute verstehen nicht wirklich, was von ihnen erwartet wird. Wir müssen ihnen genau sagen, wo und wie sie sich verändern sollen, und dann dafür sorgen, daß sie es auch tun.«

»Wir vertrauen einander noch immer nicht richtig. Wir müssen diese Meetings fortsetzen, vielleicht auch einmal an einem separaten Ort zusammenkommen, um an diesem Problem zu arbeiten.«

Ähnliche Besprechungen fanden nach der Präsentation des Mitarbeiter-Feedbacks mehrere Monate lang vereinzelt statt. Die Gruppe gewann dabei klarere Vorstellung von Vision und Zweck des Unternehmens insgesamt – nicht aber der Gruppe selbst. Auch entwickelte sie ein besseres Verständnis dafür, wie die Unternehmensprioritäten gesetzt werden mußten, und die Intention, besser mit den

Angestellten zu kommunizieren, und eine stärkere Basis für wechselseitiges Vertrauen. Die Zusammenarbeit wurde besser, und eine Zeitlang auch die Effektivität als Managementgruppe.

Bedauerlicherweise einigte sich die Gruppe jedoch nie auf irgendwelche spezifischen Leistungsziele, die sie als Team verfolgen wollte. Solche Ziele waren möglich. Zum Beispiel wußten sowohl die Angestellten als auch die Manager, daß Cosmo Products jedes Jahr viel zu viele Produkte von verschiedener Qualität auf den Markt brachte. Die Gruppe der Spitzenmanager hätte sich als ein *Ad-hoc-Team* vornehmen können, die Zahl der neuen Angebote um 50 Prozent zu senken und gleichzeitig einen Prozeß zu entwickeln, mit dem man rechtzeitig und unter Einhaltung fester Qualitätsstandards auf den Markt kommen könnte. Oder die Gruppe hätte sich angesichts der deutlich erkannten demographischen Veränderungen, die sich auf die Verkaufstruppe verheerend auswirkten, *als Team* verpflichten können, Schritte zu überlegen und zu unternehmen, um in der traditionell teilzeitbeschäftigten Verkaufstruppe die Fähigkeiten zur Pflege von Kundenbeziehungen zu verbessern.

Hätte die Gruppe solche Ziele definiert, so hätte sie *als Team* etwas Konkretes zu tun gehabt; etwas Spezifisches, das sie auf dem Weg zur Sanierung des Unternehmens hätte weiterbringen können. Damit hätte die Gruppe die Chance bekommen, auf Basis konkreter Ergebnisse den Schritt vom potentiellen zum echten Team zu machen. Ohne gemeinsam vereinbarte Leistungsziele aber fand die Führungsmannschaft von Cosmo Products keine Möglichkeit, ihre höheren Ambitionen als Team zu verfolgen. Man sprach und diskutierte wohl stundenlang über die Dringlichkeit der Situation und den Willen, sie zu ändern. Aber man setzte diese Bereitschaft nie in spezifische Teamziele und angestrebte Arbeitsergebnisse um. Schließlich verkamen die Teambildungs-Sitzungen zu reinen Plauderstunden. Anstatt sich aber in dieser Situation der Notwendigkeit zu stellen, ein spezifisches Leistungsziel für das Team zu definieren, reagierte die Gruppe frustriert. Und erneut verfiel sie in das schwache Leistungsverhalten eines Pseudo-Teams zurück.

Drei Jahre nach dem Start des umfassenden Veränderungsprogramms hatte Cosmo Products noch immer nicht die völlig anderen Fähigkeiten, Wertvorstellungen und Verhaltensweisen entwickelt, die für den Erfolg im Wettbewerb erforderlich waren. Statt dessen mußte das Unternehmen ständig finanzielle Rückschläge, harte Übernahmekämpfe, die Aufgabe von Kerngeschäften, beunruhigende Wechsel im Top-Management und einschneidende Kostensenkungen hinnehmen, die für jeden im Unternehmen – einschließlich dem Top-Management – niederschmetternd waren.

Die Warnungen der Mitarbeiter erwiesen sich als berechtigt: Das Leistungspotential der Top-Manager wäre bei Bildung eines Teams so enorm gewesen, wie ihr letztendliches Scheitern verheerend war. Auf einer subtileren Ebene bewirkte das Versäumnis der Führungsgruppe, bewußt zwischen den Optionen Arbeitsgruppe und Team zu wählen, sowie ihr Scheitern an der Aufgabe, mit leistungsorientierter Arbeit Fortschritte zu machen, daß die Gruppe und ihre Mitarbeiter, Kunden und Aktionäre um die Leistung gebracht wurden, die sie erwarten durften.

Die meisten von uns haben wie die Manager von Cosmo Products schon einmal einem Pseudo-Team angehört; sie sind in den meisten Organisationen in vielen Bereichen und auf verschiedensten Ebenen zu finden. Sie sind an zahlreichen Merkmalen zu erkennen: an der Verwirrung über ihren Existenzzweck, der Unfähigkeit, Schwerpunkte zu setzen, an einem ungezügelten persönlichen Ehrgeiz oder gar Animositäten, an der Unkenntnis der Vorteile des Teamansatzes, und an den hierarchischen Ritualen, die eher dazu dienen, einander aus dem Weg zu gehen, als einander in Anspruch zu nehmen. Das Endergebnis ist stets dasselbe: Die Gruppe unternimmt keinen ernsthaften Versuch, einen gemeinsamen Weg zu suchen, um gemeinsam voranzukommen.

Das Pseudo-Team ist ein trauriges Paradoxon. Es bezeichnet sich selbst gegenüber der Umgebung als »Team«, obwohl seine Mitglieder insgeheim das Gegenteil zugeben. Die gesamte Organisation erkennt diese Etiketten als Schwindel. Die Managementgruppe von Cosmo Products beispielsweise sprach oft von sich als Team – bevor die Mitarbeiter ihnen auf Tonband vehement widersprachen.

Wenn einzelne in Pseudo-Teams beklagen, daß es ihnen nicht gelungen ist, als Team zu agieren, kommt dabei oft eine weitere Ironie zum Ausdruck. Jedes Mitglied schiebt die Schuld den anderen Mitgliedern des Pseudo-Teams zu, insbesondere dem Leiter. Die Lösung für die Probleme klingt dann immer so: »Wir würden viel besser als Team funktionieren, wenn nur *die anderen* so als Team arbeiten würden, wie es *meiner Meinung nach* am besten ist.«

ComTech Cellular

Anhand einer Gruppe von neun Gebietsleitern des Unternehmens »ComTech Cellular« kann der Unterschied zwischen einer Arbeitsgruppe und einem potentiellen Team demonstriert werden. ComTech Cellular gehört zu ComTech, einem großen, öffentlich regulierten Telekommunikationsunternehmen. Cellular wurde in den achtziger Jahren von ComTech gegründet, um sich an dem neu entstandenen und rapide wachsenden Markt für Mobiltelefone zu beteiligen. Die neue Sparte verschaffte sich über hundertprozentige Töchter rasch Zugang zu vier Schlüsselmärkten, und zu fünf weiteren über Joint-ventures mit nicht öffentlich regulierten Anbietern. Das Geschäft ist schon insofern sehr komplex, als dieselben Firmen, mit denen ComTech in bestimmten Märkten Joint-ventures hat, in anderen Märkten mit ComTech-Töchtern konkurrieren.

Für ComTech Cellular hat es Vor- und Nachteile, Teil eines großen, öffentlich regulierten Unternehmens zu sein. Die Vorteile liegen in der Schlagkraft am Markt, im etablierten Namen und in beträchtlichen organisatorischen, technologischen und wirtschaftlichen Ressourcen. Der Nachteil ist, daß ComTech durch seine Bindung an das immer noch öffentlich regulierte ursprüngliche Telefongeschäft in seiner Bewegungsfreiheit eingeschränkt ist. Die Konkurrenten von ComTech können sehr viel schneller und aggressiver vorgehen, da sie weder der Regulierung durch den Staat unterliegen, noch durch die bürokratischen Zwänge eingeengt werden, mit denen die meisten großen Organisationen zu kämpfen haben.

Die neun Gebietsleiter unterstehen alle Cameron Daly, einem erfahrenen Manager, der für seine Menschenführung und seine Neigung zur Bildung von Teams bekannt ist. Für Daly ist es besonders wichtig, daß die neun zu einem Team werden – denn er ist davon überzeugt, daß sie als Team vielfältige Fähigkeiten und Perspektiven zur Behandlung einiger der schwerwiegenderen Probleme der Firma hätten. Aber Daly und die neun Gebietsleiter stellen sich unter einem Team eine Gruppe vor, in der die Kommunikation funktioniert, deren Mitglieder miteinander auskommen und Ideen austauschen. Dieses Bild eines Teams schließt keine echte gemeinsame Arbeit zur Verfolgung gemeinsamer Ziele ein.

Aber selbst wenn diese Gruppe einen stärkeren Leistungsfokus hätte, wäre der Teamansatz in ihrem Fall wahrscheinlich unrealistisch und kontraproduktiv. Die neun Gebietsleiter repräsentieren aus mehreren Gründen die klassische Arbeitsgruppe und nicht ein potentielles Team: Erstens hat das Unternehmen auf einigen Märkten Joint-venture-Partner, die auf anderen Märkten mit ComTech konkurrieren. Dies macht es noch schwieriger als gewöhnlich, das für Teams erforderliche gegenseitige Vertrauen aufzubauen. Der Gebietsleiter von New York, wo ComTech seinen größten Markt hat, drückt es so aus: »Warum sollte ich meine Zeit, Aufmerksamkeit und andere Ressourcen aufwenden und unsere Niederlassung in Chicago bei einer Neuerung unterstützen, nur damit uns ihr Joint-venture-Partner dann hier in New York damit attackieren kann!«

Zweitens erfordern die sehr unterschiedlichen Wettbewerbssituationen auf den neun Märkten individuelle Kenntnisse und individuelle Verantwortung. »Wenn der Leiter von Chicago irgendeine Idee vorbringt«, sagt Dave Mars aus Cleveland, »ist mein erster Gedanke, was diese Veränderung für mich hier in Cleveland bedeutet. Denn ich glaube nicht, daß er sich darüber Gedanken gemacht hat – das ist nicht sein Job. Er hat sich über Chicago Gedanken zu machen.« Die Gebietsleiter sehen es zwar alle als nützlich an, Informationen und erfolgreiche Methoden auszutauschen, die nicht wie im Beispiel New York/Chicago indirekt Probleme verursachen, aber sie haben weder die Kapazität noch die Motivation, gemeinsam und gleichzeitig auf dieselben Arbeitsergebnisse hinzuarbeiten. Keiner von ihnen sieht einen vernünftigen Grund dafür, wertvolle Ressourcen beizusteuern, um außerhalb des eigenen Marktes Probleme zu lösen.

Drittens ist es, bedingt durch die überproportionale Größe von New York, praktisch unmöglich für die Gruppe, eine gemeinsame Zweckvorstellung, gemeinsame Leistungsziele und einen gemeinsamen Arbeitsansatz zu finden. An Zielsetzungen, die sich hauptsächlich auf New York beziehen, sind die anderen nicht interessiert; aber alle sind sich darüber im klaren, daß es unrealistisch wäre, New York außer acht zu lassen. Hier gibt es kaum gemeinsame Interessen.

Bei unserer Unterscheidung zwischen Arbeitsgruppe und potentiellem Team urteilen wir nicht über eine »gute« oder eine »schlechte« Lösung. Wir sprechen uns lediglich für eine bewußte Entscheidung zwischen beiden Möglichkeiten aus, bei der die Alternativen systematisch mit ihren Vor- und Nachteilen bewertet werden. Es ist nicht so, daß die Gebietsleiter von ComTech als Manager irgendwelche Mängel hätten, weil ihnen aufgrund der Umstände die Teamoption verschlossen ist. So können sie zum Beispiel einander, ihren Kunden, ihren Mitarbeitern und ihrem Unternehmen helfen, indem sie sich Werte der Teamarbeit zu eigen machen und sie praktizieren, und indem sie »best practice«-Beispiele untereinander austauschen. Aber wie schon gesagt – Teamarbeit und Austausch sind nicht gleichbedeutend mit Teams.

Theoretisch sind alle Gruppen imstande, irgendeine gemeinsame Teamaufgabe und einen gemeinsamen Ansatz zu finden, um eine wichtige Leistungsanforderung zu erfüllen; theoretisch könnten das auch die Gebietsleiter von ComTech tun. In der Praxis allerdings müssen sich Leute wie Cameron Daly und die Gebietsleiter von ComTech die Frage stellen, ob es irgendwelche gemeinsamen Leistungsziele und gemeinschaftliche Arbeitsergebnisse gibt, die tatsächlich ihre wechselseitige Aufmerksamkeit, ihre aktive und gleiche Beteiligung, besondere Anstrengung und gemeinsame Verantwortung erfordern. Lautet die Antwort Nein, dann schafft man nur Verwirrung und unproduktive Aktivität, wenn man von einer solchen Arbeitsgruppe verlangt oder erwartet, ein Team zu werden. Und außerdem hält man die Einzelpersonen davon ab, ihr Leistungspotential als Arbeitsgruppe auszuschöpfen.

Rapid-Response-Team:
Der Aufstieg zum Hochleistungsteam

Das Rapid-Response-Team bei McKinsey & Company ist ein Beispiel für ein Team, das sich auf der Leistungskurve vom potentiellen Team über das echte Team zum Hochleistungsteam hinaufbewegte. Man sollte erwähnen, daß das Rapid-Response-Team untypisch für McKinsey ist, da es sich nicht um ein Klientenprojektteam handelt. Es ist vielmehr eine Support-Funktion, und als solche sah es sich ähnlichen Herausforderungen gegenüber wie potentielle Teams in vielen anderen Unternehmen.

Rapid Response entstand aus der Praxisgruppe »Organisation«, die wie viele andere Praxis- und Industriegruppen bei McKinsey gegen Ende der achtziger Jahre vor einer schwierigen Frage stand: »Wie kann man quer durch eine zunehmend internationale Beratungsfirma Wissen und Erfahrungen austauschen?« In früheren Zeiten konnte ein Berater, der über den neuesten Stand von Theorie und Praxis Bescheid wissen wollte, sich auf seine persönlichen Kenntnisse von anderer Leute Arbeit so wie auf mündliche Information verlassen. Im Jahr 1989 jedoch waren die über zweitausend Mitarbeiter von McKinsey auf mehr als fünfzig Büros in fünf Kontinenten verteilt, und zum Informationsaustausch reichten informelle persönliche Verbindungen nicht mehr aus.

Dieses Problem betraf vor allem die Organisationspraxis, denn Wissen und Erfahrung zum Thema Organisation sind in nahezu allen wichtigen Klientenbeziehungen gefragt, unabhängig von der Branche. Ein Partner formulierte das so: »Nur 20 Prozent unserer Arbeit beginnen als ›Organisations‹-Projekte, aber 70 Prozent enden als solche.« Angesichts dieser Tatsache beschlossen die Führer der Praxisgruppe bei einer Versammlung im September 1989, einen effektiveren Ansatz für das Management und den Austausch des bei McKinsey angesammelten Fachwissens zu suchen. Nach langer Diskussion einigten sie sich auf ein ehrgeiziges Ziel: Auf alle Anfragen zum neuesten Stand von Theorie und Praxis sollten innerhalb von vierundzwanzig Stunden sowohl die entsprechenden Unterlagen als auch der Kontakt zu einschlägig erfahrenen Beratern vermittelt werden.

Ein potentielles Team formiert sich

Die Leiter der Organisationspraxis suchten zunächst Freiwillige für die Realisierung. Sie fanden sechs, darunter Jennifer Futernick (Fachbibliothekarin) und Joe Miles (Organisationsspezialist) aus San Francisco, Lynn Heilig (Koordinatorin der Organisationspraxis) und Ed Micheals (Partner) aus Atlanta, Paul David (Senior Associate) aus Chicago und Doug Smith (Partner) aus New York.

Diese sechs waren jetzt ein potentielles Team; das heißt, sie hatten das Potential und den Wunsch, einen gemeinsamen Existenzzweck, gemeinsame Leistungsziele und einen Arbeitsansatz zu formulieren, für die sie eine wechselseitige Verantwortung übernehmen konnten. Als sie sich jedoch einige Wochen später zum ersten Mal trafen, hatte sich das Bild geändert. Joe Miles hatte sich entschlossen, McKinsey zu verlassen, und Paul David konnte aufgrund von Kliententerminen nicht zum Meeting kommen. Die anderen vier trafen sich trotzdem. Nach ausführlicher Debatte änderten sie das im Grunde unmögliche 24-Stunden-Ziel ab in den realisierbaren Anspruch, den Anfragenden die benötigte Information »so schnell wie möglich« zu besorgen. Sie gaben dem neuen Hotline-Service den Namen »Rapid Response Network« und einigten sich auf ein spezifischeres kurzfristigeres Leistungsziel: Rapid Response sollte bis zum 1. Juli 1990 entwickelt und eingeführt werden. Das war ein ehrgeiziges Ziel, denn sie alle konnten nur nebenbei an dem Projekt arbeiten.

Zwei zentrale Gestaltungsaufgaben mußten bis zum Zieldatum bewältigt werden. Erstens benötigte Rapid Response ein neues Computersystem, um die Dokumentenbibliothek und die Qualifikationsprofile der Berater zu verwalten; dieses System mußte für Lynn und Jennifer, die die telefonischen Anfragen zu bearbeiten hatten, benutzerfreundlich sein. Zweitens mußte – da man neben der Bereitstellung der relevanten Unterlagen auch den persönlichen Kontakt zu Experten zu vermitteln hatte – sichergestellt werden, daß die vielbeschäftigten Berater die Anfragenden »schnell« zurückrufen würden. Das ist etwa so einfach, wie wenn man seinen halbwüchsigen Sohn dazu bringen will, während eines Fußball-Länderspiels ans Telefon zu gehen.

Wie alle potentiellen Teams stand Rapid Response auch vor einer Reihe subtilerer Herausforderungen. Zum Beispiel glaubte Lynn, die kurz zuvor von der Beratung in die Koordination der Organisationspraxis übergewechselt war, Rapid Response würde ihr eine einzigartige Gelegenheit bieten, ihre eigene Tätigkeit zu bereichern. Allerdings war sie beunruhigt, weil der geplante Startschuß im Juli mit der Geburt ihres Kindes zusammenfallen würde.

Jennifer ihrerseits machte sich Sorgen über die Veränderungen, die das Projekt für ihren Job mit sich bringen würde. Fast ein Jahrzehnt lang hatte sie mit ihrem umfassenden Wissen über die Organisationspraxis und ihrer außergewöhnlichen Serviceorientierung anerkanntermaßen hervorragende Dienstleistungen geliefert. Jetzt schien vor allem das zukünftige Computersystem ihr große Sorgen zu bereiten. Sie hatte nie mit Computern gearbeitet und gab zu, daß sie ihr nicht geheuer waren. Lynn, Doug und Ed vermuteten allerdings, daß der Computer nur ein Symbol für die bevorstehenden Veränderungen war, denen Jennifer mit Unbehagen entgegensah.

Dazu kam, daß nicht klar war, wer eigentlich die Führung des Kernteams übernehmen sollte. Ed signalisierte zwar seine Bereitschaft zur Unterstützung, konnte jedoch aufgrund anderweitiger Verpflichtungen im wesentlichen nur als kritisches Publikum und Förderer fungieren. Somit war es an Doug und Paul David, die Leitung des Projekts zu übernehmen, und auch Paul war aufgrund umfangreicher Klientenarbeiten in einer schwierigen Situation. Es überrascht nicht, daß all diese Probleme in der Gruppe einige Anspannung erzeugten.

Dennoch bewegte sich die Gruppe mit Hilfe von Diskussionen, Entscheidungen und der Festlegung der weiteren Schritte auf der Leistungskurve nach oben; wobei sie aber immer noch eher ein potentielles als ein echtes Team war. Man hatte sich auf eine Zweckdefinition und auf ein Zielgerüst geeinigt; und Lynn, Jennifer und Doug waren bereit, echte Arbeit zu leisten. Und schließlich waren auch die schwerer erkennbaren Hindernisse thematisiert und diskutiert worden.

Vom potentiellen zum echten Team

Während sie in den folgenden Monaten ihren Arbeitsansatz ausarbeitete, begann die Gruppe, ihre Unsicherheiten zu überwinden. Doug und Lynn wollten gemeinsam versuchen, Berater für eine Unterstützung des Netzwerks zu gewinnen. Währenddessen würden Lynn, Jennifer und hoffentlich auch Paul David beginnen, am Computersystem zu arbeiten, wobei sich Jennifer hauptsächlich mit der Gliederung der Datenbank nach Themenbereichen und nicht so sehr mit der eigentlichen EDV-technischen Umsetzung beschäftigen sollte. Aber Paul verpaßte weiterhin Meetings. Als er und die anderen erkannten, daß er nicht zur Teamarbeit beitragen konnte – das heißt, daß er die von allen Teammitgliedern geforderte echte Arbeit nicht leisten konnte –, machte sich zunächst etwas Verlegenheit breit. Aber letztendlich war das Team so klug, Paul ohne viel Aufhebens gehen zu lassen. Für die Entwicklung des Systems engagierten Lynn und Jennifer Scott Ehmen, einen Computerfachmann aus dem Büro in Atlanta, sowie ein externes Systemhaus.

Bis zum Frühling hatten Lynn, Jennifer, Doug und Scott die einander ergänzenden Fähigkeiten, die gemeinsame Zweckvorstellung, den gemeinsamen Arbeitsansatz und das Gefühl der gemeinsamen Verantwortung, also die Charakteristika eines echten Teams. Sie waren zuversichtlich, daß das Computersystem im Juli einsatzbereit sein würde. Die größte Herausforderung bestand nunmehr darin, ein Treffen der Berater für Organisationspraxis aus aller Welt im April zu nutzen, um deren aktive Unterstützung für das Rapid Response Network zu gewinnen.

Diese Unterstützung war für die Gestaltung des Network unerläßlich. Theoretisch würde jemand, der sich über den gegenwärtigen Stand der Meinungen und des praktischen Wissens auf dem Gebiet der Organisationspraxis informieren wollte, bei Rapid Response anrufen und entweder Lynn oder Jennifer erreichen, die ihm die passenden Unterlagen und die besten Experten suchen helfen würden. Wenn Lynn oder Jennifer das Gefühl hatten, das Anliegen des Anfragenden übersteige ihre eigene Fachkenntnis, konnten sie den Anrufer mit einem Berater auf Bereitschaft in Kontakt bringen; dabei handelte es sich um ein Mitglied der Organisationspraxisgruppe, das dem Anfragenden rasch eine Antwort geben würde – wenn möglich noch am selben Tag.

Es war schon nicht einfach, den Anrufern die verlangten Unterlagen zu besorgen und Expertennamen zu nennen. Noch schwieriger aber war es sicherzustellen, daß die Experten und Berater auf Bereitschaft anschließend den Anruf des Betreffenden entgegennahmen oder beantworteten. Das lag nicht an mangelnder Bereitschaft, sondern an logistischen und anderen Schwierigkeiten: vielbeschäftigte Leute, verschiedene Zeitzonen und der völlig neuartige Anspruch und Arbeitsansatz des Rapid-Response-Teams. Die bei weitem schwerste Aufgabe würde darin bestehen, ausreichend viele erfahrene Berater zu bewegen, ihren ohnehin überladenen Prioritätenlisten ein weiteres »To do« hinzuzufügen.

Das Team wußte, daß es das Meeting im April nutzen mußte, um Verständnis, Begeisterung und Unterstützung für Rapid Response zu gewinnen. Man entschied sich für eine Kombination von Vergnügen und »hard selling«. Bei jeder Gelegenheit gab das Team Werbegeschenke mit Logo und Telefonnummer von Rapid Response aus (z. B. Kaffeebecher, Aufkleber, T-Shirts). Am Ende des zweiten Konferenztages hatten die etwas über sechzig Teilnehmer an diesen »Ablenkungen« ihren Spaß und freuten sich bereits darauf.

Den entscheidenden Angriff auf die versammelten Berater startete Rapid Response am Schlußtag nach dem Abendessen. Lynn, Doug und Jennifer hatten alle aufgefordert, sich zum Abendessen ein Rapid-Response-T-Shirt anzuziehen. Als sie um zehn Uhr mit ihrer abschließenden Präsentation begannen, sahen sich Lynn und Doug einem in Schwarz und Silber gekleideten Publikum gegenüber, das in weinseliger Stimmung war und sich auf einen vergnüglichen Abend freute. Sie erklärten das Design des Netzwerks, hoben die wichtige Rolle der Experten und Berater auf Bereitschaft hervor, und witzelten darüber, daß sie verrückterweise ihr neues System ausgerechnet dann einführen wollten, wenn eine der Schlüsselpersonen ihr Kind bekommen sollte. Unter Gelächter und Applaus forderte Doug wahllos Zuschauer auf, aufzustehen, die

Augen zu schließen und zu versuchen, die in den letzten beiden Tagen so oft gesehene und gehörte Telefonnummer von Rapid Response aufzusagen. Am nächsten Morgen trugen sich fast alle Konferenzteilnehmer als Experten oder Berater auf Bereitschaft in die Listen ein. Damit war, rechtzeitig für den Start im Juli, die Lücke geschlossen. Das Team wandte seine Aufmerksamkeit nun der kniffligen Frage zu, was man während Lynns Schwangerschaftspause tun würde, und wie mit Jennifers Unsicherheiten im Hinblick auf Computer und Veränderungen umzugehen sei. Glücklicherweise fand sich ein neues Teammitglied zur Unterstützung. Nancy Taubenslag, früher Associate und nun als Organisationsberaterin teilzeitig in New York tätig, war von der April-Konferenz so beeindruckt, daß sie sich freiwillig als Ersatz für Lynn zur Verfügung stellte. Sie erkannte jedoch bald, daß sie das Ausmaß der Arbeit unterschätzt hatte. Als sie und Jennifer sich Anfang Juli in Atlanta mit Lynn trafen, um sich in das neue Computersystem einschulen zu lassen, entdeckten alle drei, daß dieses noch jede Menge Kinderkrankheiten hatte. Lynns Geburtstermin und die Einführung von Rapid Response standen bereits vor der Tür, und so mußten Nancy und Jennifer schnell eine Lösung finden, wie sie gemeinsam aus dem System die versprochene Leistung herausholen konnten.

In dieser Phase entstanden im Team echte Zuneigung und persönliches Engagement füreinander. Besonders Lynn und Nancy waren entschlossen, Jennifer zu helfen, ihre Ängstlichkeit zu überwinden. Sie arbeiteten gern mit ihr zusammen und empfanden Hochachtung für ihr Organisationswissen. Jennifer ihrerseits wußte, daß mit der Niederkunft der Erfolg des Projekts zum großen Teil von ihr abhing. Darüber hinaus wußte sie, daß Lynn hoffte, Rapid Response würde nach ihrem Mutterschaftsurlaub zu ihrem Hauptjob werden, und wollte sie nicht im Stich lassen.

Nancy übernahm die Aufgabe, das Computersystem auf Vordermann zu bringen, und telefonierte jeden Tag stundenlang mit Jennifer, um ihr bei der Eingabe von Daten zu helfen und sie in das System einzuarbeiten. Bis zur Geburt ihres Babys leitete Lynn die Beantwortung der Anfragen; danach schaute sie vorbei, wann immer sie sich zu Hause freimachen konnte. Doug schließlich erklärte sich bereit, im Notfall als Berater auf Bereitschaft zu fungieren, um sicherzustellen, daß alle Anrufer rasch bedient wurden. Um den Druck ein wenig zu verringern, einigte sich das Team darauf, jede aktive Werbung für den Rapid-Response-Service solange zu verschieben, bis die Computerprobleme gelöst wären und Lynn wieder voll zur Verfügung stünde. Sie hofften, die Mundpropaganda werde ausreichen, den Service am Leben zu erhalten, ohne ihn in seiner Entstehungsphase zu überfordern.

Fast den gesamten Juli und August hindurch arbeitete Jennifer weiterhin in gewohnter Art und Weise, wobei sie allerdings immer wieder Nancy und Lynn um Rat fragte. Eines Tages im Spätsommer erhielt sie jedoch eine besonders komplexe Anfrage per Telefon und entschloß sich, das Computersystem allein auszuprobieren. Zu ihrer Überraschung lieferte es nicht nur die Information, die sie erwartet hatte, sondern auch Antworten, die sie ansonsten nicht gefunden hätte. Sofort rief sie Lynn und Nancy an, um sich für die unermüdliche Unterstützung und das Vertrauen der beiden zu bedanken – und zu verkünden, daß auch sie nun endgültig bekehrt war!

Als Lynn im November wieder voll einsatzfähig war, hatten die drei Frauen einen durch und durch gemeinschaftlichen Arbeitsansatz für Rapid Response entwickelt, der sich für jede von ihnen als unerwartet aufregend und befriedigend herausstellte. Es machte ihnen enorm viel Freude, so gut wie möglich auf die Ratsuchenden einzugehen, täglich voneinander zu lernen und zahlreiche persönliche Erfahrungen und Herausforderungen miteinander zu teilen. Im Team entwickelte sich ein starkes Ethos, das den persönlichen Erfolg jeder einzelnen mit dem von Rapid Response gleichsetzte. Dazu Nancy: »Wir glauben wirklich an den Satz ›Wenn du gut dastehst, steh ich auch gut da‹.«

Ende 1990 ging das Engagement des Teams weit über die gemeinsame Sache und den gemeinsamen Arbeitsansatz hinaus und beinhaltete eine echte Teilnahme am Fortschritt und Erfolg der anderen. Das System lief nun reibungslos, die Berater auf Bereitschaft und Experten hatten durchgehalten, und die drei Frauen hatten die erforderlichen Fähigkeiten in Datenverwaltung, Beratung und EDV aufgebaut. Das Team beschloß, sich selbst und das Rapid Response Network auf eine entscheidende Probe zu stellen und in der gesamten Firma eine umfassende Marketingkampagne durchzuführen. Im Januar 1991 verschickte das Team Werbebroschüren, Telefonaufkleber und Kaffeebecher an Berater in aller Welt, arrangierte einen Leitartikel in einer internen Zeitschrift und forderte Berater aus der Organisationspraxis auf, in ihren jeweiligen Büros weltweit über Rapid Response zu sprechen. Dann lehnten sich die Teammitglieder zurück und warteten ab, ob das Telefon klingeln würde.

Und ob es klingelte! Im folgenden Monat war die Nachfrage dreimal so hoch wie in jedem der vorhergehenden Monate. Aus allen Büros rund um den Erdball und von Beratern auf allen Ebenen kamen Anfragen. Am Ende des Jahres hatte Rapid Response über tausend Anfragen bearbeitet und fast ein Viertel der McKinsey-Berater und -Klienten in aller Welt mit Informationen versorgt. Benutzer, die zunächst skeptisch waren, ob sie tatsächlich rasch Hilfe von den Beratern auf Bereitschaft und Experten erhalten würden, merkten sehr bald, daß Rapid Response es mit seinem Versprechen sehr ernst meinte. Die positiven Kommentare reichten vom einfachen Dank für die zügige Beantwortung von Fragen bis zum überschwenglichen Lob dafür, daß Rapid Response das Verfahren zur Befriedigung von Klientenbedürfnissen grundlegend verändert habe. Ständig kamen unaufgefordert Anerkennungsschreiben oder -anrufe herein. Darüber hinaus weckte das Projekt das Interesse anderer Praxisgruppen; einige von ihnen kontaktierten Rapid Response, um zu sehen, was sie davon lernen konnten.

Interessanterweise – und völlig ungewöhnlich für eine Teamsituation – konnte das Rapid-Response-Team sich aufgrund der Kosten und der Entfernung nur selten persönlich treffen. Aber die von Unwägbarkeiten, Mühen und Schwierigkeiten geprägte Aufgabe, McKinsey-Berater weltweit zu unterstützen, brachte die drei täglich per Telefon oder Fax zusammen. Und je schwieriger die Aufgabenstellung, desto mehr Spaß hatten sie daran, die beste Lösung für die Bearbeitung zu finden.

Die Qualität der Bemühungen des Teams wie auch das Engagement der Mitglieder füreinander nahmen im Laufe dieses Jahres stetig zu. Ende 1991 schließlich versprachen die Teammitglieder einander und ihren Kunden, jede Anfrage so zu behandeln, als hinge die Zukunft des Klienten und die von McKinsey von der Effektivität und Geschwindigkeit der Beantwortung ab. Außenstehenden mag solch ein allumfassender Sinn für die eigene Bedeutung weit hergeholt oder übertrieben erscheinen. Den Mitgliedern des Rapid-Response-Hochleistungsteams aber ermöglichte es dieser starke Einsatz füreinander und für ihre gemeinsame Sache, sich in den oberen Bereichen der Teamleistungskurve zu bewegen.

Fazit

»Was müssen wir tun, um außerordentliche Leistungsergebnisse zu erreichen?«

Das ist die wichtigste Frage, die sich Mitglieder einer zur Zusammenarbeit bestimmten Gruppe stellen können. Die Antwort hängt vom Wesen der jeweiligen Aufgabenstellung ab. Nehmen wir an, wir würden zu den Gebietsleitern von ComTech gehören und uns fragen: »Was müssen wir tun, um in neun verschiedenen Märkten in ganz Nordamerika ein Mobiltelefon-Geschäft aufzubauen?«, dann wäre die Antwort: »Dazu müssen wir unsere individuellen Aufgaben so gut wie nur irgend möglich erledigen; dazu gehört auch, daß wir Erkenntnisse, ›best practices‹ und andere wichtige Informationen untereinander austauschen.« In der Terminologie dieses Kapitels bedeutet das. Wir würden versuchen, eine effektive Arbeitsgruppe zu werden. Wenn wir hingegen zu einer Gruppe wie ELITE (Kapitel 4) gehören und uns fragen würden: »Was müssen wir tun, um alle Anzeigenfehler in unserer Zeitung zu eliminieren?«, so würde unsere Antwort lauten: »Wir müssen als Team zusammenarbeiten, um zusätzlich zu den individuellen Beiträgen gemeinsame Arbeitsergebnisse zu schaffen. Und vielleicht ist es auch nötig, daß wir in der gesamten Zeitung den Kundenservice als Wert etablieren.« Kurz: »Wir müssen als Team arbeiten.«

Wenn man nun die Teamoption wählt, wie kann man dann feststellen, an welchem Punkt auf der Teamleistungskurve man sich befindet? Dafür gibt es unserer Meinung nach Indikatoren oder »entscheidende Zeichen«, die sich zwei Gruppen zuteilen lassen. Die Indikatoren der ersten Gruppe decken sich mit den Elementen unserer Definition – dem Teamrahmen. Durch Beantwortung der Fragen, die am Ende von Kapitel 3 aufgelistet sind (wenige Mitglieder, einander ergänzende Fähigkeiten, gemeinsame Zweckvorstellung und Leistungsziele, gemeinsamer Arbeitsansatz und wechselseitige Verantwortlichkeit) können die meisten Gruppen herausfinden, ob sie Arbeitsgruppen, Pseudo-Teams, potentielle Teams oder echte Teams sind.

Zusätzlich haben wir jedoch weitere fünf entscheidende Merkmale beobachtet, deren Überprüfung hilfreich ist. Dies sind:

1. Symbole und Identität:

Die Aktivität eines Teams dreht sich unweigerlich um eine Reihe bevorzugter Symbole, welche etwas über den grundlegenden Existenzzweck und die Identität des Teams aussagen. Die Karte des landesweiten Highway-Netzes symbolisierte beispielsweise die Entschlossenheit des

Intermodal-Teams, im Bereich »kombinierter Verkehr« einen völlig neuartigen Ansatz aufzubauen, der statt auf Gegnerschaft auf Kooperation mit den Lkw-Spediteuren gründete. Das Zebra-Team von Kodak (Kapitel 3) verwendete verschiedene schwarzweiße Logos, Kleidungsstücke und Lieder zur Verdeutlichung seines Anspruchs, den Status des Schwarzweißfilms zu verbessern. Selbst die Dart-Zielscheibe im Beispiel von Garden State Brickface (Kapitel 3) wurde nicht nur zu einem »Treffpunkt«, sondern auch zu einem Symbol, das viel darüber aussagte, wie dieses Team an seine Aufgabe heranging.

Der Schlüssel liegt in der vielfältigen Bedeutung dieser Symbole für das Team. Ähnlich Codeworten oder einer speziellen Sprache geben Symbole eine Möglichkeit, komprimiert zu vermitteln, was für das Team wichtig ist und warum. Eine so große und von allen empfundene Bedeutung kann jedoch nicht willkürlich hergestellt werden; T-Shirts und Kaffeebecher machen noch kein Team. Aber dort, wo hinter den Logos ein Sinn steht, wird man ein Team finden.

2. Begeisterung und Energie:

Teams sind mit Intensität und Begeisterung bei der Arbeit – und beim Vergnügen. Niemand muß sie auffordern, zusätzliche Zeit zu investieren – sie tun es einfach. Niemand muß sie daran erinnern, daß Aufgaben nicht an andere delegiert werden sollten – sie machen die Arbeit einfach selbst. Für Außenstehende ist das Maß an Energie und Begeisterung innerhalb von Teams unmißverständlich und sogar verführerisch. Wenn man den Teamraum betritt, merkt man sofort den Unterschied. Sobald das Intermodal-Team von Burlington Northern in Schwung gekommen war, riefen viele Leute aus anderen Bereichen der Eisenbahngesellschaft heimlich an und wollten mitmachen, obwohl das Team so umstritten war. Die Energie und Begeisterung, die ein Team auszeichnen, können allerdings nicht von oben verordnet werden – sie müssen aus der Interaktion der Mitglieder entstehen.

3. Von Schlüsselereignissen geprägte Geschichte:

Die Entwicklung von Teams ist häufig von Ereignissen geprägt, welche das Team zusammenschweißen und seine Leistung vorantreiben – oft sind diese Ereignisse ungeplant, teilweise handelt es sich auch um »Fehlschläge«. Die vom Profisport übernommene Anwerbung der Crewmitglieder bei Garden State, die Genehmigung der beiden schrecklichen Frachtzentren bei Burlington Northern, die Antwort des ELITE-Teams auf das »Rattenspur-Fax«, die Ablehnung des Gehaltsvorschlags der »Dallas Mafia« durch Global und die Verkaufsinitiative von Rapid Response nach dem Abendessen: All diese Episoden trieben die betreffenden Teams an und brachten sie weiter.

4. Persönlicher Einsatz:

Wie wir anhand der Geschichten von Intermodal, ELITE, »Dallas Mafia« und Rapid Response gesehen haben, unterscheidet sich ein Hochleistungsteam durch das starke Engagement jedes einzelnen für den Fortschritt und Erfolg seiner Teamkollegen von allen anderen Teams. Ist dieses Engagement vorhanden, so vertieft es stets den Sinn des Teams für seinen Existenzzweck, stärkt seine Leistungsambitionen und läßt die Mitglieder entschlossener daran gehen, miteinander zu arbeiten. Aber auch hier gilt: Dieses entscheidende Kennzeichen ist entweder vorhanden oder nicht vorhanden – das Interesse aneinander kann man niemandem vorschreiben.

5. Leistungsergebnisse:

Letzten Endes ist Leistung sowohl die Ursache als auch die Wirkung von Teams. Echte Teams leisten fast immer mehr als Einzelpersonen mit ähnlichen Voraussetzungen und Aufgaben, die aber als Einzelpersonen agieren. Hochleistungsteams übertreffen zusätzlich alle in die Gruppe gesetzten Erwartungen, sogar die der Teammitglieder selbst. Wenn keine spezifischen, greifbaren Leistungsergebnisse vorliegen, ist alles andere nebensächlich. Gruppen wie die der Manager von Cosmo Products, denen es nicht gelingt, sich auf spezifische Leistungsziele und die davon abgeleiteten kollektiven Team-Arbeitsergebnisse zu konzentrieren, können keine Teams werden. Wenn Sie erfahren wollen, ob eine bestimmte Gruppe ein echtes Team ist, so schauen Sie sich zuerst ihre Leistungsergebnisse an.

Zusammenfassend läßt sich sagen, daß es zwei Gruppen von entscheidenden Kennzeichen dafür gibt, ob eine bestimmte Personengruppe ein echtes Team ist. Zur ersten Gruppe gehören die Elemente der Definition eines Teams – der Teamrahmen. Sobald irgendeine dieser Grundlagen fehlt oder lückenhaft ist, sollte die Gruppe sich offen mit dieser Lücke auseinandersetzen und alles daransetzen, diese Grundlage zu schaffen. Die zweite Gruppe entscheidender Kennzeichen Symbole und Identität, Energie und Begeisterung, von Ereignissen geprägte Geschichte, persönliches Engagement und Leistungsergebnisse – sagt ebenfalls viel darüber aus, ob eine bestimmte Gruppe ein Team ist oder nicht. Allerdings kann sich eine Gruppe für gewöhnlich keines dieser Kennzeichen – abgesehen von den Leistungsergebnissen – gezielt »erarbeiten«. Der Bedeutungsreichtum von Teamsymbolen ergibt sich nicht zwangsläufig mit der Schaffung eines Teamlogos; die für ein Team charakteristische Energie oder seine Begeisterung und der bei Hochleistungsteams zu beobachtende persönliche Einsatz können nicht durch Anordnung oder Entscheidung herbeigeführt werden.

Wenn die Überprüfung auch nur einer Kategorie von entscheidenden Merkmalen den Schluß ergibt, daß eine Gruppe kein Team ist, so ist sie möglicherweise gut beraten, eine Leistungssteigerung nicht als Team, sondern als Arbeitsgruppe anzustreben. Möglicherweise ist der potentielle Gewinn an Leistung das Risiko nicht wert, oder die Gruppe ist noch nicht reif dafür, den Sprung von der Arbeitsgruppe zum Team zu wagen. Ein sorgfältiges Abwägen des Für und Wider kann verhindern, daß auf die eine oder andere Weise eine voreilige Entscheidung gefällt wird. In jedem Fall ist es wichtig, beide Optionen sorgfältig in Betracht zu ziehen und dann die gewählte Option konsequent zu verfolgen.

Sollte aber, anders als bei ComTech Cellular, ein Teamansatz sinnvoll sein, und sollten, anders als bei Cosmo Products, die Betreffenden zur Teamleistung entschlossen sein, so sollten sie ihre Fortschritte beim Erklimmen der Teamleistungskurve regelmäßig anhand der beiden Merkmal-Kategorien überprüfen. Dabei werden sie hoffentlich jedes Mal neue Erkenntnisse über die Hindernisse auf dem Weg zur Teamleistung gewinnen. Und sie werden ihre Überzeugung von der gemeinsamen Sache, den Leistungszielen und dem Arbeitsansatz – von den Elementen also, die für das Vorwärtskommen unerläßlich sind – weiter stärken.

Kapitel 6

Die Leistungskurve hinauf: Von der individuellen Leistung zur Teamleistung

Was müssen potentielle Teams tun, um auf der Teamleistungskurve nach oben zu klettern? Es gibt keine zuverlässige Antwort auf diese Frage. Alle Teams, die wir untersuchten, von denen wir lasen oder an denen wir beteiligt
waren, wandten ihre ganz eigene Mischung von Aktionen,
Ereignissen und Entscheidungen an, um eine Leistungssteigerung zu erreichen. Wir konnten jedoch beobachten,
daß ihnen allen ein gemeinsames Muster zugrunde lag:
Echte Teams formieren sich erst, wenn die beteiligten Einzelpersonen die mit Konflikt, Vertrauen, gegenseitiger Abhängigkeit und harter Arbeit verbundenen Risiken auf
sich nehmen.

Von den Risiken, die eingegangen werden müssen, betreffen die ernstzunehmendsten den Aufbau des Vertrauens und der gegenseitigen Abhängigkeit, die für den Übergang von der individuellen zur gegenseitigem Verantwortung nötig sind. Bei echten Teams müssen die Beteiligten
einander vertrauen und sich aufeinander verlassen können – nicht bedingungslos und auch nicht für immer, aber
in jedem Fall hinsichtlich des Anliegens des Teams, seiner
Leistungsziele und seines Arbeitsansatzes. Den meisten
von uns fällt es schwer, so viel Vertrauen und gegenseitige
Abhängigkeit zu entwickeln. Wir müssen es uns hart verdienen und immer wieder unter Beweis stellen, wenn es
verhaltensändernd wirken soll. Unsere natürlichen In-
stinkte, unsere Erziehung, unsere Ausbildung und unsere

Arbeitserfahrung geben alle der individuellen Verantwortung den Vorrang, die an unseren eigenen Normen und an den Normen unserer Vorgesetzten gemessen wird. Wir fühlen uns wohler, wenn wir unsere eigene Arbeit tun und wenn unsere Leistung von unserem Chef gemessen wird, als wenn wir mit Gleichgestellten arbeiten und in einer Gemeinschaft von Gleichgestellten bewertet werden.

Teamleistung verlangt also von den meisten von uns die Änderung sowohl unserer Einstellungen als auch unseres normalen Verhaltens. Außerdem muß sich die Anpassung vor allem aus Taten entwickeln und nicht aus Worten. In der Geschichte der »Dallas Mafia« beispielsweise (Kapitel 4) fiel es den einzelnen Männern vergleichsweise leicht, ihre Absicht zu bekunden, sich von den Nullachtfünfzehn-Bankgeschäften abzuwenden. Diese Geschäfte tatsächlich auszuschlagen, war hingegen riskanter. Alle Beteiligten mußten darauf vertrauen, daß die anderen hinter der Entscheidung stehen und auch die daraus entstehende finanzielle Last mittragen würden. Darüber hinaus war jeder einzelne von den anderen abhängig und wußte, daß sie umgekehrt auch von ihm abhängig waren, wenn es darum ging, die gewünschten innovativen Geschäfte ausfindig zu machen, auszuhandeln und abzuschließen. Wie in allen potentiellen Teamsituationen gelang es den Männern von Dallas nur, ein Gefühl der gegenseitigen Verantwortlichkeit aufzubauen, indem sie im Lauf der Zeit eine Reihe riskanter Schritte unternahmen und einander damit bewiesen, daß das Aufeinander-Verlassen funktionieren kann.

Ebenso wie Vertrauen und gegenseitige Abhängigkeit ist auch der Konflikt ein notwendiger Faktor in der Entstehung eines echten Teams. Nur selten gelingt es einer Gruppe, die ganz spezifischen Erfahrungen, Perspektiven, Werte und Erwartungen jedes einzelnen zu einem *gemeinsamen* Anliegen, einem Gerüst von Leistungszielen und einem gemeinsamen Ansatz zu verschmelzen, ohne daß dabei signifikante Konflikte auftreten. Und die größte Herausforderung besteht darin zu erreichen, daß die Konflikte für das Team konstruktiv sind und nicht einfach nur durchgestanden werden.

Die naheliegendsten Ursachen für Kontroversen in Teams sind funktionale Unterschiede. So setzte sich beispielsweise das ELITE-Team, das mit der Beseitigung von Fehlern im Anzeigenbereich der Zeitung beauftragt war, aus Mitarbeiterinnen der Abteilungen Verkauf, Herstellung, Künstlerische Gestaltung, Buchhaltung und Kundendienst zusammen. Die Konflikte innerhalb der Gruppe begannen wie so oft damit, daß die Leute Anschuldigungen gegen andere Abteilungen erhoben. So unangenehm diese Art von Konflikten auch sein mag, sie beinhaltet doch nur sehr selten ein großes Risiko. Der weitaus risikoreichere Konflikt – und gleichzeitig das prägende Ereignis für ELITE – trat ein, als die einzelnen Teammitglieder persönliche Blößen und Enttäuschungen in Kauf nahmen und eingestanden, daß auch sie selbst und nicht »die anderen« Fehler machten. In diesem Augenblick lagen alle Karten auf dem Tisch – und zwar offen – und die Gruppe konnte mit den konstruktiven Auseinandersetzungen beginnen, ohne die sie nicht vorangekommen wäre.

Andere Konfliktquellen sind die individuellen Persönlichkeiten, Einstellungen und Erwartungen, die so verschieden oder einander so ähnlich sind wie die Menschen selbst. Es gibt bestimmte Fragen, welche die Beteiligten in potentiellen Teamsituationen fast immer beschäftigen, wie zum Beispiel: »Warum sollte es dieses Mal anders sein?«, »Worum geht es hier eigentlich wirklich?«, »Was bedeutet das für mich?«, »Wie kann ich dem klarmachen, daß er ganz anders vorgehen muß?« und »Wie lange wird das andauern?«

Echte Teams lernen, mit solchen Bedenken durch offene und aufrichtige Kommunikation umzugehen. Das ist jedoch leichter gesagt als getan. Die meisten Leute, vor allem in großen Unternehmen, haben gelernt, sich sorgfältig und innerhalb akzeptierter Grenzen auszudrücken. Unsere Reaktionen sind darauf angelegt, unsere Vorgesetzten zu respektieren und zu beeindrucken, gegenüber unseren

Untergebenen keine Schwächen zu zeigen, uns linientreu zu verhalten und nicht unloyal zu erscheinen, und brillante Einsichten, nicht aber verrückte Ideen beizusteuern. Diese Verhaltensweisen machen konstruktive Auseinandersetzungen schwierig und riskant. Aber nur wenn Auseinandersetzungen ausgelöst werden – und eine oder zwei Personen konstruktiv reagieren –, können individuelle Differenzen und Bedenken diskutiert und in gemeinsame Zielvorstellungen überführt werden. Erst damit schafft sich ein potentielles Team die Möglichkeit, voranzukommen. Aber solche Auseinandersetzungen sind riskant – sie können zu lähmenden Animositäten, verletzten Gefühlen, Mißverständnissen und Enttäuschungen führen.

Der Umgang mit Vertrauen, gegenseitiger Abhängigkeit und Auseinandersetzung erfordert harte Arbeit, die das zusätzliche Risiko in sich birgt, daß sie unter Umständen keine Früchte trägt. Nicht alle potentiellen Teams wachsen zu echten Teams zusammen. Individuelle Differenzen, die Angst vor persönlicher Benachteiligung, ein Vertrauen zerstörendes statt aufbauendes Verhalten, unkonstruktive Auseinandersetzungen, Alltagstrott – diese und andere Faktoren können die Leistung eines Teams blockieren und es sogar zum Pseudo-Team machen, dessen Leistung nachläßt. Wenn das passiert, haben alle, die hart am Aufbau eines Teams gearbeitet haben, ihre Zeit umsonst vergeudet.

Deal-to-Steel

Das nachfolgende Beispiel zeigt, wie ein potentielles Team – eine Projektgruppe bei Enron Corporation mit Namen »Deal-to-Steel« – die Risiken auf sich nahm, die erforderlich sind, um sich auf der Leistungskurve nach oben zu bewegen. Enron ist eine Erdgasgesellschaft, die unter anderem auch die Pipelines baut und betreibt, welche die Erdgasspeicher und die Verbraucher miteinander verbinden. Die Projektgruppe Deal-to-Steel suchte nach Möglichkeiten für Enron, den Konstruktionsprozeß im Hinblick auf Kundenservice und Rentabilität zu verbessern. Dieser Prozeß beginnt eigentlich mit dem Augenblick, in dem ein Kunde mit Enron einen Vertrag über die Verlegung einer Erdgasleitung – den »Deal« – abschließt. Die Herausforderung besteht nun darin, die Pipeline – »Steel« – gemäß dem Vertrag, den Erwartungen des Kunden und den finanziellen und betrieblichen Erfordernissen von Enron selbst zu bauen. Angesichts der vorangegangenen Fusion und einer anspruchsvollen neuen Vision für Enron stellte die Aufgabe von Deal-to-Steel – Aufzeigen von Wegen zur Verbesserung des Prozesses – die Projektgruppe vor eine große Herausforderung: die drastische Verbesserung des Kundenservices. Das potentielle Team war gefordert, sich selbst und andere Mitarbeiter von Enron – einer Organisation, die auf individueller Verantwortlichkeit und funktionalen Unterschieden aufbaute – zu einem neuen Vorgehen im Deal-to-Steel-Prozeß zu bewegen.

Die Aufgabe

Im August 1990 traf die Deal-to-Steel-Projektgruppe der Enron Corporation in einem Hotel in Houston zusammen, um zu beraten, wie sie an ihre Aufgabe herangehen sollte. Zwei Monate zuvor waren die Mitglieder der Gruppe gebeten worden, die Ineffizienzen aufzuzeigen und zu eliminieren, die die Erdgaspipeline-Projekte vom Vertragsabschluß mit dem Kunden bis zur Fertigstellung der Pipeline und dem Aufdrehen des Gashahns beeinträchtigten. Seitdem hatten sie noch keine nennenswerten Fortschritte erzielt.

Deal-to-Steel gehörte zu den ersten Aktivitäten im Rahmen des »Project 1990s«. Diese unternehmensweite Initiative war vom Leiter der Pipeline-Gruppe, Ron Burns, ins Leben gerufen worden und hatte zum Ziel, Enron zum »innovativsten und zuverlässigsten Anbieter von sauberer Energie« zu machen. Die Projektgruppe wußte, daß Enron eine Reihe von Herausforderungen bewältigen mußte, wenn es diese große Vision verwirklichen wollte. Enron war Mitte der 80er Jahre durch eine Serie von Fusionen und Akquisitionen zur größten Erdgasgesellschaft der Vereinigten Staaten geworden. Die so entstandene Pipeline-Gruppe unter der Leitung von Burns bestand eigentlich aus fünf separaten Unternehmen; jedes davon hatte seine eigenen Geschäftsgepflogenheiten, die von vorsichtigem bis zu aggressivem Vorgehen reichten. Noch 1990 agierten die fünf Unternehmen wie eine Gruppe sehr eigenständiger Töchter und nicht wie eine einheitliche Familie im Bestreben, ihre Kunden auf zuverlässige, innovative und umweltfreundliche Weise zu bedienen.

Wenn es irgend etwas gab, über das sich die fünf Tochtergesellschaften einig waren, so war es ihre Klage über Enron selbst. Nach all den Fusionen und Akquisitionen hatte Enron eine sechste Tochter gegründet, eine eigenständige Betriebsgesellschaft, die nicht Burns unterstand. Diese separate Organisation war für die operative Seite, den Bau, die Konstruktion und die technische Unterstützung zuständig, von denen die fünf Gesellschaften in Burns' Gruppe abhängig waren. Mit der Errichtung der Betriebsgesellschaft hatte man das Ziel verfolgt, Effizienzvorteile aus der Teilung der Ressourcen zu erzielen. Mit der Effizienzsteigerung hatten sich jedoch Spannungen und Querelen eingestellt. Keine der fünf Burns-Gesellschaften, deren Aufgabe sich nun auf Marketing und Regulatorisches beschränkten, war glücklich über die erzwungene Abgabe so vieler wichtiger Funktionen. Sie waren der Meinung, daß die Betriebsgesellschaft zu viel Macht hatte und daß sie allzu häufig nicht im besten Interesse ihrer Kunden handelte.

Die zunehmenden Unstimmigkeiten zwischen den fünf Burns unterstehenden Vermarktungsgesellschaften und der Betriebsgesellschaft hatten die Mitarbeiter von Enron so sehr frustriert, daß Ende der 80er Jahre einige bereits gegangen waren und viele andere es vorhatten. Sie gaben verschiedene Gründe an: sie wollten nicht in die neue Zentrale nach Houston umziehen; sie waren der Meinung, der Chef ihrer eigenen Gesellschaft hätte zum Leiter der Gruppe ernannt werden müssen; sie fanden, daß die Betriebsgesellschaft zu viel Macht hatte; sie verstanden die allgemeine Zielrichtung und Unternehmensphilosophie von Enron nicht – oder sie hatten einfach etwas gegen Enron. Die allgemeine Unzufriedenheit erreichte ein solches Maß, daß der Vorstandsvorsitzende von Enron, Kenneth Lay, Ron Burns und zwei andere Spitzenmanager zu einer zweitägigen Sonderbesprechung außerhalb des Büros einlud, die diese unternehmensweite Unzufriedenheit zum Thema hatte.

Aus diesen Gesprächen auf höchster Ebene ergaben sich einige wichtige Erkenntnisse. Enron war es gut gelungen, seine Aktionäre und die Finanzwelt von den Vorteilen zu überzeugen, welche seine Vergrößerung und die Erweiterung seines Aktionsfeldes mit sich brachten. Auch hatte man die meisten Kunden davon überzeugen können, daß ihnen diese Vorteile zugute kommen würden. Die Führungskräfte waren sich jedoch darüber einig, daß es ihnen nicht gelungen war, der breiten Mitarbeiterschaft die Überzeugung zu vermitteln, daß es sowohl befriedigend als auch aussichtsreich wäre, für die größte Erdölgesellschaft der Vereinigten Staaten zu arbeiten.

Um aus dieser Situation herauszukommen, entwickelte die Gruppe der Top-Manager ein Programm, das sie »Vision and Values« nannte. Die Vision bestand darin, Enron zum »führenden Erdgasversorgungsunternehmen« und weltweit zum »innovativsten und zuverlässigsten Anbieter sauberer Energie für eine bessere Umwelt« zu machen. Die Werte, die direkt darauf abzielten, die Unzufriedenheit der Mitarbeiter in kundenorientiertes Engagement zu verwandeln, wurden unter anderem so formuliert: »Gib dein Bestes und mach Enron zum Besten«; »Kommunikation – alles spricht dafür«; und »Besser, einfacher, schneller«.

Die Erarbeitung des Teamrahmens

Als Burns die Sonderbesprechung verließ, war er entschlossen, sowohl Vision als auch Werte zu verwirklichen.

Das größte Problem waren seiner Meinung nach die Kompetenzrangeleien. Um also damit beginnen zu können, »alle hierarchischen und organisatorischen Hürden wegzusprengen«, bat Burns Stan Horton, den Leiter einer der fünf Vermarktungsgesellschaften, und James Prentice, in der Geschäftsleitung der Betriebsgesellschaft für Konstruktion und Bau verantwortlich, die Projektgruppe »Deal-to-Steel« aufzustellen. Zu diesem Zweck mußten Burns und Prentice die Zustimmung des Leiters der Betriebsgesellschaft einholen. Horton und Prentice baten Leute aus den Bereichen Bau, Konstruktion, Marketing, Buchhaltung, Rechnungsprüfung und Finanzen, sich darüber Gedanken zu machen, wie der Prozeß zum Geschäftsabschluß und zum Bau von Pipelines gestrafft werden konnte. Außer der Vielseitigkeit gab es laut Horton nur ein weiteres Auswahlkriterium für die Gruppe: die Bereitschaft, offen seine Meinung zu sagen und über organisatorische Grenzen hinweg gemeinsam bessere Wege zu suchen, um dem Kunden zu dienen. Das war allerdings viel verlangt, da Enron weitgehend funktional ausgerichtet war und großen Wert auf die individuelle Verantwortlichkeit legte. Dazu kam, daß die unterschiedlichen Identitäten der einzelnen Gesellschaften sich in dem neu zusammengesetzten Unternehmen Enron immer noch auswirkten.

Horton und Prentice betrauten William Janacek, einen Manager der Betriebsgesellschaft, mit der Leitung der Projektgruppe. Janacek unterteilte die Gruppe sofort in zwei Untergruppen: die eine sollte sich um die wirtschaftlichen Aspekte kümmern, die andere hatte die Reaktions- und Sanierungsfähigkeit zu untersuchen. Beide Gruppen fanden es jedoch schwierig, die ihnen zugewiesenen Aufgaben während der ersten Besprechungen in den Griff zu bekommen. Einige Mitglieder hielten sich zurück, weil sie keine Auseinandersetzung riskieren wollten. Diejenigen, die sich äußerten, wiederholten hauptsächlich, was ohnehin allen bekannt war, nämlich daß die Vermarktungsgesellschaften der Betriebsgesellschaft die Schuld für ineffiziente Ausführung antastete und umgekehrt die Betriebsgesellschaft den Vermarktungsgesellschaften schlechte Geschäftsabschlüsse vorwarf. Die Leute waren schnell mit Entschuldigungen bei der Hand, um Meetings zu verpassen und sich anderen Geschäften zu widmen.

Sechs Wochen später war Janacek ausgesprochen frustriert. Die Mitglieder beider Gruppen schienen zu gehemmt, zu engstirnig und viel zu leicht abzulenken. Trotz der verschiedenen Aufgabenbereiche wurden in beiden Gruppen dieselben Fragen aufgeworfen. Also entschloß sich Janacek zu einem ungewöhnlichen Schritt: Er lud beide Gruppen ein, die nächste Besprechung gemeinsam in einem Hotel abzuhalten. Wie sich herausstellen sollte, war diese einfache Geste ausschlaggebend, um »Deal-to-Steel« in Gang zu bringen.

Wie es bei vielen potentiellen Teams der Fall ist, half den Mitgliedern von Deal-to-Steel die gemeinsame Zeit außerhalb des Büros, lockerer zu werden, offener miteinander zu diskutieren und einander kennenzulernen. Als die beiden Untergruppen entdeckten, daß sie über dieselben Probleme gesprochen hatten, entstand ein konstruktiver Dialog über die gemeinsame Herausforderung. Sie wurden auch daran erinnert, daß sie eine wichtige Aufgabe hatten, von der das Management erwartete, daß sie sich darauf konzentrierten und sie erfüllten.

Die Mitglieder der Projektgruppe begannen, die Dinge in einem anderen Licht zu betrachten. Janacek selbst meint beispielsweise, daß ihm das Meeting neue Einsichten sowohl über seine Tätigkeit in der Betriebsgesellschaft als auch über seine Arbeit als Projektgruppenleiter vermittelt hat.

Mir war nie so bewußt gewesen, daß die Leute der Betriebsgesellschaft – von der Technik über den Bau bis zur Konstruktion und so weiter – eigentlich Dienstleister für die Marketingleute in den Pipeline-Gesellschaften sein sollten. Ich selbst eingeschlossen. Als ich das erkannte, wurde mir klar, daß ich irgendwie auch die anderen Leute der Projektgruppe zu dieser Einsicht bringen mußte. Also begann ich, die Gruppe zu lenken, und wurde schließlich zu ihrem Moderator.

Die notwendigen Risiken auf sich nehmen

Manager wie Janacek, die in einem auf Einzelverantwortung ausgerichteten Unternehmen tätig sind, neigen instinktiv dazu, Aufgaben zu identifizieren, aufzuteilen und einzelnen zu übertragen, anstatt es einer Gruppe zu überlassen, ein gemeinsames Anliegen, gemeinsame Ziele und einen Arbeitsansatz zu definieren, um die kollektiven Fähigkeiten zu optimieren. Letzteres war zudem riskant, denn Janacek wußte, daß er in den Augen seiner Vorgesetzten noch immer die individuelle Verantwortung für die Projektgruppe trug. Trotzdem begann er, seine Kontrolle teilweise aus der Hand zu geben, so daß eine wechselseitige Verantwortlichkeit innerhalb seiner Gruppe entstehen konnte. Wie andere Teammitglieder erzählten, ermutigte er ungesteuerte Diskussionen, verbat sich aber Schuldzuweisungen. Der Satz »Wir schauen uns den Prozeß an, nicht die Leute« wurde zur stehenden Redewendung. Janacek trat auch bewußt in den Hintergrund und überließ anderen die Führung, wenn sie eine besondere Fähigkeit einbringen oder eine neue Erkenntnis präsentieren konnten.

Das Meeting im Hotel führte auch zum Entschluß der Projektgruppe, ein weiteres Risiko einzugehen. Anstatt davon auszugehen, daß sie die Ursachen für alle Prozeßprobleme im Bereich von Deal-to-Steel bereits kannte, forderte sie die Rechnungsprüfung von Enron auf, eines der danebengegangenen Projekte genau zu analysieren. Dieses Projekt, das wir »Table Top« nennen wollen, sollte ursprünglich 240 000 Dollar kosten und innerhalb von fünf Monaten beendet sein. Letzten Endes dauerte es zehn Monate und kostete 1,2 Millionen Dollar.

Als die Projektgruppe zusammentraf, um über »Table Top« zu sprechen, hätte man mit der Dokumentation sämtlicher Pannen im Projekt den Konferenzraum dreimal rundherum tapezieren können. Das Team arbeitete den ganzen Tag lang an der Überprüfung von »Table Top« und ging die unglückselige Geschichte Punkt für Punkt durch. Der Anblick der Wände voller eindeutiger Beweise für die Fehler der gesamten Organisation – nicht nur der Betriebs- oder der Vermarktungsgesellschaften – öffnete erneut vielen die Augen. Ein Mitarbeiter der Betriebsgesellschaft dazu: »Wir erkannten, daß zum Aufzählen der potentiellen Probleme eines Geschäfts, angefangen mit dem Vertragsabschluß, sämtliche Finger und Zehen nicht ausreichten.« »Bevor ich ›Table Top‹ sah«, so ein anderer aus einer Vermarktungsgesellschaft, »hielt ich alle Veränderungen, die ich bei einem Projekt veranlaßte, für absolut gerechtfertigt und alle von der Konstruktion vorgeschlagenen Änderungen für unnötig. Sobald ich jedoch diese Einstellung abgelegt hatte, wurden die Zusammenhänge für mich ganz klar.«

Die Projektgruppe stellte sich immer neuen Erkenntnissen. Sie entdeckte, wie schlecht Enron im Vergleich zu anderen Pipeline-Gesellschaften in bezug auf Kerntätigkeiten abschnitt. Das war ziemlich erschreckend. So brauchte Enron beispielsweise für die Verlegung der Rohre länger und gab mehr Geld dafür aus als seine wichtigsten Konkurrenten. Die Gruppe begann zu erkennen, daß Enron das nicht nur besser machen konnte, sondern auch mußte, um zu überleben. Und je klarer diese Leistungsprobleme zutage traten, desto größer wurde das Engagement des Teams.

Die Projektgruppe ging auch Risiken ein, indem sie Schritte zum Aufbau von gegenseitigem Vertrauen und Verlaß unternahm. Der vielleicht effektivste von diesen riskanten Schritten war eigentlich ein Fehlschlag: Die Projektgruppe erkannte schon früh, daß die Budgetkontrolle der Betriebsgesellschaft ein großes Hindernis für die funktionsübergreifende Koordination darstellte, die zur Optimierung von Zeit, Kosten und Qualität im Deal-to-Steel-Prozeß notwendig war. Alle waren sich einig, daß die Vermarktungsgesellschaften mehr budgetäre Freiheit erhalten sollten, da sie die Kundenbedürfnisse am besten kannten. Folglich forderte die Projektgruppe Janacek und zwei weitere Mitglieder auf, beim Leiter der Betriebsgesellschaft vorzufühlen, ob er unter Umständen einen Teil seiner Budgetkontrolle abgeben würde. Budgetkontrolle aber ist in Unternehmen wie Enron, in denen Einzelverantwortung die Norm ist, gleichzusetzen mit Macht. Jemanden zu bitten, einen Teil seines Budgets abzugeben, kam der Aufforderung gleich, freiwillig eine geringere Position einzunehmen. Und für Janacek stellte dieser Vorstoß ein besonderes Risiko dar, da er außerhalb der Projektgruppe direkt an den Leiter der Betriebsgesellschaft berichtete.

Tatsächlich lehnte die Betriebsgesellschaft das Ansuchen ab. Trotzdem nahm die Glaubwürdigkeit Janaceks und seiner beiden Kollegen – ebenso wie das Gefühl des gegenseitigen Vertrauens und der gegenseitigen Verantwortung innerhalb der ganzen Projektgruppe – schlagartig zu, denn, so Janacek, »alle sahen, daß wir wirklich das größte Problem anpackten«.

Aufbau von Engagement

Zu dem Zeitpunkt, als dies geschehen war, hatten sich die Mitglieder der Projektgruppe bis auf wenige Ausnahmen vollkommen der Aufgabe verschrieben, Wege zur Verbesserung des gesamten Prozesses von Geschäftsabschluß und Pipelinebau zu finden. Die wenigen Bummler waren nicht im Weg, sie wurden vom übrigen Team weitgehend ignoriert. Entschlossene Menschen umgehen oft die weniger Engagierten in ihren Reihen und definieren so im Grunde das echte Team neu, d. h., es schließt diese Personen nicht mehr ein. Tatsächlich ist das die am wenigsten zerstörerische Vorgangsweise, um die Zusammensetzung eines Teams zu modifizieren.

Sobald das Team eine gemeinsame Vorstellung von Existenzzweck und Arbeitsansatz entwickelt hatte, teilte es sich nochmals in kleinere Gruppen, um Empfehlungen auszuarbeiten, die dann vom gesamten Team diskutiert werden konnten. So entdeckte beispielsweise eine Gruppe, daß Enron zu viel Finanz- und technisches Wissen in die Erstellung genauerer Kosten- und Zeitschätzungen für die Projekte investierte. Durch Eliminierung einzelner Schritte bei bestimmten Projektarten konnte zwar die Prognosengenauigkeit leiden, aber Enron konnte die Gesamtprojektdauer reduzieren und insgesamt die finanziellen Zielvorgaben einhalten. Eine weitere Teilgruppe schlug vor, dünnere Rohre zu verwenden, wieder eine andere regte an, die Bestände in den Vorratslagern zu reduzieren, und eine dritte empfahl, die Regelungen zum Vorrang der Einkaufserfordernisse von Enron selbst zu lockern. Wie die meisten besonders guten Empfehlungen des Teams, so stellten auch diese Vorschläge für eines oder mehrere Mitglieder der Projektgruppe eine Bedrohung dar. Ingenieure und Rechnungsprüfer fürchteten, daß durch die Eliminierung einzelner Projektschritte weniger Bedarf für ihre Dienste bestehen würde. Die Leute aus dem operativen Bereich fürchteten, daß die Verwendung dünnerer Rohre die Bauarbeiter beunruhigen würde. Die Leute der Pipeline-Gesellschaft argwöhnten, daß eine Verringerung der Lagerbestände die zur Einhaltung der Zeitpläne erforderliche Flexibilität mindern würde.

Das Team brach jedoch nicht auseinander, sondern arbeitete hart daran, mit solchen individuellen Vorbehalten, Risiken und Sorgen fertig zu werden. Zu diesem Zeitpunkt herrschte bereits ein ausgeprägter Sinn für gegenseitige Verantwortung. Man konzentrierte sich ausschließlich auf das Anliegen des Teams und darauf, was für Enron insgesamt und für seine Kunden das Beste war. Noch bevor die Empfehlungen endgültige Gestalt annahmen, baten Mitglieder der Projektgruppe Kollegen bei Enron, einige ihrer neuen Ideen auszuprobieren. So sparte beispielsweise ein Bautrupp durch den Einsatz dünnerer Rohre bei einem Projekt mehr als eine halbe Million Dollar.

Bis Dezember, als die Empfehlungen fällig waren, hatte sich der gemeinsame Existenzzweck des Teams über die Abgabe von Empfehlungen zur Korrektur des gestörten

Deal-to-Steel-Prozesses hinausentwickelt. Das Team fühlte sich nun als zentrales Element von Burns' Initiative, Enron zu verändern. Man konzipierte und produzierte ein Video, auf dem die Empfehlungen des Teams präsentiert wurden, und startete eine aufwendige Aktion, mit der kleinen Gruppen im gesamten Unternehmen das Video gezeigt und persönlich Fragen beantwortet wurden. Auch wurde ein kleines Implementierungsteam mit der Ausarbeitung von Bewertungsbögen beauftragt, um messen zu können, wie effektiv die Empfehlungen des Teams in die Tat umgesetzt würden.

Solange die Projektgruppe bestand, wurde sie von ihren wichtigsten Sponsoren – Burns, Horton und Prentice – aktiv unterstützt. Die drei nahmen regelmäßig an den Teamsitzungen teil und ließen keine Gelegenheit ungenutzt, um bei offiziellen Anlässen auf die Arbeit des Teams aufmerksam zu machen. All das half den Mitgliedern der Projektgruppe, die Risiken einzugehen, die für ihre Aufgabe nötig waren. Sobald die Empfehlungen vorlagen, beschloß Burns jedoch, den Leitern der einzelnen Vermarktungsgesellschaften die individuelle Verantwortung für die Implementierung zu übertragen. Nachdem er mit ihnen einen neuen Deal-to-Steel-Ausschuß gegründet hatte, löste sich das Implementierungsteam der Projektgruppe auf.

Das frustrierte einige Mitglieder von Deal-to-Steel – nachdem sie die Kraft und das Potential eines auf gegenseitiger Verantwortung aufgebauten Teams kennengelernt hatten, waren sie der Meinung, daß man hier eine Chance ungenutzt ließ. Ihnen erschien die Rückkehr zur individuellen Verantwortlichkeit für die Implementierung etwas voreilig, wenn nicht gar riskant. Anders als vor sechs Monaten, als sich das Team erstmals versammelt hatte, ging die Frustration aber nicht mehr auf die Kompetenzrangeleien zwischen einzelnen oder auf engstirnige Vorurteile zurück, sondern auf das Verlangen, die Empfehlungen umzusetzen.

Die Projektgruppe Deal-to-Steel setzte Veränderungen in Gang, die für Enron nach ihrer vollständigen Implementierung durch die Verringerung der Bauzeiten, durch Kosteneinsparungen und Verbesserung von Service und Kundenzufriedenheit Millionen von Dollar bedeuten würden. Das Team wurde auch zum Musterbeispiel für Burns' große Veränderungsinitiative, und es regte andere dazu an, überall im Unternehmen Veränderungen in Gang zu setzen. Auch war es sich darüber klar, daß es – als Team – mehr erreichen konnte als Einzelpersonen, die sich durch die bestehende Organisationshierarchie durcharbeiteten.

Gängige Ansätze zum Aufbau von Teamleistung

Für den Aufbau von Teamleistung gibt es kein »todsicheres« Rezept. Deal-to-Steel formierte sich beispielsweise als potentielles Team und hätte es auch bleiben können – möglicherweise hätte es sogar eine Arbeitsgruppe werden können – wenn es nicht zu einigen wichtigen Wendepunkten, neuen Erkenntnissen und klugen Entscheidungen gekommen wäre. Die Geschichte von Deal-to-Steel zeigt wie viele andere, daß sich der Unterschied zwischen einem potentiellen und einem echten Team an so subtilen Dingen zeigen kann wie darin, ob eine Gruppe ein Schlüsselereignis zu nutzen weiß, aber auch an so grundlegenden wie dem Nichtbeachten von Leistung über längere Zeit hinweg.

Dennoch haben wir eine Reihe gängiger Ansätze gefunden, die potentiellen Teams dabei helfen können, die Risiken auf sich zu nehmen, die zum Erklimmen der Leistungskurve notwendig sind. Diese wollen wir nun zusammenfassen, wobei wir Deal-to-Steel und andere Beispiele zur Erläuterung heranziehen.

1. Dringlichkeit und Richtung festlegen.

Alle Teammitglieder müssen daran glauben, daß das Team dringende und lohnende Aufgaben hat, und sie müssen wissen, welche Ergebnisse erwartet werden. Die Entstehung eines echten Teams ist um so wahrscheinlicher, je dringlicher und bedeutsamer der Grund für seine Existenz ist. Eine optimale Teamsatzung ist klar genug, um die Leistungserwartungen zu zeigen, aber gleichzeitig so flexibel, daß sie es dem Team gestattet, sein eigenes Anliegen, seine Ziele und seinen Ansatz zu formulieren. Das ist jedoch nicht immer so einfach wie es klingt.

Ron Burns, der Leiter der Pipeline-Gruppe von Enron, stellte von Anfang an klar, daß er sowohl der Arbeit der Projektgruppe als auch dem Veränderungsprogramm des Unternehmens insgesamt hohe Priorität einräumte. Darüber hinaus bewies er seine Unterstützung durch Handlungen; so wendete er beispielsweise ein Drittel seiner Zeit für persönliche Versuche auf, »Barrieren wegzusprengen«. Er beauftragte zwei Spitzenkräfte, Horton und Prentice, damit, die Projektgruppe zusammenzustellen und zu beaufsichtigen. Diese beiden Männer und Burns verbrachten viel Zeit mit dem Team und sprachen sich in der Öffentlichkeit wiederholt für dessen Arbeit aus. Dadurch halfen sowohl Burns als auch Horton und Prentice, für die Deal-to-Steel-Initiative Richtung und Dringlichkeit festzulegen und ihre Glaubwürdigkeit zu stärken. Wie Janacek von Burns sagte: »Er forderte und motivierte uns wirklich. Er wollte unbedingt Veränderungen sehen.«

2. Auswahl der Teammitglieder nicht nach persönlichen Kriterien, sondern nach Fähigkeiten und Leistungspotential.

Teams müssen über die komplementären Fähigkeiten verfügen, die für ihre Aufgabe erforderlich sind. Dabei sind drei Kategorien von Fähigkeiten relevant: 1. fachliche und funktionelle Fähigkeiten; 2. Problemlösungsfähigkeiten und 3. Fähigkeiten für den Umgang miteinander. Für potentielle Teams kommt es darauf an, das richtige Gleichgewicht zu finden zwischen solchen Mitgliedern, die über die erforderlichen Fähigkeiten bereits verfügen, und solchen, die diese erst im Lauf der gemeinsamen Arbeit entwickeln müssen.

Allzuviele Führungskräfte legen übermäßig großen Wert auf die Auswahl der Teammitglieder, weil sie glauben, daß ein Team, das nicht »von Anfang an richtig zusammengestellt ist«, niemals effektiv arbeiten kann. Die meisten Leute sind jedoch in der Lage, *nach* dem Eintritt in ein Team die erforderlichen Fähigkeiten – mit Ausnahme einiger fachlicher oder funktioneller Kenntnisse – zu entwickeln. Wir alle sind in der Lage, uns persönlich weiterzuentwickeln und müssen dazu nur in unserer Leistung gefordert werden. Anstatt sich also ausschließlich darauf zu konzentrieren, ob die Kandidaten die erforderlichen Fähigkeiten bereits besitzen, kann es zweckmäßiger sein zu fragen, ob das Team, einschließlich seines Führers, die erforderliche Zeit und Mühe investieren wird, um potentielle Teammitglieder in ihrem persönlichen Wachstum zu fördern. Wenn nicht, dann hat es wahrscheinlich keinen Sinn, solche Leute in das Team aufzunehmen oder darin zu behalten.

Die Auswahl der Teammitglieder ist übrigens nicht nur ein interessantes Thema für Projektgruppen. Auch bereits bestehende Gruppen – ob es sich nun um solche mit Führungsaufgaben oder um solche mit ausführenden Aufgaben handelt – müssen sich darüber Gedanken machen, wen sie in ihr Team aufnehmen wollen. Nur allzu oft wird vermutet, daß beruflicher Status bereits eine Garantie für die Aufnahme in das Team ist. Statt dessen müssen vielmehr Fähigkeiten und Leistungspotential noch während des Stadiums des potentiellen Teams sorgfältig überprüft werden. Genau das passierte zum Beispiel, als das Garden-State-Brickface-Team (Kapitel 3) die Vorarbeiter aufforderte, ihre Crews »anzuwerben«. Dadurch waren die Vorarbeiter gezwungen, sich Fähigkeiten und Fähigkeitspotential der ausgewählten Personen genau anzusehen.

Sobald die Mitglieder einer Gruppe einmal feststehen, erhebt sich die Frage des Trainings. Formales Training hat durchaus Sinn, wenn es auch nicht immer die beste oder einzige Möglichkeit darstellt, die Leistung eines Teams zu begründen. Training klappt am besten, wenn es »just in time« (gerade rechtzeitig) erfolgt und auf die spezifischen Leistungserfordernisse der jeweiligen Gruppe zugeschnitten ist. General Electric schult zum Beispiel seine Arbeiterteams bereits sehr früh in den Bereichen Problemlösung, Fähigkeiten für den Umgang miteinander und Teamwork. Bei Motorola werden alle Mitarbeiter, die geschult werden wollen, dazu ermuntert, sich umgehend an die entsprechenden Fachleute zu wenden. Auf diese Weise versucht Motorola sicherzustellen, daß Timing und Trainingsinhalt genau auf die Leistungsanforderungen der Betreffenden oder des Teams zugeschnitten sind.

Horton und Prentice wählten Personen aus allen Bereichen von Enron aus, um sicherzustellen, daß die Deal-to-Steel-Projektgruppe über alle fachlichen und funktionalen Fähigkeiten verfügte, um den Ansprüchen ihrer Satzung zu genügen. Und instinktiv richteten sie sich auch nach den Fähigkeiten für den Umgang miteinander, indem sie Leute auswählten, von denen sie annahmen, daß sie offen ihre Meinung sagen würden. Die Projektgruppe absolvierte zwar keine offiziellen Schulungsprogramme, aber sie nutzte »just in time« das Fachwissen von Experten, um ihre Problemlösung und Entscheidungsfindung zu verbessern.

3. Den ersten Meetings und Taten ist besondere Beachtung zu schenken.

Der erste Eindruck spielt immer eine große Rolle. Wenn ein potentielles Team das erste Mal zusammenkommt, achtet jedermann genau auf die Signale, welche die anderen geben, um die vorgebrachten Vermutungen und Bedenken zu unterstützen, in der Schwebe zu lassen oder zu zerstreuen. Sie achten besonders auf die Autoritätspersonen: auf den Teamführer und gegebenenfalls andere Führungskräfte, die das Team zusammenstellen, überwachen oder anderweitig beeinflussen. Und wie immer ist das, was solche Führungspersonen tun, wichtiger als das, was sie sagen.

Burns, Horton und Prentice, die Leiter und Förderer von Deal-to-Steel, machten von Anfang an deutlich, wie ernst ihnen die Sache war, indem sie vor allem enorm viel Zeit in das Team investierten. So war es auch bei Fred Mott, als der das ELITE-Team von seiner Entschlossenheit überzeugte, die Empfehlungen des Teams zu implementieren (»Welche Lösungen Sie auch immer vorschlagen ...«), und als er die besten Leute dafür freistellte. In einem weiteren Beispiel, von dem wir noch ausführlich berichten werden, begann ein Werksleiter der Sealed Air Corporation mit einer Initiative zur Steigerung der Fertigungsleistung auf Weltklasse-Niveau, indem er eine Reihe von Weiterbildungssitzungen veranstaltete – und zwar während der Arbeitszeit. Wie ein Mitarbeiter später sagte: »Ich merkte sehr schnell, daß er ein ehrlicher Mann war, dem die Sache am Herzen lag.«

Meetings abseits des Arbeitsplatzes können, wie das Deal-to-Steel-Team herausfand, den lockeren, weniger gehemmten Umgang miteinander erleichtern, der einem potentiellen Team einen guten Start ermöglicht. Der Vorteil solcher externen Meetings liegt auf der Hand: Sie schaffen zusätzliche Gelegenheit für informelle Interaktion in einer weniger hektischen Umgebung. Aber wir kennen auch Teams, die viel leisten, ohne sich jemals außerhalb der Firma versammelt zu haben.

Die ersten Meetings und Aktionen müssen sich nicht unbedingt auf ein einziges Treffen beschränken; bei Deal-to-Steel etwa bestand das »erste Meeting« aus einer Reihe von Treffen zu Beginn des Projekts. Darüber hinaus sind diese »ersten Meetings« für bereits bestehende Gruppen, wie z. B. potentielle Teams aus Management oder Arbeiterschaft meist nicht die erste Gelegenheit, bei der sich die Teammitglieder als Gruppe treffen. Oft ergeben sich solche »ersten Meetings« anläßlich des Auftretens eines neuen Führers, der Erklärung neuer Programme oder Initiativen oder der Festlegung eines neuen Leistungszieles. Die

Führungskräfte von Cosmo Products (Kapitel 5) beispielsweise hielten ihr erstes Meeting ab, nachdem sie sich Tonbandaufnahmen von den Kommentaren ihrer Mitarbeiter über die Probleme von Cosmo angehört hatten – und das, obwohl sie bereits seit Jahren Meetings abhielten. Allzuviele potentielle Teams behandeln ein solches Meeting eben nicht als »erstes Meeting«; statt dessen dominieren alte Gewohnheiten und Vorgangsweisen, wie die Überbetonung der individuellen gegenüber der wechselseitigen Verantwortung. Dadurch versäumen sie die Gelegenheit, auf eine grundlegend andere Art an die Leistungsanforderungen heranzugehen.

Noch wichtiger als das Arrangement ist das Verhalten der Teamführer. Janacek beispielsweise war bei Zusammenkünften außerhalb der Firma sehr viel erfolgreicher als bei den vorhergegangenen Besprechungen in der Zentrale. Mit der Zusammenführung der beiden Untergruppen bewies er sowohl seine Flexibilität als auch seine Bereitschaft, Fehler einzugestehen. Indem er andere gleichermaßen zum Zuge kommen ließ, zeigte er, daß er auch zuhören und nicht nur sprechen wollte. Indem er eingestand, daß er als Manager der Betriebsgesellschaft lernen müsse, die Vermarktungsgesellschaften als seine Kunden zu behandeln, bewies er den Mut, sich mit persönlichen Gewohnheiten und Neigungen auseinanderzusetzen. Der Schlüssel zu Janaceks Erfolg lag in der Einstellung, Flexibilität und konsequenter Ausrichtung, die seine Handlungen erkennen ließen, und die eine offene Diskussion gestatteten, bei der den Sorgen der einzelnen Rechnung getragen und gleichzeitig ein Rahmen für das Verhalten des gesamten Teams geprägt wurde.

Was auch immer der Auslöser für das erste Meeting sein mag, der Teamleiter muß auf die potentiellen Auswirkungen seines Auftretens bei solchen Zusammenkünften empfindlich reagieren. Wir wissen von einem neuen Teamführer, der seinem Team bei einem speziell aus diesem Anlaß veranstalteten Essen vorgestellt wurde, als er gerade von einer anderen Unternehmensabteilung in die

Gruppe versetzt worden war. Nur einige wenige Leute kannten ihn persönlich, aber ihm eilte der Ruf voraus, hart zu arbeiten – und gerne Spaß zu haben. Die Gruppe hatte mit viel Liebe einen Sketch zur Begrüßung ausgearbeitet, und am Ende eines sehr gelungenen Abends bat man ihn, ein paar Worte zu sagen. Anstatt nun die Chance zu ergreifen und einige wichtige Punkte oder Stoßrichtungen anzusprechen, sagte er nichts weiter als: »Ich freue mich wirklich sehr, in dieser Gruppe mitarbeiten zu können.« Wie sich herausstellen sollte, hatte er damit eine einmalige Chance verpaßt.

4. Klare Verhaltensgrundsätze festlegen.

Alle echten Teams entwickeln Verhaltensregeln, die ihnen helfen, ihren Existenzzweck und ihre Leistungsziele zu erreichen. Die wichtigsten Regeln betreffen Anwesenheit (zum Beispiel: »Keine Unterbrechungen zum Telefonieren«), Diskussionen (»Keine Tabuthemen«), Vertraulichkeit (»Es dringt nichts nach draußen, wenn wir das nicht gemeinsam beschlossen haben«), analytischen Ansatz (»Fakten zählen«), Hinarbeiten auf Endprodukte (»Jeder hat Aufgaben zu erledigen«), konstruktive Auseinandersetzungen (»Keine Schuldzuweisungen«) und – oft am wichtigsten – die zu leistenden Beiträge (»Alle leisten echte Arbeit«).

Solche Grundsätze fördern zielgerichtetes Vorgehen, Offenheit, Engagement und Vertrauen – alle auf Leistung ausgerichtet. Bei Deal-to-Steel setzte sich die Gruppe die Maxime »Konzentration auf den Prozeß und nicht auf die Leute« und sorgte so für konstruktive Auseinandersetzungen. Solche Vorschriften müssen nicht schriftlich niedergelegt werden; manchmal entstehen sie von selbst in der Gruppe. Das Gründungsteam der New York City Partnership aus Kapitel 7 hatte eine strenge Regel, die es den beteiligten Managern untersagte, sich bei Meetings von Mitarbeitern vertreten zu lassen. Diese Regel wurde vom Team nie explizit aufgestellt, aber auch niemals verletzt.

Wie immer solche Regeln auch entstehen mögen, an ihnen zeigt sich die Glaubwürdigkeit des Teams. Wenn sich zum Beispiel alle über die hohe Priorität von Teammeetings einig sind und dann einige Teammitglieder doch nicht erscheinen, signalisiert das, daß die Gruppe möglicherweise nicht einmal in der Lage ist, auch nur mit den einfachsten Details umzugehen, von der Bewältigung der Leistungsanforderung ganz zu schweigen. Auf die Einhaltung der Regeln muß geachtet werden. Ein uns bekanntes Team beschloß die vertrauliche Handhabung aller besprochenen Themen, um eine offene Diskussion zu fördern. Ein Teammitglied verletzte diesen Grundsatz sehr frühzeitig und plauderte Dinge aus. Als die restlichen Teammitglieder erfuhren, daß der Teamführer den Betreffenden freundlich, aber bestimmt gerügt hatte, wurden die Diskussionen dadurch noch offener, freier und letzten Endes auch kreativer.

5. *Einige unmittelbare, leistungsorientierte Aufgaben und Ziele festlegen und in Angriff nehmen.*

Die meisten Teams führen ihre Fortschritte auf einige leistungsorientierte Schlüsselereignisse zurück, welche das Team zusammenschweißen. Potentielle Teams können solche Ereignisse herbeiführen, indem sie sich sofort einige anspruchsvolle, aber erreichbare Ziele setzen, die relativ kurzfristig verwirklicht werden können. Potentielle Arbeitsteams wie jene, die wir bei Motorola, Sealed Air Corporation und General Electric kennengelernt haben, setzten sich für Taktzeiten, Lieferzuverlässigkeit, Rücklauf- bzw. Fehlerraten, Maschinenrüstzeiten und ähnliches meßbare Ziele. Andere Teams setzten sich Ziele, die – obwohl nicht zahlenmäßig meßbar – trotzdem überprüft werden konnten. Die »Dallas Mafia« zum Beispiel maß sich an dem nicht in Zahlen erfaßbaren Ziel, die gängigeren durch innovativere Finanzgeschäfte zu ersetzen.

Gleichgültig, ob sie quantitativ und qualitativ meßbar sind, müssen die Leistungsziele doch so sein, daß man sich »strecken« muß, um sie zu erreichen. Vor mehreren Jahren untersuchte ein führendes Finanzleistungsunternehmen einige seiner weltweit größten Geschäftserfolge auf Gemeinsamkeiten. Wie sich zeigte, hatte in allen Fällen die Führungsgruppe der fraglichen Einheit spezifische Leistungsziele festgesetzt, die von anderen im Unternehmen als »praktisch unmöglich, wenn nicht gar verrückt« angesehen wurden. Außerdem wuchsen die Führungsgruppen in den meisten Fällen im Lauf des Prozesses zu Teams zusammen und erreichten ihre Ziele.

Bezeichnenderweise müssen die durch solche *»hochgesteckten Ziele«* ausgelösten Ereignisse nicht unbedingt Erfolge sein. Die Weigerung des Leiters der Betriebsgesellschaft von Enron, einen Teil seiner Budgetkontrolle abzugeben, half die Deal-to-Steel-Gruppe zusammenzuschweißen. Dieselbe Wirkung hatte die Weigerung der Global-Zentrale, den von der »Dallas Mafia« unterbreiteten Vorschlag zur gleichen Bezahlung aller Teammitglieder zu akzeptieren. Ein kluges Team erkennt den Wert leistungsorientierter Ereignisse und zieht Nutzen aus ihnen, wie sie auch verlaufen mögen.

6. *Die Gruppe regelmäßig mit neuen Fakten und Informationen fordern.*

Neue Informationen bringen ein potentielles Team dazu, sein Verständnis der Aufgabenstellung neu zu definieren und zu erweitern. Dabei kann das Team sein Anliegen definieren, klarere Ziele setzen und seinen gemeinsamen Ansatz maßschneidern. Indem die Deal-to-Steel-Gruppe alle Pannen des Projekts Table-Top untersuchte, versetzte sie sich in die Lage, sowohl zu lernen als auch sich als Team auszurichten.

Im Gegensatz dazu liegen potentielle Teams falsch mit ihrer Annahme, alle erforderlichen Informationen seien bereits in der gemeinsamen Erfahrung und im Wissen der Teammitglieder enthalten. Projektgruppen wie Deal-to-Steel sind weniger stark gefährdet, sich auf diese Weise zu

schaden, als Arbeiter oder Manager, die versuchen, in ihrer Tagesarbeit den Team-Ansatz zu verwenden. Schließlich müssen Projektgruppen neue Informationen oft als
ausdrücklichen Teil ihrer Satzung entwickeln. Potentielle
Teams mit einer längerfristigen Aufgabenstellung entwickeln dagegen leicht Gewohnheiten, welche die Aufnahme neuer Informationen und Perspektiven ausschließen. Neue Fakten bringen dann solche Gruppen erst einmal zum überstürzten Handeln, wie wir bei den Auswirkungen gesehen haben, welche das Band mit den kritischen Äußerungen der Mitarbeiter auf die Führungskräfte
von Cosmo Products hatte.

7. Viel Zeit miteinander verbringen.

Der gesunde Menschenverstand sagt uns, daß Teams, vor
allem zu Anfang, sehr viel Zeit miteinander verbringen
müssen. Potentielle Teams tun das oft nicht. Die gemeinsame Zeit muß sowohl geplant als auch ungeplant gegeben
sein – kreative Erkenntnisse und persönliche Bindungen
erfordern nicht nur improvisierte und zwanglose Interaktionen, sondern auch die gemeinsame Analyse von Ta-
bellenkalkulationen, das Gespräch mit Kunden, Mitbewer-
bern oder Kollegen sowie die ständige Diskussion über
aktuelle Themen. Wir waren etwas überrascht, als wir
feststellten, daß man diese Zeit nicht immer persönlich
miteinander verbringen muß. Zunehmend bedienen sich
die Teammitglieder für ihre Kontakte der Telekommunika-
tion, wie wir am Beispiel von Rapid Response in Kapitel 5
gesehen haben.
   Zu häufig beschränken vielbeschäftigte Führungskräfte
und Manager die gemeinsam verbrachte Zeit absichtlich
auf ein Minimum. Und selbst wenn sie persönlich zusam-
mentreffen, beschränken sie oft die Interaktionen bewußt.
Meetings werden so kurz wie möglich angesetzt, damit andere Aufgaben möglichst wenig beeinträchtigt werden. Die
Tagesordnungen werden strikt eingehalten, da die Gruppe
darauf drängt, voranzukommen. Vor allem Diskussionen

über den übergeordneten Zweck werden oft kurz gehalten, um den willkürlich durch die Tagesordnung gesetzten Grenzen zu entsprechen. Allzuoft finden die Leute wie zu Beginn von Deal-to-Steel Gründe, um das Zimmer für ein Telefonat zu verlassen, oder sie nehmen überhaupt nicht an den Sitzungen teil. All das erbringt schlechte Ergebnisse: das potentielle Team nimmt sich nie genug Zeit, um zu *lernen,* ein Team zu sein. Dieses Muster läßt sich am besten durchbrechen, indem man gelegentlich Meetings mit offenem Ende oder mehrtägige Besprechungen außer Haus ansetzt, denn sie schaffen zusätzliche Zeit für informelle Interaktion und Problemlösung. Aber auch das genügt nicht, wenn die Mitglieder des potentiellen Teams bei ihrer Rückkehr zur Arbeit wieder in die von Tagesordnungen beherrschten, interaktionsfreien Meetings zurückfallen.

Ein potentielles Team von Managern, mit dem wir zu tun hatten, wollte mit Hilfe einer Reihe von Zusammenkünften außer Haus dem Team einen vielversprechenden Start sichern. Bald hatten sie ein begeisterndes Anliegen, ein Gerüst gemeinsamer spezifischer Leistungsziele und einen Arbeitsansatz, der auf ihren einander ergänzenden Fähigkeiten aufbaute, und eine solide Grundlage für gegenseitigen Respekt und Vertrauen bildete. Bedauerlicherweise aber meinten sie, ihre Aufgaben mit einem Minimum an Besprechungszeit erfüllen zu können. Aber dadurch, daß sie weniger Zeit miteinander verbrachten, verwässerten sie, ohne es zu wollen, die gemeinsam definierte Priorität und Klarheit des Anliegens und der Zielsetzungen des Teams. Auch das anfangs ausgeprägte Gefühl von Vertrauen und Respekt ließ nach. Innerhalb von sechs Monaten begannen die Teammitglieder, den Existenzzweck der Gruppe auf verschiedene und widersprüchliche Weise zu interpretieren. Inzwischen hatten sie unglücklicherweise auch nicht mehr den Wunsch, ihre Differenzen zur Sprache zu bringen und daraus zu lernen. Was als potentiell leistungsfähiges Team begonnen hatte, endete als Pseudo-Team, das schließlich vollkommen umgestaltet werden mußte.

Im Gegensatz dazu finden die erfolgreichen Teams immer einen Weg, zusätzliche Zeit miteinander zu verbringen, vor allem dann, wenn die Dinge schlecht stehen. Das Intermodal-Team von Burlington Northern traf sich jeden Morgen; auch tagsüber und manchmal sogar nachts standen die Mitglieder miteinander in Kontakt. Wenn es sein mußte, kam man sogar am Sonntag nachmittag zusammen. Die Mitglieder von Rapid Response, die Tausende von Meilen voneinander entfernt waren, verbrachten jeden Tag Stunden damit, miteinander zu telefonieren. Die Leute von Deal-to-Steel arbeiteten so viel miteinander, daß die Aufgabe der Projektgruppe schließlich zu ihrem Zweitjob wurde. Interessanterweise erwiesen sich dieser Zweitjob und die dafür aufgewendete Zeit, wie es bei den meisten erfolgreichen Projektgruppen oder Sonderprojektteams der Fall ist, für die Teammitglieder letzten Endes als viel befriedigender als ihre regulären Tätigkeiten.

8. Nutzen der Wirkung von positivem Feedback, Anerkennung und Belohnungen.

Die Rückenstärkung funktioniert im Team-Kontext ebenso gut wie in anderen Situationen. Die »Vergabe von Punkten« trägt zur Herausbildung neuer Verhaltensweisen bei, die für die Leistung des Teams ausschlaggebend sind. Wenn die Mitglieder eines Teams beispielsweise auf die ersten Bemühungen eines schüchternen Menschen, seine Meinung zu sagen und etwas beizutragen, anerkennend reagieren, können sie diesen dadurch zu weiteren Beiträgen ermutigen. Oder jemand riskiert, ein sensibles, konfliktbeladenes Thema anzusprechen, so können die anderen Teammitglieder und vor allem der Teamführer mit positivem Feedback ein deutliches Signal geben, daß sie geneigt sind, derartige Herausforderungen zu fördern.

Die Vorteile von positivem Feedback und Anerkennung gelten für Leute auf allen Ebenen. David Rockefeller setzte Rückenstärkung meisterhaft ein, um eine Freiwilligengruppe führender Persönlichkeiten aus Wirtschaft und

Gesellschaft in die überaus erfolgreiche New York City Partnership zu verwandeln (siehe Kapitel 7). Bei jeder Sitzung lobte Rockefeller jeden einzelnen der Manager für einen spezifischen Beitrag, den der Betreffende zur Erreichung des Gruppenziels geleistet hatte. Manche argwöhnten, daß sich Rockefeller bei der Formulierung von seinen Mitarbeitern helfen ließ. Aber das spielte keine Rolle. Bis hin zum letzten Teammitglied schätzten alle sowohl Rockefellers Begeisterung für die Gruppenphilosophie als auch die Tatsache, daß er, selbst ein vielbeschäftigter Mann, die von ihnen investierte Zeit und Mühe aufrichtig schätzte. Selbst das stärkste Selbstbewußtsein reagiert auf positives Feedback – wenn es ernst gemeint ist.

Es gibt viele Möglichkeiten, die Leistung eines Teams anzuerkennen und zu belohnen, und die direkte Vergütung ist nur eine davon. Beispielsweise belohnen Führungskräfte die Mitarbeiter im Team unmittelbar, wenn sie, wie Ron Burns von Enron, die Gruppeninitiative dem Team und anderen gegenüber als besonders dringlich und bedeutsam schildern. Manchmal haben Unternehmen bereits Vergütungs-, Bonus- oder andere Anreizsysteme, die ein Team nutzen kann. In anderen Fällen muß das potentielle Team seine eigenen Ansätze dafür entwickeln. Das in Kapitel 3 geschilderte Zebra-Team von Kodak teilte zum Beispiel Gutscheine für ein Abendessen an Leute aus, die sich durch besondere Beiträge hervortaten. Letzten Endes wird aber die Befriedigung über die Leistung des Teams zur schönsten Belohnung. Bis sie soweit sind, müssen potentielle Teams jedoch andere Wege finden, um die individuellen und gemeinsamen Beiträge und das Engagement ihrer Mitglieder anzuerkennen und zu verstärken.

Fazit

Die meisten potentiellen Teams können echte Teams werden, jedoch nicht, ohne Risiken in Form von Konflikten, Vertrauen, gegenseitiger Abhängigkeit und harter Arbeit auf sich zu nehmen. So entstehen eine gemeinsame Definition des Anliegens, ein Gerüst von Leistungszielen und ein gemeinsamer Arbeitsansatz nur selten ohne Konflikte. Im Gegenteil – die meisten erfolgreichen Teams erkennen in widersprüchlichen Ansichten und Erfahrungen ihrer Mitglieder eine Quelle der Stärke. Und ebenso verlangt wechselseitige Verantwortung Vertrauen und gegenseitige Abhängigkeit, die normalerweise nicht entstehen, ohne daß Risiken in Kauf genommen werden. Und schließlich haben die meisten potentiellen Teams Mitglieder, welche die vom Team verlangten Fähigkeiten erst nach ihrem Eintritt in das Team entwickeln. Auch das bedeutet für alle Teammitglieder Risikobereitschaft und harte Arbeit.

Die acht in diesem Kapitel zusammengefaßten »best practices« können es dem Team leichter machen, die notwendigen Risiken einzugehen. Aber sie sind – wie andere denkbare Ansätze zur Teambildung – nur dann nutzbringend, wenn sie im Streben nach Leistung eingesetzt werden. So haben wir zum Beispiel festgestellt, daß erfolgreiche potentielle Teams viel Zeit gemeinsam verbringen. Im Fall von Deal-to-Steel *verschwendeten* die beiden ersten Untergruppen allerdings in den ersten Wochen *gemeinsam Zeit.* Erst als es die Mitglieder bei den Meetings außerhalb der Firma angesichts ihrer Leistungsanforderung riskierten, sich Konflikten zu stellen und diese konstruktiv auszutragen, begannen sie, eine *produktive Zeit miteinander* zu verbringen. In ähnlicher Weise ging die Deal-to-Steel-Gruppe mit der Maxime »Konzentration auf den Prozeß, nicht auf Personen« und der Aufforderung an den Chef der Betriebsgesellschaft, einen Teil seiner Budgetkontrolle abzugeben, auf Leistung ausgerichtete Risiken ein, die zum Aufbau von gegenseitigem Vertrauen und gegenseitiger Abhängigkeit beitrugen. Darüber hinaus ist Deal-to-Steel ein ausgezeichnetes Beispiel dafür, wie die kontinuierliche Suche nach neuen Fakten und Informationen (z. B. die schmerzhafte Überprüfung der Table-Top-Katastrophe und die Gegenüberstellung mit dem Branchenstandard) die Teamleistung anspornen kann.

Wenn potentielle Teams und die Manager und Führungskräfte, denen ihre Ergebnisse wichtig sind, diesen entscheidenden Zusammenhang zwischen Risikobereitschaft und Leistung übersehen, verirren sie sich leicht und sind frustriert. Die Leute beginnen dann, nach Rezepten in der Art von »jedes Team braucht einen ›Herausforderer‹, einen ›Integrator‹ und einen ›Schiedsrichter‹« oder »alle Teams müssen zunächst in Fähigkeiten für den Umgang miteinander geschult werden« Ausschau zu halten. Bei solchen Methoden ersetzen allzu oft teamähnliche Merkmale wie der Aufbau von Zusammengehörigkeit um ihrer selbst willen die Leistung als Brennpunkt der Aufmerksamkeit des potentiellen Teams.

Solche schablonenartigen Ansätze gehen an den zentralen Wesensmerkmalen von Teams vorbei: also an der Leistung und der Zielgenauigkeit, mit der sie diese erbringen. *Jedes Team muß seinen eigenen Weg zu seiner eigenen spezifischen Aufgabenstellung finden.* Aus diesem Grund legen wir soviel Wert darauf, daß die Rahmenbedingungen wie Mitgliederzahl, Fähigkeiten, Existenzzweckdefinition, Leistungsziele, Ansatz und Verantwortlichkeit eher den Charakter eines Verhaltensmechanismus als den einer Definition tragen. Diese Disziplin und der zugrundeliegende Leistungsfokus sind der wichtigste Wegweiser für potentielle Teams, die zwischen all den Hindernissen, die beim Erklimmen der Leistungskurve lauern, hindurchsteuern müssen. Sich einem Team anzuschließen, stellt ein Karriererisiko dar; die individuelle Kontrolle aufzugeben, ist ein Leistungsrisiko; die persönliche Verantwortung für nötige Veränderungen anzuerkennen, ist ein Risiko für das Selbstwertgefühl; anderen die Führung zu überlassen, ist ein institutionelles Risiko; die Aufgabe der hierarchischen Befehlsgewalt und Kontrolle ist ein Stabilitätsrisiko. Das Eingehen solcher Risiken ist nur dann sinnvoll, wenn dadurch die Leistungsmöglichkeiten des Teams freigesetzt werden. Nur unter diesen Umständen können wir uns den Teamverstand zunutze machen.

Kapitel 7

Teamführer

Colonel Randy Geyer begann seinen ersten Tag in der neuen Position mit dem Eintrag »Ich bin nicht John Carr«.

Geyer hatte von Carr soeben das Kommando über eine Planungseinheit der U.S. Army – eine sogenannte »logistische Zelle« (oder kurz Log-Zelle) – übernommen, die planen sollte, wie die am Golfkrieg beteiligten Soldaten, Ausrüstungsteile und Versorgungsgüter am besten transportiert, in Empfang genommen und erhalten werden konnten. Fünf Monate davor war Geyer, nach eigenen Worten »einfacher Reservist aus Indianapolis«, noch im Möbelmarketing tätig gewesen. Er wußte eine Menge über Logistik, aber längst nicht so viel wie Carr, ein Berufslogistiker, der sich in der Planung während des Krieges glänzend bewährt hatte. Aber die militärischen Auseinandersetzungen waren beendet, und nun übernahm Geyer die Log-Zelle in einer Phase, in der sie die weniger lebensgefährliche, aber nicht weniger schwierige Aufgabe zu bewältigen hatte, den reibungslosen und sicheren Rücktransport von Soldaten, Ausrüstung und Versorgungsgütern zu koordinieren – eine Aufgabe, die Geyer später damit verglich, den ganzen Bundesstaat Wyoming an einen anderen Ort zu verlegen.

Geyer wußte, daß er dieser Herausforderung nicht ohne die volle Mitwirkung jedes einzelnen Mitglieds der Log-Zelle gerecht werden konnte. »Ich hatte nicht das Fachwissen und die Ausbildung wie Carr«, sagte Geyer. »Er war der Beste, der ›schlaue Bursche‹. Ich war es nicht.« Indem sich Randy Geyer also von Anfang an negativ gegen das Vorbild abgrenzte, machte er seinen Mitarbeitern klar, daß er ihre Hilfe erwartete und brauchte. Instinktiv legte er auch eine

Einstellung an den Tag, die zur Führung eines Teams uner-läßlich ist: er rückte die Teamleistung in den Vordergrund und gestand ein, Hilfe zu brauchen.

Erfolgreiche Teamführer wissen instinktiv, daß das Ziel nur die Leistungsergebnisse des Teams und nicht der Er-folg einzelner Personen, auch nicht der eigene, sein kön-nen. Anders als bei Arbeitsgruppen, deren Leistung von der Optimierung der individuellen Beiträge abhängt, müs-sen die Leistungen echter Teams mehr sein als die Summe der Leistungen einzelner. Dies erfordert eine Mischung von einander ergänzenden Fähigkeiten, ein Anliegen, das über einzelne Aufgaben hinausgeht, Ziele, die gemeinsame Arbeitsergebnisse definieren, und einen Arbeitsansatz, der die individuellen Fähigkeiten zu einer einmaligen kollek-tiven Fähigkeit verschmilzt. Alle diese Faktoren bewirken eine starke *wechselseitige* Verantwortung.

Ob man Einzelpersonen dazu bringen kann, als Team auf ein gemeinsames Ziel hinzuarbeiten, hängt unseren Beobachtungen nach eher von Einstellungen wie der Geyers ab und nicht so sehr von ihrer Persönlichkeit, Re-putation oder Stellung. Die Überzeugung, daß »nur das Team versagen kann«, beginnt bei den Führungspersonen. Der Teamführer hat Zweckdefinitionen und Zielsetzungen zu klären, Engagement und Selbstvertrauen aufzubauen, die gemeinschaftlichen Fähigkeiten und Ansätze des Teams zu stärken, von außen auferlegte Hindernisse aus dem Weg zu räumen und Möglichkeiten für andere zu schaffen. Am wichtigsten aber ist, daß der *Teamführer* wie alle anderen Mitglieder des Teams *selbst echte Arbeit lei-stet.* Der Teamführer weiß oder erkennt bei alledem stets, wann seine eigenen Handlungen das Team behindern und wie er ihm durch seine Geduld neuen Schwung verleihen kann. Anders ausgedrückt: Die Leistung eines Teams hängt fast immer davon ab, wie gut es einem Teamführer wie Geyer gelingt, die Bilanz zu finden zwischen dem Be-mühen, etwas selbst zu tun, und der Bereitschaft, es die anderen tun zu lassen.

Auch hier ist die richtige Einstellung ausschlaggebend.

Ein Teamführer glaubt aufrichtig, daß er *nicht* alle Antworten hat – also besteht er auch nicht darauf, sie zu geben. Er weiß, daß er *nicht* alle wesentlichen Entscheidungen allein treffen muß – also tut er es auch nicht. Er geht davon aus, daß er *keinen* Erfolg haben wird ohne den Beitrag aller Mitglieder zum gemeinsamen Ziel – und vermeidet daher auch jedes Verhalten, das Beiträge behindern oder irgendein Mitglied des Teams einschüchtern könnte. Ihm geht es *nicht* in erster Linie um sein Ego.

Solche Verhaltensweisen sind weder schwer zu erlernen noch anzuwenden; die meisten von uns schaffen es und haben es bei verschiedenen Gelegenheiten in ihrem Leben auch schon getan. Aber nur wenige von uns verhalten sich automatisch so; dies gilt vor allem für geschäftliche Situationen, in denen Autorität typischerweise bedeutet, daß man Untergebenen Befehle zu erteilen und sie zu kontrollieren sowie alle harten Entscheidungen allein zu treffen hat. Das nennt man manchmal »göttliches Recht des Managers«. Solche Manager glauben, sie müßten alle Antworten haben – sonst könnte man denken, sie hätten die Dinge nicht in der Hand oder seien unverläßlich. Ihrer Meinung nach können nur einzelne Helden sein.

Eine solche Einstellung kann für eine Arbeitsgruppe sehr nützlich sein. Aber sie behindert potentielle Teamführer. Nicht, daß Entscheidungsfreudigkeit oder Kontrolle notwendigerweise etwas Schlechtes wären; ein Team braucht beides. Teamleistung aber setzt voraus, daß das Team entscheidungsfreudig ist, daß das *Team* die Dinge im Griff hat, und daß das *Team* der Held ist. Wie wir bereits in Kapitel 6 besprochen haben, bedeutet das für das Team, daß es Risiken eingehen muß, die mit Konflikten, Vertrauen, gegenseitiger Abhängigkeit und harter Arbeit verbunden sind. Dazu wird es nicht kommen, wenn die Führungsperson allein den Ton angibt und in jeder Frage das letzte Wort hat. Es wird auch nicht passieren, wenn der Teamführer »nie einen Fehler macht«. Um aus einem potentiellen ein echtes Team zu machen, muß der Teamführer daher einen Teil des Kommandos und der Kontrolle aufgeben – und das bedeutet, daß auch er einige echte Risiken auf sich nehmen muß.

Allerdings funktioniert es meist ebensowenig, einem potentiellen Team einfach alle Entscheidungen zu überlassen. Die Aufgabe des Teamführers ist anspruchsvoller: Er darf nur in dem Maß Entscheidungsfreiheit geben, in dem die Gruppe sie anzunehmen und zu nutzen bereit ist. Eben dies ist das Wesentliche an der Aufgabe eines Teamführers: er muß den richtigen Ausgleich finden zwischen Lenkung einerseits und der Aufgabe von Kontrolle andererseits, zwischen dem Fällen schwerer Entscheidungen und ihrer Delegation an andere, zwischen der Erledigung schwieriger Dinge im Alleingang und ihrer Weitergabe an andere, die etwas daraus lernen können. So wie ein Übermaß an Autorität Fähigkeiten, Initiative und Kreativität des Teams lähmen kann, so kann es auch ein Mangel an Führung, Zielrichtung und Disziplin. Die meisten potentiellen Teamführer neigen allerdings aufgrund der Managementgewohnheiten, die sie sich in Arbeitsgruppen und Hierarchiestrukturen angeeignet haben, eher zu einem Übermaß an Führung und lassen zu wenig Raum für Entscheidungsfindung und Weiterentwicklung des Teams.

Dieser heikle Balanceakt ist von Team zu Team unterschiedlich, denn jedes Team hat seine eigenen, unverwechselbaren Merkmale. Kein Team gleicht dem anderen in der Zusammensetzung an Personen und Fähigkeiten, in der Definition des Existenzzwecks, der Zielsetzung, in der Wahl des Arbeitsansatzes und in den Vorbehalten gegenüber der gegenseitigen Verantwortung. Nur selten lassen sich die Erfahrungen, die ein Teamführer mit einem Team gesammelt hat, auf ein anderes Team übertragen, und wir sind auch einer Reihe von Fällen begegnet, in denen Teamführer in einer bestimmten Situation Erfolg hatten und in einer anderen versagten. Sicherlich sind bestimmte Muster erkennbar, an denen wir uns alle orientieren können, aber es gibt keine Standardansätze oder Rezepte, die für die erfolgreiche Führung eines Teams garantieren könnten.

Selbst innerhalb ein und desselben Teams verändert sich die Rolle des Teamführers im Verlauf des Teamprozesses fast immer. Während das potentielle Team zu einem richtigen Team und manchmal sogar zu einem Hochleistungsteam wird, verändert sich die Aufgabe des Teamführers deutlich. Seine formale Autorität mag unverändert bleiben – aber die Entscheidung, wann, ob und wie sie eingesetzt wird, verlagert sich. Der Schlüssel zu der sich verändernden Rolle des Teamführers liegt stets darin zu erkennen, was das Team von seiner Führungsperson benötigt und was nicht, um seine Leistung erbringen zu können. In gewissem Sinn ist der Teamführer der »Libero« oder Ersatzspieler; er muß zur Verfügung stehen, um *nur* bei Bedarf eingesetzt zu werden. Zum Glück für die meisten Teamführer wird ihnen das Team jederzeit dabei helfen herauszufinden, was sie tun müssen – oder nicht tun dürfen. Solange der Teamführer genau aufpaßt, was vor sich geht und in welcher Beziehung diese Vorgänge zur Aufgabe des Teams stehen.

Die Bedeutung des Teamführers für den Erfolg oder Mißerfolg eines Teams wird nur sehr selten unterschätzt. Tatsächlich neigen die meisten Menschen dazu, die Rolle und Verantwortung des Teamführers überzubewerten, und schaffen damit unrealistische Erwartungen und Bedingungen für die Teamführung. So verwechseln beispielsweise viele Leute die Aufgaben eines Teamführers mit Führungsaufgaben im allgemeinen. Allerdings ist die Rolle eines Teamführers zwar sicherlich für jeden von uns eine Bewährungsprobe, sie erfordert aber nicht, wie ein Manager es ausdrückte, »die Geduld eines Hiob, den Mut eines Napoleon, den Scharfblick eines Pasteur und die Weisheit eines Churchill«. Diese überzogene Einschätzung illustriert die nur allzu verbreitete und in vielen Organisationen vorherrschende Annahme, Führung werde dem Menschen auf geheimnisvolle Weise bei der Geburt mitgegeben, und man könne sie besitzen oder auch nicht, aber mit Sicherheit nicht erlernen.

Sehr viele Leute glauben fälschlicherweise auch, die

grundlegenden Anforderungen für die Führung eines effektiven Teams seien identisch mit jenen, die für die Führung eines erfolgreichen Unternehmens gelten – wenn auch vielleicht weniger ausgeprägt. Tatsächlich verblaßt die Aufgabe ein Team zu führen, gegenüber der Herausforderung, ein großes, komplexes Unternehmen zu führen. Unternehmensleiter müssen die leistungsorientierte Verfolgung langfristiger Unternehmensvisionen und -strategien durch hunderte, tausende oder sogar hunderttausende Menschen koordinieren, welche durch geographische, funktionale, kulturelle, hierarchische und geschäftliche Grenzen voneinander getrennt sind. Zu den oft genannten Merkmalen solcher Führungspersönlichkeiten zählen Fähigkeit zu visionärem Denken, Kommunikations- und Motivationsfähigkeit, geschickte Bewertung von Begabung, Umsicht bei der Entscheidungsfindung, Vorbildcharakter und Bescheidenheit sowie kluges und entschlossenes Urteil angesichts von Unsicherheit und Veränderung.

General Norman Schwarzkopf, der Oberbefehlshaber der amerikanischen Truppen im Golfkrieg, war mit Sicherheit eine solche Führungspersönlichkeit. Ebenso William Pagonis, der Dreisterne-General, der das mehrere tausend Mann starke Versorgungskommando der amerikanischen Armee befehligte, das für die logistische Unterstützung von 300 000 Soldaten und 100 000 Fahrzeugen mit mehr als sieben Millionen Tonnen an Ausrüstung, Nahrungsmitteln, Treibstoff und Versorgungsgütern zuständig war. Pagonis hatte sieben Generäle und einen Stabschef, mit deren Hilfe er alle traditionellen Logistikfunktionen wie Transport, Technik, Polizei, Munition, Kommunikation, Quartiermeister und so weiter lenken konnte. Aber er wollte auch, daß eine Gruppe – die Log-Zelle – abseits der normalen Militärhierarchie stehen und als seine private Denkfabrik fungieren sollte, um für das gesamte Versorgungskommando den geeignetsten und effektivsten Plan für Transport, Empfang, Erhaltung und schließlich auch Rücktransport von Truppen und Ausrüstung ausarbeiten zu können. Um erfolgreich zu operieren, mußte die aus fünfzehn Personen bestehende Einheit funktionsübergreifend organisiert sein sowie die Begabungen und Erfahrungen von Berufsoffizieren und Reservisten in sich vereinen. Somit unterschied sich die Arbeit von Carr und später von Geyer, obwohl offensichtlich von entscheidender Bedeutung, in Ausmaß, Umfang und Art von Pagonis' eigener Führungsaufgabe.

Im Gegensatz zu Schwarzkopf und Pagonis war Geyer im wesentlichen ein Coach, der sein Team dazu bringen mußte, Tag für Tag seine Leistung zu erbringen. Dies erforderte unter anderem, daß er die Sache der Log-Zelle aktiv unterstützte, aufmerksam zuhörte, was die Leute sagten und was nicht, und die Meinungen und Gefühle von fünfzehn Personen, deren Hintergrund und Orientierung sehr unterschiedlich waren, interpretierte. Darüber hinaus mußte er sowohl einzelne als auch das Team im gesamten anspornen, beraten und unterstützen; er mußte den Mitgliedern dabei helfen, die einzelnen Aufgabenstellungen kontinuierlich aufeinander abzustimmen, und er mußte den Mut aufbringen, sich immer dann mit dem System anzulegen, wenn dieses der Log-Zelle Steine in den Weg legte, die nicht auf andere Weise zu beseitigen waren. Um etwas zu bewirken, mußte er diese Dinge außerdem tun, ohne sich auch nur eine Minute lang von Anliegen, Zielsetzungen und Ansatz des Teams zu entfernen.

Geyer leistete ausgezeichnete Arbeit. Aber das heißt nicht, daß er die Arbeit von Pagonis hätte tun können. Ebensowenig befähigt die Tatsache, daß Pagonis an der Spitze einer großen und komplexen Organisation so gute Figur machte, ihn alleine dazu, wie Geyer ein effektiver Teamführer zu sein. Zwischen der Führung eines Unternehmens, einer Geschäftseinheit und eines Teams bestehen Unterschiede. Zwar können einige Menschen in allen Bereichen gut eingesetzt werden, aber die Annahme, die Führung eines großen Unternehmens sei eine Vorbedingung für Teamführung oder damit gleichbedeutend, würde Wahlmöglichkeiten künstlich einschränken.

Es hat sich gezeigt, daß Menschen mit all den für Aufbau und Erhaltung von Hochleistungsorganisationen nötigen Fähigkeiten ebenso selten wie geschätzt sind. Die Chancen, einen guten Teamführer zu finden, sind dagegen um einiges besser. Die meisten Menschen können effektive Teamführer sein. Wir haben im Zuge unserer Forschungsarbeiten gute Teamführer in Positionen auf der operativen Ebene, unter Vorarbeitern und Meistern, im mittleren Management und in den oberen Führungsebenen gefunden. Folglich sind wir zu der Erkenntnis gekommen, daß sich Manager weniger Gedanken über die Auswahl der idealen Teamführer machen sollten als darüber, wie sie diesen nachher bei der Arbeit helfen können – das bedeutet, daß sie genau darauf achten sollten, ob bestimmte Teamführer genau das tun oder nicht tun, was ihre Teams brauchen, um gute Leistungen zu erbringen. Voraussetzung dafür ist die umfassende Kenntnis der Teamführungsmethoden, von denen die meisten unserer Meinung nach durch die folgende Geschichte von David Rockefeller und dem Team, die miteinander New York City Partnership ins Leben riefen, sehr gut veranschaulicht werden.

New York City Partnership

Ende der siebziger Jahre unternahm die Stadt New York die ersten Schritte zur Abwendung des drohenden wirtschaftlichen Chaos, indem sie dank der Municipal Assistance Corporation dem Bankrott entging. Bürgermeister Ed Koch trug mit seinem Humor und seiner spitzen Zunge dazu bei, daß einiges von New Yorks altem Draufgängergeist zurückkehrte, der in den vergangenen Jahren empfindliche Schläge erlitten hatte. Die Stadt stand aber erst am Anfang eines langen wirtschaftlichen Erholungsprozesses. So kehrten ihr zum Beispiel Großunternehmen nach wie vor den Rücken und nahmen sowohl Arbeitsplätze als auch einen großen Teil des Steueraufkommens mit. Eine Reihe von Skeptikern sagten bereits den Untergang der Stadt als Amerikas Finanz- und Geschäftsmetropole voraus.

In diesem unsicheren, sich rasch verändernden Umfeld fürchteten viele führende Wirtschaftsleute, darunter die Leiter einiger der größten Unternehmen des Landes, die Handelskammer und der Wirtschaftsentwicklungsrat – ihre beiden wichtigsten Interessenvertretungen bei der Stadt – arbeiteten nicht mit der erforderlichen Effizienz. Als nun George Champion, der beiden Organisationen sieben Jahre lang vorgestanden war, in den Ruhestand ging, ersuchten eine Reihe von Führungskräften aus Wirtschaft und Verwaltung David Rockefeller, die Nachfolge Champions anzutreten und die beiden Institutionen zusammenzulegen und neu zu gestalten. Man hielt Rockefeller dank seiner Persönlichkeit und seines Ansehens, seiner langjährigen philanthropischen Aktivitäten und seiner Funktion als Sprecher der Chase Manhattan Bank für die einzige Person, der es gelingen könne, für die Wirtschaft die »gemeinsame Stimme« zu schaffen, die sie für nötig hielten, um sowohl den Ruf New Yorks als Wirtschaftszentrum als auch seine tatsächliche wirtschaftliche Stärke zu verteidigen.

Zum Glück für New York und die Geschäftswelt nahm Rockefeller die Aufgabe an; ein ebenso großes Glück war es jedoch, daß er den damit verbundenen ideellen Auftrag ablehnte. Unter seiner Führung schlossen sich Handelskammer und Wirtschaftsentwicklungsrat zusammen, um die spätere »New York City Partnership« zu unterstützen. Aber Rockefeller und das Team aus Führungskräften, das er zur Durchführung der Fusionierung ins Leben rief, rückten von der ursprünglichen Idee ab, eine starke Unternehmerlobby zu fördern, und erklärten statt dessen, sie wollten eine neue Organisation schaffen, die »dazu beizutragen sollte, New York als Wohn-, Arbeits- und Geschäftsort attraktiver zu machen«.

Rockefellers Team arbeitete von Frühling 1979 bis Anfang 1981 ebenso hart daran, die gemeinsame Sache und die Zielsetzungen zu definieren, wie an der Überwindung der Widerstände überall in der Stadt – auch in Handelskammer und Wirtschaftsrat selbst – gegen die Zusammenfassung der beträchtlichen Ressourcen der Geschäftswelt unter einem gemeinsamen Dach. Neben Rockefeller gehörten zum ursprünglichen Kernteam Arthur Taylor, ehemaliger Chef von CBS und »Interimspräsident« der neugegründeten Partnerschaft, sowie vier Vorstandsvorsitzende: Richard Shinn (Metropolitan Life), Paul Lyet (Sperry-Rand), Ed Pratt (Pfizer) und Virgil Conway (Seaman's Saving Bank). Im Laufe der Zeit gesellten sich ihm noch weitere Personen zu, darunter John Whitehead (Vizepräsident von Goldman, Sachs) und Ellen Strauss (Präsidentin von WMCA und spätere Präsidentin der Partnerschaft). Natürlich spielten auch andere an der Bürgergemeinschaft interessierte Wirtschaftsleute eine wichtige Rolle bei Aufbau und Führung der Partnerschaft. Aber sie leisteten ihre Beiträge in Form von Geld, Ressourcen, Einfluß und Urteilsvermögen – Beiträge, die meist von Lenkungs- und Beratungsausschüssen oder Beiräten kommen. Im Gegensatz dazu nahmen alle Mitglieder des Kernteams, darunter auch Rockefeller, selbst Risiken auf sich und erledigten die harte Arbeit, die für echte Teams charakteristisch ist.

Das Kernteam bereiste die ganze Stadt, um sich mit Führungskräften aus Politik und Verwaltung zu treffen und den ideellen Auftrag (die »Mission«) der Partnerschaft mit den dringendsten Tagesbedürfnissen und -interessen abzustimmen. Auch nahmen die Teammitglieder an einer endlosen Reihe von Arbeitsfrühstücken teil, die Rockefeller veranstaltete, um Meinungen und Kritik von Leitern großer und kleiner Unternehmen einzuholen. Sie brachten ihre Anliegen bei städtischen, staatlichen und Bundesbehörden vor. Sie informierten sich über die Erfahrungen von Unternehmensgruppierungen in anderen Städten. Und sie überprüften ihre Zweckdefinition (»zur Lösung der brennendsten Probleme der Stadt beitragen«), paßten sie an und diskutierten darüber; dasselbe taten sie mit ihrem Ansatz (»die zu lösenden Probleme nach Prioritäten ordnen und sich dann auf einige wenige konzentrieren«).

Es handelte sich um eine klassische Teaminitiative, deren Ergebnisse für sich sprachen. Das Team entwickelte ein völlig neues Konzept für die New Yorker Wirtschaftsführerschaft. Mit einbezogen waren über hundert Vorstandsvorsitzende und andere wichtige Führungsleute aus großen und kleinen Unternehmen, aus dem Verwaltungsbereich und anderen im Sozialbereich tätigen Gruppen. Darüber hinaus starteten sie eine Reihe von Initiativen zur Linderung der brennendsten Probleme der Stadt. So wurden mehrere Zehntausend Sommerjobs für junge Leute geschaffen, Millionen von Dollar aus privaten und staatlichen Quellen zur Finanzierung Tausender erschwinglicher Wohnungen beschafft, unbürokratische und effektive Stadtteilorganisationen zur Verbrechensvorbeugung gegründet und Strategien für die Schaffung von Arbeitsplätzen in den Randbezirken von New York entwickelt. Zwar konnte das Team nicht alle dringlichen Probleme der Stadt lösen, aber es gelang immerhin, einige von ihnen beträchtlich zu entschärfen.

Bei all diesen Aktivitäten spielte David Rockefeller eine zentrale Rolle. Ursprünglich war man seiner Persönlichkeit oder, wie es ein Teammitglied ausdrückte, seiner »Zugkraft« wegen an ihn herangetreten. Und es steht außer Frage, daß er Aufmerksamkeit erweckte und der Partnerschaft große Geldsummen und allgemeines Interesse sicherte. Aber Durchschlagskraft und Prestige waren nicht der einzige Grund, warum er das Kernteam und Dutzende weitere Firmenchefs und Persönlichkeiten des öffentlichen Lebens dazu bringen konnte, ihre Unternehmer-Egos am Eingang abzugeben und sich auf die Probleme der Stadt zu konzentrieren. Das gelang ihm, weil er ein guter Teamführer war.

Was Teamführer tun und was nicht

Die Leiter kleiner Gruppen müssen sich mit den Spezifika der Aufgabenstellung befassen, um sich darüber klar zu werden, wie sie die Gruppe am besten führen können. Wenn die Gruppe ihre Leistung als effektive Arbeitsgruppe und durch Maximierung der Beiträge der einzelnen Mitglieder erbringen kann, kann ihr Führer auf die üblichen Methoden der Entscheidungsfindung und Delegation zurückgreifen, die häufig mit gutem Management verbunden sind. Wenn jedoch für die Erreichung des Leistungsziels ein Teamansatz vonnöten ist, so kann der Führer der Gruppe nicht davon ausgehen, daß gutes Management ausreichen wird. Weder der Teamführer noch die von ihm geführten Personen sollten erwarten, daß der Führer allein entscheidet, welche Richtung eingeschlagen werden soll, wie die Ressourcen einzusetzen sind und was die einzelnen Mitglieder leisten. Statt dessen muß der Teamführer – bei allem, was er tut oder nicht tut – Glauben an die gemeinsame Sache des Teams und die Menschen zeigen, die einzeln und gemeinsam dieses Team bilden.

Darüber hinaus kann es eine unglaublich starke Wirkung ausüben, wenn der Teamführer fest vom Sinn des Teams überzeugt ist. Im Zuge unserer Untersuchungen fanden wir im Rahmen der Fernsehserie »Learning in America« in einem Bericht von Roger Mudd ein gutes Beispiel dafür. In der Sendung »Schools at Work« wurden vier Schulen aus verschiedenen Teilen des Landes vorgestellt, von denen jede bemerkenswerte Ergebnisse erzielt hatte:

> »Viele Jahre lang waren die Leistungen durchschnittlich gewesen, und das wurde als Norm akzeptiert ... Erstes Ziel war die Anwesenheit – einfach nur, die Kinder dazu zu bringen, in die Schule zu gehen. Heute können wir eine nahezu lückenlose Anwesenheit vorweisen – sie liegt bei 98 Prozent.«

»In meinem ersten Jahr lagen die Noten der sechsten Klasse nur bei vierundvierzig Prozent des Zielniveaus, ein völlig inakzeptabler Wert ... In diesem letzten Jahr lagen wir bei siebenundneunzig Prozent – und das in allen Bereichen.«

»Bei den Mathematiknoten gab es die drastischste Veränderung. Vor sieben Jahren erreichte nur die Hälfte der Schüler das Klassenniveau. Heute schaffen das über 90 Prozent!«

Hinter diesen Ergebnissen, die durch die Bemühungen von Teams aus Direktion und Lehrern einerseits und Lehrern und Schülern andererseits erreicht wurden, stand eine tiefverwurzelte Überzeugung des Direktors und der Teamführer aus der Lehrerschaft:

»... eine tief verwurzelte Überzeugung, eine stillschweigende Hingabe an die Schulbildung und ihren Wert für die Demokratie.«

»Ich glaube, daß kein amerikanisches Kind am öffentlichen Schulwesen scheitern darf. Ich glaube auch nicht, daß die Kinder versagen, sondern ich bin davon überzeugt, daß die Schule an den Kindern versagt ...«

»Uns vereint die Überzeugung, daß alle Kinder lernen können (und wir glauben daran), wir können die Aufgabe bewältigen.«

Es liegt auf der Hand, wie so tiefe Überzeugungen potentielle Teamführer motivieren und anspornen, sich instinktiv so zu verhalten, daß echte Teams entstehen. Ein ähnlich tiefer Glauben, wenn auch nicht immer so missionarisch, ist für die besten Teamführer charakteristisch. Daher benötigen sie keine besonderen Führungsqualitäten oder gar groß angelegte Schulung. Sie müssen einfach *an ihre Aufgabe und an ihre Leute glauben.*

Welche Kraft von einer solchen Einstellung ausgeht, zeigt sich immer wieder in Teams. Randy Geyer von der Log-Zelle der U.S. Army besaß solche Überzeugungen. Ebenso Mack Canfield von der »Dallas Mafia«, Doris Dunlap vom ELITE-Team des *Tallahassee Democrat,* William Janacek vom Deal-to-Steel-Team und Bill Greenwood vom Burlington-Northern-Intermodal-Team. Auch David Rockefeller. Von Anfang an glaubte er fest an den Existenzzweck und an die Fähigkeiten seines Teams. Und je stärker dieser Glaube war, desto besser gelang es auch ihm – wie auch bei anderen effektiven Teamführern der Fall –, instinktiv das richtige Gleichgewicht zwischen Initiative und Geduld zu finden, während er sich bemühte, die sechs Dinge zu tun, die für eine gute Teamführung nötig sind.

1. Anliegen, Ziele und Arbeitsansatz müssen gültig und sinnvoll bleiben.

Alle Teams müssen ein gemeinsames Anliegen, gemeinsame Leistungsziele und einen gemeinsamen Arbeitsansatz definieren. Der Teamführer muß einerseits eine volle Arbeitskraft im Team sein, die ihren Beitrag hierzu leisten kann und muß, andererseits steht er kraft seiner Stellung als Führungsperson gleichzeitig auch außerhalb des Teams. Ein Team erwartet von seinem Teamführer, daß er diese Perspektive und Distanz einsetzt, um das Team bei der Klärung seiner Zweckvorstellungen, Ziele und Ansätze und im Engagement dafür zu unterstützen.

Normalerweise wollen die Teammitglieder nicht, daß der Teamführer diesen Aufgabenbereich überschreitet. In seiner Eigenschaft als normales Teammitglied kann der Teamführer natürlich alle möglichen Vorschläge einbringen. Wenn er aber in den Mantel des »Teamführers« schlüpft, werden Bemerkungen, die als Vorschläge gedacht waren, oft als Aufforderungen interpretiert. Das ist besonders wahrscheinlich im geschäftlichen Umfeld, denn dort sind die meisten Menschen darauf eingestellt, von ihren Managern »Befehle« entgegenzunehmen. Wenn aber ein Teamführer über Teamanliegen, Ziele und Ansatz zu sehr ins Detail geht, setzt er im Endeffekt seine Distanz zum Team nicht teamorientiert ein, sondern in der üblichen hierarchischen Weise. Dadurch erreicht er vielleicht Willfährigkeit gegenüber »seiner« Zweckvorstellung. Aber er verliert wahrscheinlich die Bindung an die Team-Zweckvorstellung. Dies gilt insbesondere für die Frühphase in der Arbeit eines potentiellen Teams, wenn jeder wie ein Luchs aufpaßt, wie der Teamführer seine Autorität zur Teambildung einsetzen wird.

Rockefeller war zum Beispiel bald unerschütterlich in seinem Glauben daran, daß die Partnerschaft ebenso Probleme lösen und Projekte sponsern wie als Lobby auftreten sollte, und die meisten Mitglieder des Kernteams stimmten dem zu – ausgenommen Ed Pratt. Er veranlaßte das Team, mehrere Monate über diese Frage zu diskutieren. Dafür hatte er Rockefellers Segen. Warum? Weil Rockefeller auch fest an einen auf Offenheit und Fakten beruhenden Ansatz glaubte – ähnlich wie Bill Janacek, der dem Deal-to-Steel-Team mit seinem Credo »Konzentration auf den Prozeß, nicht auf die Leute« Halt gab. Rockefeller wußte instinktiv, daß die Teammitglieder, wenn sie sich nicht offen mit dem strittigen Thema auseinandersetzten, niemals das nötige Engagement für ihre Aufgabe entwickeln würden. Er wußte auch, daß es die Teammitglieder nicht riskieren würden, gegensätzliche Ansichten vorzubringen, wenn er ihnen keinen Raum dazu ließe und sie nicht ermunterte. Seine Haltung machte sich bezahlt: Ed Pratt beispielsweise wurde eines der am stärksten engagierten Teammitglieder.

Rockefeller war zwar fest überzeugt, daß die Partnerschaft auch konkrete Problemlösung zum Ziel haben sollte, aber er versuchte nicht, dem Team dies aufzudiktieren oder zu befehlen. Darüber hinaus konnte Rockefeller wie alle Teamführer, die die richtige Balance finden, sowohl geduldig sein als auch schweigen, wenn das Team außer dem übergreifenden Thema der Problemlösung die spezifischen Aspekte seines Existenzzwecks, seiner Zielsetzung und seines Arbeitsansatzes besprach. »Er tat nichts weiter, als dazusitzen und zu warten, bis sich das Problem von selbst löste«, erinnert sich ein Beobachter. »Er verspürte keinen Drang, irgendeine Lösung vom Zaun zu brechen, bevor die Zeit dafür reif war.« Ein anderer stimmt zu: »Es war fast wie eine gemeinsame Führung. David saß einfach da und schaute zu.«

2. Aufbau von Engagement und Vertrauen.

Teamführer sollten daran arbeiten, Engagement und Vertrauen jedes einzahlen, aber auch des Teams im gesamten aufzubauen. Wie bereits früher besprochen, gibt es einen wichtigen Unterschied zwischen individuellem Engagement und Einzelverantwortung einerseits und wechselseitiger Verantwortung andererseits. Beides ist nötig, damit eine Gruppe zu einem echten Team zusammenwachsen kann. Das heißt, daß der Teamführer bei seinem Bemühen, den Mitgliedern positives und konstruktives Feedback zu geben, ohne Druck auszuüben, weder den einzelnen noch das Team als Ganzes aus den Augen verlieren darf.

Leider ist es nur allzu leicht, in Organisationen und auch in kleinen Gruppen Menschen zu etwas zu zwingen. Rockefeller hätte beispielsweise kraft seiner Stellung leicht Druck auf die anderen Firmenchefs ausüben können. Wir vermuten, daß das Team dann sehr bald zerbrochen wäre, da es sich vollkommen freiwillig zusammengefunden hatte. Auch in Unternehmen erreichen Leiter kleiner Gruppen nichts, wenn sie mit Druck arbeiten. Die betroffenen Personen haben vielleicht nicht wie Freiwillige die Möglichkeit, das Team zu verlassen, aber mit der Zeit werden sie ihre Begeisterung und Initiative einbüßen. Und sicher wachsen sie nicht zu einem echten Team zusammen. Entweder gehen sie die für den Aufbau wechselseitigen Vertrauens und gegenseitiger Abhängigkeit nötigen Risiken gar nicht ein, oder, wenn sie es doch tun, werden sie nicht dafür belohnt. Führungskräfte, die sich auf Druck verlassen, erreichen ihre Ziele eher in einer hierarchischen Struktur als in einem Team.

Rückenstärkung und Ermunterung nähren die wechselseitige Verantwortung und das Vertrauen, die für die Leistung eines Teams von enormer Bedeutung sind. Man erinnert sich an Rockefellers Führung der Partnerschaft vor allem wegen seiner bemerkenswerten Gewohnheit, positives Feedback zu geben. Ein anderer Teamführer, der darin gut war, war Steve Frangos vom Zebra-Team von Kodak (Kapitel 3). Als er die Kontrolle über die Produktion von Schwarzweiß-Filmen bei Kodak übernahm, galt dieser Bereich als wenig interessant. Farbe war angesagt, und viele Angehörige der Schwarzweiß-Abteilung fühlten sich wie Stiefkinder. Frangos arbeitete hart daran, diese Einstellung sowohl in seinem Kernteam als auch bei den Übrigen 1500 Mitarbeitern der Schwarzweiß-Abteilung zu ändern. Anhand herausragender Schwarzweiß-Aufnahmen, die vom Golfkrieg bis zu lebensrettenden Operationen reichten, gelang es ihm, in seinem Team das hehre Gefühl zu stärken, Schwarzweiß sei »wichtiger für die Gesellschaft« als viele andere Kodak-Produkte.

Tatsächlich schaffte es das Zebra-Team, ein angenehmes und dabei leistungsorientiertes Teamumfeld zu schaffen. Frangos' Team kreierte Zebrakostüme, »Kampfrufe«, Slogans und Lieder, um das Engagement für Schwarzweiß-Produkte dauerhaft zu stärken. Das klingt vielleicht nach Hokuspokus, aber bei Frangos und seinem Zebra-Team funktionierte es. Wie ein Mitarbeiter bemerkte: »Frangos und all der Zebrakram sorgten dafür, daß wir die Angst vor dem Mißerfolg verloren und ein Team bildeten, bei dem jeder von allen anderen aufgefangen wird.«

3. Optimierung des Fähigkeitenmix und -niveaus.

Effektive Teamführer achten sehr genau auf Fähigkeiten. Ihr Ziel ist klar: Letzten Endes setzen sich die flexibelsten und leistungsstärksten Teams aus Menschen zusammen, die über alle fachlichen, funktionalen, auf den Umgang miteinander und auf das Team orientierten Fähigkeiten, über alle Problemlösungs- und Entscheidungsfindungsfähigkeiten verfügen, die ein leistungsfähiges Team braucht. Um ein solches Team zu erhalten, ermutigen die Teamführer ihre Teammitglieder, die Risiken einzugehen, die für ihre (Weiter-)Entwicklung nötig sind. Und sie fordern die Teammitglieder ständig durch Verschiebung von Aufgaben und Rollen.

Das kann unter Umständen schwere Entscheidungen erforderlich machen. Kein Team wird sein Ziel erreichen, wenn seine Fähigkeiten chronisch hinter seinen Leistungszielen zurückbleiben. Rockefeller hielt sein Kernteam zum Beispiel an, eine ungeschriebene, aber wirkungsvolle Regel zu befolgen, nach der die Mitgliedschaft, gleichgültig ob bestehend oder neu, von greifbaren Beiträgen zur Lösung spezifischer Probleme der Stadt abhängig war. So verdiente John Whitehead seine Mitgliedschaft im Kernteam durch die Leitung des Wirtschaftsentwicklungsprojekts, das mehr Büroraum in der Stadt schuf. Umgekehrt wurde Personen, deren Beiträge gering waren, die Mitgliedschaft verweigert (und in einigen Fällen sogar aberkannt). Offensichtlich diente diese Regel dazu, das Engagement auf die Probe zu stellen. Aber sie testete und entwickelte auch die Fähigkeiten, die erforderlich waren, um im schwierigen städtischen Umfeld von New York spezifische und sinnvolle Veränderungen zu bewirken.

4. Beziehungen zur Außenwelt managen und Hindernisse beseitigen.

Von einem Teamführer erwarten Insider wie auch Außenstehende, daß er einen Gutteil der Kontakte und Beziehungen des Teams zum Rest der Organisation managt. Damit ist der Teamführer gefordert, Existenzzweck, Zielsetzung und Vorgangsweise des Teams allen Personen, die es unterstützen oder behindern könnten, effektiver zu kommunizieren. Auch muß er den Mut besitzen, immer dann für das Team zu intervenieren, wenn ihnen Hindernisse in den Weg gelegt werden, die das Team lähmen oder demoralisieren könnten.

Fast immer beginnt das so wichtige gegenseitige Vertrauen im Team beim Teamführer, der deutlich machen muß, daß sich das Team voll darauf verlassen kann, daß er die Teamleistung vorantreibt. Greenwood vom Intermodal-Team stellte diese Entschlossenheit durch das Frachtzentren-Konzept unter Beweis, Janacek vom Deal-to-Steel-Team durch den Antrag auf die Budgetkontrolle. Auch Rockefeller bewies seine Entschlossenheit. So behinderte zum Beispiel Bürgermeister Koch anfangs die Partnerschaft, möglicherweise, weil er sich von ihr bedroht fühlte; mit Sicherheit hatte er oft das Gefühl, sie überschreite gelegentlich ihre Grenzen. »In der ersten Zeit«, erinnert sich Koch, »waren sie allzu überzeugt von sich. Sie hielten sich für die Erfüllung aller Wünsche New Yorks. Ich fand ihren Ton beleidigend. Also änderten sie sich.«

Tatsächlich kannte Rockefeller sich gut genug mit öffentlichen und städtischen Angelegenheiten sowie mit Kochs sensiblem Ego aus, um seine Leute zu veranlassen, einen möglichst positiven Umgangston anzuschlagen und gleichzeitig sicherzustellen, daß der Bürgermeister bei wichtigen Veranstaltungen auftrat und für seine stadtväterliche Führung lobend anerkannt wurde. Es hätte nicht unbedingt so sein müssen – Rockefeller hätte sich dem Bürgermeister auch entgegenstellen können. Indem er es nicht tat, demonstrierte er ein weiteres Mal, daß Geduld der beste Berater eines Teamführers sein kann, der versucht, die Sache des Teams zu fördern.

5. Möglichkeiten für andere schaffen.

Kein Team wird gute Leistungen erzielen, wenn der Teamführer die besten Möglichkeiten und Aufgaben an sich reißt und auch das Lob dafür einheimst. Die Crux an der Führungsaufgabe ist es eben, dem Team und seinen einzelnen Mitgliedern Möglichkeiten zur Leistung zu eröffnen. Genau das tat der Teamführer der »Dallas Mafia«,

Canfield, als er einen prestigeträchtigen Großkunden einem jungen Investmentbanker überließ. Auch Frangos von Kodak ging so vor, als er einen Chemieingenieur, »der nicht einmal über seine persönlichen Ein- und Ausgaben Buch führen konnte«, dazu ermutigte, die Verantwortung für die Erstellung des 200-Millionen-Dollar-Budgets für das Zebra-Team zu übernehmen. Aus dem Weg zu gehen und anderen Möglichkeiten zu eröffnen bedeutet jedoch nicht, die Verantwortung für Führung, Beobachtung und Kontrolle abzugeben. Colonel Geyer überließ es zum Beispiel den Mitarbeitern der Log-Zelle, die hohen Offiziere zu informieren, aber er nahm für den Fall, daß sie seiner Hilfe oder Unterstützung bedurften, selbst ebenfalls an den Sitzungen teil.

Auch Rockefeller legte Wert darauf, Möglichkeiten für andere zu schaffen. Die aktive Führungsrolle in der Kerngruppe wanderte je nach Situation von einem Mitglied zum anderen. Natürlich war Rockefeller immer der offizielle Teamführer, aber er war klug genug, in den Hintergrund zu treten, wenn andere in der Lage waren, eine wichtige Diskussion zu leiten oder sich an die Spitze einer Initiative zu stellen. Als zum Beispiel einige Vorstandsvorsitzende in ihrer Unterstützung der Partnerschaft zu wanken begannen, übernahm Dick Shinn die Teamführung und holte sie ins Team zurück. Wenn spezifische Einzelheiten der formalen Organisationsstruktur zur Debatte standen, wurde meist Arthur Taylor de facto zum Teamleiter. Wenn es um die Festlegung entscheidender Prioritäten ging, schlüpfte John Whitehead in die Führungsrolle.

Rockefeller schuf auch Möglichkeiten für Mitglieder des »erweiterten Teams«. Arthur Barnes, Präsident der New York Urban Coalition, erinnert sich, befürwortet zu haben, daß sich die Partnerschaft mit Bildungsfragen befassen sollte, wenn sie für die Arbeiterschaft glaubwürdig sein wollte. Einige Führungskräfte aus der Wirtschaft waren dagegen, weil sie meinten, der Bildungsbereich sei zu umstritten und solle daher von den Aktivitäten der Partnerschaft ausgenommen werden. Trotzdem behielt Barnes zu seiner eigenen Überraschung die Oberhand – eine Tatsache, die er Rockefellers Beharrlichkeit und dem Grundsatz des Kernteams zuschreibt, daß jedermann das Recht haben sollte, seine Meinung zu sagen, so daß letztlich die besten Argumente den Sieg davontragen würden. »Das war ein Beweis dafür, daß es uns damit ernst war«, meint Barnes. »Man konnte diese Leute überzeugen, wenn man die Fakten auf den Tisch legte.«

6. Echte Arbeit.

Jedes Mitglied eines echten Teams, auch der Teamführer, hat im großen und ganzen gleich viel echte Arbeit zu leisten. Der Teamführer hat zwar kraft seiner Position eine gewisse Distanz zu den übrigen Teammitgliedern, aber er verwendet diese Distanz nicht dafür, »die Füße hochzulegen und Entscheidungen zu treffen«. Ein Teamführer muß ebenso wie jedes andere Teammitglied genau den Beitrag leisten, den das Team in der jeweiligen Situation braucht. Auch delegiert der Teamführer unangenehme Aufgaben nicht an andere. Wo das persönliche Risiko hoch oder »Schmutzarbeit« nötig ist, sollte der Teamführer vorangehen.

Wie jeder gute Teamführer machte Rockefeller bald klar, daß er keine Aufgaben für zu niedrig oder zu unwichtig hielt, nur weil er der Teamführer war; noch ferner lag es ihm, von seinem Status in der Stadt und in der Welt irgendwelche Vorrechte abzuleiten. Er nahm an Arbeitsfrühstücken teil, bei denen über die gemeinsame Zukunftsvision gesprochen wurde, er beteiligte sich an Bürgerversammlungen, an Lobbying und an Wohltätigkeitsveranstaltungen, die der Partnerschaft Zielrichtung und Zusammenhang gaben. Er verbrachte sogar Stunden damit, persönlich dafür zu sorgen, daß bei großen Veranstaltungen nicht zwei konträre Persönlichkeiten nebeneinander zu sitzen kamen. Vor allem aber machte er klar, daß seine wertvollste Ressource – seine eigene Zeit – jedem zur Verfügung stand, der mit der Partnerschaft zu tun hatte.

In diesen letzten Absätzen haben wir über das gesprochen, was Teamführer tun – und umgekehrt aufgezeigt, was sie nicht tun. Abgesehen davon gibt es jedoch zwei wichtige Dinge, die ein guter Teamführer *niemals* tut: *Niemals gibt er einzelnen Teammitgliedern die Schuld oder läßt zu, daß sie versagen, und niemals leugnet er schlechte Teamleistungen weg.* Das sind Verhaltensweisen, die die meisten von uns bewundern und auch praktizieren können. Aber Organisationen, die auf individueller statt auf gemeinsamer Verantwortung aufbauen, fördern oft das Gegenteil. Wenn sich die erwarteten Ergebnisse nicht einstellen, wird nur allzu oft Einzelpersonen die Schuld gegeben oder in äußeren Einflüssen wie der Wirtschaft, der Regierung oder dem Wetter die Ursache gesucht. Im Gegensatz dazu ist der Führer eines echten Teams ehrlich davon überzeugt, daß Erfolg ebenso wie Mißerfolg Sache des Teams sind. Kein äußeres Hindernis entschuldigt ein Versagen des Teams, und einzelne versagen nicht. Nur das Team als ganzes kann versagen. Der Teamführer sieht es als eine Aufgabe des Teams an, jedwedes Hindernis zu überwinden. Die Kraft dieser Einstellung wird am besten durch das folgende Zitat aus der oben erwähnten PBS-Serie von Roger Mudd illustriert:

Wir haben hier eine Schule, in der 90 Prozent der Schüler irgendeine Form von staatlicher Unterstützung beziehen ... Viele Kinder leben mit nur einem Elternteil, haben Mütter, die selbst noch halbe Kinder sind – in dieser Schule findet man *alle Faktoren, die Erzieher heutzutage als Erklärung für schlechte Leistungen anführen.* Und diese Kinder sind imstande, bessere Leistungen zu erbringen als die besten und klügsten Schüler in jeder beliebigen Schule Amerikas. (Hervorhebung vom Autor hinzugefügt.)

Fazit

Offensichtlich hat der Teamführer einen entscheidenden Einfluß darauf, ob ein potentielles Team zu einem echten Team oder sogar zu einem Hochleistungsteam heranreifen wird. Folglich liegt der Schluß nahe, daß sich durch die bewußte Auswahl von Personen mit der nachgewiesenen oder potentiellen Befähigung zur Leitung eines Teams dessen Leistungsmöglichkeiten vergrößern. Insbesondere ist es wichtig, Personen zu vermeiden, die, aus welchen Gründen auch immer, auf Einstellungen beharren, die dem Teamansatz entgegengesetzt sind. Solche Leute sind eindeutig in der Minderheit, aber es ist ein Fehler, sie zu Teamführern zu machen. Wenn ein Teamführer nicht vom Anliegen eines Teams und von seinen Mitgliedern überzeugt ist, kann er nicht effektiv sein.

Allzu viele Manager verhalten sich dennoch so, als sei die Auswahl des Teamführers das einzig Ausschlaggebende. Dabei lassen sie Faktoren außer acht, die nach unserer Beobachtung bei der Teamführung von entscheidender Bedeutung sind. Erstens schränkt sich der in Frage kommende Personenkreis durch Überstrapazierung der Auswahl zu stark ein. Sehr viele verschiedene Menschen können effektive Teamführer sein; im Gegensatz zur Unternehmensführung aber ist die Führung eines Teams nicht einigen wenigen Auserwählten vorbehalten. Ein Randy Geyer kann diese Aufgabe ebenso erfolgreich wahrnehmen wie ein David Rockefeller.

Zweitens wird durch die ausschließliche Konzentration auf die Auswahl des Teamführers die Verpflichtung zu seiner ausschließlichen Unterstützung geschwächt. Die meisten Leute, gleichgültig, ob sie vom Fließband oder aus der Vorstandsetage kommen, müssen sich als Teamführer bei der Arbeit weiterentwickeln. Wenn sie zu Führungspersonen kleiner Gruppen gemacht werden, besteht ihre übliche Reaktion – zumindest im Unternehmensumfeld – darin zu versuchen, gute Manager zu sein, indem sie alle Entscheidungen treffen und alle individuellen Verantwortlichkeiten delegieren und evaluieren. Das kann für Arbeitsgruppen durchaus effektiv sein, aber Teamführung verlangt eine andere Einstellung und andere Verhaltensweisen. Die meisten Menschen können sie erlernen – und die meisten von uns haben sie bis zum Erwachsenenalter zumindest gelegentlich eingesetzt. Aber es ist wahrscheinlich nicht unsere naheliegendste Reaktion, die Einstellungen und Verhaltensweise eines Teamführers an den Tag zu legen, wenn wir dafür ausgewählt werden; meist werden wir uns umstellen und uns bewußt anders verhalten müssen.

Darüber hinaus – und dies liegt auf einer etwas subtileren Ebene erfordert jedes Team einen anderen Ausgleich zwischen Aktivität und Geduld. Es ist ein bewegliches Ziel, jedes Element des Teamrahmens relevant zu halten. Vom Teamführer ist ständige Aufmerksamkeit gefordert, will er Engagement und Zuversicht aufbauen, die Fähigkeiten besser aufeinander abstimmen und ihr Niveau heben, die Beziehungen zu Außenstehenden managen, Hindernisse aus dem Weg räumen und zu alldem noch echte Arbeit innerhalb des Teams leisten. Da Aufgabenstellung, Zusammensetzung und Arbeitsansatz bei jedem Team anders sind, muß sich auch die Aufgabe des Teamführers mit der Zeit verändern. Aus diesem Grund müssen sich Teamführer stets nach ihrer Ernennung weiterentwickeln.

Daher sollten Manager und andere mehr Wert auf die Unterstützung der Teamführer als auf ihre Auswahl legen. Das können sie dadurch tun, daß sie die Leistung des Teams, die Elemente, die die Stellung des Teams auf der Leistungskurve anzeigen, sowie Einstellung und Verhalten des Teamführers gegenüber dem Anliegen und dem Team selbst gewissenhaft verfolgen. Eine periodische Bewertung des Teams anhand der am Ende von Kapitel 3 aufgelisteten Kriterien hilft jedem, ob er zum Team gehört oder nicht, bei der Beurteilung von Leistung und Effektivität des Teams. Folgende Fragen haben sich als hilfreich erwiesen, wenn es um die Beurteilung von Einstellung, Verhalten und Effektivität des Teamführers geht:

1. Hat der Teamführer einen Teamansatz oder einen Arbeitsgruppenansatz gewählt?
   a) Trifft der Teamführer alle wichtigen Entscheidungen?
   b) Verteilt er die Arbeit stets selbst?
   c) Bewertet er Einzelpersonen?
   d) Achtet er darauf, daß die Arbeit hauptsächlich auf der Grundlage von Einzelverantwortung erledigt wird?
   e) Leistet er »echte Arbeit«, die über Entscheidungsfindung, Delegieren und Festlegen der Arbeitsinhalte hinausgeht?

2. Versucht der Teamführer, innerhalb des Teams für das richtige Gleichgewicht zwischen Aktivität und Geduld zu sorgen?
   a) Fördert er konstruktive Auseinandersetzungen und konstruktive Beschlußfassung?
   b) Setzt er Distanz und Perspektive ein, um die Aktionen und Ziele des Teams relevant zu halten? Übt er auf irgendwelche Teammitglieder Druck aus?
   c) Fordert er das Team kontinuierlich, seine gemeinsame Zweckvorstellung, seine Ziele und seinen Arbeitsansatz klarer herauszuarbeiten?
   d) Flößt er den Leuten Vertrauen ein, indem er in Übereinstimmung mit dem Anliegen des Teams und dem Team selbst vorgeht?
   e) Schafft er Möglichkeiten für andere, manchmal auch zum eigenen Nachteil?

3. Formuliert der Teamführer ein Teamanliegen und arbeitet er darauf hin, die gemeinsame Verantwortung dafür zu stärken?
   a) Betrachtet und beschreibt der Teamführer seine Aufgaben nach individuellen oder hierarchischen anstatt nach teambezogenen Gesichtspunkten?
   b) Erkennt er Hindernisse für die Leistung des Teams, und versucht er, diese aus dem Weg zu räumen?
   c) Sucht er die Schuld für schlechte Leistungen bei einzelnen innerhalb oder außerhalb des Teams?

d) Entschuldigt er schwache Leistungen, indem er auf »nicht zu steuernde« äußere Einflußfaktoren verweist?

Daß Teamführer mit ihrer Aufgabe wachsen können und das auch tun, läßt sich sehr gut am Beispiel von Steve Frangos und seinem Zebra-Team zeigen. Frangos war während seiner gesamten beruflichen Karriere für seine ausgeprägten Fähigkeiten im Umgang mit anderen bekannt. Trotzdem glaubte er, wie er selbst zugibt, immer noch an das Prinzip von Befehl und Kontrolle im Management, als er die Stellung in der Fertigung annahm, »Mir wurde beigebracht«, erzählte er, »daß man kein guter Manager sein kann, wenn man nicht alles und alle unter Kontrolle hat.« In dieser Hinsicht war er nicht viel anders als Janacek von Deal-to-Steel, Mott vom *Tallahassee Democrat* und viele andere, letztendlich effektive Teamführer, die ihre Teams anfangs zu streng kontrollierten.

Glücklicherweise, so Frangos, lernte er, wie vorteilhaft sich der Verzicht auf Kontrolle auswirken kann – wenn auch auf ziemlich unerwartete Weise. Es ging dabei um die Zimmerverteilung bei einem Meeting außer Haus. Frangos glaubte, er müsse sie selbst vornehmen, um alle zufriedenzustellen, aber seine Lösungsversuche scheiterten kläglich. Am späten Abend des ersten Tages war seine Gruppe unzufrieden, und Frangos wanderte nervös im Pyjama auf dem Gang auf und ab. Schließlich meinten zwei Leute, er solle doch zu Bett gehen, sie würden das übernehmen. Das taten sie auch, und zwar besser als Frangos. Es war ein trivialer Vorfall, aber er gab den Anstoß dazu, daß Frangos seine Einstellung und sein Verhalten änderte.

Frangos begann, in der Gruppe zur Seite zu treten, wobei er immer noch lenkend eingriff. Das drückte sich in verschiedenen Verhaltensweisen aus – es fing damit an, daß er sich an die Längsseite anstatt an das Kopfende des Tisches setzte, und reichte bis zur formalen Reorganisation der Fertigung, mit der dem Team mehr Verantwortung und Initiativgewalt übertragen wurde. Mit der Zeit wurde sich Frangos ebenso deutlich dessen bewußt, was er in seiner Eigenschaft als Teamführer nicht tat oder sagte, wie dessen, was er tat. Bei einem Meeting, an dem wir teilnahmen, beugte er sich zum Beispiel zu uns herüber und sagte:»Ich habe meine Meinung zu all diesen Dingen, aber ich sage erst einmal nichts.«

All das bedeutete für Frangos ein Risiko. Er mußte den seit langem von ihm praktizierten Managementstil ändern – und das in einer Position, in die er zur Überraschung mancher Leute gekommen war. Frangos stammte aus der Endbearbeitung – im Vergleich zur Sensibilisierung* ein technisch weniger komplexen Bereich der Filmherstellung. Demgemäß war es etwas Ungewöhnliches, daß er zum Produktionschef gemacht wurde – normalerweise hatten die Leute vom Sensibilisierungsbereich das Sagen und nicht die aus der Endbearbeitung mit ihren eher gleichförmigen und anspruchslosen Tätigkeiten.

Die Teammitglieder aber – einschließlich derer aus dem technisch schwierigen Sensibilisierungsbereich – legten Frangos' Schweigen nicht als Schwäche oder Unschlüssigkeit aus. Sie wußten, daß er sich unerschütterlich zum Anliegen des Teams bekannte, dem Schwarzweißfilm wieder seinen Platz bei Kodak zurückzugeben und die spezifischen Leistungsziele des Teams in bezug auf Taktzeiten, Bestände, Kundenzufriedenheit, Zuverlässigkeit und Produktivität zu erreichen. Aber sie wußten auch – und wußten es zu schätzen – daß nach Frangos' Wunsch das Team und nicht er selbst die Wiederauferstehung der Schwarzweiß-Abteilung erreichen sollte.

Als höchstes Lob für einen Teamführer, der die richtige Balance zwischen Aktivität und Geduld gefunden hat, sagt ein Mitglied des Zebra-Teams über Frangos: »Von dem, was wir erreicht haben, ist so viel der Tatsache zu verdanken, daß Steve uns gewähren ließ.« Frangos selbst bevorzugte ein Zitat des chinesischen Philosophen Lao-Tse, um

---

* Sensibilisierung: Abstimmung der Schichten eines Films auf die Wellenlängen des Lichts.

seine Auffassung von Teamführung zusammenzufassen: »Der beste Führer ist der, dessen Existenz gar nicht bemerkt wird; der zweitbeste der, welcher geehrt und gepriesen wird; der nächstbeste der, den man fürchtet, und der schlechteste der, den man haßt. Wenn die Arbeit des besten Führers getan ist, sagen die Leute: ›Das haben wir selbst getan.‹«

Kapitel 8

Vom Umgang mit Hindernissen und Schlußpunkten

Mit Hindernissen haben Teams während der ganzen Zeit ihres Bestehens immer wieder zu kämpfen. Vom Augenblick der Entstehung eines potentiellen Teams bis zu seinem Ende kommen sie immer wieder vor. Die Hindernisse sind so verschieden wie die Teams selbst und wie die Leistungsanforderungen, organisatorischen Umfelder und geschäftlichen Bedingungen. Das Intermodal-Team von Burlington Northern beispielsweise wurde vom Management nur wenig unterstützt; es begegnete einer Politik, die gegen Werbung war, dem Mißtrauen gegenüber Truckern und dem Mittelmaß in der Abteilung für kombinierten Verkehr. Es sah sich auch noch schlechten Wetterbedingungen, intensiver Konkurrenz und einer schlechten Wirtschaftslage gegenüber, als sich seine Strategie der beiden neuen Frachtzentren bewähren sollte. Jedes einzelne dieser Hindernisse hätte ausgereicht, um Fortschritt und Leistung des Teams scheitern zu lassen. Aber keines davon schaffte es; vielmehr wuchs das Team an der Bewältigung der Hindernisse.

Daß etwas zu Ende geht, ist ebenfalls eine Tatsache, der Teams ins Auge blicken müssen. Das Ende ist eine der größten Hürden, denen sich ein Team bei der Erreichung seines Leistungspotentials gegenübersieht. Darüber hinaus kann die Art und Weise, wie ein Team zu bestehen aufhört, ebenso unterschiedlich sein wie die Teams und die Hindernisse. In manchen Fällen ist das Ende geplant, in anderen spontan. Oft erfolgt es abrupt, dann wieder zieht es sich in die Länge. Manchmal verläuft es traumatisch, in anderen Fällen wird es mit Erleichterung zur Kenntnis genommen. Manchmal werden die erzielten Leistungen mit der Auflösung des Teams dauerhaft verankert, in anderen Fällen erodieren sie. Trotz dieser Unterschiede lassen sich die meisten Teamauflösungen einer von zwei grundlegenden Übergangssituationen zuordnen, die sich auf die Leistung auswirken. Entweder hinterläßt das Team einer anderen Gruppe oder einem anderen Team ein weiterbestehendes Anliegen oder eine Aufgabenstellung (dies ist bei den meisten Teams der Fall, die etwas ausführen, leiten oder herstellen), oder aber es hat sicherzustellen, daß seine endgültigen Empfehlungen von anderen, die mit der Durchführung beauftragt sind, implementiert werden. In beiden Fällen kann wertvolle Leistung verlorengehen, wenn kein reibungsloser Übergang stattfindet.

Dieses Kapitel befaßt sich größtenteils damit, was »hängengebliebene« Teams tun können, um wieder reibungslos arbeiten zu können. Das Kapitel schließt mit einer Erörterung der verschiedenen Hindernisse bei der Auflösung eines Teams und zeigt, wie der Übergangsprozeß gehandhabt werden kann, ohne daß die Leistungsdynamik verlorengeht.

Die Bewältigung von Hindernissen

Welche Bedrohung ein bestimmtes Hindernis darstellt, hängt ebensosehr von der Bereitschaft und den Fähigkeiten des Teams wie vom Hindernis selbst ab. Die Prüfung, die dem Intermodal-Team mit der Errichtung der ersten beiden Frachtzentren auferlegt wurde, hätte ein weniger unverwüstliches Team zerstören können. Manche Teams sind zwar stärker als andere, dennoch sind wir überzeugt, daß Teams – als Leistungseinheit – Einzelpersonen und größere Gruppen mit dem Einfallsreichtum und der Flexibilität, mit der sie Leistungsbarrieren überwinden, übertreffen. Die in Kapitel 4 beschriebene Projektgruppe ELITE ist ein ausgezeichnetes Beispiel hierfür. Auch die hartnäckigsten und talentiertesten Mitarbeiter des *Talla-*

hassee Democrat hätten als einzelne dem Zeitdruck, der schlechten Kommunikation und dem funktionsübergreifenden Mißtrauen, die einen besseren Kundendienst in der Werbung verhinderten, auf Dauer nicht standgehalten. Und die konventionellere organisatorische Lösung, die Einrichtung der Abteilung Advertising Customer Service, verschärfte diese Probleme sogar noch. Dem ELITE-Team hingegen gelang es nicht nur, die leistungshemmenden Barrieren zu überwinden, es konnte sie sich sogar zunutze machen.

Echte Teams passen sich Herausforderungen außerordentlich gut an. Trotzdem war fast jeder von uns schon einmal in einem potentiellen oder Pseudo-Team, das an Hindernissen scheiterte und nicht wuchs. Manchmal kommen potentielle Teams erst gar nicht in Gang. Das hätte dem Deal-to-Steel-Team von Enron widerfahren können, hätte Janacek die beiden Untergruppen nicht wieder zusammengebracht. Andere Gruppen, wie die der Spitzenmanager bei Cosmo Products, erkennen den Wert des Teamansatzes und versuchen auch eine Zweckvorstellung zu entwickeln und Teamarbeit aufzubauen – fahren sich aber dann fest. Und es gibt auch Teams, die viele Probleme bewältigen und gute Leistungen erbringen, bis es durch ein unerwartetes Ereignis – die Neubenennung des Teamführers – mit ihnen bergab geht.

Wir alle kennen die Frustrationen, die entstehen, wenn ein Team nicht mehr weiterkommt:

- Verlust von Energie oder Begeisterung (»Was für eine Zeitverschwendung.«)
- Ein Gefühl der Hilflosigkeit (»Niemand kann etwas daran ändern.«)
- Orientierungsverlust (»Keine Ahnung, worum es hier überhaupt geht.«)
- Lustlose, unkonstruktive, einseitige und unaufrichtig geführte Diskussionen (»Keiner möchte darüber reden, was hier eigentlich vor sich geht.«)
- Meetings, bei denen die Tagesordnung wichtiger ist als

das Ergebnis (»Das ganze ist nur ein Theater für den Chef.«)

- Zynismus und Mißtrauen (»Ich wußte immer schon, daß dieses ganze Teamwork-Zeug Mist ist.«)
- Persönliche Angriffe auf andere Teammitglieder hinter deren Rücken und auf Außenstehende (»Dave zieht nie richtig mit.«)
- Schuldzuweisungen an das Top-Management und die restliche Organisation (»Wenn diese Arbeit so wichtig ist, warum bekommen wir dann nicht mehr Ressourcen?«)

Im schlimmsten Fall geben hängengebliebene Gruppen ihre Bemühung um Teamleistungen überhaupt auf und werden zu Pseudo-Teams. Die Kosten sind hoch. Nicht nur geht die spezifische Teamleistung verloren: Derartige Erfahrungen wirken auch demoralisierend auf die Mitarbeiter, und dies trägt viel zu der Abneigung bei, die viele Leute ohnehin gegen den Teamansatz verspüren.

Es gibt keine sichere Methode, um zu verhindern, daß ein Team hängenbleibt. Hindernisse gehören zum Leben eines Teams – und manchmal sind sie unüberwindlich. Wenn das Anliegen und die Leistungsziele, welche das Team für sich selbst festgelegt hat, keine wirkliche Herausforderung darstellen, fehlt die Grundlage für echte Teamarbeit. Sogar in teamfreundlichen Umgebungen gibt es Barrieren, die unter bestimmten Bedingungen dazu führen können, daß ein Team hängenbleibt und sich selbst zerstört. Schließlich gibt es in jedem Team hierarchische, funktionale und individuelle Differenzen, die zugleich eine Quelle der Stärke und eine Quelle für Probleme sind.

Das Gute dabei ist, daß potentielle und sogar Pseudo-Teams dem abhelfen können, vorausgesetzt, sie nehmen die Hindernisse in Angriff, die ihre spezifische Leistungsanforderung betreffen. Ein Team kann keinen größeren Fehler begehen, als daß es versucht, Probleme zu lösen, ohne sie mit Leistung in Beziehung zu setzen. So werden hängengebliebene Teams oft durch ein gestörtes Kräftespiel zwischen den Mitgliedern gelähmt. Es wäre natürlich ein Fehler, solche Fragen völlig außer acht zu lassen. Aber ebenso falsch wäre es, die Leute zur »besseren Zusammenarbeit« bewegen zu wollen und diese somit zum Selbstzweck zu machen. Vielmehr müssen die Betroffenen spezifische Maßnahmen finden, die sie gemeinsam ergreifen können und deren erfolgreiche Ausführung erfordert, daß sie »miteinander auskommen«. Andernfalls wird der Effekt der Teamarbeit und des harmonischen Miteinander nicht von Dauer sein.

Mittlerweile mag der enge Zusammenhang mit Leistung offensichtlich scheinen, aber viele Manager verhalten sich, als wäre dem nicht so. Zu den typischen Reaktionen auf das Hängenbleiben eines Teams gehören beispielsweise die Auswechslung des Teamführers bzw. eines oder mehrerer Teammitglieder, die völlige Auflösung des Teams oder Versuche zur Verbesserung der Atmosphäre durch Übungen zur Teamstärkung, Training oder den Einsatz eines Moderators. In der Mehrzahl der Fälle wird nicht klar gesagt, welchen Bezug derartige Schritte zur Leistung haben. Das Management geht beispielsweise davon aus, daß ein neuer Teamführer oder ein neues Teammitglied einzig aufgrund seiner individuellen Zielstrebigkeit oder Fähigkeiten – einen entscheidenden Leistungssprung bewirken und das Team wieder auf den rechten Weg führen wird. Und dasselbe glaubt man von Teamübungen, Training und Motivation. Niemand hilft dem Team, sich auf die tatsächlichen Auswirkungen zu konzentrieren, die eine Behebung der Schwierigkeiten auf die Leistung hat. Schlimmer noch: Niemand fragt den neuen Teamführer, das neue Mitglied, den Moderator oder Trainingsleiter, wie er dem Team helfen will, sich wieder auf den Teamrahmen zu konzentrieren.

Eine diszipliniertere Auseinandersetzung mit der Leistung macht diese typischen Ansätze effektiver. Auch veranlaßt sie sowohl Mitglieder des Teams als auch das Management außerhalb, es mit Dingen zu versuchen, die sie andernfalls vielleicht nicht beachten würden. Nehmen

Sie zum Vergleich die Geschichte von dem Segelschiff, das der Wind auf dem Meer vor sich hertreibt. Eine unerwartete Sturmbö hat Ruder, Kompaß und Hauptsegel beschädigt. Die Mannschaft hat seit langem kein Land gesehen, und Lebensmittel und Frischwasser werden bereits knapp. Die Stimmung ist angespannt; jedermann ist sich voller Groll der Schwächen der anderen Personen auf dem Schiff in aller Schärfe bewußt geworden.

Im schlimmsten Augenblick schlägt jemand vor, sie sollten ihre Aufmerksamkeit nicht mehr darauf richten, Land zu erreichen, was unmöglich schien, sondern auf das realistischere Ziel, einen oder zwei zerstörte Teile des Schiffes zu reparieren. Ein Mitglied der Mannschaft bittet ein anderes, ihm bei der Anwendung eines Kniffs aus seiner Jugend zu helfen, mit dessen Hilfe er glaubt, das Ruder wieder in Betrieb setzen zu können. Gemeinsam schaffen es die beiden. Durch diesen Erfolg ermutigt, beschließen zwei andere Mannschaftsmitglieder, das Hauptsegel mit Material vom Klüver zu reparieren, während sich ein dritter mit dem zerbrochenen Kompaß beschäftigt und einen Notbehelf bastelt. Diese kleinen Siege bringen das Schiff keine Meile näher an rettendes Land, aber sie machen Schiff *und Besatzung* seetüchtiger als zuvor. Schon nach einem halben Tag macht sich die Besatzung auf und segelt in die Richtung, in der sie eine nahegelegene Insel vermutet. Und tatsächlich, sie erreichen das rettende Eiland und werden schließlich von einem vorbeikommenden Schiff aufgelesen. Keine der üblichen Methoden, die eingesetzt werden, um ein hängengebliebenes Team wieder flott zu machen, stand dieser Mannschaft zur Verfügung. Sie konnte weder ihre Mitglieder austauschen noch Unterstützung oder Beratung von außen in Anspruch nehmen. Die Geschichte ist wohl frei erfunden, beschreibt aber doch die reale Situation vieler hängengebliebener Teams im Unternehmensumfeld. Vielleicht wird irgendwann einmal ein neuer Teamführer eingesetzt, oder ein oder mehrere Mitglieder werden ausgetauscht. Aber in den meisten Firmen werden Teams, die sich festgefahren haben, ihrem Schicksal überlassen. Sie müssen sich selbst überlegen, wie sie sich behelfen. Selbst wenn ein neuer Teamführer oder neue Mitglieder hinzukommen, muß das Team immer noch herausfinden, wie es sich selbst helfen kann. Solche Veränderungen zögern lediglich die Frage hinaus, warum und wie das neu zusammengestellte Team erfolgreich sein wird. Und diese Frage kann nur beantwortet werden, wenn das Team seine Aufmerksamkeit den grundlegenden Elementen der Teamleistung zuwendet – dem Anliegen, dem Arbeitseinsatz, und insbesondere den unmittelbaren Leistungszielen.

Eine Geschichte von zwei Teams

Um im Gegensatz dazu zu zeigen, was mit hängengebliebenen Teams passiert, wollen wir die Fortschritte darstellen, die zwei Aktionen zur Entwicklung neuer Produkte in einem Unternehmen in den Vereinigten Staaten zur Herstellung von Halbleitern – wir wollen es »Metronome Inc.« nennen – erzielten.

Das Unternehmen ist sehr leistungsorientiert, der Geschäftsführer spricht sich offen für neue Ansätze und Ideen aus. Im großen und ganzen herrscht ein teamfreundliches Klima.

Metronome setzt zur Entwicklung neuer Produkte – das heißt in diesem Fall: Identifikation neuer Anwendungsmöglichkeiten für Mikrochips – routinemäßig Teams ein. Eines der beiden nachfolgend besprochenen Teams wollte einen Mikrochip für Computer-Laufwerkstechnologie entwickeln, und das andere einen Chip für Faseroptik-Kabelverbindungen. Wie alle potentiellen Teams standen auch diese beiden vor der Aufgabe, ihren Teamrahmen zu setzen. Darüber hinaus stellten die besondere Unternehmenskultur, Organisationsweise und Geschäftätigkeit von Metronome beträchtliche Hindernisse für diese Teams dar.

- *Die Unternehmenskultur toleriert Fehlschläge.*
  Wie in vielen anderen Technologieunternehmen werden bei Metronome Produktfehlschläge als Chance betrachtet, etwas zu lernen. Dieses Prinzip ist jedoch zweischneidig. Einerseits fördert es die Risikofreudigkeit, indem es die Angst vermindert, daß Fehlschläge nachteilige Auswirkungen auf die Karriere haben könnten. Andererseits kann damit aber auch die gesunde Angst vor dem Scheitern verlorengehen, die ein Team zu höheren Leistungen motiviert. Sowohl das Laufwerk- als auch das Faseroptik-Team hätten in die Falle gehen und so handeln können, als hätte ihr Erfolg oder Mißerfolg weder für sie als Einzelpersonen, noch gemeinsam im Team, noch für Metronome insgesamt nennenswerte Konsequenzen.

- *Metronome beschäftigt sowohl Konstrukteure als auch Produktentwickler.*
  Konstrukteure entwerfen neue Produkte. Die Produktentwickler bestimmen, wie sich diese Entwürfe in funktionierende Produkte umsetzen lassen. Die meisten Konstrukteure unterscheiden sich von den meisten Produktentwicklern in ihren Fähigkeiten, Einstellungen und in ihrem Anspruch. Um es überzeichnet zu sagen: Die Konstrukteure sind darauf aus, neue Ideen zu entwickeln; den Produktentwicklern macht es Spaß, mit theoretischen Ideen zu kämpfen und sie innerhalb der von Fertigungstechnologie und Wirtschaftlichkeit vorgegebenen Grenzen zu realisieren. In manchen Fällen behandeln Konstrukteure und Produktentwickler einander mit Respekt; in anderen Fällen zeigen sie mangelnde oder gar keine Wertschätzung für die Fähigkeiten und Probleme des anderen. Sowohl das Laufwerk- als auch das Faseroptik-Team brauchte die Beiträge von Konstrukteuren wie Produktentwicklern; beide Teams hätten sich bei mangelhafter Zusammenarbeit zwischen den beiden sehr leicht festfahren können.

- *Die Marktanforderungen an Mikrochips sind sehr hoch.*
  Es ist eine anspruchsvolle Aufgabe, neue Chips zu produzieren, die einerseits funktionell genug sind, um den bestehenden Kundenbedürfnissen gerecht zu werden, und andererseits fortschrittlich genug, um die künftigen Kundenbedürfnisse zu befriedigen und der Konkurrenz standzuhalten. Beide Metronome-Teams standen vor der schwierigen Wahl, ob sie lieber früher und dafür mit einer weniger neuartigen Funktionalität auf den Markt gehen, oder den Markteintritt zugunsten eines höherentwickelten Produkts später ansetzen wollten. Beide Teams brauchten zur Lösung dieser schwierigen Frage die gemeinsamen Beträge der Konstrukteure, der Produktentwickler, des Marketing und der Geschäftsleitung.

Wie gingen das Laufwerk- und das Optikfaser-Team an dieses und andere Hindernisse heran? Um es mit den Worten Mark Voorhees' zu sagen, der uns bei den Nachforschungen zu diesem Buch half, befanden sich die beiden Teams »wohl im selben Unternehmen, aber sie schienen auf anderen Planeten zu sitzen«.

Die Laufwerk-Gruppe ist ein echtes Team. Sein gemeinsames Anliegen besteht darin, sich mit seiner ersten Generation »neuer Chips« im Markt für Plattenlaufwerke festzusetzen und dann mit einer Nachfolgegeneration Profitabilität zu erreichen. Das Team ist davon überzeugt, daß sein Erfolg von entscheidender Bedeutung für den Erfolg von Metronome ist. Derselben Meinung ist auch der Chef von Metronome, der die Fortschritte des Teams genau beobachtet. Die erste Chipentwicklung des Laufwerk-Teams war ein Fehlschlag, und das Team setzt alles daran, aus diesem Fehlschlag zu lernen und einen weiteren zu vermeiden. Die Frage, auf die sich das Team konzentrieren muß, heißt nicht »Wer hat hier Mist gebaut?« sondern »Wo haben wir etwas falsch gemacht?«, sagt der Teamführer.

Das Team ist von seinen Fähigkeiten und von der Richtigkeit seines Ansatzes überzeugt. »Wir haben einfach die besten Konstrukteure und die besten Marketingleute«, behauptet ein Ingenieur. Konstrukteure und Produktentwickler arbeiten eng zusammen, um sicherzustellen, daß niemand den Ball fallen läßt. »Bei jeder Schnittstelle und an jeder Grenze«, sagt einer, »gibt es eine Grauzone und einen potentiellen Riß. Wir versuchen dafür zu sorgen, daß alles überlappt und keine Risse entstehen.« Schließlich hat das Team auch ein klares Leistungsziel: es muß den Kunden die neuen Chips bis zu einem bestimmten Datum zur Verfügung stellen, oder es verliert ein ganzes Jahr, bevor es eine weitere Chance bekommt.

All diese Dinge tragen zu zielgerichteter Arbeit, Begeisterung, Energie und Engagement des Teams bei. »Entweder wir landen einen Volltreffer oder wir treffen ganz danneben«, erklärt ein Teammitglied. »Es gibt in diesem Unternehmen nicht viele Produkte, die so spannend sind.«

Im deutlichen Gegensatz dazu hat sich die Faseroptik-Gruppe eindeutig festgefahren. Es mangelt ihr sowohl an Begeisterung und Energie als auch an einem klaren Leitgedanken oder einer Identität. Nach dem Zweck des Teams befragt, antwortet ein Teammitglied trocken: »Profit durch Faseroptik.« Auch gibt es in diesem Team weder Selbstvertrauen und Spaß noch das Gefühl, daß sich die Anstrengung lohnt. Auf die Frage, wie das Team an seine Aufgabe herangehe, wirft ein Teammitglied ein: »Wir lassen keine Gelegenheit aus, uns zu verzetteln.« Solche sarkastischen Sprüche sind vielsagend: Zynismus beherrscht dieses Team.

Viele der neun Mitglieder des Faseroptik-Teams sind sich über ihre Rollen und die von ihnen erwarteten Beiträge unsicher. Seit Beginn der gemeinsamen Arbeit haben mindestens vier Personen erfolglos versucht, die Führung zu übernehmen. »Wir haben immer noch keinen Teamführer«, sagt einer der vier. Darüber hinaus hat Metronomes Unternehmensphilosophie »Fehler können vorkommen« das Faseroptik-Team gelähmt. Weder das Team noch der zuständige Manager haben ein Gefühl der Dringlichkeit. »Unser Job«, sagt ein Mitglied, »besteht darin, ein Muster auf den Markt zu werfen und zu schauen, ob irgend jemand anbeißt.« Und aus dem Mund des Managers außerhalb des Teams schallt es zurück: »Sie besäen einfach den Markt.«

Konstrukteure und Produktentwickler des Faseroptik-Projekts zanken gewohnheitsmäßig herum und erzeugen Spannung, die auf keinen Fall konstruktiv ist. Als man zum Beispiel über eine vorgeschlagene Variation zu einem bestehenden Chipdesign sprach, warf der Chefkonstrukteur voreilig ein: »Da wir dafür so gut wie keine Neukonstruktion benötigen, ist die Aufgabe für die Produktion genau dieselbe wie zuvor, nur einfacher.« Worauf die Produktentwickler zurückgaben: »Sie glauben vielleicht, daß es einfacher ist, aber die neue Variante verlangt eine ganze Reihe neuer Schritte in der Produktion.« Die harmonische Zusammenarbeit von Konstrukteuren und Produktentwicklern, wie sie das Laufwerk-Team voranbringt, ist hier einem eisigen Klima gewichen.

Eine Analyse der Probleme des Teams zeigt, daß es in sämtlichen Dilemmas steckt, die eine verfahrene Teamsituation charakterisieren:

- *Mangelnde Zielrichtung.*
  Teams wie das Faseroptik-Team verlieren die Orientierung, da sie ungeeignete oder schlecht definierte Ziele verfolgen. Sie finden sich auch nicht mehr zurecht, wenn sie annehmen, daß alle im Team verstehen und sich einig sind, wie und warum sie zusammenarbeiten. Nicht, daß verschiedene Interpretationen an sich schlecht für ein Team wären; tatsächlich können unterschiedliche Perspektiven das Gefühl eines Teams für sein Anliegen und seinen Ansatz bereichern, wenn sie offen diskutiert werden. Bleiben solche Differenzen jedoch unausgesprochen und ungeklärt, erzeugen sie Verwirrung über die grundlegende Existenzberechtigung des Teams und untergraben den Anreiz zur Zusammenarbeit in Verfolgung gemeinsamer Ziele.

Das Ziel des Faseroptik-Teams könnte von dem langfristigen, hehren Anliegen, das Erscheinungsbild einer ganzen Branche zu verändern, bis zur Verpflichtung reichen, eng definierte Bedürfnisse spezifischer Kunden kurzfristig zu befriedigen. Beide Ziele könnten zu einer stabilen Teamleistung führen; aber das Team muß sich für eine der beiden Optionen entscheiden, weil die einzelnen Teammitglieder ansonsten weiterhin unterschiedliche Ziele verfolgen werden. Der Chefkonstrukteur beispielsweise hält an der langfristigen Version fest, während sich der leitende Produktentwickler eher um die nähergelegenen Ziele sorgt und dabei noch drei unterschiedliche Produkteinführungen gleichzeitig zu bewältigen hat. Diese ganze Verwirrung und Unklarheit über die übergeordnete Zielsetzung des Teams reißen das Team auseinander.

- *Unzureichendes oder uneinheitliches Engagement für Teamleistung.*
  Bei festgefahrenen Teams werden Konflikte zwischen den Mitgliedern und starre Positionen oft als mangelnder Wille einer oder mehrerer Einzelpersonen gedeutet, im Team zu arbeiten. Das Team wird von seinen Leistungszielen abgelenkt; es kommt zu endlosen Gesprächen unter vier oder sechs Augen, außer Reichweite des restlichen Teams, über persönliches Auftreten und vorgefaßte Meinungen. Das wiederum schwächt Vertrauen und Respekt, die für die gegenseitige Verantwortung und das Engagement füreinander so wichtig und für Teamleistung unerläßlich sind, weiter.

Einerseits will jedermann im Faseroptik-Team, daß der neue Chip zu einem Erfolg wird, und ist entschlossen, seinen Beitrag dazu zu leisten. Aber das Engagement der Teammitglieder für ihre Aufgabe ist gleichzeitig zu schwach und zu individuell; es gibt bestenfalls ein oberflächliches Engagement für das Team und für die Teamleistung. Darüber hinaus treibt der ewige Konflikt zwischen Konstrukteuren und Produktentwicklern die anderen

Teammitglieder zur Verzweiflung. Sie scheinen resigniert zu haben und nehmen hin, daß »sich diese beiden Kerle einfach nie vertragen werden«. Daher fühlen und verhalten sich einige Leute so, als säßen sie hier nur die Zeit bis zu ihrem nächsten Job ab. Wenn sich kein gemeinsamer, entschlossener Einsatz für die Teamleistung entwickelt, werden die einzelnen Teammitglieder andere, befriedigendere Erfahrungen suchen.

- *Kritische Fähigkeitsmängel.*
  Lückenhafte Fähigkeiten sind bei Teams unvermeidlich. Uns sind nur wenige Teams bekannt, bei denen von Anfang an alle Fähigkeiten voll entwickelt waren und richtig eingesetzt wurden. Andererseits kennen wir auch kein einziges Team, das mit einer wesentlichen und ungelösten Fähigkeitslücke, die seine Zielsetzungen betraf, Erfolg gehabt hätte. Oft betreffen die problematischsten Lücken fachliche oder funktionale Kompetenz. Aber Teams fahren sich auch fest, wenn ihnen leistungskritische Teamfähigkeiten wie die zur Problemlösung, zur Entscheidungsfindung oder zum Umgang miteinander fehlen.

Was die fachlichen und funktionalen Fähigkeiten anbelangt, hat das Faseroptik-Team zwar kompetente Konstrukteure und Produktentwerfer, aber einen Marketingmann, der, weil er bei Metronome neu ist, die Rolle, die er im Team spielen soll, noch nicht ausfüllt. Dazu kommt, daß das Team deutliche Lücken in den Fähigkeiten zur Entscheidungsfindung aufweist, die zur Definition des gemeinsamen Anliegens und des Leistungszielgerüsts gebraucht werden. Schließlich werden durch den Mangel an Fähigkeiten für den Umgang miteinander die Barrieren zwischen Konstrukteuren und Produktentwicklern noch weiter verstärkt.

- *Verwirrung, Feindseligkeit oder Indifferenz der Außenwelt.*
  Alle Organisationen schaffen unweigerlich einige Hindernisse für Teams, ob sie diesen nun freundlich oder

feindlich gegenüberstehen. Einige verwirren ein Team mit widersprüchlichen oder allzu ehrgeizigen Anforderungen. Andere bekämpfen es offen oder verdeckt. Wieder andere kümmern sich vielleicht dem Anschein nach darum, was das Team tut und ob es Erfolg hat oder nicht. Manchmal wirkt eine Wir/Sie-Atmosphäre durchaus anregend auf ein Team. Aber sie kann ein potentielles Team auch daran hindern, jemals in Gang zu kommen, oder, wenn ihm dies einmal gelungen ist, es zermürben.

Im Gegensatz zu dem Laufwerk-Team, das weiß, daß der Chef von Metronome seine Fortschritte aufmerksam verfolgt, wartet das Faseroptik-Team noch auf Signale vom Top-Management, daß seine Leistung irgendeine Bedeutung hat. Insbesondere gibt das Top-Management wenig Hilfestellung bei der Abwägung von kurz- und langfristigen Chancen im Bereich der Faseroptik. Der zuständige Manager weiß sogar, daß das Team festgefahren ist. Aber er hält es nicht für nötig, etwas dagegen zu unternehmen. Darüber hinaus ist er der Meinung, Ursache der Schwierigkeiten des Teams sei, da der Konstrukteur, der als Erfinder des Produkts der »natürliche« Teamführer ist, über seine Karriere unschlüssig sei. Allerdings scheint dieser Manager willens zu sein, das Team zappeln zu lassen, während der Konstrukteur an seiner weiteren Karriere bastelt.

- *Die Teamführung braucht Hilfe.*
  Hier handelt es sich vielleicht einfach um eine spezielle Art von Fähigkeitslücke. Die meisten Menschen können lernen, effektive Teamführer zu sein. Aber meistens übernehmen Teamführer ihre Rolle, ohne daß alle erforderlichen Fähigkeiten vorhanden sind. Wenn der Teamführer selbst Hilfe braucht, ist es an den anderen Mitgliedern, die Lücke zu füllen, bis der Teamführer seine Fähigkeiten entwickelt hat.

Im Faseroptik-Team gab es zu verschiedenen Zeitpunkten verschiedene Kandidaten für die Teamführung, wie zum Beispiel den Konstrukteur, der das Produkt erfunden hatte, den Produktionsingenieur, der für die erste Freigabe zur Fertigung zuständig war, den Marketingmanager und einen anderen, gewiefteren Gruppenleiter der Produktentwicklung. Jeder von ihnen hätte die Führung des Faseroptik-Teams übernehmen können. Aber keinem gelang es so ganz, und es entstand keine individuelle oder wirklich gemeinschaftliche Teamführung. Daher bleiben die Aktivitäten des Teams größtenteils unkoordiniert. Und so ist es kein Wunder, daß das Team nicht herausfindet, wie es mit den vielen Hindernissen auf seinem Weg umgehen soll. Dieses Team ist eindeutig festgefahren.

Wege, um die Dinge wieder in Gang zu bringen

Was kann ein festgefahrenes Team wie das Faseroptik-Team von Metronome tun, um die Dinge wieder in Gang zu bringen? Und wie kann das höhere Management dem Team helfen? Auch hier gibt es keine Zauberformel, die für alle Situationen geeignet wäre. Manchmal ist es das Beste, den Teamansatz aufzugeben. Die Manager von ComTech Cellular aus Kapitel 5 werden wahrscheinlich auch weiterhin ständige Frustrationen erleben, wenn sie den Teamsatz weiterverfolgen; mit einem Arbeitsgruppenansatz wären sie wahrscheinlich besser daran.

Angenommen jedoch, daß der Teamansatz wirklich die beste Option ist, liegt der Schlüssel dafür, die Dinge wieder in Gang zu bringen, darin, die spezifischen Hindernisse in Angriff zu nehmen, vor denen ein Team mit einem starken Leistungsschwerpunkt steht. Unseren Beobachtungen zufolge gibt es fünf Ansätze, die gut funktionieren, häufig in Kombination miteinander. Die beiden ersten – Rückkehr zum Teamrahmen und Streben nach »kleinen Siegen« – zielen direkt auf die Leistung. Die anderen drei – Konfrontation des Teams mit neuen Informationen und unterschiedlichen Ansätzen, Inanspruchnahme externer Beratung oder Schulung, Umgestaltung des Teams bieten indirekte Anregungen, die, sofern erfolgreich, eine Rückbesinnung des Teams auf die Leistung auslösen. Jeder dieser Ansätze liegt in Reichweite des Teams selbst; jeder kann aber auch vom höheren Management initiiert werden.

1. Rückbesinnung auf den Teamrahmen.

Eine der wichtigsten Botschaften unseres Buches lautet, daß kein Team seinen Existenzzweck, seinen Ansatz und seine Leistungsziele allzu oft überdenken kann. Allen Teams – und natürlich festgefahrenen Teams – nützt es, wenn sie zum Ausgangspunkt zurückkehren und sich Zeit nehmen, um alle verborgenen Vermutungen und Meinungsverschiedenheiten zu entdecken, die zur Grundlage für die Klärung des ideellen Auftrags des Teams und dessen Erfüllung werden können, wenn das gesamte Team sie beurteilt.

So blieb zum Beispiel das Führungskräfteteam, das Mitte der 70er Jahre damit beauftragt wurde, die Trümmer von sieben zugrundegerichteten Eisenbahngesellschaften der Ostküste zu einem einträglichen Unternehmen namens Conrail zu machen, So lange blockiert, bis es sein Anliegen, eine Strategie zur Sicherung der Ertragskraft auszuarbeiten, dahingehend neudefiniert hatte, aggressiv auf die Deregulierung der gesamten Eisenbahnindustrie hinzuarbeiten. Ähnlich verhielt es sich bei einem Motorola-Team, über das wir in Kapitel 9 sprechen werden: Es hatte Schwierigkeiten, über die Konzentration auf Teamarbeit hinauszugelangen, bis es nach einer gründlichen Überprüfung seines Ansatzes beschloß, die Rollen wichtiger Mitglieder im Team zu modifizieren.

Das Faseroptik-Team bei Metronome hatte ganz einfach keine klare Vorstellung von seinem Anliegen oder seinen gemeinsamen Zielen. Es muß Existenzzweck, Ziele und Arbeitsansatz von Grund auf neu diskutieren, etwa, indem es sich selbst bewertet, entweder mit Hilfe des Managements oder eines externen Moderators.

2. Streben nach »kleinen Siegen«.

Nichts spornt ein festgefahrenes Team so sehr an wie die Leistung selbst. Schon der Vorgang der Festlegung eines klaren und spezifischen Ziels an sich kann ein Team aus dem Sumpf der Konflikte untereinander und der Verzweiflung führen. Noch besser ist es, spezifische Ziele zu erreichen. Die Rückbesinnung auf Anliegen und Ansatz des Teams könnten Zyniker in einer festgefahrenen Gruppe als unaufrichtigen und fruchtlosen Versuch bemängeln, noch einmal etwas zu diskutieren, das bereits viel zu oft diskutiert wurde. Spezifische Leistungsergebnisse jedoch sind hiervon unbelastet. Aber die Identifizierung und Erreichung realistischer Ziele erfordert sehr viel harte Arbeit, insbesondere von festgefahrenen Teams, die nur allzu oft annehmen, die Liste ihrer bestehenden Ziele nicht mehr abändern zu können. So verfolgt das Faseroptik-Team zum Beispiel eine Mischung aus lang- und kurzfristigen Leistungszielen, die keine zwei Mitglieder, geschweige denn neun, im selben Sinn verstehen und befürworten. Anders ausgedrückt: Es gibt keine spezifischen Leistungsziele, die sie als Team gemeinsam haben. Um diesem Mangel zu begegnen, müssen sie ihre jeweiligen Leistungsannahmen überprüfen, sich auf zumindest ein erreichbares Ziel einigen und dieses dann verfolgen.

Eine Neudefinition der Ziele kann bemerkenswerte Wirkungen haben. Das erkannte ein anderes Team bei Metronome, das sich mit der Lieferungspünktlichkeit befaßte und ähnlich festgefahren war wie das Faseroptik-Team. Es hatte sich ursprünglich auf das inspirierende Ziel geeinigt, »die Zahl der verspäteten Lieferungen auf Null zu senken«. Dieses Ziel klang großartig, erwies sich jedoch als zu schwer greifbar. Ein Jahr nach Beginn des Projekts sah sich die Gruppe festgefahren und frustriert.

In diesem Fall schlug der Teamführer jedoch vor, das Team solle sein Ziel abändern in »Halbierung der verspäteten Lieferungen alle zwölf Monate«. Innerhalb kurzer Zeit machte das Team meßbare – und äußerst ermutigende – Fortschritte.

3. Konfrontierung des Teams mit neuen Informationen und Ansätzen.

Neue Fakten, andere Perspektiven und neue Informationen spielen eine wichtige Rolle in der Entwicklung von Teams. Die zwölf Wände lange Papierdokumentation über das katastrophale Table-Top-Projekt stimulierte die Leistungen des Deal-to-Steel-Teams von Enron ebenso, wie das »Rattenspur«-Fax mit seinem hohen Symbolgehalt ELITE ansporrte. Der New York City Partnership halfen bei der Definition ihres Anliegens unter anderem Informationen über Unternehmensgruppen in anderen Städten. Vergleichswerte des Wettbewerbs, interne Fallbeispiele, »best practices«, Vor-Ort-Maßnahmen am Arbeitsplatz, Kundeninterviews diese und andere Quellen der Erkenntnis können einem festgefahrenen Team die neuen Perspektiven eröffnen, die es braucht, um seinen Existenzzweck, seinen Ansatz und seine Leistungsziele neu festzulegen. Das Faseroptik-Team könnte zum Beispiel innerhalb von Metronome andere Teams ausfindig machen, die festgefahren waren, und sich erkundigen, was sie taten, um wieder auf die Beine zu kommen. Dazu muß jedoch jedes frustrierte Team zunächst den Willen aufbringen, sich solche Informationen zu beschaffen, anstatt in relativer Untätigkeit zu verharren. Und das Team muß die Disziplin haben, sich alle gesammelten Informationen und neuen Fakten nutzbar zu machen, indem es die entscheidende Frage stellt: »Was bedeutet das jetzt für das Anliegen und die Leistungsanforderung unseres Teams, und wie müssen wir demnach vorgehen?« Das Management kann natürlich das Seine dazu beitragen, diese Art von Input beizusteuern.

4. Moderatoren und Schulungen.

Moderatoren, ob sie nun von außerhalb des Unternehmens kommen oder teamfremde Angestellte des Unternehmens sind, können viel dazu beitragen, daß ein festgefahrenes Team wieder in Schwung kommt und von neuem konstruktiv zu arbeiten beginnt. Erfolgreiche Moderatoren bringen im Normalfall Fähigkeiten in Problemlösung und Kommunikation, im persönlichen Umgang miteinander und in Teamarbeit in die Teams ein, die hier Lücken aufweisen. Ob die Hilfe eines Moderators letzten Endes erfolgreich ist, hängt jedoch vor allem davon ab, wie effektiv diese Person dem Team dabei hilft, seine gemeinsame Aufmerksamkeit wieder dem ursprünglichen Anliegen und der Aufgabe zuzuwenden. Moderatoren, die beispielsweise nur persönliche Gefühle und Konflikte zwischen den Mitgliedern ansprechen, lenken die Aufmerksamkeit des Teams oft nur von grundlegenderen Bedürfnissen ab.

Dasselbe gilt für Training. Festgefahrene Teams können, wie jedes potentielle Team, von guten Trainingsprogrammen profitieren, in denen die Bedeutung von Schlüsselfähigkeiten, gemeinsamem Anliegen, guter Teamarbeit, klaren Zielen und der Rolle der Führungsperson hervorgehoben wird. Wenn es dem Team aber nicht gelingt, das neue Bewußtsein unmittelbar in »praktischen Versuchen« umzusetzen, hat es bei seiner Rückkehr zu den ursprünglichen Aufgaben wahrscheinlich nichts weiter vorzuweisen als noch mehr Zynismus und Verzweiflung. Um dieses Muster des »theoretischen Bewußtseins« zu vermeiden, haben einige Unternehmen wie Motorola »Just-in-time«-Trainigskonzepte und -ressourcen eingeführt, auf die sowohl Personengruppen als auch einzelne zugreifen können, um akut auftretende Fragen und Probleme unmittelbar zu lösen.

5. Austausch von Teammitgliedern, einschließlich des Teamführers.

Viele Teams vermeiden ein Hängenbleiben oder kommen wieder frei, indem sie ihre eigene Zusammensetzung ändern. Dies geschieht manchmal, wenn Teams einzelne Mitglieder regelrecht aussondern oder aufnehmen; ein Beispiel dafür ist das Rapid-Response-Team, das sich von Paul David trennte und an seiner Stelle Nancy Taubenslag aufnahm. In anderen Fällen, wie bei der Deal-to-Steel-Initiative von Enron, werden »Bremser« einfach ignoriert und umgangen, ohne daß sie formell ausgeschlossen werden. Manche Teams legen auch Mitgliedschaftsregeln fest, die eine periodische Rotation der Mitglieder vorschreiben, um immer für frischen Wind zu sorgen.

Wenn Teams sich selbst überlassen sind, wechseln sie ihre Führungspersonen nicht so häufig wie ihre Mitglieder. Vielmehr werden neue Teamführer vom höheren Management eingesetzt. Ob ein neuer Teamführer oder ein neues Mitglied dem Team tatsächlich hilft, wieder auf die Beine zu kommen, hängt davon ab, ob der Wechsel dem Team ermöglicht, die Hindernisse für die Teamleistung aus dem Weg zu räumen. Anders ausgedrückt: Der Wechsel des Teamführers ist kein Allheilmittel – er wirft lediglich die Frage auf, was der neue Teamführer und die anderen Mitglieder nun anders machen, um wieder voranzukommen. Das Faseroptik-Team von Metronome machte eine praktische Erfahrung vom Typ »Neuer Teamführer – keine Wirkung«, als ein erfahrener Produktentwickler zum Team stieß, der jedoch bei dessen Führung kein bißchen erfolgreicher war als der Konstrukteur, der andere Produktentwickler und der Marketing-Mann vor ihm.

Alle fünf Methoden zur Reaktivierung eines festgefahrenen Teams können entweder auf der Eigeninitiative des Teams beruhen oder sich aus dem Eingreifen des Managements ergeben. So kann beispielsweise jedermann mit entsprechender Kompetenz außerhalb des Faseroptik-Teams – vom zuständigen Manager bis hin zum Geschäftsführer von Metronome – diesem Team klarere Statuten auferlegen, seine Leistungsziele spezifizieren, es mit anderen Ansätzen oder neuen Tatsachen konfrontieren, Moderation oder Training zur Verfügung stellen, den Teamführer austauschen oder die Zusammensetzung des Teams auf andere Weise modifizieren.

Wenn ein solches Eingreifen gut gemacht ist, kann es einem steckengebliebenen Team rasch wieder auf die Beine helfen. Als zum Beispiel das Garden-State-Brickface-Team seine Crew anwarb, griff es ein und half zuvor festgefahrenen Gruppen von Vorarbeitern und Arbeitern dabei, die grundlegende Zusammensetzung ihrer Teams und ihre Ansätze zu überdenken. Als Folge wurden viele von ihnen zu echten Teams, welche sich bei jedem Kundenauftrag um Leistungsfähigkeit bemühten. Das Lake-Geneva-Team (Kapitel 11) wechselt zum Beispiel jedes Jahr drei seiner Mitglieder aus und erreicht dadurch nicht nur eine Revitalisierung des Teams, sondern nimmt auch neue Informationen und Perspektiven auf.

Wenn ein solches Eingreifen hingegen schlecht gemacht ist, kann es als Einmischung des Managements interpretiert werden, die dem Team nur eine weitere Belastung auferlegt. Interventionen des Managements scheitern häufig deshalb, weil die Manager eine »Sofortlösung« wollen, ohne eingehend über die spezifischen Problemhintergründe des jeweiligen festgefahrenen Teams nachzudenken. Das Management hört, daß das Team Probleme untereinander hat – und schickt die Mitglieder in psychologisches Training. Es nimmt an, daß der gegenwärtige Teamführer Fehler macht – und ersetzt ihn. Oder es ist enttäuscht über schlechte Ergebnisse – und stellt zusätzliche Anforderungen, welche die Gruppe zusätzlich verwirren, anstatt die Konfusion zu verringern.

Das Management muß auch ein Gefühl dafür haben, wann es eingreifen soll. Julie Sacket von der Government Electronics Group von Motorola (Kapitel 9) argumentiert ganz richtig, es sei gut für Teams, »einmal eine gewisse Zeit festgefahren zu bleiben«, denn dadurch lernten sie, Hindernisse aus eigener Kraft und ohne Hilfe von außen zu überwinden. Ihre Bemerkung spiegelt letztlich unsere Überzeugung wider, daß echte Teams an Hindernissen wachsen. Allerdings ist es wichtig, zwischen solchen

Teams zu unterscheiden, die konstruktiv und energisch versuchen, eine Leistungsbarriere zu überwinden, und solchen, die aufgegeben haben oder aufzugeben drohen. Wenn ein Team in einem Maß festgefahren ist, das seine kollektive Fähigkeit zur Selbsthilfe übersteigt, muß das Management eingreifen.

Der Umgang mit Übergangssituationen und Schlußpunkten

Alle echten Teams und alle Hochleistungsteams kommen irgendwann einmal zum Ende. Dies ist ein Hindernis, das nicht umgangen werden kann, und es hat Auswirkungen auf die Leistungsergebnisse des Teams. Dennoch kennen wir kaum jemanden, der sich darüber Gedanken gemacht hätte, wie sich Schluß- oder Übergangssituationen auf die Leistung von Teams auswirken. Drei dieser Situationen erfordern besondere Aufmerksamkeit: 1. Ein Team oder eine Projektgruppe beendet die offizielle Aufgabe; 2. Eine Schlüsselperson verläßt ein Team oder tritt ihm bei; 3. Ein neuer Teamführer wird ernannt. Diese Situationen haben allgemein eine gewisse Ähnlichkeit mit festgefahrenen Teamsituationen; wir wollen an dieser Stelle jedoch insbesondere über jene Auswirkungen sprechen, die so ein Übergang oder Ende auf echte Teams und auf Hochleistungsteams hat. Das bedeutet, daß die Frage nicht mehr lautet: »Wie können wir die Dinge wieder in Gang bringen?«, sondern: »Wie erhalten wir die Leistungsdynamik aufrecht; indem wir entweder unser Anliegen und unsere Aufgabe auf eine andere Gruppe übertragen oder für die Umsetzung unserer abschließenden Empfehlungen sorgen?«

Von den meisten Teams, die Empfehlungen abgeben, etwa von Projektgruppen, wird erwartet, daß sie irgendwann einmal zum Ende kommen. Projektverlängerungen kann es zwar geben, um Empfehlungen weiter auszuarbeiten oder zu vervollständigen oder um die Implementierung voranzutreiben; im Normalfall aber wird erwartet, daß sich ein Team auflöst, sobald seine Ergebnisse vorliegen. Diese Annahme kann jedoch unnötigerweise eine Leistungschance zunichte machen – wenn die Projektgruppe im Lauf der Zeit zu einem echten Team zusammengewachsen ist. Das zeigt sich deutlich, wenn man die Auflösung von Deal-to-Steel (Kapitel 6) und jene von ELITE (Kapitel 4) vergleicht. Beide waren zu dem Zeitpunkt, da sie ihre offiziellen Aufgaben abgeschlossen hatten, zu echten Teams zusammengewachsen, und beide wollten unbedingt eine Rolle im Implementierungsprozeß übernehmen. Fred Mott vom *Tallahassee Democrat* nutzte die damit gebotene Gelegenheit; Ron Burns von Enron tat es nicht. Burns übertrug die Verantwortung für die Implementierung lieber den Leitern der Vermarktungsgesellschaften – eine grundsätzlich durchaus sinnvolle Einstellung. Dennoch sind wir der Meinung, daß er damit unnötigerweise die Chance ausließ, weiteren Nutzen aus einem echten Team zu ziehen, dessen Zweckvorstellungen und Leistungsziele mit seinen eigenen übereinstimmten. Natürlich verlangt es auch Opfer, eine Projektgruppe über ihre ursprüngliche Aufgabenstellung hinaus arbeiten zu lassen; die einzelnen Mitglieder haben schließlich auch andere Aufgabenbereiche und Verpflichtungen gegenüber anderen Leuten. Wenn aber einmal ein echtes Team entstanden ist, so bedeutet seine Auflösung meist die Vergeudung von Leistungspotential.

Theoretisch kommt ein Team immer dann zu einem Ende, wenn sich seine Zusammensetzung ändert. Tatsächlich ist dies aber nicht immer der Fall; einige echte Teams nehmen neue Mitglieder auf und setzen ihre Arbeit ohne Unterbrechung fort. Viele Teams verabsäumen es jedoch, sorgfältig über die durch eine Veränderung ihrer Zusammensetzung hervorgerufene Übergangssituation nachzudenken – ein interessantes Versehen, wenn man bedenkt, wie häufig solche Veränderungen in Teams vorkommen, die etwas managen, etwas ausführen oder etwas herstellen. Die Herausforderung besteht darin, das neue Mitglied in das Team einzugliedern, ohne einerseits die Dynamik und den Leistungsfokus des Teams zu beeinträchtigen und ohne andererseits die Chance zu versäumen, aus der frischen Sicht des Neulings etwas zu lernen. Die Eingliederung neuer Mitglieder stellt eine beiderseitige Herausforderung dar: das Team muß die unverbrauchte Sicht des neuen Mitglieds begrüßen, und das neue Mitglied muß sich seine Position im Team verdienen. Wenn alles erfolgreich verläuft, verändern sich möglicherweise Zweckvorstellung, Ziele und Ansatz des Teams, aber das neue Mitglied wird sie trotzdem verstehen und sich zu eigen machen. Wenn die Eingliederung nicht erfolgreich verläuft, wird sich die Richtung des Teams *niemals* ändern, und das neue Teammitglied bleibt ein Außenseiter.

Das Dilemma eines Neuankömmlings ist eigenartig. Er sieht sich allen mit Auseinandersetzung, Vertrauen und harter Arbeit verbundenen Risiken gegenüber, die zur Ausarbeitung eines gemeinsamen Anliegens, gemeinsamer Ziele und eines gemeinsamen Ansatzes notwendig sind, denen er – wie alle anderen – wechselseitig verpflichtet ist. Die übrigen Teammitglieder haben sich diesen Risiken allerdings bereits einmal gestellt und zweifeln möglicherweise an der Notwendigkeit, dies nochmals zu tun. »Wozu das Rad noch einmal erfinden?« und »Warum müssen wir das alles noch einmal über uns ergehen lassen?« Solche Gedanken liegen nahe, wenn ein Team neue Mitglieder in seine Reihen aufnimmt. Wenn das Team dem Neuankömmling jedoch zu wenig Spielraum gibt, Dinge in Frage stellen und Risiken mit eingehen zu können, schließt es ihn praktisch von der Beteiligung am Team aus und läßt gleichzeitig eine Leistungschance ungenutzt. Will man solche Folgen vermeiden, muß man dem Gleichgewicht zwischen den Bedürfnissen des neuen Teammitglieds, den Bedürfnissen des Teams und den Leistungsansprüchen sorgfältige Beachtung schenken.

Die kritischste Übergangssituation für ein echtes Team oder ein Hochleistungsteam ist dann gegeben, wenn ein neuer Teamführer und insbesondere ein Externer – von

»oben« eingesetzt wird. Obwohl das bisher unerwähnt blieb, überdauerte das Intermodal-Team von Burlington Northern das Ausscheiden von zwei seiner Mitglieder und den Eintritt eines anderen. Aber als nach der Beförderung von Bill Greenwood ein neuer Teamführer ernannt wurde, der zuvor nicht Mitglied des Teams gewesen war, verwandelte sich das Team in eine normale Arbeitsgruppe zurück. Wie eines der ursprünglichen Mitglieder sagte: »Es ist schwierig für ein Team, bei der Sache zu bleiben, wenn der neue Bursche völlig andere Vorstellungen hat.«

Hier sehen wir wieder, welche Auswirkungen Voraussetzungen und Gewohnheiten, welche den individuellen Beitrag und die Einzelverantwortung betonen, auf die Leistung eines Teams haben. Neue Teamführer wollen einem Team fast immer ihren Stempel aufdrücken. Sie haben die formale Autorität, und es wird auch von ihnen erwartet; so stellen neue Teamführer unweigerlich ein Risiko für Zweck, Ziele, Ansatz und wechselseitige Verantwortung des Teams dar. Es gibt kein einfaches Rezept für den Umgang mit dieser Situation, ausgenommen jenes, das Team um einen neuen Teamrahmen neu zu formieren. Wie bereits in Kapitel 7 erläutert, verändert sich die Rolle des Teamführers – vor allem sein Verhältnis zu einem Gleichgewicht zwischen Aktivität und Geduld – wenn sich das Team auf der Leistungskurve nach oben bewegt. Von einem neuen, noch nicht mit dem Team vertrauten Teamführer zu erwarten, daß er ein solches Arrangement akzeptiert und sich ihm anpaßt, ist so, als wollte man den Eintritt eines historischen Ereignisses ohne die vorangegangene Geschichte erwarten. Wir nehmen an, daß so etwas möglich ist und auch vorkommt, aber wir haben im Zuge unserer Nachforschungen keine Beispiele dafür gefunden.

Daher ist es nützlicher, die Ankunft eines neuen – von außen kommenden – Teamführers als ein Ende des Teams zu betrachten. Auf diese Weise ist es viel wahrscheinlicher, daß die Betroffenen wieder zu den Rahmenbedingungen des Teams zurückkehren, einschließlich der leistungsabhängigen Wahl zwischen Team und Arbeits-gruppe. Die Teammitglieder haben dabei vielleicht das Ge-fühl, wieder von vorne anzufangen. Wenn sie jedoch nicht so vorgehen, stehen die Chancen, die Leistung des Teams aufrechtzuerhalten, eher schlecht.

In Anbetracht der mit der Neubesetzung der Team-führerposition verbundenen Tatsachen scheint es uns, als sollten die Manager hier viel vorsichtiger vorgehen, als sie es oft tun, wenn sie die Ernennung eines vollkommenen Außenseiters in Erwägung ziehen. Natürlich machen an-dere vorrangige Erfordernisse eine solche Ernennung manchmal unausweichlich. Vor allem wenn das betreffen-de Team seinen Leistungselan und seine Tatkraft verloren hat, haben solche Ernennungen ihren Sinn. Aber über die-sen Fall sprechen wir hier nicht. Wir schlagen eher vor, daß dann, wenn ein echtes Team oder ein Hochleistungs-Team gut funktioniert, bei einer Neubesetzung der forma-len Führungsposition ein Insider bevorzugt werden sollte. Wenn es jedoch keine andere Möglichkeit gibt als die, einen Außenstehenden zu ernennen, so sollten das über-geordnete Management, der scheidende Teamführer, der neue Teamführer und das gesamte Team so deutlich wie nur irgend möglich über die Auswirkungen dieses Schrit-tes auf die Teamleistung sprechen.

Fazit

Ein Team muß sowohl mit Hindernissen als auch mit dem Aus umzugehen verstehen, um sein volles Leistungspo-tential zu erreichen. Jedesmal, wenn ein potentielles Team ein Hindernis überwindet, wächst es als Team. Es ent-wickelt Vertrauen in sich selbst als Team, lernt, effektiver zusammenzuarbeiten, und baut im Zuge dieses Prozesses individuelle und kollektive Fähigkeiten auf. Bedauerlicher-weise trifft nahezu jedes potentielle Team auf ein oder mehrere Hindernisse, die unüberwindlich scheinen. Die Folge kann das sein, was wir als »festgefahrenes Team« bezeichnet haben. Zwar ist es konstruktiv für jedes potentielle Team, gegen dieses Festgefahrensein zu kämpfen, jedoch kann sich ein solcher Kampf auch entmutigend auswirken und mit der Zeit so demoralisierend sein, daß er das Team zerstört. In diesem Kapitel haben wir versucht herauszuarbeiten, was ein Team tun kann, um die Dinge wieder in Gang zu bringen, und was das Top-Management tun kann, um einem solchen Team zu helfen.

Ein echtes Team ist Gruppen von Einzelpersonen, die individuell agieren, aber auch effektiven Arbeitsgruppen stets in der Leistung überlegen. Ebenso sicher ist jedoch, daß eine effektive Arbeitsgruppe immer leistungsfähiger ist als ein Pseudo-Team. Daher liegt das Risiko für potentielle Teams bei ihrem Streben nach echter Teamleistung darin, sich so sehr festzufahren, daß sie zu permanenten Pseudo-Teams werden. In hohem Maße hängt dieses Risiko davon ab, wie gut das potentielle Team mit den unvermeidlichen Hindernissen auf seinem Weg umgeht.

Wenn sich ein Team tatsächlich festfährt, verschärfen sich die Gefahren, mit denen es konfrontiert ist und werden immer beunruhigender. Zu Beginn der Aktivität eines potentiellen Teams müssen die Beteiligten durch Konflikt, harte Arbeit und Aktivität zusammenwachsen und, aufbauend auf gegenseitigem Vertrauen und wechselseitiger Verantwortung, eine gemeinsame Zielrichtung und einen gemeinsamen Ansatz finden. Anders verhält es sich, wenn ein potentielles Team oder ein Pseudo-Team einmal wirklich festgefahren ist vor allem wenn sich zwischen den Teammitgliedern negative Spannungen eingeschlichen haben: hier betrachten die betroffenen Personen die Zukunftsaussichten als Team viel argwöhnischer. Es wird immer schwieriger, den Teamrahmen neu zu überdenken und Vertrauen aufzubauen, weil viele Personen meinen, sie hätten dies bereits versucht und einen Fehlschlag erlitten.

Zudem ist ein Team zu dem Zeitpunkt, da es tatsächlich festgefahren ist, meist mit mehreren Hindernissen gleichzeitig konfrontiert: Verlust der Zielrichtung, Defizite bei entscheidenden Fähigkeiten, mangelndes Engagement und nicht zuletzt Verwirrung, Feindseligkeit oder Gleichgültigkeit der Außenwelt. Will man herausfinden, was zu tun ist, sind diese Fragen einzeln zu analysieren. Aber wenn das Team auf Leistung hinarbeitet, bleibt ihm wahrscheinlich keine Zeit, sich der Reihe nach mit jeder einzelnen Frage zu befassen. Statt dessen ist es gezwungen, *gleichzeitig* an Zielrichtung und Engagement zu gewinnen, Fähigkeitslücken zu füllen und auf externen Druck zu reagieren. Die beste Methode hierfür besteht unseres Wissens darin, sich – als Team – auf die Leistung zu konzentrieren.

Echte Teams und Hochleistungsteams können normalerweise so gut mit Hindernissen umgehen, daß sie demoralisierende und ausweglose Situationen vermeiden können. Mit einem Hindernis aber sind auch solche Teams irgendwann einmal unweigerlich konfrontiert: mit dem Ende des Teams. Jedoch machen sich allzuviele Teams über dieses Ende, sei es nun geplant oder nicht, kaum Gedanken. Als Folge geht ein signifikantes Leistungspotential verloren, weil die Nachfolgegruppe entweder die bisherige Dynamik einbüßt oder die abschließenden Empfehlungen der Gruppe nicht mit genügend Begeisterung und Verständnis aufnimmt, um sie zu implementieren. Meistens können solche Übergangsprozesse großen Nutzen aus einer bewußten Unterstützung des Top-Managements ziehen. Auch hier gilt, daß sich solche Bemühungen auf die Leistung konzentrieren müssen.

Wenn es das Praktischste für ein festgefahrenes oder in Auflösung begriffenes Team ist, sich mit der Realität einer hierarchischen Arbeitsgruppe abzufinden, so sollten seine Mitglieder das tun. Auf diese Weise verbessert sich zumindest die individuelle Leistung, weil keine Zeit in kontraproduktive Teamaktivitäten investiert wird. Wenn andererseits Teamleistung angestrebt oder verlangt wird, muß trotz aller Widrigkeiten und Hindernisse ein Weg gefunden werden, um als Team voranzukommen. Hier kann die Entscheidung schwierig sein. Hören Sie sich zum Beispiel an, was jemand zu sagen hat, der sich inmitten eines Beziehungsdilemmas befand, welches ein sehr festgefahrenes Team noch mehr behinderte:

> Wenn man mit jemandem nicht auskommt, ist es das einfachste, diesen Konflikt von Tag zu Tag aufzuschieben. Wenn man nichts unternimmt, tut es für den Augenblick nicht so weh. Aber zwei Monate später ist man viel schlechter dran, als wenn man sich der Situation gestellt und gleich etwas unternommen hätte. Es ist in dem Moment vielleicht unangenehm, aber langfristig viel weniger schmerzhaft.

Das Gute dabei ist, daß das Steckenbleiben oder gar Ende einem Team unschätzbare Dienste erweisen kann. Wenn nichts mehr geht, sehen sich die Teammitglieder gezwungen, den Teamrahmen zu überdenken, Vertrauen ineinander und Engagement füreinander aufzubauen und durch das »Überwinden« und das Weitermachen eine neue Energiequelle zu erschließen. Das Ende eines Teams kann bewirken, daß der Existenzzweck neu definiert, die Leistungsziele ausgeweitet und neue Fähigkeiten und Perspektiven entwickelt werden. Es mögen zwar wertvolle Dynamik und Kontinuität verlorengehen, aber die langfristigen Vorteile werden die kurzfristigen Nachteile überwiegen, solange der Schwerpunkt weiterhin auf der Leistung liegt.

Teil III

DAS POTENTIAL AUSSCHÖPFEN

Das Team wird im Unternehmen der Zukunft die wichtigste Komponente der Unternehmensleistung darstellen. Die Organisationen der Zukunft werden Teams jedoch nicht um ihrer selbst willen forcieren. Statt dessen wird das Leistungsethos des Unternehmens – also die Konzentration auf ausgewogene Resultate, welche Kunden, Mitarbeitern, Aktionären und anderen wichtigen Interessengruppen zugutekommen – jene Herausforderungen schaffen, die Teams entstehen lassen. Die Teams wiederum werden Leistungen erbringen, die das allgemeine Leistungsethos des Unternehmens festigen und aufrechterhalten. Dieser verstärkende Kreislauf von Leistung und Teams, Teams und Leistung wird die Gewinner von morgen kennzeichnen.

Um derartige Stärken entwickeln zu können, müssen viele Unternehmen eine Phase tiefgreifenden Wandels bewältigen, bei der es darauf ankommt, daß es Mitarbeitern aller Unternehmensbereiche gelingt, in Bereichen gut zu werden, in denen sie heute nicht gut sind. Bei solchen umfangreichen Verhaltensänderungen werden Teams richtungweisend, motivierend und integrierend wirken. Sie werden Leistungsziele vorgeben, Schwerpunktsetzung und Engagement stärken, die Mitarbeiter mobilisieren, Kernfähigkeiten aufbauen und denen Wissen vermitteln, deren Leistungsziele es am dringendsten erfordern.

Oft, wenn auch nicht immer, gehen solche Umwandlungsprozesse von einem Team an der Unternehmensspitze aus. Die Schaffung von Teamleistung ist an der Unternehmensspitze jedoch schwieriger als irgendwo sonst. Gruppen von Spitzenmanagern fällt es schwer, einen *Team*-Existenzzweck, *Team*-Zielsetzungen und *Team*-Arbeitsergebnisse zu definieren, für die sie auch als Team Verantwortung übernehmen können. Wenn diese Rahmenbedingungen nicht gegeben sind, sollten solche Gruppen die Option der Arbeitsgruppe wählen. Nichts wirkt sich schädlicher auf das Leistungsethos eines Unternehmens aus als ein Pseudo-Team an der Spitze.

Die primäre Aufgabe des Top-Managements ist es, die Leistung und die Teams, die sie erbringen, in den Mittel-

DIE HOCHLEISTUNGSORGANISATION

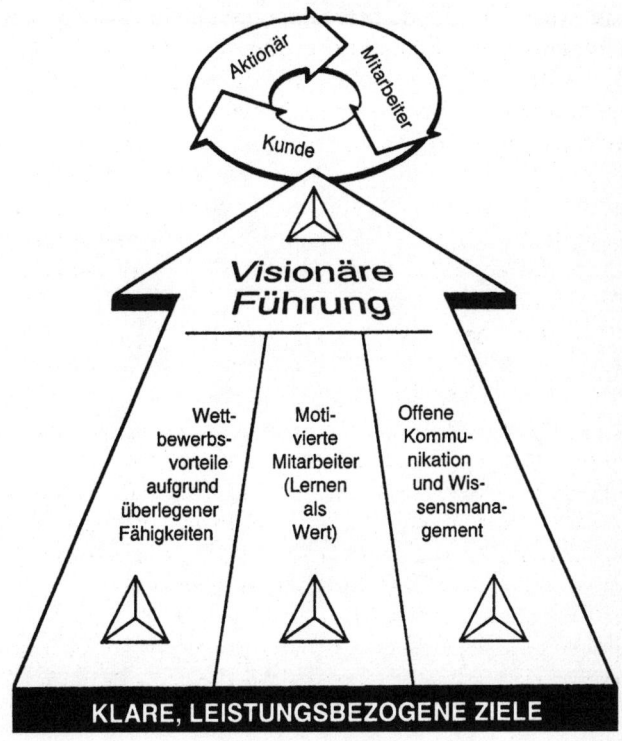

LEISTUNGSERGEBNISSE

Aktionär

Mitarbeiter

Kunde

Visionäre
Führung

| Wett-bewerbs-vorteile aufgrund überlegener Fähigkeiten | Moti-vierte Mitarbeiter (Lernen als Wert) | Offene Kommu-nikation und Wissensmanagement |

KLARE, LEISTUNGSBEZOGENE ZIELE

Abbildung III.1

punkt zu rücken. Top-Führungskräfte erkennen zunehmend, daß Teams die individuelle Leistung verbessern, der Hierarchie und den Strukturen neues Leben einhauchen und die grundlegenden Führungsabläufe stärken. Indem die Top-Manager die leistungsfähigen Teams finden und sie dann in ihrem Leistungsstreben unterstützen, fördern sie die Entstehung derjenigen Teams, die ihre Unternehmen zur Hochleistung führen werden. Die Teamklugheit liegt *nicht* darin, Teams um ihrer selbst willen zu fördern, sondern darin, den Mitgliedern potentieller Teams zu der Chance zu verhelfen, ihre eigenen Leistungsaufgaben zu verfolgen.

Kapitel 9

Teams und Leistungskultur:
Die Erfolgsspirale

Signifikante Leistungsanforderungen tragen mehr als alles andere zur Förderung von Teams bei. Die Frage ist nicht, ob solche Anforderungen existieren; jede Organisation ist mit ihnen konfrontiert. Mehr noch: je wichtiger Dinge, wie Kundenservice, Total Quality und kontinuierliche Verbesserung und Innovation für die Aufrechterhaltung des Wettbewerbsvorteils werden, desto mehr nimmt die Art von Leistungsanforderungen zu, die Teams hervorbringt. Vom Standpunkt der Gesamtorganisation aus betrachtet, ist die wichtigere Frage, ob die bestehenden Wertvorstellungen und Verhaltensweisen des Managements – oder das, was wir als »Leistungsethos« eines Unternehmens bezeichnen – dem teamfördernden Effekt der Leistungsanforderung zuträglich oder abträglich ist.

Wir haben eine gegenseitig stärkende Beziehung zwischen der Intensität des Leistungsethos eines Unternehmens und der Anzahl und Leistungsfähigkeit der vorhandenen Teams festgestellt. Unternehmen mit starkem Leistungsethos schaffen jene Leistungsanforderungen, welche die Arbeit von Teams begünstigen, und erhalten sie aufrecht. Die Teams erzielen ihrerseits Ergebnisse, die zur Aufrechterhaltung des allgemeinen Leistungsethos beitragen.

Auch eine Umkehrung dieses Zyklus kann eintreten. Unternehmen mit einem schwachen Leistungsethos verbergen Leistungsmöglichkeiten oder machen sie sogar zunichte. Signifikante Leistungsanforderungen gehen im täglichen Kleinkampf des Managements um Kompetenzfragen und Politik, zwischen dem »Nicht unser Bier« und

»Business as usual« verloren. Bei potentiellen Teams ist es weniger wahrscheinlich, daß sie sich auf der Leistungskurve nach oben bewegen, und wahrscheinlicher, daß sie zu Pseudo-Teams werden. Die verpaßten Gelegenheiten für Teamleistung wiederum schwächen das allgemeine Leistungsethos des Unternehmens zusätzlich. Je sichtbarer die Mißerfolge solcher Teambemühungen sind, desto mehr Zynismus macht sich breit. Genau das geschah bei Cosmo Products, nachdem die Gruppe an der Spitze bei ihrem Versuch, ein Team zu werden, einen Fehlschlag erlitt.

Was meinen wir mit einem starken Leistungsethos? Einfach ausgedrückt, meinen wir damit, daß jeder im Unternehmen unablässig auf gemeinsame Leistungsergebnisse hinarbeitet. Und daß jeder Ergebnisse anstrebt, die zumindest drei Gruppen zugutekommen: Kunden, Mitarbeitern und Aktionären. Wo das passiert, entsteht ein unternehmensweiter Leistungswille, der eine weit über die wirtschaftlichen Aspekte hinausgehende Bedeutung trägt. Die Mitarbeiter – nicht alle, aber sicherlich ein beträchtlicher Teil von ihnen – sind stolz, einem solchen Unternehmen anzugehören. So sind zum Beispiel die Mitarbeiter von Hewlett-Packard ausgesprochen leistungsorientiert. Noch stolzer als auf die finanziellen Gewinne der Gesellschaft sind sie darauf, sich »die Loyalität und den Respekt der Kunden zu verdienen«, aber beides ist ihnen wichtig. Auch John Kotter und James Heskett betonen in ihrem Buch *Corporate Culture and Performance,* wie die Unternehmenskultur der besten Firmen, unter ihnen Hewlett-Packard, die Leistung zu allen drei Interessengruppen in Beziehung setzt. Unser ausgewogenes Leistungsethos ist das gleiche.

Um diese Art von ausgewogener Leistung aufrechterhalten zu können, müssen solche Unternehmen: 1. ihren Kunden hochwertige Leistung anbieten, was wiederum 2. den Unternehmenseignern zufriedenstellende Renditen einbringt, und 3. den Mitarbeitern, die natürlich dafür verantwortlich sind, daß dem Kunden erstklassiger Wert geboten wird, persönliche Entwicklungsmöglichkeiten und attraktive Einkommen sichert. Abbildung 9.1 bietet eine

DIMENSIONEN EINES AUSGEWOGENEN LEISTUNGSETHOS

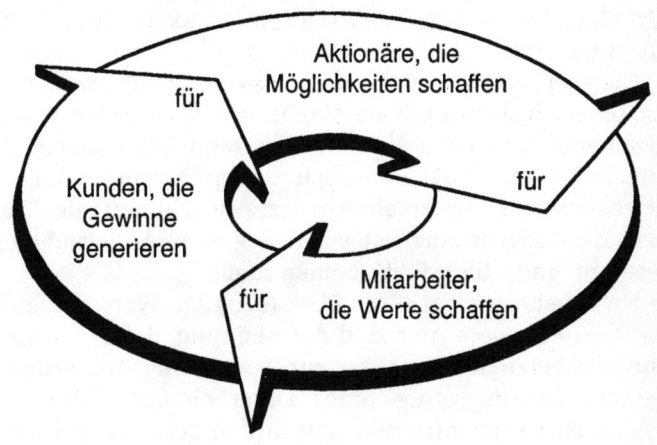

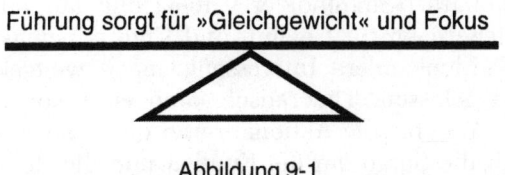

Führung sorgt für »Gleichgewicht« und Fokus

Abbildung 9-1

einfache Übersicht über die Interaktion dieser drei grundlegenden Leistungselemente in jedem Unternehmen. Wenn
noch andere Faktoren (Zulieferer, Gesetzgeber, Verwal-
tungsbehörden usw.) eine Rolle spielen, werden auch sie in
diesen ausgewogenen Leistungsansatz integriert. Gesellschaften wie Motorola etwa, die bei der Schaffung von
Kundenwerten von wichtigen Zulieferern abhängen, bieten
diesen je nach der Qualität ihrer Beiträge Wachstums- und
Ertragsmöglichkeiten. Es gilt tatsächlich als Ehre, ein aner-
kannter Motorola-Zulieferer zu sein.

Der Weg zum richtigen Gleichgewicht zwischen diesen

Interessengruppen ist von Unternehmen zu Unternehmen verschieden und verändert sich innerhalb jedes einzelnen Unternehmens im Lauf der Zeit. Das Leistungsgleichgewicht einer Investmentbank wie J. P. Morgan sähe anders aus als das von Disney, Chrysler oder Exxon (siehe Grafik auf Seite 250).

Darüber hinaus würde das richtige Gleichgewicht für Exxon nach der Erdölkatastrophe vor Alaska wahrscheinlich anders aussehen als fünf oder zehn Jahre später. Der entscheidende Punkt ist jedoch, daß man, wenn man ausgewogene Leistungsergebnisse erzielen will, auf alle Gruppen, die für den langfristigen Erfolg eines Unternehmens relevant sind, Rücksicht nehmen muß.

Unternehmen legen oft übersteigerten Wert auf eines der drei Elemente. Wir sind der Meinung, daß ein solches Ungleichgewicht langfristig zur Verzerrung des grundlegenden Leistungsethos eines Unternehmens führt. Beispielsweise konzentrierten sich in den 70er und 80er Jahren viele Unternehmen ausschließlich auf den Wert für die Aktionäre (»Shareholder value«) und auf rein finanzielle Meßgrößen für Gewinn und Unternehmensleistung; dabei wurden andere Interessengruppen weitgehend außer acht gelassen. Theoretisch kann eine Konzentration auf den Wert für die Aktionäre und die Finanzergebnisse natürlich die Sorge um die Kunden und die Beiträge von Angestellten, Zulieferern und anderen widerspiegeln. In der Praxis jedoch ging die ausschließliche Konzentration auf die finanzielle Leistungsfähigkeit allzuoft auf Kosten einer dringend benötigten gleichzeitigen Ausrichtung auf Kunden und Mitarbeiter, was negative Folgen hatte.

In den letzten Jahren haben die Unternehmen begonnen, ihr Augenmerk vom Wert für die Aktionäre abzuwenden und den Kunden in den Blickpunkt zu stellen. Diese Vorgangsweise mag zwar letzten Endes zu einer stabileren Leistungsorientierung führen als eine ausschließliche Konzentration auf finanzielle Maßnahmen; dennoch sind wir davon überzeugt, daß die Überbetonung einer einzelnen Interessengruppe das Leistungsethos und die langfristigen

Ergebnisse eines Unternehmens aus dem Gleichgewicht bringt. Mit der Zeit werden Managemententscheidungen, die *nur* auf der Grundlage des Aktionärsgewinns, der Mitarbeiterzufriedenheit oder des Dienstes am Kunden getroffen werden, unausgewogen. Irgendwann einmal werden die vernachlässigten Gruppen aufmerksam und melden sich zu Wort. Tun sie das, finden es Manager, die sich nur auf eine Interessengruppe (zum Beispiel die Aktionäre) konzentriert haben, ausgesprochen schwer, die aufgeworfenen Fragen auch wirklich zu verstehen. Dann ziehen sie sich auf Verhaltensweisen zurück, die auf dem göttlichen Recht ihrer Positionen beruhen. Dies führt wiederum zu Verzerrungen. Machtkämpfe und politische Machenschaften beginnen, die Szene zu dominieren.

Potentielle Teams leiden in einer solchen Umgebung aus mehreren Gründen. Erstens werden weniger Leistungsanforderungen geschaffen. Zweitens werden wichtige Leistungsanforderungen, sollten sie sich doch ergeben, bestehenden Organisationseinheiten zugeteilt, die eher den Rollen von Einzelpersonen oder größeren organisatorischen Gruppen entsprechen als Teams. Drittens leiden die Herausforderungen selbst – Existenzzweck, Ziele, Erwartungen – unter einem Mangel an Klarheit. Viertens sinkt die Wahrscheinlichkeit, daß die für eine gute Teamleistung erforderlichen Risiken in bezug auf Auseinandersetzung, Vertrauen, gegenseitige Abhängigkeit und harte Arbeit eingegangen werden. Und schließlich versuchen die Menschen eher, persönliche Enttäuschungen zu vermeiden, die daraus entstehen, daß sie »ihr Bestes geben«, nur um sehen zu müssen, wie die Ergebnisse ihrer Bemühungen durch Maßnahmen des Managements zunichtegemacht werden, die sie nicht steuern können.

Natürlich können potentielle Teams auch in solchen Unternehmen derartige Hindernisse überwinden. Das Intermodal-Team von Burlington Northern ist ein ausgezeichnetes Beispiel für ein Team, das in einer Organisation entstand, die damals ein schwach ausgeprägtes Leistungsethos hatte. Andererseits stimmt es auch, daß potentielle Teams in Unternehmungen mit einem starken Leistungsethos bei ihrem Versuch, die Leistungskurve hinaufzuklettern, scheitern können, wenn sie den Teamrahmen nicht diszipliniert befolgen. Letzten Endes sind die Mitglieder des Teams verantwortlich für die vom Team erbrachten Leistungen, gleichgültig, wie es um das Leistungsethos des Unternehmens bestellt ist. Aber Klarheit der Leistungsanforderung, Anzahl und Schwierigkeitsgrad der Hindernisse, Selbstvertrauen, Bereitschaft und Fähigkeiten der beteiligten Personen werden echte Teamleistung wahrscheinlich eher in Unternehmen mit starkem Leistungsethos fördern als in solchen mit schwachem.

Die Beispiele in diesem Kapitel verdeutlichen die Beziehung zwischen dem Leistungsethos eines Unternehmens und der Teamleistung. Der erste Fall – Hewlett-Packard – ist ein klassisches Beispiel für ein Unternehmen mit ausgeprägtem Leistungsethos, welches die Bildung echter Teams anregt, ohne daß extensive Teambildungsanstrengungen vonnöten wären und ohne daß das Management sich über Teams an sich Gedanken machen würde. Die zweite Geschichte über das Connectors-Team von Motorola zeigt, daß die Entscheidungen, Handlungen und Ereignisse, welche die Entwicklung jedweder Gruppe von einem potentiellen zu einem echten Team beherrschen, eher innerhalb eines starken, leistungsorientierten Unternehmens auftreten. Schließlich sehen wir uns als drittes Beispiel die Geschichte einer Firma an, die hier »Brandywine« genannt wird; dieses Beispiel zeigt, wie zerstörerisch ein schwaches Leistungsethos sich auf Einzelpersonen und Teams auswirken kann.

Hewlett-Packard

Die meisten von uns kennen die Geschichte von Hewlett-Packard, die Geschichte eines einzigartigen unternehmerischen Erfolgs unserer Tage. Darüber hinaus wurde HP von einem der berühmtesten »Spitzen-Teams« in der Geschichte amerikanischer Unternehmen gegründet. David

Packard und William Hewlett schufen tatsächlich mehr als eine Reihe elektronischer Geräte. Sie schufen auch eine Leistungskultur, in deren Zentrum die Aufgabe steht, dem Kunden Qualitätsdienstleistungen, den Investoren attraktive Renditen und den Mitarbeitern eine besonders zufriedenstellende Tätigkeit zu bieten. Die Kultur von HP ist ein oft zitiertes und weit über die Grenzen der Elektronikindustrie hinaus gültiges Modell für Kundendienst und Mitarbeiterwerte. Diese Kultur bringt auch eine große Zahl von Teams hervor. Paradoxerweise wird Hewlett-Packard heute von einer überaus effektiven Arbeitsgruppe an der Spitze geführt, die nach unserer Definition nicht als Team gelten kann. So illustriert das Unternehmen nicht nur eindrucksvoll, wie eine starke Gewichtung von Leistung und Teams zusammenpassen, sondern auch, wie erfolgreich Gruppen aus Top-Managern, die *keine* Teams sind, ein Umfeld aufrechterhalten können, welches die Entstehung echter Teams begünstigt und von diesen gefördert wird.

Das Ziel von Packard und Hewlett war es nicht, ein Team zu werden. Sie wollten ein Geschäft aufbauen. Um ihr Ziel zu erreichen, wuchsen sie jedoch zu einem Team zusammen und förderten auch ein erweitertes Team rund um sich. Dick Alberting, bis vor kurzem zuständiger Vorstand für die internationale Sparte und das Marketing, erinnert sich gerne an die »Gründerzeit« in den 50er Jahren, als die gesamte Organisation »als ein Team im Geist der Teamarbeit und des Miteinander« arbeitete, dem sich niemand entziehen konnte. Offensichtlich wurde Hewlett-Packard zu jener Zeit von David Packards und Bill Hewletts einzigartiger unternehmerischer Vision, von ihren ausgeprägten Leistungswerten und ihrem Teamansatz an der Spitze angetrieben.

Dick Alberting ist sich der Tatsache bewußt, daß das heutige Unternehmen aufgrund seiner Größe und der zunehmenden Diversifizierung nicht mehr derart geschlossen vorgehen kann, wie »damals«. Trotzdem schafft das ausgewogene Leistungsethos des Unternehmens weiterhin ein günstiges Klima für die Bildung von Teams. Und das, obwohl Tradition, Politik und Führungsprozesse bei

Hewlett-Packard Teams an sich nicht besonders hervorheben. Das Unternehmen mißt zum Beispiel den Chancen für einzelne und der Einzelverantwortung große Bedeutung bei. Als wir das erste Mal mit Dean Morton, dem geschäftsführenden Vorstand von Hewlett-Packard, über unser Interesse am Team sprachen, schaute er uns überrascht an: »Wir denken hier eigentlich nicht so viel über Teams nach – ich glaube kaum, daß wir hier viele haben, die von Interesse für Sie sein könnten.«

Bei unseren weiteren Nachforschungen fanden wir heraus, daß es bei HP Dutzende von Teams gibt, die sich jedoch selbst nur selten als solche betrachten. In Deans Vorstellung war mit dem Begriff – zumindest anfangs – entweder eine spezielle Projektgruppe oder ein funktionsübergreifendes Mitarbeiterteam verbunden. Er dachte nicht an Teams mit Führungsaufgaben. Je länger wir uns aber unterhielten, desto klarer stellte sich heraus, daß Teams in Wirklichkeit ein grundlegender Bestandteil des alltäglichen Führungsprozesses von HP waren.

Beispielsweise sind im Laufe der Jahre viele der kleinen Gruppen, die mit der Auswertung von Geschäftschancen betraut waren, zu Teams zusammengewachsen, welche Aktivitäten leiten. Als wir uns mit Dean Morton und anderen darüber unterhielten, kristallisierte sich ein Muster heraus, das die teamfördernden Auswirkungen ihres ausgewogenen Leistungsethos zeigte. Wenn das Unternehmen neue Chancen erkennt, betont es, daß die Leistungsanforderung einen potentiellen Vorteil für Kunden, Mitarbeiter und Aktionäre – oder, wie es ein Manager ausdrückte, »ein hingebungsvolles Interesse an der Erzielung legitimer Betriebsergebnisse« darstellt.

Der Ansatz von Hewlett-Packard besteht darin, eine bedeutende geschäftliche Chance und die von ihr repräsentierte Leistungsanforderung klar zu erkennen und dann den bestmöglichen Mix von Personen zu ihrer Nutzung zu finden. *Kompetenz, Erfahrung und Potential sind die vorrangigen Kriterien für die Zugehörigkeit zur Gruppe. Engagement für die volle Nutzung dieser Chance wird nicht nur erhofft, sondern erwartet.* Fähigkeiten zur Teamführung und zum Teamaufbau werden vorausgesetzt, und von der Gruppe wird erwartet, daß sie selbst einen Weg findet, um ihrer Aufgabe gerecht zu werden. Das Ergebnis dieses »Herausarbeitens« ist oft die Entstehung echter Teams. Wenn Dean uns ein Team beschrieb, begann er sogar meistens mit etwa folgenden Worten:

> Daß diese Gruppe tatsächlich ein Team werden würde, war wegen der Eigenschaften ihres Führers und vieler anderer Mitglieder eher unwahrscheinlich – und trotzdem paßte schließlich alles irgendwie zusammen.

Alle von Dean beschriebenen Gruppen konzentrierten sich so sehr auf ihre Zielsetzungen und ihre geschäftlichen Herausforderungen und waren so engagiert für ihre ehrgeizigen Leistungsziele, daß sie schließlich in die Verhaltensmuster von echten oder Hochleistungsteams verfielen, ohne sich dessen richtig bewußt zu werden. Wie Lew Platt, der derzeitige Vorstandsvorsitzende, später anmerkte: »Schwache Leistungen können einem rasch dabei helfen, ein Team zu bilden.« Das wird von einer Reihe spezifischer Beispiele veranschaulicht.

Dean Morton wurde im Jahr 1969 zum Leiter der damaligen HP-Sparte Medical Equipment ernannt. Die Unternehmensleitung war der Meinung, daß der junge Markt für medizinische Produkte eine ideale Wachstumschance für HP sein müßte, und sie beauftragte Dean damit, diesen Markt zu bearbeiten. Er wählte dafür eine Gruppe von aufstrebenden jungen Mitarbeitern aus, die den richtigen Fähigkeitenmix für diesen spezifischen Fall mitbrachten. Dieses Kernteam umfaßte schließlich Morton, Lew Platt, Burt Dole, Stan McCarthy, Bob Hungate und Ben Holmes. Eigentlich hat Morton noch viele andere Teammitglieder genannt; als wir weiter nachforschten, wurde jedoch klar, daß das echte Kernteam aus der kleineren Gruppe bestand; die restlichen Mitglieder leisteten signifikante Beiträge, jedoch in der Art eines erweiterten Teams.

Morton schlug schon zu einem frühen Zeitpunkt eine andere und riskante neue Vision vor, die sich sein Team zu eigen machte: Rückzug aus dem einzigen Geschäftsbereich, der zum damaligen Zeitpunkt rentabel war, und ausschließliche Konzentration auf den zukunftsträchtigen neuen Teilbereich innerhalb der medizinischen Geräte, die Patientenüberwachungssysteme. Diese Entscheidung fiel nicht leicht, aber das Team erhielt die volle Unterstützung des Top-Managements für seinen neuen Schwerpunkt, jedoch nicht ohne wiederholt, aber vorsichtig auf die Leistungsprinzipien hingewiesen zu werden, auf denen HP aufbaute. Dean erinnert sich, sogar in den Anfangsjahren: »... kam eine Menge Druck aus Palo Alto. Dieser Druck war nie direkt ich erhielt keine Memos, die verlangten, mich mehr anzustrengen. Aber der Druck war deutlich zu spüren.« Mit anderen Worten: Das Top-Management unterstützte den neuen Existenzzweck und die Ziele des Teams, machte jedoch niemals Abstriche beim Leistungsethos.

Wie die meisten echten Teams bildete sich auch dieses im Lauf der Zeit heraus und mußte dabei zahlreiche Hindernisse überwinden. Eines der wichtigsten in Deans Augen wird in einer nachstehend auszugsweise wiedergegebenen HP-Schrift beschrieben:

Das Tempo war hektisch, und es schien, als ob alle die Grenzen ihrer Leistungsfähigkeit bereits überschritten hätten. Zu diesem Zeitpunkt machten wir Bekanntschaft mit dem berühmten Problem des »trockenen Films«. Ein Zulieferer hatte schadhaftes Beschichtungsmaterial für PC-Leiterplatten geliefert ... das in den Großteil unserer aktuellen Produktion und ... Lieferungen Eingang fand. Nachdem wir die potentiellen Auswirkungen auf die Sicherheit beurteilt hatten, beschlossen wir, die schadhaften Produkte zurückzurufen und die gesamte damalige Produktion nachzuarbeiten. Wir schätzten, daß es einige Monate dauern würde, bis wir uns von dieser Katastrophe erholt haben würden ... Ein Team unter der fähigen Führung von Joe Simone wurde aus Ingenieuren und Mitarbeitern aus der Produktion und der Produktsicherung versammelt. In drei Wochen hatten wir das erreicht, was nach unserer ursprünglichen Schätzung drei Monate gedauert hätte. Engagement und Teamarbeit von Mitarbeitern aller Bereiche der Sparte, die Seite an Seite arbeiteten, führte uns aus einer Krisensituation, die *viele Organisationen zerstört hätte.* Das war in den fünf Jahren meiner Tätigkeit als Spartenleiter ... vielleicht unser schönster Moment.

Diese Geschichte ist auch typisch für die Teamerfahrungen, die Hewlett-Packard im Lauf der Jahre machte; sie alle waren von Leistungsanforderungen bestimmt. Wichtig ist jedoch anzumerken, daß es nicht einfach die finanziellen Leistungsstandards waren, die dieses Team motivierten. Es fand im Bereich der medizinischen Produkte einen echten Sinn. »Es ist wirklich ein angenehmes Geschäft«, sagt Lew Platt. »Man arbeitet mit Elektronik, und gleichzeitig tut man etwas Gutes.«

Weder ist es überraschend noch ein Zufall, daß Platt in der Folge im Bereich Analyseprodukte ein eigenes Team gründete, Seiner Ansicht nach war dieses Team »sogar eher ein Hochleistungsteam«. Morton war im Zuge seiner Beförderungen die Leitung mehrerer Geschäftseinheiten übertragen worden, darunter die der Analyseprodukte. Morton, der mit den Leistungen der Einheit unzufrieden war, setzte Platt als deren Leiter ein. Wie Platt heute sagt, wußte er nichts oder nur wenig über das Geschäft (hochspezialisierte Meßgeräte für chemische Forschungslabors), und dasselbe galt für einige seiner Spitzenleute. Noch beunruhigender war nach Platts Ansicht jedoch die Tatsache, daß die chemische Industrie kurz vor einer tiefen Krise stand.

In typischer HP-Manier bildete Platt ein Team aus Bereichsleitern, die sich in der Branche auskannten und über die einander ergänzenden Fähigkeiten verfügten, die ein echtes Team braucht. Trotz unterschiedlicher Persönlichkeiten und Stile war die Gruppe, die – nach Platts Überzeugung und beurteilt nach ihren Leistungen – bald zu einem Hochleistungsteam wurde, von einem starken Einsatzwillen durchdrungen. Es gelang dem Team, die Analyseprodukte zu Hewlett-Packards gewinnträchtigstem Geschäftszweig zu machen. Im Verlauf seiner Arbeit regte es auch die Entstehung mehrerer anderer Teams innerhalb des Bereichs an, die regelrechte kleine Wunder zustandebrachten. Ein Team beispielsweise nahm die Skizze eines Tischspektrometers, die auf eine Serviette gekritzelt war, und machte daraus innerhalb der unglaublich kurzen Zeit von sechs Monaten ein vermarktbares Gerät. Dieses Gerät war viel kleiner und billiger als alles, »was die Welt jemals gesehen hatte«, wie Platt sagt.

Aber das alles ist bei Hewlett-Packard »Business as usual«. Niemand betrachtet solche Episoden als Team-Bemühungen, solange er nicht mit unserer Definition konfrontiert wird. All diese Leistungen gründeten auf Hewlett-Packards Leistungsethos, auf seiner Managementphilosophie und einer signifikanten Leistungsanforderung. Selbstverständlich gibt es in diesem Unternehmen auch Beispiele dafür, daß Leistungsteams nicht zustandekamen oder ihre Entwicklung unnötig verzögert wurde. Trotzdem bietet HP ein ausgezeichnetes Beispiel für den natürlichen Teamverursachereffekt, den spezifische Leistungsanforderungen auf Gruppen innerhalb eines Unternehmens mit einem starken und ausgewogenen Leistungsethos haben können.

In unserem nächsten Beispiel, dem Connectors-Team von Motorola, werden wir die Natur dieser Beziehung näher untersuchen. Auch hier wollen wir uns wieder eingehend damit befassen, warum Teams eher in Unternehmen mit einem stark ausgebildeten Leistungsethos zustandekommen. Selbstverständlich ist keine Leistungskultur und kein -ethos, wie stark und ausgewogen sie auch sein mögen, eine Garantie für das Entstehen von Teams; die Verantwortung dafür liegt bei den Mitgliedern der jeweiligen Gruppe. Jedoch können Hindernisse, die in manchen Unternehmen potentielle Teams lahmlegen, sie sogar anregen, wenn Leistung alles andere an Bedeutung überwiegt.

Das Connectors-Team von Motorola

Das Connectors-Team gehört innerhalb der Government Electronics Group (GEG) von Motorola zum Bereich Standardteileversorgung. Das Leistungsziel von Motorola wird auf einem Kästchen in Brieftaschengröße zusammengefaßt, das die Angestellten bei sich tragen:

Unsere übergreifende Zielsetzung
(die wichtigste Verantwortung jedes einzelnen):
totale Kundenzufriedenheit.

Um diese »totale Kundenzufriedenheit« zu erreichen, widmet Motorola seine Aufmerksamkeit verschiedenen wichtigen Interessengruppen, darunter Kunden, Mitarbeitern, Aktionären und Zulieferem. Zu den wichtigsten Zielen des Unternehmens gehören beispielsweise erhöhter Marktanteil, überdurchschnittliche Finanzergebnisse und hervorragende Mitarbeiter. Für die meisten Unternehmensangehörigen von Motorola ist die Firmenlosung – »das führende Unternehmen der Welt zu sein« – ebenso gefühlsmäßig ansprechend wie sie rational ist.

Auch die Zulieferer spielen bei Motorola eine wesentliche Rolle. Bei GEG machen Materialien und Lieferteile zum Beispiel mehr als die Hälfte der Gesamtkosten aus und sind ausschlaggebend für die Fähigkeit der Gruppe, Hunderte von verschiedenen elektronischen Systemen und Geräten für die NASA, das amerikanische Verteidigungsministerium und andere staatliche und private Organisationen herzustellen. Tatsächlich entstand das Connectors-Team aus dem Bestreben von GEG heraus, eine effektivere Partnerschaft mit den Zulieferern aufzubauen. Im Jahr 1989 beschloß das Führungsteam von GEG, das Zuliefermanagement von einer dezentralisierten, funktional ausgerichteten Organisationsform, die sich auf Sachkenntnis und Leistung einzelner verließ, auf eine zentralisierte, ablauforientierte Organisationsform umzustellen, die sich vor allem auf Teams stützte.

Alles begann damit, daß man das Zuliefermanagement als organisationsübergreifenden Prozeß betrachtete, der die Beiträge der Zulieferer in Kundenzufriedenheit umwandelt. Das Leistungsziel war, sowohl den internen als auch den externen Kunden die benötigten Bestandteile und Materialien genau zum richtigen Zeitpunkt und zu den niedrigstmöglichen Gesamtkosten zu beschaffen. Das Führungsteam von GEG wußte, daß es dazu von einer Organisationsform, welche die individuelle und funktionale Verantwortung betonte, wegkommen und statt dessen zu einer Form übergehen mußte, bei der die Entwicklung von Teams betont wurde, die beim Zulieferer begannen und beim Kunden endeten.

Die formelle Gründung von Teams bei GEG Ende 1989 entsprach eben dem – es war die Schaffung von Organisationseinheiten, die »Teams« genannt wurden, in Wirklichkeit aber nicht mehr waren als potentielle Teams. Laut Susan Harwood, einer der Urheberinnen der neuen Teamorientierung bei GEG, waren zwei Jahre nach der Reorganisation viele dieser potentiellen Teams zu echten Teams zusammengewachsen. Unserer Meinung nach veranschaulichen Entwicklung und Leistung des Connectors-Teams am besten, wie eine starke Leistungskultur Teams hervor- und voranbringt.

Wie die anderen potentiellen Teams wurde auch das Connectors-Team damit beauftragt, den Kunden das von ihnen Benötigte rechtzeitig und zu den geringstmöglichen Kosten zu beschaffen. Es hatte sich aber auch an fünf spezifischen Kriterien zu messen: Ausschußquote, Anzahl der Nachbesserungen, Bearbeitungszeit, verspätete Lieferungen und Anzahl der Zulieferer. Als sich die Mitglieder der Gruppe im Januar 1990 erstmals versammelten, vereinbarten sie eine Reihe spezifischer Leistungsziele, wie zum Beispiel, den Prozentsatz fehlerhafter Teile bis Jahresende von 3,5% auf 1 Prozent zu reduzieren.

Sie sprachen auch über eine breite Palette von Themen, unter anderem über Möglichkeiten zur Bereinigung des Konfliktes zwischen zwei am Einkaufsprozeß beteiligten

Gruppen, nämlich den Ingenieuren und den Einkäufern. Einige der Ingenieure, die für die Spezifikation und Abnahme zuständig waren, meinten, die Einkäufer täten nicht viel mehr als Kataloge zu studieren und Zulieferer anzurufen. Die Einkäufer andererseits, welche die Produkte bestellten und bezahlten, waren der Meinung, die Ingenieure hätten Scheuklappen und verursachten andauernd unnötige Hindernisse, die einen effizienten Einkauf verhinderten. Es überrascht nicht, daß Einkäufer und Ingenieure unterschiedlicher Ansicht darüber waren, wie Leistung am besten zu erreichen sei.

Dieser Konflikt beherrschte das Connectors-Team, während es sich darum bemühte, Prioritäten zu definieren, Wege zur gemeinsamen Arbeit zu finden und Selbstvertrauen als Team zu gewinnen. Während der gesamten Zeit hielt die Teamführerin Sandy Hopkins die Konzentration des Teams auf die Verbesserung von Qualität, Bearbeitungszeit und Kostenposition aufrecht. Hervorzuheben ist, daß sie sich weigerte, alle Entscheidungen selbst zu treffen, und statt dessen die anderen Mitglieder aktiv in die Auseinandersetzung mit den bestehenden Problemen einbezog. Auch hielt sie regelmäßig Teammeetings ab und versuchte mit Hilfe von gelegentlichen gemeinsamen Unternehmungen – Pizzeriabesuchen in der Mittagspause, Umtrunk nach Feierabend, Feste mit den Familien –, Mannschaftsgeist aufzubauen. Hingegen konzentrierte sie sich nicht auf Bemühungen zur Teambildung an sich.

Im Oktober arbeiteten Ingenieure und Einkäufer zumindest zusammen, die Leistung hatte sich insgesamt verbessert. Trotzdem war das Connectors-Team noch immer kein echtes Team. Es hatte klare Leistungsziele definiert und auch begonnen. gemeinsame Wunschvorstellungen zu entwickeln, insbesondere was den Ausbau seiner eigenen Befugnisse und der erforderlichen Fähigkeiten anbelangte. Aber es hatte immer noch keinen gemeinsamen Teamansatz gefunden und kein Gefühl der wechselseitigen Verantwortung entwickelt. Darüber hinaus wuchs die Unzufriedenheit des Teams in Anbetracht der tiefen Kluft zwischen dem Gerede über Delegation einerseits und den absolut nicht auf Delegation angelegten Rollen zweier wichtiger Manager – des technischen Leiters und des Einkaufsleiters – andererseits. Eigentlich sondierten die Mitglieder immer noch gegenseitig, um herauszufinden, wie ernst es dem jeweils anderen mit der Erreichung der gemeinsamen Ziele war.

Um aus dieser Sackgasse herauszukommen, forderte Sandy das Team auf, seine Vorgaben und Zielsetzungen neu festzulegen, über die Organisation der Arbeit zu entscheiden und einen fairen und wirksamen Ansatz zur Beurteilung der Einzel- und Teamleistung zu entwickeln. Dies erwies sich als Schlüsselereignis auf dem Weg der Gruppe zu einem echten Team. Die Folge dieser Diskussionen und Analysen war, daß sich die Teammitglieder wieder spezifischen Leistungszielen bei der Verbesserung von Qualität, Bearbeitungszeit und Kostenposition widmeten. So nahmen sie sich zum Beispiel vor, den Anteil der fehlerhaften Teile bis Ende 1991 auf 0,5 Prozent zu reduzieren. Darüber hinaus begannen sie auch, miteinander für ihre Aktivitäten einen weiter gefaßten, sinnvolleren Existenzzweck zu formulieren. Wie ein Teammitglied sagte:

Wir waren der Versuchsballon bei der Einführung des Teamkonzepts im Rahmen der neuen Organisation des Zuliefermanagements. Und wir wollten Ergebnisse. Die anderen Teams bei Motorola waren Fertigungsteams, und es herrschte das Vorurteil, daß Teams in einem Servicebereich wie der Beschaffung nicht funktionierten. Wir hatten den Gegenbeweis zu erbringen.

Das Team traf mehrere Entscheidungen, die seinen gemeinsamen Teamansatz und sein Gefühl für wechselseitige Verantwortung festigten. Zunächst wurde eine Reihe von Regeln festgelegt. Jedes Teammitglied mußte zwei Personen benennen, die bei Urlaub oder im Krankheitsfall seine Vertretung übernehmen konnten. Um die Einstellung des »Dafür bin ich nicht zuständig« aus dem Team zu entfernen, wurde vereinbart, daß immer dann, wenn jemand Hilfe benötigte, die angesprochene Person reagieren sollte, und zwar auch dann, wenn die betreffende Tätigkeit nicht in ihren Fachbereich fiel. Das Team beschloß auch die Einführung eines Kollegen-Beurteilungssystems, bei dem jeder die Möglichkeit hatte, die anderen zu beurteilen und auf dem Umweg über Sandy vom Ergebnis zu informieren. Einfache Verhaltensregeln wie diese sind ein wichtiges Element aller erfolgreichen Teams.

In einem zweiten Schritt schaffte das Team die beiden Managementpositionen ab, die die Selbststeuerung behindert hatten. Dadurch änderte sich letzten Endes die Teamzusammensetzung, da sich nur einer der beiden betroffenen Manager zum Bleiben entschloß. Der andere glaubte die vermeintliche Herabsetzung nicht hinnehmen zu können und ging. Wie dem auch sei, im Januar 1991 war das Connectors-Team zu einer weitaus effektiveren Gruppe zusammengewachsen, als sie bei ihrer Gründung ein Jahr zuvor gewesen war.

Energie und Begeisterung nahmen weiter zu, als sich das Team noch mehr abverlangte und innovative Wege zu beschreiten begann. So hatte zum Beispiel eine der Ingenieurinnen beschlossen, zusätzlich eine gute Einkäuferin zu werden. Anstatt sich bedroht zu fühlen, arbeiteten die Einkäufer im Team engagiert daran, ihr die Grundlagen der Tätigkeit beizubringen. Das System zur Kollegenbeurteilung funktionierte so gut, daß die Teammitglieder den zusätzlichen – und für die meisten Teams sehr schwierigen – Schritt wagten, einander das Feedback direkt zukommen zu lassen, anstatt den Umweg über die Teamführerin zu wählen.

Ein besonders großer Schritt war es, daß das Team sich über eine langjährige GEG-interne Regel hinwegsetzte und die Empfehlung abgab, den Zulieferern zuzutrauen, Eigenprüfungen durchzuführen. Das Team machte geltend, daß sich sowohl Qualität als auch Bearbeitungszeit beträchtlich verbessern würden, wenn man die Zulieferer zu vollwertigen Partnern bei der Verfolgung der spezifischen Leistungsziele des Teams machte. Das Management wurde um Erlaubnis gebeten, bestimmte Zulieferer zur Eigenabnahme zu ermächtigen. Das Management lehnte ab, da dies zu riskant sei. Aber das Team gab nicht auf. Es bemühte sich sehr, die Bedenken des Managements anzusprechen, legte die Empfehlung ein weiteres Mal zur Entscheidung vor und wurde schließlich mit Zustimmung belohnt. Die Tatsache, daß es dem Team gelungen war, sich neu zu formieren und seine anfängliche Niederlage zu überwinden, förderte seine Entwicklung und sein Engagement.

Mitte 1991 wies das Connectors-Team bereits alle Merkmale einer guten Teamleistung auf – greifbare Resultate, wachsender persönlicher Einsatz der Mitglieder füreinander, die Entwicklung vielfältiger Fähigkeiten, Engagement für Anliegen und Zielsetzungen des Teams und geteilte Führung. Dieses Ergebnis war allerdings nicht zwingend; einige andere potentielle Teams von GEG hatten nicht so große Fortschritte gemacht wie das Connectors-Team. Dennoch sind wir der Ansicht, daß die ausgeprägte Leistungskultur sowohl bei Motorola als auch bei GEG dem Connectors-Team in verschiedener Hinsicht half:

1. *Die Leistung steht sowohl bei Motorola als auch bei GEG an erster Stelle; daher setzte sich das Team bereits zu Beginn instinktiv klare Leistungsziele, die es nie aus den Augen verlor.*

In vielen Organisationen haben potentielle Teams bei ihren ersten Zusammenkünften keine klare Vorstellung davon, welche Leistungsziele die größte Bedeutung haben. Anders beim Connectors-Team. Bei der Reorganisation der Aktivitäten im Zuliefermanagement hatte die GEG-Führung als ausschlaggebende Faktoren ausdrücklich die Ausschußquote, Lieferpünktlichkeit, Zahl der Nachbesserungen, Reduktion der Bearbeitungszeit und Anzahl der Zulieferer als wichtig bezeichnet. Jedes einzelne dieser Elemente wurde wiederum von allgemeinen unterneh-

mensweiten Initiativen wie »Six Sigma Quality« (1A-Qua-
lität) oder »Total Cycle Time Reduction« (Verkürzung der
Gesamt-Bearbeitungszeit) verstärkt. Damit war das Connectors-Team in der Lage, rasch über die Vereinbarung gemeinsamer Ziele hinaus zur Frage zu kommen, wie die
Mitglieder zusammenarbeiten sollten, um diese Ziele zu
erreichen.

2. *Motorola und GEG praktizierten Werte nie Kooperation
und gegenseitige Einbeziehung; daher beteiligte der
Teamführer instinktiv alle Mitglieder an der Definition
von Zweck, Leistungszielen und Ansatz des Teams.*

Die Werte von Motorola spiegeln das entschlossene Streben nach »Dauerhaftem Respekt für andere«, »Mitarbeiter
besonderer Klasse« und »Partizipativem Management« wider. Darüber hinaus lebten mehrere GEG-Führungskräfte
diese Werte vor. So stellte beispielsweise der Leiter von
GEG klar, daß er von allen Mitarbeitern wünschte, erwartete und verlangte, dem Bereich zu helfen, »der beste« zu
werden. Folglich hatte Sandy Hopkins viele gute Vorbil-
der, die sie in der Teilung des Lösungsraumes mit ihren
Mitarbeitern bestärkten. Sie konnte sie zuversichtlich in
die Entscheidungsfindung einbeziehen.

3. *Das Managementteam von GEG hatte mit der Straffung
der Struktur des Zuliefermanagements einen mutigen
Schritt getan; damit hatte das Team bei seiner Entscheidung, die beiden Managementpositionen abzuschaffen,
ein Referenzbeispiel zur Hand.*

Als das GEG-Führungsteam das Zuliefermanagement reor-
ganisierte, reduzierte es die Zahl der hierarchischen Ebenen von sieben auf vier, um die Entscheidungsprozesse
schneller und effektiver zu machen. Damit demonstrierte
es, daß Leistung und Beiträge zur Leistung die entscheidenden Kriterien zur Bewertung jedweder Management-
position waren. Es gab auch seiner Überzeugung Aus-

druck, daß das Team die grundlegende Leistungseinheit sei. So hatte das Connectors-Team in seinem eigenen Geschäftsbereich ein überzeugendes Beispiel, als es eingriff, um Managementpositionen abzuschaffen, welche seiner Meinung nach die Teamleistung beeinträchtigten.

4. *Motorola ermutigt im Interesse der Leistungsverbesserung die offene Herausforderung der bestehenden Unternehmenspolitik; damit stand das Team in Einklang, als es die langjährige GEG-Regel in Frage stellte und die Selbstabnahme der Zulieferer vorschlug.*

Die Reorganisation des Zuliefermanagements durch GEG baute direkt auf die Verbindung zwischen den Leistungen der Abteilung und den Leistungen ihrer Zulieferer. Tatsächlich entsprang die Vision des Zuliefermanagements, »die Beiträge der Zulieferer in Kundenzufriedenheit umzuwandeln«, dem Wunsch, feindliche Beziehungen zwischen GEG und seinen Zulieferern durch partnerschaftliche zu ersetzen. Obwohl die Empfehlung des Connectors-Teams, den Zulieferern die Abnahme selbst zu überlassen, radikal war, und trotz des anfänglichen Widerstrebens der GEG-Führung wäre es daher weitaus überraschender gewesen, hätte die Führung diese leistungsorientierte Initiative verworfen, anstatt sie, wie sie es schließlich auch tat, zu akzeptieren.

Natürlich hätte es all diese Entscheidungen, Ansätze und Ereignisse, die dazu beitrugen, das Connectors-Team von einem potentiellen zu einem echten Team zu machen, auch in einem Unternehmen mit einem weniger kräftig entwickelten Leistungsethos geben können. Aber dort sind sie weniger wahrscheinlich: Gruppen stellen dort weniger klare Leistungsziele auf, Manager, die zu Teamführern ernannt werden, geben weniger gern Entscheidungskompetenz ab; Teams sind weniger geneigt, sich durch Abschaffung von Positionen umzustrukturieren; und die etablierte Unternehmenspolitik oder »die Art und Weise, wie wir die Dinge anpacken« wird weniger leicht in Frage gestellt.

In Unternehmen, in denen mittelmäßige Leistung als unvermeidliche Realität hingenommen wird, führen potentielle Teamchancen eher zu persönlichen Enttäuschungen als zu Leistungsergebnissen, wie die folgende Geschichte zeigt. Sie spielt in einer großen Firma, der wir hier den Namen »Brandywine« geben, und wird erzählt aus Sicht eines der hochtalentierten jungen Manager des Unternehmens, der »Bill Perkins« genannt werden soll.

Brandywine

Die Brandywine Corporation ist ein ganz normales Industrieunternehmen mit Anlagen, Vertriebs- und Verkaufseinheiten, das in den gesamten Vereinigten Staaten über Beteiligungen an Rohstoffunternehmen verfügt. Es handelt sich um ein traditionelles Massengütergeschäft, in dem die Ergebnisse hauptsächlich von der Größe der Anlagen, der Marktposition, den Standorten der Beschaffungsquellen und der operativen Effizienz abhängen. Es ist in jeder Hinsicht ein hartes Geschäft.

Wie in vielen Großunternehmen laufen bei Brandywine die Fäden der vielfältigen Operationen in einer Unternehmenszentrale zusammen. Und wie bei vielen Unternehmen ist auch bei Brandywine die Atmosphäre in der Zentrale anders als in den Niederlassungen. Tatsächlich kommt einem die Zentrale im Fall von Brandywine nicht nur wie eine andere Firma vor, sondern sie hat auch ein schwach ausgeprägtes Leistungsethos, das tiefgehende Auswirkungen auf den Rest der Organisation hat.

Als Bill Perkins, ehemals in der Werksführung, in die Zentrale überwechselte, erkannte er diesen Unterschied sofort. Aber seine volle Auswirkung wurde ihm erst mit der Zeit bewußt. Schließlich war er fast völlig entmutigt. Dazu Bill:

Hier verändert sich nie was. Ich weiß, daß diese Gruppe willig ist, aber die Leute bleiben immer in ihrem administrativen Kleinkram stecken. Sie haben sich so sehr an mittelmäßige Leistungen gewöhnt, daß Unternehmensleistung kein echtes Thema für sie ist. Jeder größere Fehlschlag wird auf »äußere Einflüsse« geschoben: Die Preise sind im Keller – die Branche leidet wieder unter Überkapazitäten – die Wechselkurse sind ungünstig – mit der Gewerkschaft ist nicht zu reden – und und und ...

Charlie (der Geschäftsführer) hat mir einen echten Job hier versprochen. Ich weiß, daß er es ehrlich gemeint hat, aber jedes Mal, wenn ich versuche, eine wichtige Frage anzupacken, verlangt er von mir, daß ich zurückstecke. Ich glaube wirklich, er hat Angst, diese Dinge direkt anzusprechen, weil er fürchtet, daß das schiefgeht. Ich nehme an, er hat schon zu viele Nackenschläge einstecken müssen.

Ich wünschte, ich wäre bei meinem alten Job im Werk geblieben. Das war wenigstens ein echter Job – und ich konnte etwas bewirken, auch wenn sich das nur in den Ergebnissen meines kleinen Bereichs zeigte. Es ist so frustrierend, mitansehen zu müssen, wie wir immer wieder von neuem die Augen vor unseren offensichtlichen Mißerfolgen verschließen. Wir sind große Meister darin geworden, Erklärungen für Leistungslücken zu finden, anstatt aktiv das anzugehen, was zum Füllen der Lücken nötig wäre.

Mit Bills Augen betrachtet, scheint die Führungsgruppe der Brandywine Corporation sich mit dem Schicksal immerwährender Mittelmäßigkeit abgefunden zu haben – ein Opfer ihres Umfelds und machtlos, etwas zu ändern. Seit zehn Jahren bewegen sich die Finanz- und Marktergebnisse des Unternehmens verglichen mit dem Rest der Branche im unteren Viertel. Und diese resignierte Stimmung hat den Leistungswillen von Leuten wie Bill Perkins vergiftet.

Bevor Bill den Job in der Zentrale übernahm, bot eine

Reihe von Ereignissen zumindest die Möglichkeit eines günstigeren Szenarios. Zu dieser Zeit schienen die Top-Manager entschlossen zu sein, das Leistungsproblem in Angriff zu nehmen. Sie kamen zu der Überzeugung, daß bei Brandywine der Schlüssel zu einer Leistungsverbesserung in einer stärkeren Einbeziehung der Mitarbeiter läge. So brachten sie den »Brandywine Code« heraus, der Regeln aufstellte, wie die Leute zu behandeln wären, und der zur grundlegenden Verhaltensrichtlinie für alle Manager und Mitarbeiter wurde. In der Folge bildeten sich im ganzen Unternehmen Hunderte von »Involvierungsgruppen« und später auf Werksebene selbststeuernde Arbeiterteams. Die Leute standen dem Unternehmen wieder positiv gegenüber; sie waren wirklich stolz darauf, einer Organisation anzugehören, in der der Mensch eine Rolle spielt.

So baute die Unternehmensleitung Mitarbeiterzufriedenheit auf, und sie schien darüber hinaus entschlossen, auch die Finanzergebnisse und die Kundenposition des Unternehmens zu verbessern. Sie propagierte eine neue Ausrichtung an Kundenservice und Aktionärsgewinnen. Voller Optimismus bat der Geschäftsführer etwa fünfzig der besten Manager des Unternehmens – nicht nur aus der Zentrale, sondern aus allen Bereichen –, Vorschläge für eine Umstrukturierung von Brandywine auszuarbeiten, um die Firma zum Hersteller mit den branchenweit niedrigsten Kosten zu machen.

Diese Gruppe unterteilte sich in mehrere Projektgruppen. Sie setzten sich ehrgeizige Ziele, arbeiteten bis spät in die Nacht und verpflichteten sich dazu, Ergebnisse zu erzielen. Inspiriert von der offensichtlichen Entschlußkraft des Geschäftsführers, wurden die meisten Projektgruppen zu richtigen Teams, die zu einer weitreichenden Verbesserung der firmeninternen Fähigkeiten entschlossen waren. Bill Perkins war an einer der erfolgreicheren dieser Aktivitäten beteiligt gewesen und durch diese Erfahrung ermutigt worden. Sechs Monate nach ihrem Entstehen legten die Projektgruppen eine Reihe interessanter Empfehlungen vor, die der Geschäftsführer billigte und an das Linienmanagement zur Implementierung weiterreich-te. Aber unglücklicherweise wurde die Übergabe äußerst dilettantisch gehandhabt.

Die meisten Linienmanager teilten die Leistungsorientie-rung der Projektgruppen nicht. Viele Linienmanager gehör-ten der alten Schule an, was bei Brandywine eine viel schwächere Leistungsorientierung bedeutete. Sie wider-setzten sich. Und während es zu einigen Kosteneinsparun-gen kam, wurde der Großteil der anderen Empfehlungen erfolgreich blockiert. Die Unternehmensleitung war alles andere als erfreut über die Ergebnisse; aber anstatt auf der Implementierung zu bestehen, ließ sie sich von einer Reihe von Ereignissen wie Preissenkungen in der Branche und gewerkschaftlichen Aktivitäten ablenken.

Als ein Jahr ohne weitere Aktion verging, begannen sich die Leute im Unternehmen zu fragen, ob es dem Ge-schäftsführer mit der Kostenumstrukturierung und der Leistung ernst gewesen sei. Da setzte der Geschäftsführer in einer unerwarteten Anwandlung von Tatendrang ein neues Komitee ein, das die Unternehmensspitze »umge-stalten« sollte. Neben der Umsetzung früheren Empfehlun-gen hatte dieses Komitee die Aufgabe herauszufinden, wie oberhalb der Werksebene Teams aufgestellt werden konn-ten, welche die Teambemühungen der Arbeiter ergänzen und fördern sollten. Zur selben Zeit bot der Geschäftsfüh-rer Bill Perkins eine wichtige Beraterposition in der Zen-trale an, in der er direkt an ihn berichten und die Fort-schritte des neuen Komitees überwachen sollte. Perkins glaubte, dies sei eine große Chance, etwas zu bewegen.

Aber das Umgestaltungskomitee erreichte nicht viel. Seine Aktivitäten gingen nie über informelle Diskussionen hinaus, die, wie die Komiteemitglieder insgeheim fanden, nur die vorherbestimmten Schlußfolgerungen bestätigten. die eher auf politischen als auf leistungsorientierten Argu-menten beruhten. Das Versagen des neuen Komitees ver-stärkte die Skepsis im ganzen Unternehmen. Die höheren Führungsebenen agierten weiterhin innerhalb sicherer Grenzen, die ihre individuellen Positionen nicht gefährdeten. Für die Linienmanager und die mittlere Führungsebene galt »Business as usual«. Die schwerwiegendste Auswirkung war jedoch, daß viele der Arbeiterteams der Gleichgültigkeit der Unternehmensspitze Leistung gegenüber zum Opfer fielen. Immer mehr dieser Teams wandten sich von dem Ziel, die Leistungen zu verbessern, ab und der »Verbesserung von Arbeitsmoral und Offenheit« zu.

Viele, die sich an diesen Bemühungen beteiligten, wurden enttäuscht, aber nicht besonders überrascht. Es war nicht das erste Mal, daß sie solche Bestrebungen scheitern sahen. Bill Perkins und einige seiner Kollegen im Unternehmen jedoch waren mehr als enttäuscht sie fühlten sich auf dem Höhepunkt ihres Bemühens, Brandywine von einem mittelmäßigen Unternehmen zu einem führenden Bewerber zu machen, verraten und verkauft.

Zusammenfassend ist zu sagen, daß die Versuche des Geschäftsführers, die Leistungsergebnisse und Fähigkeit von Brandywine zu verbessern, den gegenteiligen Effekt hatten. Das Unternehmen blieb im unteren Viertel. Und unglücklicherweise machten sich auch wieder Selbstzufriedenheit und Zynismus breit. Das schwache Leistungsethos von Brandywine zerstörte Teams. Viele potentielle Arbeiterteams wurden zu Pseudo-Teams, oberhalb der ausführenden Ebene entstanden keine echten Teams, und ein geschwächtes Leistungsethos zehrte an der Kraft des gesamten Unternehmens. Die lobenswerten Versuche von Bill Perkins und einigen seiner Kollegen waren letztendlich nur ein Rückschlag für ihre eigenen Karrieren und Entwicklungsziele. Kurz, diejenigen, die die Risiken auf sich nahmen, litten – aber aus Gründen, die nichts mit Leistung zu tun hatten.

Fazit

Leistungsergebnisse – darum geht es bei Teams. Wenn die Ziele des Teams keine spezifischen Ergebnisse definieren, die für die Ziele des Gesamtunternehmens von Relevanz sind, ist es wenig wahrscheinlich, daß das Team besondere Erfolge erzielt. Umgekehrt entstehen durch Leistungsanforderungen echte Teams. Wenn es also ein potentielles Team in einer Unternehmensumgebung gibt, in der die Firmenziele unklar oder verworren sind, so ist es sehr wahrscheinlich, daß sowohl seine Aufgabenstellung als auch seine Erfolge ernstlich eingeengt sind.

In Organisationen wie Hewlett-Packard und Motorola gibt ein starkes Leistungsethos den Mitarbeitern sowohl das Selbstvertrauen als auch die Fähigkeit, selbst zu bestimmen, wie man sich am besten um spezifische Leistungschancen bemüht. Es überrascht nicht, daß die Leute, wenn solche Chancen nach vielfachen Fähigkeiten und Perspektiven verlangen, oft in echten Teams zusammenfinden. Die Strenge, mit der solche Organisationen ihre Ziele festlegen und verfolgen, bietet einen fruchtbaren Boden für Teams, nicht nur durch das Betonen von Leistungsanforderungen, sondern auch durch Klarmachen, welche Art von Ergebnissen von Teams erwartet wird, und durch Überzeugen der Teammitglieder, daß Ergebnisse wichtiger sind als Politik.

Im Gegensatz dazu sind potentielle Teams in Unternehmen wie Brandywine weniger sicher oder sogar indifferent, was die Leistung anbelangt. Sie haben viel größere Schwierigkeiten, sich auf den Teamrahmen zu einigen. Schlimmer noch: Ihr Selbstvertrauen bei der Erledigung ihrer Aufgaben ist tendenziell wesentlich geringer. Anstatt nach vorne zu blicken und eine Aufgabe anzupacken, neigen potentielle Teams dazu, sich umzusehen nach den von oben diktierten Richtungsänderungen, dem zynischen unkooperativen Verhalten anderer Bereiche und dem gleichgültigen »Dafür bin ich nicht zuständig« in den eigenen Reihen.

Wenn sich in einem solchen Umfeld aber trotzdem Teams bilden, so haben sie oft große Hindernisse überwinden müssen, wie es beim Intermodal-Team von Burlington Northern der Fall war. Dadurch werden die Teams meist widerstandsfähiger, herausragender, ja sogar heroischer. Das verhilft ihnen zu einem überproportional positiven Einfluß auf Leistungsethos und Umfeld der nachfolgenden Teams. Als Folge sind Teams eine der größten Hoffnungen für solche Unternehmen, die sich aus ihrer Stagnation lösen wollen. Wie wir im nächsten Kapitel näher erläutern werden, spielen Teams eine wichtige Rolle, wenn es darum geht, »tiefgreifenden Wandel« herbeizuführen, also signifikante Verbesserungen der Leistungsfähigkeit auf Grundlage breit angelegter Verhaltensänderungen. Und da das Leistungsethos eines Unternehmens tatsächlich der Summe der kollektiven Werte und Verhaltensweisen seines Managements entspricht, ist jedwede Stärkung dieses Ethos letzten Endes von Verhaltensänderungen abhängig.

Als Folge davon können Führungskräfte von Unternehmen wie Brandywine ihre Situation oft signifikant verbessern, indem sie einfach einige zentrale Leistungsanforderungen definieren und potentielle Teams auf diese ansetzen. Darüber hinaus gibt es unserer Erfahrung nach trotz der Auswirkungen eines schwach ausgebildeten Leistungsethos immer genügend Leute wie Bill Perkins, die, wenn sie darum gebeten werden, ihre Zweifel hintanstellen und einen neuen Versuch wagen. Es ist die Möglichkeit, etwas bewirken zu können, welche die Menschen zu so etwas treibt; sie sorgt dafür, daß sie es noch einmal versuchen, auch wenn sie es aus Erfahrung eigentlich besser wissen müßten. Aber wenn die zuständigen Führungskräfte den betroffenen Teams nicht entschlossenes Streben nach Leistung abverlangen und es dann vorbehaltlos unterstützen, haben die Bestrebungen nichts anderes zur Folge als Zynismus, weitere Frustrationen, eine noch größere Risikoscheu und ein noch stärkeres Sicherheitsbedürfnis. Wenn andererseits auch nur eines dieser Teams Erfolg hat – vor allem, wenn es sich um ein Team mit Führungsaufgaben handelt –, kann es einem indifferenten oder konfusen Unternehmen helfen, seine Zielrichtung zu klären und einen übergreifenden Sinn für Leistung zurückzugewinnen.

Kapitel 10

Teams und tiefgreifender Wandel: Eine notwendige Kombination

Kein ernstzunehmender Geschäftsmann, Berater oder Wissenschaftler bezweifelt die Faktoren, die in den 90er Jahren und in weiterer Zukunft für gute Leistung wichtig sein werden: Visionäre Führung, eigenverantwortliche Mitarbeiter, Kundenorientierung, 100%ige Qualität, kontinuierliche Verbesserung und Innovation, Partnerschaft mit den Zulieferern, strategische Allianzen, fähigkeits- und zeitorientierter Wettbewerb. Jeder einzelne dieser Faktoren ist von wesentlicher Bedeutung. In vielen Unternehmen werden Aufbau und Stabilisierung dieser Eigenschaften allerdings eine Phase tiefgreifenden Wandels erforderlich machen, wie sie die meisten von ihnen kaum je durchgemacht haben.

Tiefgreifender Wandel – »major change« – ist ein relativer Begriff, dessen Sinngehalt je nach Schwierigkeitsgrad variiert. Ob sich eine Organisation damit konfrontiert sieht, hängt von zwei Faktoren ab: 1. vom Ausmaß der für die Unternehmensleistung nötigen Verhaltensänderungen, d. h. davon, wie viele Mitarbeiter ihre Verhaltensweisen, Fähigkeiten oder Wertvorstellungen ändern müssen, und 2. vom Maß an Bereitschaft oder Widerstand in dem, was oft »wie es bei uns läuft« genannt wird. Was für United States Postal Service einen »tiefgreifenden« Wandel bedeutet, mag für Federal Express lediglich eine normale Veränderung sein. Auch innerhalb ein und desselben Unternehmens kann es unterschiedliche Auffassungen geben; was beispielsweise für die Government Electronics Group bei Motorola ein tiefgreifender Wandel ist, muß nicht unbedingt für einen anderen Bereich innerhalb des Unternehmens einer sein.

Tiefgreifender Wandel kann sowohl aufgrund von Chancen als auch von Bedrohungen notwendig werden. Manchmal sind diese Bedrohungen und Chancen externer Natur (z. B. der selbsterklärte »Krieg« von Motorola gegen seine japanischen Konkurrenten oder die riesigen Verluste im Immobilienbereich, von denen die Bankindustrie Ende der 80er und Anfang der 90er Jahre getroffen wurde). Manchmal wird Wandel von innen ausgelöst, etwa durch die Benennung eines neuen Vorstandsvorsitzenden oder Entdeckung einer neuen Technologie. Manchmal ist es beides gleichzeitig. So war zum Beispiel Xerox in den 70er Jahren mit dem Eindringen der Japaner in den Markt für Kopiergeräte konfrontiert, während die Ingenieure des Unternehmens gleichzeitig den ersten PC und die zugehörige Technologie entwickelten. Sowohl die Bedrohung als auch die Chancen verlangten einen »major change«.

Wie die meisten Leute, so erkennen auch Unternehmer eher bei Bedrohungen die Notwendigkeit von Veränderung und reagieren dann auch prompter auf sie. Signale wie schlechte Leistungen, schrumpfende Wettbewerbsvorteile, konfuses oder übernervöses Top-Management sowie Probleme der Arbeitsmoral helfen das Gefühl der Dringlichkeit zu schaffen, das für einen tiefgreifenden Wandel nötig ist. In dem eben erwähnten Fall von Xerox reagierte das Unternehmen schließlich auf die japanische Bedrohung, entwickelte aber niemals ein Gefühl der Dringlichkeit für seine Chance (im Computerbereich).

Hingegen ergaben sich die Verhaltensänderungen beim *Tallahassee Democrat* (Kapitel 4) aus einer Chance und nicht aus einer Bedrohung. Die finanziellen und operativen Leistungen der Zeitung waren nicht einmal so unbefriedigend. Vielmehr erkannten Fred Mott, sein Führungsteam und das an »vorderster Front« eingesetzte ELITE-Team, daß die Chance zur Steigerung der Leistung des *Democrat* neue Werte und Verhaltensweisen bezüglich des Kundendienstes erforderte.

Wir glauben, daß ein Unternehmen leichter erkennen kann, inwieweit tiefgreifender Wandel notwendig geworden ist, indem es vier direkte Fragen beantwortet. Zwei dieser Fragen beziehen sich auf den Veränderungsbedarf und zwei auf die Veränderungsbereitschaft:

1. Muß die Organisation in einem oder zwei grundlegenden Bereichen sehr gut werden, in denen sie derzeit Schwächen aufweist? (Muß sie zum Beispiel neue Fähigkeiten und ein neues Wertesystem entwickeln?)
2. Muß eine große Zahl von Mitarbeitern in der gesamten Organisation spezifische Verhaltensweisen ändern (z. B. ihre Arbeit anders machen)?
3. Hat die Organisation bereits Veränderungen dieser Art erfolgreich bewältigt?
4. Verstehen die Mitarbeiter in der gesamten Organisation, welche Verhaltensänderungen von ihnen selbst verlangt sind, und ist ihnen mit aller Dringlichkeit bewußt, daß unmittelbarer Handlungsbedarf gegeben ist?

Ein »Ja« auf die Fragen 1 und 2 und ein »Nein« auf die Fragen 3 und 4 deuten auf eine »Major-change«-Situation hin. Wie unser Kollege Julien Phillips angemerkt hat, erfordert die Bewältigung eines tiefgreifenden Wandels eine Reihe von Aktionen, die normalen Managementansätzen diametral entgegengesetzt sind. So müssen bei normalem Wandel außergewöhnliche Situationen und Ereignisse bewältigt werden, wobei dem »System« genügend Spielraum bleibt, um weiterhin die tägliche Arbeit erledigen zu können. Wenn es im Gegensatz dazu tiefgreifenden Wandel zu bewältigen gilt, muß direkt an der täglichen Arbeit der meisten Mitarbeiter etwas geändert werden, weil dies der einzige Weg ist, um neue Verhaltensweisen, Routineabläufe und Fähigkeiten zu fördern. Bei normalem Wandel werden die bestehenden Routineabläufe überwacht, um sicherzustellen, daß sie ihren Zweck erfüllen. Bei tiefgreifendem Wandel werden solche Abläufe bewußt aus ihrer Bahn gelenkt und durch andere ersetzt. Schließlich verlangt das normale Management an den Punkten, wo Kosten und Nutzen von Produkten und Dienstleistungen bestimmt werden – vor allem an der Kundenschnittstelle – nur relativ geringe Risikobereitschaft. Aber die Bewältigung tiefgreifenden Wandels verlangt das Riskieren neuer Ansätze und Experimente, die direkt auf die wichtigsten Aktivitäten im Unternehmen selbst abzielen.

Sowohl im Zuge unserer Arbeit für Kunden als auch im Rahmen unserer Untersuchungen haben wir Dutzende von »Major-change«-Programmen kennengelernt. Interessanterweise ist keines der uns bekannten Unternehmen – darunter auch Firmen wie Motorola oder General Electric, die damit Erfolg zu haben scheinen – der Meinung, daß der Prozeß des Wandels abgeschlossen sei. Wir meinen daher, daß es voreilig wäre, irgendeine einzelne, garantiert erfolgreiche Methode zum Management tiefgreifenden Wandels zu propagieren. Allerdings zeichnet sich ein brauchbares Muster ab, das die erfolgreicheren Unternehmen von anderen abhebt. Erstens scheint, wie Steve Dichter, führender Experte auf dem Gebiet des Wandels, sagt, nahezu jede vielversprechende Aktivität im Hinblick auf Wandel diesen in drei grundlegenden Dimensionen anzugehen: Top-down-Initiativen zur Gestaltung der Unternehmenskultur, Bottom-up-Initiativen zur Erreichung von Zielen und Lösung von Problemen, sowie funktionsübergreifende Umstrukturierungs- und Integrationsinitiativen. Zweitens decken die erfolgversprechendsten Aktivitäten im Hinblick auf Wandel gleichzeitig und immer wieder alle drei Bereiche ab. Drittens, und das ist für dieses Buch am wichtigsten, spielen Teams in allen drei Dimensionen eine wichtige Rolle.

General Electric ist ein gutes Beispiel für alle drei Dimensionen von tiefgreifendem Wandel. Jack Welsh und sein Top-Management initiierten eine Reihe von Top-down-Veränderungen an der Unternehmenskultur:

• Definition einer klaren, von Leistung beherrschten Vision, welche GE dazu verpflichtet, durch den Aufbau einer Unternehmenskultur, die auf »Geschwindigkeit, Einfachheit, Selbstvertrauen und Grenzenlosigkeit« beruht, in jeder der gewählten Branchen entweder die Nummer Eins oder die Nummer Zwei zu werden.

- Betonung organisatorischer Vereinfachungen durch Entflechtung, einen sogenannten »Work-Out«-Prozeß, der darauf abzielt, unnötige Arbeitsgänge zu eliminieren, und einen anderen Prozeß mit Namen »Best Practices«, dessen Ziel es ist, Erfolgsbeispiele zu verbreiten.
- Zusicherung von Unternehmensressourcen und Management-Beachtung, um die Mitarbeiter aller Ebenen – insbesondere in ausführenden Funktionen – mit Fähigkeiten in der Problemlösung, Entscheidungsfindung und Interaktion zu unterstützen.

Zusätzlich zu diesen Top-down-Initiativen hat General Electric große Anstrengungen bei Bottom-up-Aktivitäten sowie funktionsübergreifenden Umstrukturierungs- und Integrationsbemühungen unternommen. Ein gutes Beispiel dafür ist die Umstrukturierung des GE-Werks in Salisbury, North Carolina, in dem Schalttafeln und andere Schaltgeräte hergestellt werden.

Bis Mitte der 80er Jahre traten die Mitarbeiter von Salisbury so wie die Arbeiter in den meisten großen, traditionell geführten Hierarchien an ihre Arbeit heran. Sie kamen und gingen pünktlich, taten, was man ihnen sagte, vermieden alles, was nicht zu ihrer Aufgabe gehörte und hielten sich im allgemeinen an die traditionellen Regeln von Befehl und Kontrolle. In Salisbury gab es fünf Ebenen vom Werksleiter bis hin zum Arbeiter; das Werk wurde mit Hilfe von Befehlen, Regeln und festgelegten Abläufen gemanagt; die Qualität wurde an der Erfüllung von Vorgaben gemessen; die Bezahlung erfolgte gemäß eng definierten Tätigkeitskategorien; die Betonung lag auf individueller Verantwortung.

Dieses Salisbury existiert heute nicht mehr. Infolge einer von Phil Jarrosiak angeregten Initiative hat das Werk nun drei Ebenen und ist um eigenständige Teams mit vielseitig qualifizierten Mitgliedern organisiert. Die Teams werden für die Leistungsergebnisse des gesamten neugestalteten Prozesses bezahlt und belohnt, durch den das Werk Produkte in mehr als 70 000 Variationen herstellt und liefert. Die Qualität wird an den Kundenerwartungen gemessen. *Das Werk kommt heute ohne Aufsichtspersonal aus, die Kosten wurden um mehr als 30 Prozent gesenkt, die Lieferzyklen von drei Wochen auf drei Tage verkürzt und die Kundenbeschwerden auf ein Zehntel reduziert.*

Erfolge wie Salisbury sind eine der Erklärungen für den Fortschritt von General Electric. Trotzdem sind nur wenige Leute bei GE der Meinung, daß der tiefgreifende Wandel bereits hinter ihnen liegt. Dennoch ist ihr Fortschritt beeindruckend. Seit 1986 haben sie beträchtliche Leistungszuwächse erzielt. So stieg 1991 im fünften aufeinanderfolgenden Jahr der Betriebskapitalumschlag, die höchstens je erreichten operativen Margen wurden gemeldet, und im vierten aufeinanderfolgenden Jahr wurde ein vierprozentiger Produktivitätszuwachs erzielt. Nach Ansicht der Führungsspitze von GE wäre ohne breitangelegte Verhaltensänderungen im gesamten Unternehmen kein einziges dieser Leistungsergebnisse möglich gewesen. So schloß 1990 das Top-Management in seinem Brief an die Aktionäre:

Diese Zahlen hätten in einem Unternehmen unserer Größe nicht von hundert, nicht von tausend und nicht einmal von fünftausend leitenden Mitarbeitern so drastisch verbessert werden können. So *etwas ist nur durch die Beiträge von zehntausenden von Menschen möglich, die jeden Morgen mit dem Ziel zur Arbeit kommen, es noch besser zu machen.*

Während Unternehmen wie GE mit tiefgreifendem Wandel kämpfen, erkennen sie unweigerlich die einmalige Rolle, die Teams spielen, wenn es darum geht, Top-down-, Bottom-up- und funktionsübergreifende Initiativen voranzutreiben. Die Dynamik von Teams, verbunden mit Fokus,

Zielrichtung, Größe, Fähigkeiten und gegenseitiger Verantwortung fördern sowohl Leistung als auch Verhaltensänderungen. Wie wir mit den Beispielen in diesem Kapitel veranschaulichen, sind diese Merkmale für alle drei Dimensionen von tiefgreifendem Wandel von Bedeutung.

Team und Top-down-Gestaltung der Unternehmenskultur

Um zu zeigen, welche Auswirkungen Teams auf Initiativen zur Top-down-Gestaltung der Unternehmenskultur haben, wollen wir die Veränderungsbestrebungen zweier führender Anbieter gehobener Dienstleistungen vergleichen: der bekannten Wirtschaftsprüfungsgesellschaft Deloitte, Haskins & Sells (»DH&S«, mittlerweile zu Deloitte und Touche fusioniert), und einer Werbeagentur, die wir »Scintil & Cleve« (S&C) nennen wollen. In beiden Fällen führte die Sorge um die Nachfolge des geschäftsführenden Teilhabers zu einer Reihe von Ereignissen, die schließlich viel weitreichendere Möglichkeiten für Wandel eröffneten. So veränderte DH&S unter Führung eines Lenkungsausschusses und einer Projektgruppe, die beide zu echten Teams wurden, von Grund auf ihre Identität, einschließlich ihrer Strategie, ihres Leistungsangebots und der professionellen Fähigkeiten, auf die das Unternehmen sich gründete. Auch steigerte das Unternehmen seine Leistung erheblich durch Verbesserung der Marktposition, Senkung der Gemeinkosten um mehrere Millionen Dollar und Umkehrung des jahrelang negativen Ergebnistrends. Im Gegensatz dazu versuchte S&C, die erforderlichen Veränderungen bei Fähigkeiten und Verhaltensweisen durch Strukturanpassungen, individuelle Aufgabenzuweisung und neue Führungsprozesse zu erzielen. Teams spielten keine Rolle. Einige Jahre später konnte S&C noch keinen merklichen Wandel bei den für seine weitere Leistung wichtigen Verhaltensweisen vorweisen – und auch die Leistungsergebnisse hatten sich nicht verbessert.

DH&S

Anfang der 80er Jahre war der Wirtschaftsprüfungssektor unter zunehmendem Ergebnisdruck, weil die Klienten der jährlichen Revision keine so große Bedeutung mehr beimaßen wie noch einige Jahre zuvor. Davon war vor allem DH&S betroffen; eine Firma, die in der ganzen Branche als »Wirtschaftsprüfer der Wirtschaftsprüfer« bekannt war, deren Reputation und Spitzenposition sich aber immer schwerer in Spitzenhonorare oder -gewinne umsetzen ließ. Als Reaktion auf den wachsenden Druck auf den Bereich Buchprüfung und die steigende Nachfrage nach Dienstleistungen in den Bereichen Steuer, Beratung und Informationstechnologie verstärkten die acht größten Wirtschaftsprüfungsgesellschaften, darunter auch DH&S, ihre Bemühungen um Diversifizierung und um branchenspezifische Marketingstrategien. Der Führungsausschuß von DH&S war jedoch der Meinung, daß das Problem in der ganzen Branche verbreitet sei und daß DH&S bei den erforderlichen Anpassungen nicht schlechter abschnitt als alle anderen. Die signifikanteste Tat, die er setzte, bestand darin, das Management-By-Objectives-Programm zu modifizieren, um für jeden Teilhaber individuelle Ziele in Dienstleistungen außerhalb des Buchprüfungsbereichs festzulegen.

Einige Jahre nach dieser Entscheidung ergab sich während des normalen Laufs der Ereignisse die Frage der Managementnachfolge. Bis zu diesem Zeitpunkt war die Marktposition von DH&S unter den Großen Acht der Branche allerdings auf den letzten Platz gefallen. Als die drei Seniorteilhaber vom Führungsausschuß gebeten wurden, sich mit der Nachfolgefrage auseinanderzusetzen, entdeckten sie rasch die große Unzufriedenheit in der gesamten Firma. Die Teilhaber klagten, daß es DH&S an einer klaren und attraktiven Diversifizierungsstrategie mangele, daß das Management-By-Objectives-Programm versagt habe, und daß es ihnen absolut nicht gefiel, in ihrer Sparte das Schlußlicht zu sein.

Mit all diesen Dingen konfrontiert, entschlossen sich die Seniorteilhaber zu einem außerordentlichen Schritt und forderten eine Erweiterung ihres Auftrags. Sie wollten die Chance haben, den Führungsausschuß und die Firma als ganzes davon zu überzeugen, daß DH&S vor einer signifikanten Leistungsanforderung stand, die möglicherweise einen grundsätzlich anderen strategischen und organisatorischen Ansatz erforderte. Insbesondere baten sie den Führungsausschuß, sie als Lenkungsausschuß einzusetzen und ihnen zu gestatten, vier andere Projektgruppen zur Untersuchung von Klientenbedürfnissen, Wettbewerbsposition, Wirtschaftlichkeit und organisatorischer Effektivität einzusetzen.

Mit Genehmigung des Führungsausschusses konnte der Lenkungsausschuß fünfzehn der höchstangesehenen Teilhaber für die Projektgruppen gewinnen und auch externe Berater hinzuziehen. Die Initiative hatte mit einigen Startschwierigkeiten zu kämpfen. Die vier Projektgruppen wußten nicht, wie ihre jeweiligen Initiativen ineinandergreifen sollten; die fünfzehn Teilhaber von DH&S waren nicht sicher, welchen Nutzen die Außenstehenden zusätzlich bringen würden; und keiner der fünfzehn meinte zur Erledigung der Arbeit viel Zeit aufbringen zu können.

Viele waren nicht sehr begeistert von der Aufgabe. So erinnert sich zum Beispiel Bill Stevens, der später eine führende Rolle beim Wandel übernehmen sollte: »Es war ein ähnliches Gefühl wie damals, als ich leitender Wirtschaftsprüfer bei renommierten Buchprüfungen war und für eine nebensächliche Aufgabe abgezogen wurde. Ich erinnere mich, als ich beim Nachhausefahren dachte: ›Warum ich? Ich möchte viel lieber Großkunden weiterbearbeiten.‹«

Einige frühe Schlüsselereignisse kehrten diesen unglücklichen Beginn um. Das erste trat nach einem Monat ein, als die vier Gruppen zu einer gemeinsamen Arbeitssitzung zusammentrafen. Das Meeting begann nach dem Mittagessen, zog sich während des Abendessens weiter und dauerte bis Mitternacht. Nur wenige der beteiligten

Teilhaber – viele von ihnen etabliert und in gehobenen Positionen hatten jemals so lange an einer Angelegenheit gearbeitet, bei der es nicht um Klienten ging. Wie sich ein Teilnehmer später erinnerte: »Der Blick auf den New Yorker Hafen um Mitternacht und die Feststellung, daß im ganzen Gebäude niemand außer uns war, vermittelte uns irgendwie das Gefühl, an etwas Wichtigem zu arbeiten, das uns bis dahin gefehlt hatte.«

Das zweite Ereignis, das die Gruppe zusammenschweißte, hatte weniger mit der Atmosphäre zu tun. Die Projektgruppe Wirtschaftlichkeit legte eine Analyse auf den Tisch, aus der hervorging, daß die realen Erträge von DH&S pro Teilhaber zumindest im letzten Jahrzehnt jährlich um etwa zwei Prozent zurückgegangen waren. Bis zu diesem Zeitpunkt hatten die fünfzehn Teilhaber der Projektgruppe, ebenso wie alle anderen Teilhaber der Firma, den vagen Eindruck gehabt, daß die Leistungen stagnierten. Aber nun hatten sie den nüchternen, endgültigen Beweis dafür, daß das Unternehmen nicht gesund war.

Je mehr die vier Projektgruppen arbeiteten, desto klarer wurde den fünfzehn Teilhabern, daß die ständig rückläufige Entwicklung der realen Erträge pro Teilhaber nicht nur ein dringendes Problem war, sondern auch ohne tiefgreifende Verhaltensänderungen innerhalb der Firma nicht umgekehrt werden konnte. Hunderte von Teilhabern und jungen Wirtschaftsprüfern würden sich zahlreiche neue Fähigkeiten in der Klientenentwicklung und in nicht buchprüfungsbezogenen Dienstleistungen aneignen müssen. Die Projektgruppen erkannten, daß sie allen DH&S-Mitarbeitern mit gewaltigen Kommunikations- und Unterstützungsinitiativen helfen müßten, um ihnen die Notwendigkeit eines Wandels und dessen Zielrichtung nahezubringen. Es war einfach die einzige Möglichkeit, um zu erreichen, »daß wir wieder stolz auf diese Firma sein können.« – Worte, die das Team verwendete, um seinen wachsenden Sinn für das gemeinsame Anliegen wiederzugeben.

Mit der gemeinsamen Zweckvorstellung entwickelten

die Projektgruppen auch einen gemeinsamen Ansatz mit drei Schlüsselaspekten: Erstens vereinbarten sie, nicht nur als vier gesonderte Sub-Teams, sondern auch als ein Gesamtteam zu arbeiten. Daher trafen sie sich in regelmäßigen Abständen als volles Team, um ihre Ergebnisse zu konsolidieren. Diese Meetings waren mit offenem Ende angesetzt und bedeuteten harte Arbeit. Meist dauerten sie den ganzen Tag und führten letzten Endes zu uneingeschränktem Konsens und starkem Engagement. Zweitens legten die Mitglieder der Projektgruppen Wert darauf, daß sie voll hinter der Arbeit stehen müßten. So beschlossen sie zum Beispiel, daß DH&S-Mitarbeiter und nicht außenstehende Experten so viel echte Analysearbeit wie möglich leisten sollten, damit ihre Analysen für sie selbst und ihre Kollegen glaubwürdiger wären. Drittens beschlossen sie, auch die übrige Firma einzubeziehen, indem mittels spezieller Workshops ein möglichst großer Teil der Teilhaberschaft so oft und so früh wie möglich für Wandel gewonnen werden sollte.

Nach vier Monaten intensiver Bemühungen traten sie vor den Führungsausschuß. Zu diesem Zeitpunkt boten die spezifischen Empfehlungen ein aussagekräftiges Topdown-Bild dessen, was bei DH&S verändert werden mußte und wie dies zu geschehen hatte. So gaben die Projektgruppen der Firma eine grundlegend neue Richtung, indem sie eine Veränderungsvision formulierten und vertraten, derzufolge DH&S vom »Wirtschaftsprüfer der Wirtschaftsprüfer« zu »wirklichen Wirtschaftsberatern« werden sollte. Durch die Ausrichtung an der Qualität der Klientenbetreuung sowie an den Gewinnen pro Teilhaber schufen sie einheitliche zentrale Leistungsmaßstäbe, an denen die Fortschritte gemessen werden sollten. Indem sie Workshops für kleine Gruppen von Teilhabern aus allen Firmenbereichen abhielten, trieben sie intensive Kommunikation, Engagement und Unterstützung voran, die benötigt werden, einen Sinn für die Dringlichkeit eines tiefgreifenden Wandels zu wecken.

Zusätzlich waren sowohl die aus fünfzehn Teilhabern

bestehenden Projektgruppen als auch der dreiköpfige Lenkungsausschuß zu Teams zusammengewachsen, welche entschlossen waren, den Wandel anzuführen. Wie es ein Mitglied einer der Projektgruppen ausdrückt: »Wir waren fünfzehn Eiferer.« Und diese waren nicht aufzuhalten. Ihr anfängliches Zögern, wieviel Zeit sie für die Initiative aufwenden sollten, war verschwunden; viele von ihnen erledigten ihre Aufgaben nun routinemäßig an Abenden, Wochenenden und Urlaubstagen. Alle waren sie entschlossen, jedwede Rolle auszufüllen, welche die erforderlichen Veränderungen herbeiführen und beschleunigen würde. Ihr Engagement und ihr Verantwortungsgefühl übertrugen sich auch auf den Lenkungsausschuß; eines seiner Mitglieder sagte: »Wenn wir die Empfehlungen dieser Projektgruppe nicht umsetzen, werde ich mich schlechter fühlen, als wenn ich meine eigenen Kinder im Stich gelassen hätte.«

Der Führungsausschuß konnte diesen ausgeprägten Sinn für ein gemeinsames Anliegen und für gegenseitige Verantwortung spüren. Er genehmigte die Empfehlungen, und mit dem Anlaufen des Veränderungsprogramms übernahmen mehrere Mitglieder beider Teams neue Rollen. Michael Cook beispielsweise, das jüngste Mitglied des Lenkungsausschusses, wurde zum geschäftsführenden Teilhaber der Firma und machte die Veränderungsinitiative zu seiner vorrangigen Aufgabe. Tatsächlich war die Auswahl Cooks durch seinen Vorgänger Charles Steele ein Symbol dafür, daß die Entschlossenheit zur Veränderung von der obersten Unternehmensspitze ausging. Bill Stevens, der die Projektgruppe Wettbewerb geleitet hatte, arbeitete 1980 während der meisten Zeit als Hauptverantwortlicher für die Implementierung des übergreifenden Veränderungsprogramms, das den Bemühungen der Projektgruppe entsprang.

Heute über die Rolle der Teams in dem Veränderungsprozeß befragt, sind sich Cook und Stevens darüber einig, daß sie die bestimmenden Faktoren waren. Laut Cook wären ohne Teamansatz niemals so viel Engagement, Begeisterung und Eifer für so breit angelegte Verhaltensänderungen in der Firma entstanden. Cook merkt auch an, daß die Firma bei einer Reihe späterer Initiativen, die für den Wandel insgesamt von entscheidender Bedeutung waren, ebenfalls auf den Teamansatz zurückgriff, wie bei der Reduzierung der Gemeinkosten, der Neugestaltung des Vergütungssystems der Firma und der Abwicklung der Fusion mit Touche & Ross. Darüber hinaus sagt Cook, daß die Erfahrungen in Teams Teilhabern mit großen Möglichkeiten wie Stevens ermöglichten, sich rascher und umfassender zu entwickeln, als dies andernfalls möglich gewesen wäre. Stevens stimmt mit dem Urteil Cooks überein und nennt einen weiteren Pluspunkt der Teams, nämlich das tiefe Gefühl der persönlichen Kameradschaft und Zufriedenheit, die bis zum heutigen Tag anhalten. »Wir sind ein bißchen wie die Veteranen des Zweiten Weltkriegs, von denen ich gehört habe«, sagt er. »Wir stürzen uns immer noch auf jede Gelegenheit, unsere gemeinsamen Erfahrungen noch einmal zu durchleben.«

Oberflächlich betrachtet gibt es Ähnlichkeiten zwischen den Veränderungsbestrebungen von DH&S und denen der Werbeagentur Scintil & Cleve. In beiden Fällen gab die Frage der Managementnachfolge den Anstoß zum Wandel; in beiden Fällen wurde erkannt, daß die Leistung letzten Endes davon abhing, daß die Verhaltensänderungen in der gesamten Teilhabergruppe verankert wurden; in beiden Fällen wurden intensive Diskussionen und eine rege Beteiligung aller Firmenmitglieder ermutigt. Im Gegensatz zu DH&S versuchte der geschäftsführende Teilhaber von S&C allerdings, den Wandel durch eine Reihe struktureller Anpassungen, neu definierte individuelle Verantwortlichkeiten und geänderte Führungsprozesse herbeizuführen. Teams spielten weder bei der Formulierung der Empfehlungen noch bei deren Implementierung eine Rolle.

Mitte der 80er Jahre war S&C mit denselben ungünstigen Trends konfrontiert, von denen auch andere Werbeagenturen betroffen waren. Im Verlauf des vorhergehenden Jahrzehnts waren Großkunden wie z. B. Anbieter abgepackter Ware – dazu übergegangen, für viele Aufgaben, die einst die Domäne der Agenturen gewesen waren, eigene Business-School-Absolventen einzustellen. Als Folge mußten sich die Agenturen damit abfinden, daß sich ihre Arbeit zunehmend auf die Erstellung von »Texten und Bildern« sowie auf den Kauf von Anzeigenraum und Werbezeit in den Medien beschränkte. Mit der Aufgabe schrumpften auch die Erträge.

Die Antwort der Agenturen war eine Strategie, die die Kunden aufforderte, ihre Produkte »mit einer Stimme zum Markt sprechen« zu lassen. Diese Strategie sollte beispielsweise einem Unternehmen wie Procter & Gamble den Anreiz bieten, für ein Produkt wie Pampers ein und dieselbe Agentur mit Medienbetreuung, PR, Direct Mailing, Verkaufsförderung und allen anderen Werbeaktivitäten zu beauftragen. Dies machte die Agenturen wiederum zu Vollserviceanbietern, wodurch in der Branche eine wahre Flut von Fusionen und Übernahmen ausgelöst wurde.

Als sich also die drei führenden Manager von S&C Gedanken über die Nachfolge zu machen begannen, erkannten sie, daß es neben der Ernennung eines neuen Unternehmensleiters auch um viele weiterreichende Fragen ging. Sie starteten eine Initiative zur Umstrukturierung der Agentur und banden zahlreiche Mitarbeiter aus der ganzen Firma in die Entwicklung von Empfehlungen ein. Die Initiative erstreckte sich fast über ein ganzes Jahr, in dessen Verlauf die Überzeugung der drei Spitzenmanager wuchs, daß der zukünftige Erfolg von S&C von breitangelegten Verhaltensänderungen abhängig war.

Bei der Formulierung organisatorischer Antworten auf ihre Herausforderung entschieden sich die drei Top-Manager jedoch für Ansätze, die eher für normalen als für tiefgreifenden Wandel typisch sind. Sie strukturierten den leitenden Führungsausschuß der Agentur um, teilten einer Reihe von Personen wichtige neue Funktionen zu und forderten einige neue Führungsprozesse zur Unterstützung einer gemeinsamen Kundenbetreuung. Innerhalb des letzten Jahres vor der Umstrukturierung ergaben sich keine Beiträge auf Teambasis, und auch in der Folge wurde keinem Team irgendeine Rolle in dem Prozeß übertragen. *Die Veränderungen basieren strikt auf Einzelverantwortung.*

Obwohl die Auswirkungen der Umstrukturierung bei S&C positiv waren, verblaßten sie im Vergleich zu dem Wandel, der bei DH&S stattfand. Einige Jahre später bestand bei S&C nach wie vor die Notwendigkeit eines tiefgreifenden Wandels. Es überrascht nicht, daß auch die Leistung der Agentur, von ständigen Stürmen in der Werbebranche geschüttelt, weiter dahintrieb. Das Fehlen von Teams erklärt diese Entwicklung nicht vollkommen, steht jedoch eindeutig für einen entscheidenden Unterschied zwischen diesen beiden »major-change«-Initiativen.

Zielerreichung »Bottom-up«

Bei tiefgreifendem Wandel müssen Bottom-up-Initiativen auf die Herausbildung neuer Werte und auf Verhaltensänderungen auf der Arbeitsebene ausgerichtet sein, wo Kosten und Nutzen der Produkte und Dienstleistungen bestimmt sowie die Kundenschnittstellen definiert werden. Unter buchstäblich Dutzenden von uns bekannten Bemühungen um tiefgreifenden Wandel ist nicht ein einziges erfolgreiches Beispiel, in dem nicht auch Teams in Bottom-up-Initiativen eine Rolle gespielt hätten. Wo Teams nicht gedeihen, finden Verhaltensänderungen auf der Arbeitsebene entweder nicht statt, oder sie verlaufen im Sand; wo Teams erfolgreich sind, entstehen die erforderlichen Fähigkeiten und Werte – und die gewünschte Leistung.

Das Beispiel der Sealed Air Corporation, wo eine Veränderungsinitiative an der Basis stattfand, illustriert diese wichtige Erkenntnis zur Rolle von Teams. Sealed Air ist ein mittelständisches Unternehmen, das unter anderem das Verpackungsfutter aus Plastik herstellt, bei dem kleine – und große – Kinder so gerne die Luftblasen zum Platzen bringen. In weltweit 35 Werken produziert das Unternehmen auch Polyethylenschaum für Verpackungsmaterial, saugfähiges Vlies, wie es Supermärkte als Unterlage für Fleisch und Geflügel verwenden, Schutzumschläge und Schaumverpackungssysteme.

Aber das ist nicht alles, was die Gesellschaft erzeugt. In einem grundlegenden Sinn erzeugt sie Kundenzufriedenheit mit einzigartigen Produkten und Dienstleistungen, sie erzeugt beachtliche Renditen für ihre Investoren, und sie erzeugt Produktivität und Zufriedenheit bei ihren Mitarbeitern. Mit anderen Worten: Sealed Air hat ein ausgewogenes Leistungsethos.

Im Laufe der 70er und 80er Jahre wuchsen die Umsätze und Erträge von Sealed Air jährlich um knapp 30 Prozent, weil neue Technologien und Innovationen eingeführt wurden, um die Verpackungsbedürfnisse vieler verschiedener Märkte zu befriedigen, zu denen das Unternehmen mit Hilfe von Akquisitionen Zugang fand. Mitte der 80er Jahre aber erkannte der Vorstandsvorsitzende von Sealed Air, Dermot Dunphy, daß diese Strategie in Zukunft nicht mehr so gut funktionieren würde wie zuvor. Unter anderem begannen die Patente auszulaufen, und die Zahl geeigneter Akquisitionskandidaten sank.

Dunphy war der Meinung, daß die Leistung nunmehr ebensosehr von der Produktivität als von den Innovationen abhing. Um diese neue Produktivität zu schaffen, brachte er Sealed Air bewußt in eine Situation, die nicht nur eine signifikante Leistungsanforderung schaffen, sondern auch einen echten Sinn für Dringlichkeit wecken würde. Er tat dies, indem er eine Kapitalumschichtung vornahm, den Aktionären eine gewaltige Dividende bezahlte und dann sich selbst und alle Mitarbeiter von Sealed Air herausforderte, sich aus dem entstandenen Schuldenberg herauszuarbeiten. Er formulierte auch eine attraktive neue Strategie, die darauf beruhte, zu einem Weltklassehersteller zu werden, der von Kundendienst, Qualitätskontrolle, Just-in-time-Fertigung und Einbeziehung der Mitarbeiter geprägt sein sollte. Damit hatte Dunphy Sealed Air eindeutig vor die Herausforderung zum tiefgreifenden Wandel gestellt.

Es überrascht nicht, daß Teams eine entscheidende Rolle bei der Umsetzung von Dunphys Strategie spielten. Interessanterweise gab es niemals gezielte Bemühungen,

Teams als solche zu bilden. Wie Dale Wormwood, ein Vorstandsmitglied, sagte: »Wenn es einen bewußten Wandel in dieser Richtung gab, dann nicht: ›Laßt uns Teams bilden ...‹ Die Teams waren eine natürliche Folge der Notwendigkeit, unsere Produktivität zu erhöhen und zu einem Hersteller von Weltklasse zu werden.«

Mit anderen Worten: Als das Management die Mitarbeiter herausforderte, bestimmte Leistungsziele zu erreichen, zeigte sich ganz einfach, daß dies am besten unter Einsatz von Teams bewerkstelligt werden konnte. Insbesondere schossen überall bei Sealed Air potentielle Teams aus dem Boden – in den Fabriken ebenso wie auf allen Führungsebenen. In einigen Teams sind ausschließlich Lohnarbeiter, in anderen sowohl Arbeiter als auch Führungskräfte; einige, die sich mit Fragen wie Sicherheit befassen, haben Mitglieder aus verschiedenen Werken, und einige haben Kunden als Mitglieder. Nicht alle dieser Gruppen sind gleich effektiv, und nicht alle sind schon zu echten Teams geworden.

Nach Besichtigung verschiedener Werke von Sealed Air sind wir überzeugt, daß die Fortschritte der einzelnen Standorte auf dem Weg zur angestrebten Weltklassefertigung weitgehend der jeweiligen Anzahl von potentiellen Teams entsprechen, die zu echten Teams geworden sind. So haben sich zum Beispiel in Fort Worth, Texas, seit Errichtung des Werks Ende der 80er Jahre mehrere echte Teams gebildet. Nach Verlusten im ersten Jahr wurden dort bereits im zweiten Jahr Gewinne erzielt, und das hat sich seitdem nicht geändert. Heute hat das Werk das höchste Betriebsergebnis des gesamten Unternehmens. Die Beiträge von Teams zu diesem Ergebnis umfassen unter anderem Rekord-Taktzeiten, völlig innovative Methoden zur Verwendung von Recyclingmaterialien, eine verstärkte Selbststeuerung und die Weiterbildung vieler Arbeiter in »Fremddisziplinen«. Zahlreiche echte Teams machen sich bemerkbar.

Im Gegensatz dazu hatte das Sealed-Air-Werk in Totowa, New Jersey, mehr Erfolg bei der verstärkten Einbeziehung der Mitarbeiter als bei der Bildung echter Teams. Die Leistungen des Werks stiegen aufgrund zahlreicher nützlicher Mitarbeitervorschläge. Aber Totowa steht noch vor der Art Quantensprung der Leistung, den Fort Worth bereits hinter sich hat. Auch haben sich noch nicht viele echte Teams gebildet. Mittlerweile hat sich ein drittes Werk von Sealed Air in Rockingham, North Carolina, zwischen Totowa und Fort Worth geschoben. Es erzielt substantiellere Leistungszuwächse als Totowa, hat aber Fort Worth noch nicht erreicht. In Rockingham sind auch weniger potentielle Teams zu echten Teams zusammengewachsen als in Fort Worth, jedoch mehr als in Totowa.

Ähnlich wie die Leistungsergebnisse entsprechen auch die Fähigkeiten der Arbeiter sowie der Umfang der Verhaltensänderungen, die für Fortschritte von Sealed Air erforderlich sind, der Anzahl der Teams in jedem Werk, die sich auf der Teamleistungskurve aufwärts bewegt haben. Zu diesen Fähigkeiten gehören beispielsweise die fachliche und funktionale Beherrschung vielfältiger Aufgaben und Fertigungsprozesse, aber auch Problemlösung, Entscheidungsfindung und Fähigkeiten in den Bereichen persönliche Beziehungen, Teamarbeit und Führungsqualitäten. Jede dieser Fähigkeiten haben die Mitarbeiter in Fort Worth stärker entwickelt als in Rockingham, und die in Rockingham besser als die in Totowa.

Natürlich sind Teams nicht die einzige Erklärung für den Erfolg eines Unternehmens. So gab es in der Vergangenheit – im Unterschied zu Fort Worth – sowohl in Totowa als auch in Rockingham Drogen- und Alkoholprobleme, hohe Analphabetenraten sowie Mitarbeiter mit minimaler Schulbildung. Totowa hat außerdem mit einem großen Sprachproblem zu kämpfen; ein Viertel der Arbeiter spricht Spanisch und nur wenig Englisch, während die Mehrzahl der Englischsprechenden kaum Spanisch kann. Dazu kommt, daß die Werksleiter in Fort Worth und Rockingham genauere Vorstellungen als ihre Kollegen in Totowa darüber haben, wie man ein Weltklassehersteller wird, und es ihnen leichter fällt, ihren Arbeitern die dazu notwendigen Kompetenzen zu geben. Und doch ist der Zusammenhang zwischen Teams, Leistung und Verhaltensänderungen auf breiter Basis in diesen Werken nicht zu übersehen. Und diesen Zusammenhang konnten wir in allen von uns untersuchten Bottom-up-Veränderungsinitiativen beobachten, so auch bei General Electric, Motorola und dem *Tallahassee Democrat.*

Funktionsübergreifende Umgestaltung und Integration

Tiefgreifender Wandel ist von Natur aus zerstörerisch und größtenteils unprogrammierbar. Ein Spitzenmanager sagte beim Vergleichen des Managements von tiefgreifendem gegenüber von normalem Wandel: »Früher war es wie der Interstate Highway 75. Es ging von Toledo nach Tampa. Heute ist es eher wie Wildwasser-Rafting. Man versucht, die richtigen Leute in das Boot zu bekommen und es dann so gut wie möglich zu steuern. Aber man weiß nie, was einen nach der nächsten Biegung erwartet.« Diese Beschreibung trifft den Kern der Aufgabe des »Wandels«. Es gilt, eine Organisation »aus der Erstarrung zu lösen« und sie dann durch die mehrjährige Periode zu geleiten, die normalerweise nötig ist, um die für die Leistung erforderlichen neuen Verhaltensweisen, Fähigkeiten und Werte zu lernen.

Während dieser »Wildwasserfahrt« sind Integration und Koordination der verschiedenen Funktionen und Aktivitäten eines Unternehmens von entscheidender Bedeutung. Ein Teil dieser Koordination beruht auf der von oben vorgegebenen Vision und Zielrichtung. Erfolgreich arbeitende Manager des Wandels achten peinlich genau darauf, sich auf einige gut ausgewählte Veränderungsthemen zu konzentrieren: »1A-Qualität« bei Motorola, »Geschwindigkeit, Einfachheit und Selbstvertrauen« bei General Electric, »Weltklasse-Fertigung« bei Sealed Air, »Innovation« bei 3M, »überragender Kundenservice« bei DH&S, »Qualität« bei Ford – all das sind Beispiele für dauerhafte Leitgedanken zum Wandel, die über einen Zeitraum von Jahren intensiv vermittelt wurden.

Zusätzlich zu einer solchen Top-down-Richtungsvorgabe und -kommunikation hängt die erforderliche Integration zu einem Großteil davon ab, wie gut Unternehmen die für die Veränderungsbestrebungen nötigen bereichs- und funktionsübergreifenden Prozesse umgestalten. Allgemein gesprochen, existieren zwei Kategorien solcher Prozesse. Die erste umfaßt Standardvorgänge wie Vergütung, Training und Planung, die jedem im Unternehmen zugutekommen. Zur zweiten Kategorie gehören organisationsübergreifende Arbeitsflüsse wie die Entwicklung neuer Produkte, integrierte Logistik, Markenmanagement und Auftragsannahme bis -erfüllung, die in ihrer Gesamtheit ein »kundenseitiges« Bild dessen zeichnen, womit sich das Unternehmen beschäftigt.

Jeder dieser Standardprozesse und die umfassenderen fimktionsübergreifenden Arbeitsabläufe müssen die breit angelegten Verhaltensänderungen, von denen die Leistung abhängt, verstärken. Oder, wie Geary Rummler und Alan Brache es ausdrücken, das Management muß die Unterstützungsprozesse und die umgestalteten Arbeitsflüsse dazu nutzen, die »weißen Flecken«, die sich unweigerlich im Organigramm eines Unternehmens ergeben, miteinander zu verbinden und zu steuern. Wie bei den anderen Dimensionen des tiefgreifenden Wandels spielen auch hier Teams eine wichtige Rolle. So verwendete DH&S einen teamorientierten Ansatz, um sein Vergütungssystem neu zu gestalten; General Electric und Motorola legen in ihren Schulungen großes Gewicht auf Teams und Teamfähigkeiten, und der *Tallahassee Democrat* verwendete für Planung, Budgetierung und Revision einen Teamansatz.

Wir haben nun an einer Reihe von Beispielen gesehen, wie Teams die Arbeitsflüsse umgestalten, um sie leistungsorientierter und effektiver zu machen. Das ELITE-Team gestaltete praktisch den gesamten Arbeitsfluß um, mit dem der *Democrat* verkaufte, produzierte und Inserenten bediente. Die Government Electronics Group von Motorola gestaltete ihren Ansatz für das Zuliefermanagement um und baute die neue Organisation dann um Teams auf. In ähnlicher Weise organisierte Kodak, unterstützt vom Zebra-Team, seine Schwarzweiß-Produktionsaktivitäten um das, was man dort einen »Fluß« nennt, der quer durch zuvor isolierte Funktionen und Abteilungen fließt.

Fazit

In Zeiten tiefgreifenden Wandels hängen die Leistungsbestrebungen eines Unternehmens davon ab, daß Mitarbeiter in der ganzen Organisation neue, spezifische Werte und Verhaltensweisen erlernen. Die effektivsten Initiativen zeichnen sich gleichzeitig durch Top-down-Richtungsgebung, Bottom-up-Aktivitäten zur Zielerreichung und Problemlösung sowie funktionsübergreifende Systeme und Ablaufneugestaltung aus. Darüber hinaus sind für die besten Programme zum tiefgreifenden Wandel noch zwei andere Gemeinsamkeiten kennzeichnend: Erstens werden alle unternommenen Initiativen durch Leistungsergebnisse vorangetrieben. Eine neue Organisationsstruktur, ein neues Managementinformations- oder Vergütungssystem oder selbst eine neue Strategie werden nicht zum Selbstzweck, sondern dienen als Mittel zur Erreichung ausgewogener Leistungen. Zweitens setzen die Leistungsziele, die den Veränderungsprogrammen oder -prozessen zugrundeliegen, jene Verhaltensänderungen, die sie erreichen sollen, bereits in die Praxis um. Wenn beispielsweise ein neues Kundenserviceniveau von ausschlaggebender Bedeutung für die Leistung ist, legen die Veränderungsprogramme von Anfang an Wert auf das Identifizieren, Praktizieren und Messen von bestimmten Verhaltensweisen im Kundenservice. Man beschränkt sich nicht auf ein Mitarbeitertraining zur Vorbereitung auf besseren Kundenservice, um sich dann zurückzulehnen und zu erwarten, daß alles von selbst funktioniert.

Diese entscheidende Verbindung zwischen Leistung und Verhaltensänderung erklärt, warum Teams so große Beiträge zu tiefgreifenden organisatorischen Veränderungsprozessen leisten. Echte Teams verbinden spezifische Verhaltensdeterminanten – Engagement, Fähigkeiten und Verantwortung – wirksam mit spezifischen Leistungszwecken und -zielen. Entsprechend können Teams dazu beitragen, die von bestimmten Unternehmen zur Leistungsfähigkeit erforderlichen Verhaltensänderungen zu identifizieren und durchzusetzen. Ob es darum ging, DH&S zu helfen, neue Fähigkeiten außerhalb der Wirtschaftsprüfung zu entwickeln, ob es galt, Sealed Air zu einer Fertigung der Weltklasse zu verhelfen, den Kundenservice beim *Tallahassee Democrat* zu verbessern oder bei der Government Electronics Group Partnerschaften mit den Zulieferern und »total quality« zu erreichen – Teams waren stets effektiv.

Natürlich sollte das Management zur Anregung eines Wandels neben Teams auch organisatorische Ansätze verwenden. Aber kein Ansatz kann es mit der Flexibilität, Leistungsfähigkeit und den Verhaltensmerkmalen von Teams aufnehmen. Um die Gründe dafür zu verstehen, werfen wir einmal einen Blick auf die Verhaltensänderungen, die in vielen Unternehmen als notwendig für die Bewältigung der Leistungsanforderungen der Zukunft betrachtet werden (siehe Tabelle 10.1).

Echte Teams reflektieren diese »Zu«-Verhaltensweisen. Im Gegensatz dazu können Teams nicht existieren, wenn ihre Mitglieder beim »Von« verharren. Das gilt jedoch nicht für andere Ansätze zur Veränderung der Arbeitsweise. Die Neuordnung von Abteilungen, strategischen Geschäftseinheiten oder Funktionen zum Beispiel kann die erforderliche Leistung auf wichtige Art beleben. Aber für keine dieser Veränderungen sind »Zu«-Verhaltensweisen erforderlich, sie können ausnahmslos weiterhin mit »Von«-Verhalten effektiv funktionieren. Ähnlich verhält es sich bei individuellen Aufgaben und Kompetenzen: sie sind zwar ausschlaggebend für die Erreichung neuer Leistungsniveaus, aber ihr Erfolg erfordert keine »Zu«-Verhaltensweisen. Als Folge davon verlangen weder strukturelle Anpassungen noch neue individuelle Aufgabenzuweisungen

Tabelle 10.1
Verhaltensänderungen, die in den 90er Jahren und darüber hinaus für die Leistung erforderlich sind.

VON	ZU
Einzelverantwortung	Gegenseitiger Unterstützung, gemeinsamer Verantwortung und Vertrauensbeziehungen *zusätzlich* zur Einzelverantwortung
der Trennung derjenigen, die denken und entscheiden, und denen, die arbeiten und ausführen	der Erwartung, daß alle denken, arbeiten und ausführen
Erreichen eines hohen funktionalen Niveaus dadurch, daß jede Person wenige Aufgaben immer effizienter wahrnimmt	Ermutigung der Leute, vielfältige Rollen zu übernehmen und abwechselnd an kontinuierlicher Verbesserung zu arbeiten
Schwerpunkt auf Managementkontrolle	Beteiligung der Leute an einem sinnvollen Existenzzweck, Festlegung der einzuschlagenden Richtung und Bereitschaft zum Lernen
Fairer Bezahlung für faire Arbeit	Anstreben persönlicher Weiterentwicklung, die die Fähigkeiten des einzelnen sowohl nutzt als auch erweitert

allein notwendigerweise von den Leuten, daß sie die von der Leistung geforderten neuen Verhaltensweisen verstehen oder praktizieren. Und da Erwachsene neue Verhaltensweisen am besten durch Praktizieren erlernen, können sich die traditionelleren Ansätze zur Organisationsveränderung hier als unzureichend erweisen. Es ist also kein Zufall, daß sich jede einzelne Initiative mit dem Ziel tiefgreifenden Wandels, von der wir gehört haben, auf Teams gestützt hat.

Kapitel 11

Teams an der Spitze:
Eine schwere Wahl

»Ich weiß, daß Teams funktionieren. Aber ich bin trotzdem nicht überzeugt, daß es die Zeit und die Mühe lohnt, sich weiter anzustrengen, um unsere Firmenleitung zum Team zu machen. Schließlich sind wir schon jetzt ziemlich effektiv, und mir ist nicht klar, was oder wieviel wir durch den Versuch, mehr Merkmale eines ›echten Teams‹ zu entwickeln, gewinnen könnten. Das Ganze würde darauf hinauslaufen, daß wir für uns selbst als Gruppe eine Reihe von Teamzielen definieren, zusätzlich zur Behandlung allgemeiner Strategie- und Führungsfragen des Unternehmens. Und bisher leuchtet mir nicht ein, welche das sein sollten. Ich muß allerdings gestehen, daß mir die Möglichkeit verlockend erscheint.« – Robert Winters, Vorsitzender der Geschäftsführung bei The Prudential Insurance Company of America.

»Meiner Meinung nach gibt es eine deutliche Parallele zwischen den selbststeuernden Arbeiterteams, die wir überall an der Basis der Organisation auf die Beine zu stellen versuchen, und unserer Top-Managementgruppe. Wir versuchen in beiden Situationen, dieselben Verhaltensweisen zu schaffen: Offenheit, kollektive Problemlösung, geteilte Führung und ein gegenseitiges Gefühl von Vertrauen und Respekt. Hier gibt es also deutliche Parallelen. Aber irgendwie ist es an der Spitze immer noch anders – und schwieriger.« – George Fisher, Generaldirektor von Motorola.

Wir haben mit vielen Führungskräften wie Robert Winters oder George Fisher darüber gesprochen, ob Führungsgruppen nach Teamleistung streben sollten oder mit dem Arbeitsgruppenansatz besser fahren. Aus einer Reihe von Gründen überzeugten sie uns davon, daß diese Entscheidung folgenreicher und schwieriger zu treffen ist, als wir beide annahmen, als wir dieses Buch zu schreiben begannen. Erstens verlangen die Leistungsanforderungen an Führungsgruppen – mit Ausnahme des in Kapitel 10 beschriebenen tiefgreifenden Wandels – nicht unbedingt die beträchtlichen Zusatzbeiträge von Teams. In vielen Fällen genügen individuelle Bestleistungen, wie sie in effektiven Arbeitsgruppen zustandekommen, um das geforderte Leistungsergebnis zu erzielen. Zweitens trifft die Bildung echter Teams an der Spitze auf tiefer verwurzelte Widerstände, mehr Mißverständnisse und hartnäckigere Hindernisse als irgendwo sonst in der Organisation. Drittens stützt sich die Disziplin, die für die Bildung von Teams – und vor allem der sie kennzeichnenden wechselseitigen Verantwortung – erforderlich ist, auf die Festlegung kollektiver Arbeitsergebnisse und Arbeitsansätze, die Führungskräften auf den ersten Blick oft schwer greifbar erscheinen. In diesem Kapitel werden wir jeden dieser Aspekte untersuchen, um uns im Fazit wieder der Entscheidung zwischen Team und Arbeitsgruppe zuzuwenden und unsere Sicht der Dinge darzulegen.

Die Leistung einer Arbeitsgruppe kann ausreichen

In Kapitel 5 wurde gezeigt, daß Arbeitsgruppen an sich weder etwas Gutes noch etwas Schlechtes sind. Wie aus Tabelle 11.1 hervorgeht, sind sie einfach ein Arbeitsansatz, der sich vom Teamansatz unterscheidet. Zwar sind wir der Meinung, daß die Leistungsergebnisse eines echten Teams fast immer besser sind als die einer Arbeitsgruppe, jedoch können Arbeitsgruppen ihre Mitglieder in deren individuellen Funktionen sehr gut unterstützen und tun das auch. Oft genügt das vollkommen, um optimale Lei-

Tabelle 11.1

Unterschiede zwischen Arbeitsgruppe und Team

Arbeitsgruppe	Team
Starker Führer mit klar artikulierten Zielen	Geteilte Führungsrollen
Einzelverantwortung	Einzel- und gemeinsame Verantwortung
Der Existenzzweck der Gruppe deckt sich mit der breiteren Unternehmensphilosophie	Spezifischer Existenzzweck des Teams, den das Team selbst definiert
Individuelle Arbeitsprodukte	Kollektive Arbeitsprodukte
Hält effiziente Meetings ab	Ermutigt Diskussionen mit offenem Ende und Meetings zur aktiven Problemlösung
Bemißt ihre Effektivität indirekt an ihrem Einfluß auf andere (z. B. finanzielle Leistungen des Unternehmens)	Mißt die Leistung direkt durch die Bewertung der kollektiven Arbeitsprodukte
Diskutiert, entscheidet und delegiert	Diskutiert, entscheidet und leistet gemeinsam echte Arbeit

stungen an der Unternehmensspitze zu erzielen. An der Spitze von Hewlett-Packard steht heute zum Beispiel eine effektive Arbeitsgruppe. Dem Unternehmen geht es schon seit Jahrzehnten gut, sein Leistungsethos zählt zu den stärksten der Welt, und bei HP bilden sich regelmäßig Teams, ohne daß das ausdrücklich gefördert würde. All das wäre natürlich auch mit einem Team an der Unternehmensspitze möglich – und ein solches gab es tatsächlich auch, als das Unternehmen von dem Team Packard/ Hewlett geführt wurde.

Viele erfolgreiche Großunternehmen werden heute von effektiven Arbeitsgruppen geführt; diese Option ist aus Geschäftssicht sinnvoll und oft in Anbetracht der beteiligten Personen am realistischsten. Obere Führungskräfte fühlen sich wohler in Arbeitsgruppen.

In einer typischen Arbeitsgruppe hochrangiger Mitarbeiter bilden die individuellen Rollen und Verantwortlichkeiten die wichtigsten Brennpunkte für die Leistungsergebnisse. Es gibt keine zusätzliche Leistungserwartung außer der, die von einzelnen Führungskräften ausgeht, welche innerhalb ihrer formalen Verantwortungsbereiche arbeiten. Der »Leistungsvertrag« besteht zwischen jedem Manager und dem Gruppenleiter, eine wechselseitige Verantwortung aller Gruppenmitglieder existiert nicht. Vorherrschende Gruppenaktivitäten sind der Austausch von Informationen, die Durchsetzung von Leistungsnormen und -erwartungen, die Stärkung von Grundwerten und das Treffen wichtiger Entscheidungen. Alle Führungskräfte wenden einen Großteil ihrer Zeit und Aufmerksamkeit außerhalb der Arbeitsgruppe für Personen in ihrem jeweiligen Arbeitsbereich auf. Und schließlich bezieht sich das Leistungsethos der Gruppe auf Erfolg und Mißerfolg des gesamten Unternehmens und der Einzelperson (nicht des Teams).

Je offener, konstruktiver und engagierter die Mitglieder dieser Gruppen sind, desto effektiver können sie nützliche Informationen und Erkenntnisse austauschen und einander motivieren. Sie können auch besonders effektiv gemeinsam Normen und Werte der gesamten Gruppe bekräftigen und bei wichtigen Entscheidungen viele verschiedene Meinungen einholen. Natürlich können sie auch Teamarbeit, wie wir sie eingangs definiert haben, leisten und tun das auch. Diese Charakteristika sind durchaus wertvoll und sichern großen und stark diversifizierten Unternehmen wie Prudential jene Leistungsvorteile, die Gruppen an der Spitze am ehesten erzielen können.

Seit Robert Winters im Jahr 1987 zum Vorstandsvorsitzenden von Prudential ernannt wurde, arbeiten er und seine Vorstandskollegen gezielt daran, eine effektive Arbeitsgruppe zu werden. Während dieses Zeitraums hat sich die Leistung des Unternehmens signifikant verbessert. Es hat an Größe und Vielseitigkeit gewonnen, seine Ertragskraft gesteigert, eine Reihe starker Geschäftseinheiten entwickelt und die Qualität der Führung im gesamten Unternehmen erhöht.

Die Mitglieder des Vorstands sind für die Aktivitäten in breit gestreuten Geschäftsbereichen zuständig, darunter Angestellten-, Gruppen- und Einzelversicherungen, Vermögensverwaltung für Firmenkunden, Unternehmens- und Immobilienfinanzierung, Risikokapital, Wertpapierhandel und Investment-Banking. Als Gruppe ist es ihre zentrale Aufgabe, dem Gesamtunternehmen Führung und Leitung zu geben. Im Lauf der vergangenen Jahre unternahmen die Manager zu diesem Zweck eine Reihe von Aktivitäten, die für Gruppen im Top-Management typisch sind. So entwickelten und verbreiteten sie zum Beispiel eine Definition von Vision und Wertesystem des Unternehmens, setzten einen neuen Prozeß zur Strategieplanung und -überprüfung in Gang, diskutierten ausführlich über eine Reihe von strategischen und operativen Aufgaben und trafen gemeinsam eine Reihe wichtiger Entscheidungen. Sie wenden auch viel Zeit auf die Überprüfung und Lenkung der Karrieren von wichtigen Mitarbeitern auf und denken intensiv darüber nach, wie sie selbst und andere ihren Visionen und Werten mehr Nachdruck verleihen konnten.

Die Mitglieder der Firmenleitung treffen zweimal monatlich für zweieinhalb Stunden zusammen und haben auch einmal im Quartal zweitägige Sitzungen außer Haus. Die Tagesordnung für die zweiwöchentlichen Meetings steht weitgehend fest und beinhaltet vor allem operative Angelegenheiten sowie die Kommunikationserfordernisse und Aktualisierungen. Bei den zweitägigen Treffen geht es um längerfristige Aufgabenstellungen. Die Themen werden von Winters und seinen Mitarbeitern gewählt, die auch die entsprechenden Hintergrundinformationen und Positionspapiere bereitstellen, um intensive und fruchtbare Diskussionen sicherzustellen. Damit sorgt die Firmenleitung für einen gut geplanten und sorgfältig durchdachten Führungsprozeß.

Nach Meinung vieler Unternehmensangehöriger hätte diese Gruppe jedoch das Potential, mehr zu einem echten Team zu werden. Die Mitglieder verfügen über besonders viele Fähigkeiten und reiche Erfahrungen; ihre Diskussionen sind offen, konstruktiv und effektiv; sie haben eine klare Unternehmensvision, und ihre Ziele sind hochgesteckt. Zumindest oberflächlich betrachtet, wäre eigentlich nicht viel mehr nötig, um ein echtes Team aus ihnen zu machen.

Andererseits ist Prudential nicht mit Leistungsproblemen konfrontiert, die aus Sicht der Mitglieder des Vorstands einen anderen als den gegenwärtigen Arbeitsgruppenmodus erfordern würden. Daher betrachten sie den Sprung von der Arbeitsgruppe zum potentiellen Team nicht als dringende Notwendigkeit. Und wie Winters in dem Zitat zu Anfang dieses Kapitels sagt, zweifelt er daran, daß die potentiellen Vorteile eines echten Teams die zusätzlich erforderlichen Anstrengungen oder Risiken wert wären. Darüber hinaus begreift er, daß der einfache Versuch, ein Team um seiner selbst willen zu werden, keinen Sinn hat. Für Winters und den Vorstand tut es die Option Arbeitsgruppe. Wie für jede andere Führungsgruppe müßte auch für Winters' Gruppe ein Grund, sich einen Teamansatz zu überlegen, von einer Reihe von Leistungsbestrebungen kommen, die über die Möglichkeiten von Einzelleistung hinaus bedeutende und zusätzliche Beiträge erforderten.

Warum Teams an der Spitze schwerer zu bilden sind

Als wir begannen, uns mit Teams auseinanderzusetzen, erwarteten wir, bei Teams an der Unternehmensspitze andere Elemente und Risiken als bei anderen Teams vorzufinden. Wir täuschten uns. Führungsteams – gleichgültig, auf welcher Ebene des Unternehmens müssen denselben Kriterien entsprechen und dieselben Risiken auf sich neh-

men wie Teams, die etwas herstellen, ausführen oder empfehlen. Wir kamen allerdings zu der Erkenntnis, daß es an
der Spitze viel weniger Beispiele für echte Teams gibt als
anderswo, und daß sie im allgemeinen weniger Mitglieder
haben. Wir fanden auch heraus, daß solche Teams, wenn
es sie gibt, einen starken Einfluß auf die Leistungen ihrer
Unternehmen haben.

Viele von uns kennen die Leistungsvermächtnisse von
so bekannten Teams wie John Whitehead und John Wein-
berg (Goldman, Sachs), Walter und Peter Haas (Levi
Strauss) und David Packard und William Hewlett (Hewlett-
Packard). Es gibt auch eine Reihe weniger bekannter Beispiele von Teams, die an der Spitze von Unternehmen verschiedener Größe standen; darunter die in diesem Buch
beschriebenen Teams bei Burlington Northern Intermodal,
Garden State Brickface, Government Electronics Group
von Motorola und *Tallahassee Democrat*. Trotzdem sind
Teams an der Spitze von Unternehmen eher die Ausnahme als die Regel. Wenn man von Erfahrungswerten ausgeht, so ist die Bildung von Teams an der Unternehmensspitze schwieriger als anderswo.

Wir können hier nicht auf alle Gründe eingehen. Aber
wir glauben, daß fünf weitverbreitete, aber falsche Ansichten darüber, wie sich Führungskräfte an der Spitze zu verhalten haben, die Bildung von Teams behindern. Einige
dieser Ansichten sind in ihren Auswirkungen subtiler als
andere; aber jede beschwört den Arbeitsgruppenansatz geradezu herauf – *jede dieser Ansichten sollte von Führungskräften an der Spitze von Unternehmen, die den Teamansatz überlegen, sorgfältig hinterfragt werden.*

1. »*Der Existenzzweck eines Teams an der Unternehmensspitze ist identisch mit dem Existenzzweck des Unternehmens.*«

Potentielle Teams an der Spitze müssen ebenso wie alle
anderen potentiellen Teams ein gemeinsames Anliegen
und eine Reihe von Leistungszielen definieren, für deren

Erreichung sie als Team gemeinsam echte Arbeit leisten müssen. Gruppen an der Unternehmensspitze tendieren jedoch dazu, den Existenzzweck ihres Teams als identisch mit dem allgemeinen Unternehmensanliegen zu betrachten.

Natürlich sind Führungskräfte an der Unternehmensspitze verantwortlich für den Existenzzweck des Unternehmens. Aber dasselbe gilt auch für potentielle Teams auf anderen Ebenen, wenn auch in geringerem Maß. Alle Mitarbeiter eines Unternehmens tragen in irgendeiner Weise Verantwortung für den Existenzzweck des Unternehmens. Im Gegensatz zu Teams an der Unternehmensspitze können potentielle Teams auf anderen Ebenen des Unternehmens – wie beispielsweise solche, die als Projektgruppen Empfehlungen abgeben, die Maschinenrüstzeiten verringern oder die Markteinführung eines neuen Produkts in Rekordzeit erledigen – leichter zwischen dem Existenzzweck *ihres* Teams und ihrem allgemeinen Anliegen, das Unternehmen zu unterstützen, unterscheiden.

Hingegen stellt »die Führung eines Unternehmens« eine relativ abstrakte Herausforderung dar, deren Realisierung oft lang dauert, die oft schwer einzuschätzen ist, und die selten auf klare Anliegen, Ziele und Arbeitsergebnisse des Teams hinweist. Beispielsweise messen die meisten Gruppen an der Unternehmensspitze ihren Erfolg ausschließlich daran, wie gut das Unternehmen, gemessen an verschiedenen wirtschaftlichen Kriterien, dasteht. Natürlich wird dieser Ansatz den Einfluß der Gruppe auf die Arbeit anderer bewerten. Aber er mißt nicht, was die Gruppe als Team im Hinblick auf die Leistungsziele und Arbeitsprodukte erreicht, die sie für sich selbst definiert hat.

Denken wir zum Beispiel an die in Kapitel 6 beschriebene Vision der Enron Corporation. Die Führungsgruppe von Enron äußerte das Bestreben, Enron zum »führenden Großanbieter für Erdgas und zum weltweit innovativsten und zuverlässigsten Lieferanten sauberer Energie für eine bessere Umwelt« zu machen. Diese Vision ist für *die gesamte Organisation* von Enron die unerläßliche, rationale und emotionale Motivation, um die tiefgreifenden Veränderungen in Angriff zu nehmen, die nötig sind, um das Unternehmen zum Branchenführer zu machen und in den Bereichen Kundenservice, Innovation und Umweltverantwortung hervorragend zu sein. Darüber hinaus hilft diese Vision, das zu definieren, was jeder auf den oberen Führungsebenen – *als einzelner Führer* – in seinem Unternehmensbereich verändern muß. Auf der Grundlage dieser Vision initiierte Ron Burns, der Leiter des Pipeline-Bereichs, »Project 1990s« und das Deal-to-Steel-Team. Es ist jedoch nicht klar, welche Teamleistungsziele die Mitglieder der Führungsgruppe von Enron zur Unterstützung ihrer Vision anstreben sollten. Noch weniger klar ist, für welche spezifischen Arbeitsprodukte sie gemeinsam die Verantwortung übernehmen sollten.

2. »Die Mitgliedschaft im Team ergibt sich automatisch.«

Es ist bestenfalls entgegen jeder Intuition und im schlechtesten Fall unvorstellbar, daß jemand, der direkt dem Leiter eines Unternehmens oder einer Abteilung untersteht, geschweige denn der Vorgesetzte selbst, nicht zum Team gehört. Andererseits bestehen die Teams, wie die Beispiele in diesem Buch berichten, letzten Endes immer aus Mitgliedern mit den für die Aufgabe erforderlichen komplementären Fähigkeiten, Engagement und wechselseitiger Verantwortung. Wenn die »offiziellen« Teammitglieder diesen Vorgaben nicht entsprechen, agiert der Rest des Teams ohne sie – ob auf formellen oder stillschweigenden Beschluß.

Das ist jedoch auf unteren Ebenen leichter zu verwirklichen als an der Spitze. Hier kann man Personen, denen die Fähigkeiten für Teamarbeit oder den Umgang miteinander fehlen, die aber gute Einzelleistungen erbringen und über herausragende funktionale Fähigkeiten verfügen, nicht so leicht aus dem Team ausschließen – wenn auch nur aus Angst, dadurch ihre individuellen Beiträge zu verlieren. Auch Ego, exportierte Stellung und selbst persönliche Verpflichtungen und Mitleid können Hinderungsgründe für den Ausschluß leistungsschwächerer Mitglieder sein. Als Folge davon haben viele Teams an der Spitze von Unternehmen, die vor scheinbar unüberwindlichen Problemen mit Fähigkeiten stehen, das Gefühl, sich in einer vertrackten Situation zu befinden: »Egal, wie wir's machen, es fällt auf uns zurück.«

Ungeachtet dieser Schwierigkeiten, muß die Mitgliedschaft in einem Team an der Spitze jedoch nicht unbedingt von der Hierarchie bestimmt sein. Ein direkt unter Bill Greenwood beim Intermodal-Team von Burlington Northern Beschäftigter war zum Beispiel kein Teammitglied. Diese Einzelperson lieferte wichtige Beiträge zur Erfüllung der übergreifenden Bereichsziele und wurde auch von Greenwood und den anderen dafür geschätzt, identifizierte sich jedoch nie ganz mit Zweckvorstellung, Zielsetzungen und Arbeitsansatz des Teams. Auch dem Team an der Spitze der Government Electronics Group von Motorola gehörten nicht alle Manager der ersten Ebene an. Und zu den Mitgliedern des weiter hinten in diesem Kapitel beschriebenen Manager-Teams von Lake Geneva gehörten ebenfalls nicht alle Führungskräfte des Top-Managements dieses Unternehmens. In allen Fällen machte es die intensive Konzentration auf eine spezifische Leistungsanforderung, auf ein Bündel gemeinsamer Arbeitsprodukte sowie auf das für alle Mitglieder geltende Prinzip »jeder leistet echte Arbeit« möglich, daß sich echte Teams bildeten, die einige Personen nicht mit einschlossen, ohne sie aber auszustoßen. Wir wollen damit nicht behaupten, daß Teams an der Spitze von Unternehmen einzelne Personen ausschließen müßten. sondern vielmehr, daß das nicht möglich sein muß.

3. *»Rolle und Beiträge der Teammitglieder, einschließlich der des Teamführers, werden von der hierarchischen und funktionalen Position bestimmt.«*

In der großen Mehrzahl der Führungsgruppen stimmen die Beiträge, die von den einzelnen Personen erwartet werden, mit deren formalen Tätigkeitsbeschreibungen überein. Der Leiter der Marketingabteilung ist zum Beispiel hauptsächlich mit Fragen des Marketing befaßt, der Leiter der Finanzabteilung mit Finanzfragen und so weiter. Jede dieser Personen kann ihre Mitstreiter in konstruktiver Weise beraten und ansonsten Teamarbeit praktizieren. Oder – das andere Extrem – die Führungskräfte können einander schroff kritisieren oder, innerlich wütend, vorwurfsvoll schweigen. Aber in beiden Fällen definiert ihr individueller Einflußbereich ihren Lösungsraum. Wie die Ritter der Tafelrunde wissen und erkennen sie an, daß jeder seine eigenen Aufgaben zu erfüllen hat. Weniger bildhaft ausgedrückt: An der Spitze von Unternehmen ist *»mein Job« viel klarer definiert und bringt mehr Einsatzfreude als »unser Job«.*

Der tief verwurzelte Hang zur Einzelverantwortung und -leistung festigt die Verhaltensmuster von Führungskräften, die Teamerfordernissen zuwiderlaufen. Teams an der Spitze müssen ebenso wie Teams anderswo ein Gefühl von gegenseitigem Vertrauen und Abhängigkeit entwickeln. Wenn aber Führungskräfte an die Spitze gelangt sind, fällt es ihnen meist schon schwer, ihre Leistung von Personen abhängig zu machen, die weder ihre Vorgesetzten noch ihre Untergebenen sind. Und die Risiken persönlichen Versagens sind viel höher, weil sich viele Führungskräfte als Kandidaten für den Chefposten in ihrem oder in einem anderen Unternehmen betrachten. Während sie also an Aufgaben in ihren eigenen individuellen Funktionen mit Zuversicht herangehen, fühlen sie sich unbehaglich bei der Vorstellung, sich mit einer Umstellung auf teamorientierte Verhaltensweisen aufs Glatteis zu begeben. So wies selbst Ron Burns, der das Deal-to-Steel-Team von Enron (Kapitel 6) sehr effektiv leitete, schließlich die Einladung der Projektgruppe zurück, die Implementierung durchzuziehen. Statt dessen beschloß er, die Direktoren der Pipelinegesellschaft für die Verwirklichung der Empfehlungen der Projektgruppe individuell verantwortlich zu machen, indem er ihre Fortschritte mittels vierteljährlicher Zählkarten überwachte. »Wer sich nicht zu uns bekennt, wird von der Zählkarte entfernt«, sagte er.

All dies setzt den Teamführer noch stärker unter Druck. Aufgrund seiner ganz besonderen Rolle und seines Einflusses wird im allgemeinen davon ausgegangen, daß die Leistung der Gruppe mit ihm steht oder fällt. Die logische Konsequenz daraus wäre, daß dem Teamführer die alleinige Verantwortung für die Definition des Existenzzwecks des Teams, der Zielsetzungen und des Arbeitsansatzes der Gruppe übertragen wird. Solche Annahmen beschränken sich nicht nur auf die Führungsetage. Wenn große Probleme drohen oder auftreten, beruft der Aufsichtsrat den Vorstandsvorsitzenden ab, nicht etwa das ganze Team an der Spitze. Folglich wissen alle – der Teamführer und die, welche direkt an ihn berichten –, daß die Position des Führers auf dem Spiel steht und nicht die der anderen.

Als Folge davon sind viele Führungskräfte sehr vorsichtig bei der Abgabe von »Lösungsraum« sogar an einzelne Manager, geschweige denn an Teams; und sie stützen sich instinktiv eher auf ihre eigene Klugheit und Kontrolle als auf teamorientierte Führungsansätze. Von ihnen wird erwartet, daß sie keine Unsicherheit zeigen, von anderen nicht abhängig sind und nicht erkennen lassen, daß sie nicht auf alles eine Antwort haben. Das macht es schwierig für sie, Teamführer zu sein, was wiederum die gemeinsame Entwicklung eines Anliegens beeinträchtigt, die für den Aufbau gegenseitiger Verantwortung und für eine gemeinsame Richtung nötig ist. Inzwischen finden die Kollegen es bequemer, sich etwas zurückzuhalten und auf Nummer Sicher zu gehen, als die Führungsperson und sich selbst in aggressiver Weise zur Festlegung eines gemeinsamen Anliegens, eines Gerüsts von Leistungszielen und eines auf dem Prinzip »nur das Team kann versagen« aufbauenden Arbeitsansatzes herauszufordern.

4. »Zusätzliche Zeit für ein Team aufzuwenden ist ineffizient.«

Manager haben nur selten viel Zeit zur freien Verfügung. Darüber hinaus müssen sie den Großteil ihrer Zeit für die Führung der Leute in den verschiedenen Teilen der Organisation aufwenden. Wenn sie sich als Top-Management-Gruppe formieren, besteht ihr Ziel darin, die miteinander verbrachte Zeit zu minimieren, ohne dabei natürlich die Effektivität ihrer Diskussionen und Entscheidungen zu beeinträchtigen. Sie halten sich an Tagesordnungen mit genau festgelegten Prioritäten.

Im Gegensatz zu anderen Teams ist es bei Managergruppen nicht wahrscheinlich, daß sie »die Ärmel hochkrempeln« und gemeinsam echte Arbeit leisten, wie zum Beispiel Kunden zu interviewen, sich in Analysen zu vergraben und mit neuen Arbeitsansätzen zu experimentieren. Tatsächlich erwarten Manager von sich selbst – und auch andere erwarten es von ihnen –, daß sie solche Mühen an Mitarbeiter auf nachgeordneten Ebenen delegieren und dann die Ergebnisse in Meetings besprechen. Die Folge ist, daß der Beitrag jedes einzelnen Managers sich häufig auf zwei Aspekte beschränkt: 1. die von anderen geleistete Arbeit und 2. das eigene Urteil und die eigene Erfahrung des Managers. Beide Aspekte sind für eine gut funktionierende Arbeitsgruppe von wesentlicher Bedeutung; aber beide entsprechen nicht der »echten Arbeit« von Teams.

5. »Die Effektivität eines Teams hängt nur von Kommunikation und Offenheit ab.«

Diese nur allzu verbreitete Fehleinschätzung setzt Teamarbeit mit Teams gleich. Die Führungskräfte von Cosmo Products (Kapitel 5) gingen ebenso in diese Falle wie die Geschäftsführer von ComTech Cellular (Kapitel 5). Natürlich profitieren die Diskussionen und Entscheidungen von Top-Managementgruppen davon, daß ihre Mitglieder aufmerksam zuhören, zusammenarbeiten, sich mitteilen, im Zweifelsfall zu ihren Gunsten entscheiden und Interessen und Leistungen anderer anerkennen. Aber noch einmal: Der Zweck solcher Verhaltensweisen besteht vor allem darin, die Qualität von Entscheidungen zu verbessern, die an und für sich noch nicht unbedingt gemeinsame Arbeitsprodukte des Teams sind oder ein Gefühl gegenseitiger Verantwortung widerspiegeln.

Diese fünf Annahmen kombiniert bewegen Managergruppen dazu, sich dem Arbeitsgruppenansatz zuzuwenden, ohne sich der Tatsache bewußt zu sein, daß sie damit eine Wahl treffen.

Das wesentliche Arbeitsprodukt solcher Gruppen sind Entscheidungen, die auf fruchtbaren Führungsdiskussionen und anderen Prozessen beruhen; diese Entscheidungen werden dann einzelnen Mitgliedern zugewiesen, denen die Verantwortung für die Durchführung übertragen wird. Wenn die Gruppe nicht gemeinsam die Verantwortung für das Ergebnis solcher Entscheidungen übernimmt, ist solches Verhalten jedoch nicht die Art von echter Arbeit, die Leistung auf Teamniveau erzeugt.

Die Arbeitsprodukte eines Teams spiegeln einen zusätzlichen Leistungswert wider, der über die Summe der Bemühungen der einzelnen Mitglieder hinausgeht. Sie erfordern auch die gemeinsame, echte Arbeit der Teammitglieder selbst, und sie erzeugen ein Gefühl der gemeinsamen Verantwortung für die Ergebnisse. Selbstverständlich agieren echte Teams an der Spitze von Unternehmen nicht ohne effektive Meetings zum »Diskutieren und Entscheiden«. Aber wenn echte Teams solche Entscheidungen treffen, ist die Verantwortung für deren Durchführung eine gegenseitige und nicht nur eine individuelle.

Wir werden anhand von zwei Beispielen zeigen, welcher Unterschied zwischen der Einzelverantwortung für Entscheidungen von Arbeitsgruppen und der gemeinsamen Verantwortung für Teamentscheidungen besteht. Beim ersten Beispiel, einem Zwei-Milliarden-Dollar-Unternehmen, das wir »Slader Field Corporation« nennen, geht es um eine klassische Entscheidung des Top-Managements – um die Neuorganisation des Unternehmens. In diesem Beispiel haben wir es mit einer effektiven Arbeitsgruppe zu tun, in der es nichtsdestotrotz kein Gefühl der gemeinsamen Verantwortung für die getroffenen Entscheidungen gibt. Die zweite Geschichte handelt von einem Unternehmen, das wir »Lake Geneva Multinational Corporation« nennen, und ist in Form eines Dialogs gehalten, den wir verfolgen konnten, und den wir hier frei wiedergeben. Die Qualität der Diskussion selbst vermittelt das Bild eines echten Teams, dessen Mitglieder einander für die getroffenen Entscheidungen in die Verantwortung nehmen.

Slader Field

Die Idee zu der Neuorganisation hatte der Vorstandsvorsitzende von Slader Field, Jeff Selkirk, im Herbst. Er war der Meinung, daß das Unternehmen bessere Leistungen erbringen würde, wenn es anders strukturiert wäre. Er teilte seinen beiden engsten Beratern seine Vorstellungen mit und bat sie, ihm durchdenken zu helfen, wie diese Umstrukturierung vor sich gehen sollte und wer dabei welche Aufgabe übernehmen sollte. Es wurde Winter, bevor Jeff eine ausreichend genaue Vorstellung von der Grundrichtung hatte, um den nächsten Schritt zu wagen. Dann führte er einige Wochen lang Einzelgespräche mit den wichtigsten Mitgliedern seiner Top-Management-Gruppe. Die Reaktionen der Männer und Frauen in der Gruppe reichten von Begeisterung bis Enttäuschung, je nachdem, welche Art von Aufgabe Jeff ihnen zugedacht hatte. Jeff bat sie, darüber nachzudenken. Von den wenigen Managern, deren Begeisterung sich in Grenzen hielt, wies keiner Jeffs Vorschläge offen zurück; alle unterstützten ihn.

Danach forderte Jeff die Gruppe auf, ein dreitägiges Meeting außer Haus abzuhalten, um sich über die Konsequenzen der Neuorganisation zu verständigen, genau auszuarbeiten, wie alles im Detail funktionieren sollte, und um einen Plan für die Ankündigung zu entwerfen. Jeff wollte dieses Meeting dafür nutzen, seine Gruppe auf die Entscheidung einzuschwören. Er forderte – und bemühte sich ernsthaft darum –, daß die geplanten Maßnahmen und das beste Vorgehen zur Umsetzung in vollem Umfang offengelegt würden. Trotzdem war allen klar, daß Jeff weder erwartete noch wünschte, daß die grundlegende Richtung der von ihm bereits getroffenen Entscheidung von irgend jemandem in Frage gestellt oder abgeändert würde.

Das Meeting entsprach voll und ganz Jeffs Erwartungen. Die Manager diskutierten offen und ehrlich über viele ihrer Bedenken und stellten einen gründlichen Kommunikationsplan auf, um die wichtigsten Leute persönlich wissen zu lassen, was passierte, und um die Neuorganisation dann allgemein anzukündigen. Alle Manager identifizierten sich mit der Entscheidung insofern, als sie sich als Einzelpersonen dazu verpflichteten, ihr Bestes zu geben, um ihre neuen Aufgaben zu erfüllen.

Die Führungskräfte von Slader Field verließen das Meeting jedoch nicht mit einem Gefühl der gegenseitigem Verantwortung für die Umsetzung der Entscheidung. Ungeachtet der aufgewendeten Zeit und Anstrengung, gab es kaum einen Zweifel daran, daß es Jeffs Entscheidung war. Die meisten Manager waren begeistert. Einige wenige aber blieben – obwohl die Diskussion ihrer Bedenken sie ein wenig besänftigt hatte – in ihrem Innersten weiterhin skeptisch und wachsam, wenn auch bereit, das Ihre beizutragen. Jeder einzelne von ihnen, die Skeptiker inbegriffen, war jedenfalls entschlossen, individuell sein Bestes zu geben. Schließlich war Jeff der Vorstandsvorsitzende, und es war seine Aufgabe, eine derartige Entscheidung über eine Neuorganisation zu treffen. Wie allen anderen war dies auch Jeff bewußt. So waren alle Seiten der Überzeugung, sie hätten sich verantwortungsvoll und effektiv verhalten. Und für eine Arbeitsgruppe hatten sie das auch.

Aber sie waren kein Team. Als Folge davon machte die neue Organisation zwar Fortschritte, ein Großteil des Leistungspotentials blieb jedoch ungenutzt.

Lake-Geneva-Managerteam

Wenn echte Teams zusammenkommen, um zu diskutieren und Entscheidungen zu treffen, neigen sie dazu, sich ausschließlich auf Leistung zu konzentrieren, vor allem auf jene Fragen, die den Kern der grundlegenden Zweckvorstellungen und Zielsetzungen des Teams betreffen. Die administrativen und bürokratischen Fragen, die andere Gruppen lähmen, vermeiden sie beinahe automatisch. Außerdem sind die resultierenden Entscheidungen Teamentscheidungen, für die die Mitglieder ein hohes Maß an gemeinsamer Verantwortung entwickelt haben.

Um das zu veranschaulichen, baten wir ein Top-Managementteam von der Lake Geneva Multinational Corporation, uns eine seiner vertraulichen Diskussions- und Entscheidungssitzungen beobachten zu lassen: Die Aufgabe dieses Teams, dem sechs Amerikaner und sechs Europäer angehörten, besteht darin, die Gehälter für die 150 führenden Manager des Unternehmens festzulegen. Keines der Teammitglieder ist in der Personalführung tätig; sie haben allesamt leitende Positionen in wichtigen regionalen Produkt- oder Mitarbeiterbereichen von Lake Geneva inne. Mehrere, wenn auch nicht alle, gehören gleichzeitig der Firmenleitung von Lake Geneva an, die kein Team ist.

Bezeichnenderweise hat dieses Team eine viel weiter gefaßte Zweckvorstellung und Leistungszielsetzung entwickelt, die weit über die Regelung der Bezahlung hinausreicht. Alle Teammitglieder sind der Meinung, daß die Leistung von Lake Geneva in hohem Maße von der kontinuierlichen Pflege und Weiterentwicklung eines Bestands an hochkarätigen Managern im gesamten Unternehmen abhängt. Um das zu erreichen, hat das Team Kriterien formuliert, an denen jede Führungskraft gemessen werden soll. Darüber hinaus bewertet es sich als Team anhand der Erfolge, die bei der Verbesserung der Profile der 150 Spitzenmanager von Lake Geneva erzielt werden. Auch mißt und verfolgt es konsequent die Gesamtqualität des Managerbestands. Jedem Mitglied werden bestimmte Führungskräfte zur Beobachtung zugeteilt.

Jedes Teammitglied wendet mehrere Wochen pro Jahr auf, um Kollegen dieser Führungskräfte zu interviewen, mit den Betreffenden selbst zu sprechen und die erforderliche Dokumentation für den Ausschuß vorzubereiten. In schwierigeren Fällen wie dem von »Marion Meyer« in der folgenden Diskussion stellt das Team zwei oder drei Mitglieder für die Vorbereitung des Hintergrundmaterials ab. *Nichts von dieser Arbeit wird von anderen Mitarbeitern ausgeführt, das erlaubt das Team nicht.*

Als wir bei diesem Meeting vorbeischauen, beendet Frank Andrews, ein Amerikaner, gerade eine lange Diskussion über Leistung und Potential von Ursula Mandreik.

FRANK: ... also bleibe ich bei meiner Entscheidung, daß wir Ursula ein weiteres Jahr in Kategorie 3 belassen.

WILL (der offizielle Vorsitzende der Gruppe, was weder aus seinem Platz am Tisch noch aus seinem Verhalten hervorgeht): Noch irgendwelche Fragen oder Diskussionsbeiträge zu Ursulas Fall, bevor wir nochmals abstimmen?

KRUGER: Nur noch eine letzte Bemerkung. Ich verstehe, warum Frank vorschlägt, sie in Kategorie 3 zu belassen, aber ihre allgemeinen geschäftlichen Leistungsergebnisse – vor allem im Vergleich zu einigen unserer europäischen Kollegen – rechtfertigen diese Bewertung einfach nicht, trotz des Erfolgs ihrer letzten Produkteinführung. Wenn wir sie in diesem Jahr nicht eine Kategorie hinabstufen, müssen wir sie in jedem Fall nächstes Jahr besonders aufmerksam beobachten. Ich meine, daß wir hier keine Ausnahme von der rigorosen Anwendung unserer Kriterien machen sollten. Denken Sie an unsere Regel: alle Ausnahmen werden automatisch für das nächste Jahr zur besonderen Beachtung vorgemerkt.

WILL: Darüber sind wir uns bereits einig, Kruger. Stimmen wir jetzt ab, und dann machen wir eine Pause von zehn Minuten. (Alle notieren etwas auf einen Zettel, falten diesen zusammen und übergeben ihn Will. Gemeinsam mit Roberto, der neben ihm sitzt, listet er die Ergebnisse, während andere den Raum verlassen, um ihre unvermeidlichen vormittäglichen Telefonate zu führen.)

ROBERTO: Nun, zumindest ist das Abstimmungsergebnis nicht so knapp wie beim letzten Mal. Frank hat seine Hausaufgaben sehr gut gemacht, meinen Sie nicht? Auf mich hat vor allem die neue Information darüber gewirkt, wie effektiv Ursula beim Aufbau dieser neuen Produktgruppe vorgegangen ist. In 18 Monaten drei neue Produkte erfolgreich auf den Markt zu bringen, das ist schon beeindruckend.

WILL: Ja, aber ich bin auch froh, daß Kruger diese abschließende Bemerkung über nächstes Jahr gemacht hat. Wenn sich ihre jährlichen Geschäftsergebnisse nicht signifikant verbessern, behandeln wir andere im Vergleich zu ihr nicht gerade fair.

(Roberto geht zur Tafel, auf der zahlreiche Plaketten mit Namen an verschiedenen Stellen in einem zweiachsigen Raster befestigt sind; eine Achse trägt die Aufschrift »Geschäftsleistung« und die andere »Institutioneller Aufbau«. Er ordnet Ursulas Namen im Raster ein. In den meisten Gruppen dieser Art würden Robertos Aufgaben von einem Assistenten erledigt, aber in diesem Meeting sind keine zugelassen. Mittlerweile sind die Mitglieder zu ihren Plätzen zurückgekehrt.)

ROGER: Also wer kommt als nächstes? Wir sollten uns lieber beeilen, sonst müssen wir unsere Flüge umbuchen. Wenn man bedenkt, daß wir für diese Aufgabe jeder sechs Mannwochen aufwenden, müßten wir eigentlich schon weiter sein.

WILL: Marion Meyer ist der nächste. Sie werden sich sicher alle erinnern, daß im letzten Monat, als wir über

Marions Fall sprachen, die finanziellen Ergebnisse seiner Abteilung außerordentlich beeindruckend waren, und zwar im Vergleich sowohl zum Vorjahr als auch zu den anderen Einheiten dieses Unternehmens. Das ist nun schon das dritte Jahr, in dem Marions Abteilung derartige Verbesserungen aufzuweisen hat, und Martin hat vorgeschlagen, ihn um eine ganze Kategorie hinaufzustufen. Das Problem, das einige von Ihnen mit dieser Empfehlung hatten, war, daß weder die Marktposition der Abteilung noch die Personalentwicklung mit den finanziellen Ergebnissen Schritt halten konnten. Aus irgendeinem Grund war Marion bisher nicht in der Lage, eine potentielle Führungsgruppe unter sich aufzubauen, wie wir das von Leuten in der nächsten Kategorie erwarten. Da die erste Abstimmung unentschieden ausging, sollten Martin und Roberto uns mehr Informationen beschaffen.

MARTIN: Wir haben noch einmal mit Marions Boß und mit drei der Manager gesprochen, die in den letzten zwei Jahren am engsten mit ihm zusammengearbeitet haben. Es ist uns auch gelungen, wertvolle Informationen von Leuten zu bekommen, die für ihn gearbeitet haben; zwei von ihnen sind nicht mehr bei der Firma. Wir haben auch André gebeten, die Bewertungsakten der Leute in Marions Bereich durchzusehen und sich einen Überblick über ihre Fortschritte und ihr Potential zu verschaffen. Für all das haben wir zusätzliche drei Tage gebraucht, aber ich denke, Sie werden sehen, daß es die Mühe wert war.

Die gute Nachricht ist, daß er sich stark verbessert. Die meisten Leute denken, daß er der Entwicklung seiner Leute heute viel mehr Aufmerksamkeit schenkt als früher, und die tatsächlichen Ergebnisse, wie sie in Blatt 1, das ich zuvor ausgeteilt habe, zusammengefaßt sind, scheinen das zu bestätigen. Die schlechte Nachricht ist, daß er noch einen weiten Weg vor sich hat. Er wird zwar nicht länger als »Menschenfresser« betrachtet, aber es ist ihm auch noch nicht gelungen, die Art von hochkarätigen Talenten anzulocken oder zu fördern, nach denen wir suchen. Im Vergleich zu Einheiten in anderen Ländern ist Marions Führungsgruppe immer noch schwach.

Trotzdem: In Anbetracht der deutlichen Verbesserungen in diesem Bereich und seiner kontinuierlich starken Finanzergebnisse sind wir immer noch sehr dafür, daß er um eine volle Kategorie hochgestuft wird.

(In diesem Moment wird die Tür aufgerissen, und Glen, der Vorstandsvorsitzende des Unternehmens, stürzt herein und eilt zu seinem Stuhl.)

GLEN: Tut mir leid, meine Herren, aber ich hatte Charlie Jones (den Vorsitzenden des Finanzausschusses) am Telefon und konnte das Gespräch nicht früher beenden.

MIGUEL: Pech, Glen. Das kostet Sie fünfzig Pesos – stecken Sie sie in die Sparbüchse da vorne auf dem Tisch, für die Obdachlosen New Yorks.

GLEN: Fünfzig? Meinen Sie nicht, daß das ein bißchen übertrieben ist? Schließlich ist Charlie ein so wichtiges Vorstandsmitglied!

MIGUEL: Das sind die Regeln, Glen. Die Strafe für Zuspätkommen beträgt 10 Dollar pro Minute. Was meinen die anderen?

ALLE (einstimmig): Fünfzig Dollar! (Glen grinst etwas verlegen, als er den Fünfziger aus der Brieftasche zieht.)

WES (nimmt die vorhergehende Diskussion wieder auf): Marion arbeitet für Sie, Mark – was meinen Sie?

MARK: Wie Martin schon gesagt hat, Wes, ich habe ihm meine Kommentare bereits übermittelt. Ich finde, wir sollten nicht von unserem Prozeß abweichen, um Ihre Frage zu beantworten, nur weil ich zufällig Mitglied dieses Ausschusses bin.

KEN: Er hat vollkommen recht, Wes. Denken Sie an unsere Regel, daß die Mitgliedschaft in einem Ausschuß kein Anrecht auf Sonderplädoyers – ob positiv oder negativ – bedeuten sollte. Halten wir uns an unsere Vorgangsweise. Wenn Sie eine Frage haben, sollten Sie sie über Martin stellen – auch wenn die Frage lautet: »Was denkt Mark?«

MARTIN: Marks Einschätzung hat sich seit unserer letzten Sitzung nicht geändert. Er ist der Meinung, daß Marion sich in beiden Bereichen stark genug verbessert hat, um in die nächsthöhere Kategorie hinaufgestuft zu werden. Darüber hinaus denkt er, daß unsere Meinung zum Potential von Marions Managementgruppe übermäßig hart ist, weil die Mitglieder noch jung sind und sich unter Marions Führung gut entwickeln. Außerdem hatte er es, als er den Job übernahm, mit einer ziemlich traurigen Truppe zu tun. Vielleicht ist es ihm noch nicht gelungen, das volle Führungspotential aller dieser Leute auszuschöpfen, aber sie werden immer besser. Für den Fall, daß Sie alle es vergessen haben – vor fünf Jahren wurde Marion von diesem Ausschuß als mäßige Führungskraft eingestuft, und wir haben seine Kündigung erwogen. Nun gehört er zum besten Drittel unserer Managementgruppe, mit steigender Tendenz. Wenn es jemals einen Grund gab, ein bißchen auf die Zukunft zu setzen, haben wir ihn hier.

KEN: Das ist nicht das Problem, Martin. Marion hat diese Funktion nun schon länger als fünf Jahre. Das ist mehr als genug Zeit, um irgendwelche geerbten Personallücken aufzufüllen. Wenn er wirklich Kategorie Zwei ist, sollte er in der Zwischenzeit eine Gruppe von erstklassigen Leuten um sich versammelt haben. Darüber hinaus sollte er auch genügend zusätzliche Talente entwickelt haben, um sie bei Bedarf in andere Abteilungen transferieren zu können. Wenn wir diese Lücke aufgrund seiner jährlichen Geschäftsleistungen außer acht lassen, erlauben wir, daß er langfristige Perspektiven zugunsten der kurzfristigen opfert.

ROGER: Das wäre zu viel erwartet. Nicht allzu viele Führungskräfte waren mit einem solchen Mangel an talentierten Leuten belastet, den Marion geerbt hat. Außerdem mußte er sich ungeheuer anstrengen, um das Geschäft finanziell umzukrempeln; es war nicht einmal im Traum daran zu denken, einen Teil seiner guten Leute an andere abzugeben.

WILL: In Ordnung, wenden wir uns wieder den Fakten zu. Ich habe nichts dagegen, daß wir die Schwierigkeit der Situation bedenken, aber darüber haben wir schon lang und ausführlich gesprochen. Bleiben wir also bei den neuen Fakten, die Martin, Roberto und André über die lang- und kurzfristigen Leistungen von Marion vorgelegt haben.

WES: Ich bin derselben Meinung. Und wie ich es sehe, ist die Faktenlage folgende: Marions Geschäftsleistungen im Finanzbereich haben sich in drei aufeinanderfolgenden Jahren um jeweils mehr als 20 Prozent verbessert, aber sein Marktanteil nimmt weiterhin ab, wie Martins letzter Bericht deutlich zeigt. Das macht mir fast ebensogroße Sorgen wie die Tatsache, daß sein Bestand an Managertalenten praktisch unverändert geblieben ist. Gehen wir davon aus, daß sich jeder einzelne von ihnen verbessert – aber wie kommt es, daß Marion noch keine höherkarätigen Leute für die Gruppe gewinnen konnte? Der Bursche ignoriert die Bausteine, die für unsere zukünftige Position in Prag so wesentlich sind.

GLEN: Ich möchte an diesem Punkt eine strategische Überlegung einwerfen. Sie alle wissen, wie wichtig Marions Bereich für unsere Wachstumsstrategie ist. Ich mache mir Sorgen, daß wir ihn verlieren könnten, wenn wir ihm in diesem Jahr kein deutliches, positives Signal geben. Wenn wir an die relative Schwäche der Leute unter ihm denken, sollten wir meiner Meinung nach dieses Risiko nicht eingehen.

KRUGER: Ich verstehe, was Sie meinen, Glen, aber ich halte es für weitgehend irrelevant und völlig falsch. Unser grundlegendes Anliegen hier ist, die Leistungen unserer Kollegen zu bewerten, und nicht, irgendwelche wackeligen Strategien zu stützen. Außerdem scheint mir, Ihr Kommentar stützt das Argument, daß Marion nicht die Personalentwicklungsarbeit geleistet hat, die wir brauchen. Wenn wir uns wirklich von ihm trennen müssen, könnte das für die Firma insgesamt sehr gut sein. Wir wären dazu gezwungen, eine junge, hochkarätige Person von einer anderen Abteilung an seine Stelle zu setzen. Und wir gewinnen fast jedes Mal, wenn wir das tun. Vergessen wir nicht, daß es die vorrangige Aufgabe dieser Gruppe ist, Qualität und Produktivität unseres gesamten Managerbestands zu verbessern, und nicht nur, Bonusgelder zu verteilen. Wenn irgend jemand keine ausgewogenen Leistungsergebnisse bringt, sollten wir ihn sowohl entsprechend bezahlen als auch uns auf einen entsprechenden Ersatz vorbereiten.

WILL: Pause, meine Herren. Es wird ein bißchen heiß und stickig hier drinnen. Außerdem ist es fast Mittag. Zum Glück haben wir eine kleine Bootsfahrt über den See organisiert, in der Hoffnung, daß uns ein bißchen frische Luft einen klaren Kopf verschaffen wird. Ich möchte diese Zeit auch dazu verwenden, über die Einzelheiten der vier Kündigungen zu sprechen, die wir bei unserer letzten Sitzung beschlossen haben. Die Diskussion über Marion werden wir nach dem Mittagessen fortsetzen.

GIORGIO: Einen Moment noch. Vor dem Mittagessen möchte ich noch eine kleine Auszeichnung vornehmen. Wie Sie alle wissen, gehört Ken diesem Ausschuß schon lange Zeit an – und das ist auch in Ordnung so. Das einzige Problem ist, daß er immer denselben alten Pullover trägt. Der hat nicht nur Löcher in den Ärmeln, so langsam fängt er auch schon an zu muffeln. Wir hatten gehofft, daß Ken uns einmal einen Grund liefern würde, ihm ein Geschenk zu geben, aber damit war nichts. Und wir können nicht mehr länger warten. Ken, hier haben Sie einen neuen Pullover als Geschenk von uns allen – vorausgesetzt, Sie versprechen, den alten niemals wieder zu tragen.

KEN: Tja, ich weiß nicht, Leute, dieser alte Pullover bedeutet mir sehr viel... (an diesem Punkt wird er von

Roger und Wes gepackt und zum offensichtlichen Vergnügen aller gezwungen, seinen alten Pullover auszuziehen. Dann bricht die Gruppe zum Mittagessen auf, später wird beschlossen, die Leistungseinstufung von Marion Meyer unverändert zu halten.)

In der Zwischenzeit sollte klar geworden sein, daß wir es hier mit einem richtigen Team in Aktion zu tun haben, bei dem wechselseitige Verantwortung die Norm ist. Hier werden Konflikte offen ausgetragen, was sich als hilfreich und konstruktiv erweist. Weder die Unternehmenshierarchie noch die formalen Positionen der Mitglieder haben Auswirkungen auf die Teamentscheidungen. Der Firmenchef hat nicht mehr Einfluß als irgendein anderes Teammitglied; er behandelt jeden anderen – und er wird von den anderen behandelt – wie ein gleichgestelltes Mitglied. Das Team mißt seine Fortschritte am vorgegebenen Existenzzweck. Es bekennt sich offensichtlich zu dem von ihm entwickelten Prozeß und Arbeitsansatz.

Die Mitglieder arbeiten alle unglaublich hart an ihrer Aufgabe, wobei sie schwierige Fälle wie den von Marion Meyer oft doppelt und dreifach durchgehen. Jedes Mitglied übernimmt in den Meetings je nach Situation verschiedene Teamrollen. Jeder besteht beim anderen auf Aufrichtigkeit und Verantwortlichkeit hinsichtlich der Qualität der Arbeit, der Klugheit von Entscheidungen und der Erreichung der vereinbarten Teamziele.

Der offizielle Teamführer spielt die Rolle, die für das Team in der jeweiligen Situation am besten ist; manchmal ist er ein strenger Zuchtmeister, um die Tagesordnung zu erledigen, und manchmal mischt er sich in Diskussionen nicht ein und läßt die anderen die Arbeit tun. Jedenfalls hat er nicht mehr Einfluß auf die Entscheidungen des Teams als irgendein anderes Mitglied.

Die Gruppe hat auch Spaß. Die Meetings sind nicht nur produktiv, sondern auch erfrischend. Die Mitglieder haben Zeit für ein bißchen Neckerei, die nicht nur dazu dient, mit den anderen Spaß zu haben, sondern auch den starken gegenseitigen Respekt ausdrückt, den sie füreinander empfinden. Die Mitglieder im Ausschuß werden turnusmäßig ausgewechselt und ehemaligen Mitgliedern, mit denen wir sprachen, fehlt ohne Ausnahme dieses Erlebnis. Nicht alle sind eng befreundet, aber sie schätzen einander sowohl als Menschen als auch als Führungskräfte. Sie sind auch ein Hochleistungsteam aus Führungskräften an der Spitze des Unternehmens. Das macht sie doppelt ungewöhnlich.

Der Durchbruch zur Teamleistung an der Spitze

Manche Leute meinen, daß nur Gruppen, die »gut miteinander können«, so gute Leistungen erbringen wie das Lake-Geneva-Team. Diese Sichtweise ist jedoch zu eng und nicht einmal zielführend. Daß man »miteinander kann«, ist in allen Gruppen von Menschen ein sehr seltenes Phänomen, ob es sich nun um eine Gruppe von Spitzenmanagern handelt oder nicht. Darüber hinaus ist es viel häufiger bei kleineren Personengruppen anzutreffen, selbst wenn es sich nur um zwei oder drei Personen handelt, als bei einer so großen Gruppe von Personen, wie sie an der Spitze der meisten Unternehmen zu finden ist. Wenn bestimmte Führungskräfte gut miteinander auskommen, sollten sie sich diesen glücklichen Umstand natürlich als Gruppe zunutze machen. Aber die Art der gegenseitigem Verantwortung, wie sie für das Lake-Geneva-Team, das Intermodal-Team von Burlington Northern und die »Dallas Mafia« charakteristisch war, entwickelte sich in erster Linie aus der Schaffung spezifischer Teamarbeitsprodukte für ein bestimmtes Anliegen und erst in zweiter Linie, wenn überhaupt, aus einem wachsenden Gefühl persönlicher Harmonie.

Der gangbarste Weg zum Aufbau eines Teams an der Unternehmensspitze ist also nicht der Wunsch, gut miteinander auszukommen, sondern der Versuch herauszufinden, wie Führungskräfte gemeinsam echte Arbeit leisten können. Gelingt ihnen das, so entsteht ein erkennbares Muster ihrer Aufgaben, Arbeitsansätze und Beiträge. Dieses beinhaltet:

1. Ausarbeitung von Aufgabenzuweisungen für das Team zur Lösung spezifischer Punkte.

Diese sind enger gefaßt und konkreter als die Führung einer Organisation als ganzes zur Verwirklichung einer Vision, eines übergreifenden Auftrags oder einer Strategie. Und während die Entwicklung von Visionen und Strategien selbst gemeinsame Arbeitsprodukte von Top-Managern darstellen kann, erfordert sie doch mehr als Überprüfung und Billigung. Außerdem verblaßt das Hochgefühl, gemeinsam eine sinnvolle Vision oder Strategie entwickelt zu haben, ziemlich rasch, wenn die Top-Manager diese Vision oder Strategie nicht als Richtlinie für die Identifizierung und Verfolgung einer kontinuierlichen Flut enger gefaßter, konkreterer Teamaufgaben verwenden – so z. B. die Erstellung eines neuen Programms zur Verbesserung der Marketingkenntnisse des Managements oder die Integration zweier Unternehmen nach der Fusion.

Die »Dallas Mafia« verschrieb sich zum Beispiel spezifischen Teamzielen in den Bereichen Geschäftsmix und Personalqualität, realisierte diese Ziele dann durch Verhandlungen mit Schlüsselkunden, durch die Einstellung hochqualifizierter Kräfte, Schulung der neu eingestellten Fachleute und die Heranziehung jüngerer Mitarbeiter für verantwortungsvollere Aufgaben. Das Intermodal-Team von Burlington Northern arbeitete direkt an einer Vielfalt von Team-Arbeitsprodukten wie zum Beispiel Konstruktionsplänen für Frachtzentren, Werbekampagnen, Budgetvorschlägen sowie Kauf und Installation von Bürokommunikationssoftware und -ausrüstung. Wie bereits in Kapitel 5 erläutert, hätten sich die Manager von Cosmo Products die Teamaufgabe setzen können, die Qualität des Entwicklungsprozesses für neue Produkte zu verbessern, taten es jedoch nicht. Das ist die Art von Arbeitsprodukten des Top-Managements, die echte Teams fördern und erfordern.

2. Zuteilung der Arbeit an Untergruppen des Teams.

Die meisten Teams, die wir beobachtet haben, entwickeln ihre Arbeitsprodukte nicht als Gesamtteam. Projektgruppen und Arbeiterteams betrauen fast immer Einzelpersonen und Untergruppen innerhalb des Teams mit den Vorbereitungsarbeiten, die eine produktive und sinnvolle Arbeitssitzung des Gesamtteams ermöglichen. Im Gegensatz dazu verbringen Gruppen des höheren Managements nahezu ihre ganze Zeit als Gesamtteam damit, die Arbeit anderer zu überprüfen, Fragen zu diskutieren und Entscheidungen zu treffen.

Die uns bekannten erfolgreichen Teams an der Spitze von Organisationen brechen aus diesem Muster aus, indem sie eine oder mehrere Einzelpersonen mit spezifischen Aufgaben betrauen und von diesen erwarten, daß sie wesentliche Arbeitsprodukte liefern, die vom Gesamtteam in darauffolgenden Arbeitssitzungen integriert werden können. Das führt dazu, daß die Mitglieder auch außerhalb der Sitzungen des Gesamtteams echte gemeinsame Arbeit leisten, wodurch Teammanagement und wechselseitige Verantwortung abseits vom Umfeld der Diskussions- und Entscheidungssitzungen wachsen können.

3. Auswahl der Mitglieder nach Fähigkeiten statt Position.

Wenn die Teammitglieder nach ihren Fähigkeiten ausgesucht werden, läßt der Zwang nach, bei der Auswahl hierarchische Strukturen zu berücksichtigen. Nicht alle Personen, die direkt dem Vorstandsvorsitzenden unterstellt sind, müssen in einem einzigen Team versammelt sein. Es ist wichtig, auf den erforderlichen Fähigkeiten zu bestehen und nicht einfach davon auszugehen, daß die Eignung einer Person für die Zwecke eines Teams sich schon allein aus ihrer formalen Position ergibt. Andernfalls wird das Team, gemessen an seinen Zielsetzungen, unter einem fatalen Mangel an Fähigkeiten leiden.

Ein fähigkeitsspezifischer Arbeitsansatz ermöglicht die Alternative mehrerer kleiner Teams, die gebildet werden, um spezifische Fragen in Angriff zu nehmen und verschiedene Fähigkeitenprofile aufeinander abzustimmen. Die kleineren Gruppierungen und die Fokussierung auf einzelne Fragen geben den Top-Managern die Möglichkeit, Erfahrungen mit Teams zu sammeln, die, insbesondere wenn sie in ihrer Zusammensetzung überlappen und ineinandergreifen, das Potential für ein größeres Team an der Unternehmensspitze bieten.

4. Verpflichtung aller Mitglieder, im gleichen Umfang echte Arbeit zu leisten.

Die Aufgabenstellungen verlangen von jedem Teammitglied (auch vom Teamführer), echte Arbeit zu leisten, anstatt nur Aufgaben zu delegieren und die Arbeit anderer zu überprüfen. Wenn Teammitgliedern in echten Teams Aufgaben zugeteilt werden, wird von ihnen erwartet, daß sie die Arbeit selbst erledigen. Natürlich können Mitglieder von Projektgruppen oder Arbeiterteams um Unterstützung bitten, und eventuell ist auch Hilfe von anderen nötig. Aber der Arbeitsaufwand, den die einzelnen Teammitglieder in das Arbeitsprodukt stecken, ist immer klar zu erkennen, ebenso wie ihre Kenntnis der Ergebnisse aus erster Hand. Im Gegensatz dazu folgen Spitzenmanager normalerweise einem Muster des Delegierens echter Arbeit, was den schleichenden Effekt hat, einen Teambeitrag zu verhindern. Die Arbeit der Mitarbeiter ist vom delegierenden Top-Manager geprägt, aber er hat keine Mühe in sie investiert. Dadurch wiederum werden Engagement und Wertschätzung aller Gruppenmitglieder für das Arbeitsprodukt unterschwellig, aber merklich geschwächt. Außerdem werden die Sachkenntnis und daher auch das innovative Potential der Gruppe eingeschränkt.

Im Gegensatz dazu betrieben Angehörige des Inter-modal-Teams Maschinen, verhandelten mit Zulieferern, schrieben Werbetexte, konstruierten Preismodelle und bauten Kommunikationsnetze auf. Als Folge hatten alle Teammitglieder, die irgendeinen bestimmten Teil der echten Arbeit leisteten, persönlich in die Arbeit und Ergebnisse investiert und sich dadurch bei ihren Teamkollegen höheres Ansehen und größeres Vertrauen erworben. Selbstverständlich delegierte das Intermodal-Team auch Arbeit an andere. Die Mitglieder leisteten jedoch selbst genügend echte Arbeit, um den gegenseitigem Respekt und die wechselseitige Verantwortung zu erzeugen, die für Teamleistungen charakteristisch sind.

5. *Das Durchbrechen der hierarchischen Interaktionsmuster.*

Die Arbeitszuweisungen und die zu leistenden Beiträge sollten häufig von der hierarchischen Position unabhängig sein. Als Fred Mott und die anderen Top-Manager des *Tallahassee Democrat* beschlossen, gemeinsam die Budgets eines jeden zu erstellen, durchbrachen sie eine der entscheidenden Barrieren für die Teamleistung: die Annahme, daß der Beitrag jedes einzelnen an echter Arbeit für das Team ausschließlich seine formale Stellung und Rolle innerhalb der Hierarchie widerspiegeln müsse. Diese Annahme führt beinahe per definitionem zur Arbeitsgruppe und nicht zum Team, weil sie persönliche Beiträge von zusätzlichem Wert ausschließt, die über den wichtigen, aber bereits vorausgesetzten Beitrag hinausgehen, den jeder einzelne im Rahmen seiner hierarchischen Rolle leistet.

Beim *Democrat* beispielsweise wird, wie in den meisten anderen Firmen, von jedem Bereichsleiter die Erstellung eines Budgets erwartet. Normalerweise aber wird von Bereichsleitern nun aber nicht erwartet, daß sie die Ärmel hochkrempeln und aktiv daran mitwirken, Lösungen für die unzähligen Abgleiche zu finden, die bei der Erstellung der Budgets anderer Bereichsleiter getroffen werden müssen. Die meisten Führungskräfte hätten auch nicht genügend Zeit, das für jeden einzelnen Bereich zu tun. Aber die meisten Führungsleute haben wie jene beim *Democrat* genügend Zeit, um sich mit dem Budget zumindest eines anderen Bereichs detailliert zu befassen. Als sich das Führungsteam des *Democrat* diesen Arbeitsansatz zu eigen machte, hatte das zur Folge, daß ein Gefühl der gegenseitigem Wertschätzung und Verantwortlichkeit dafür entstand, »das ganze Blatt und nicht nur einen Teil davon in Gang zu setzen«.

Solche nicht hierarchisch orientierten Aufgabenzuweisungen liefern grundlegende Bausteine für Teamarbeitsprodukte und Teamleistungen. Wenn zum Beispiel ein Manager, der *nicht* für Personal zuständig ist, einen Bewerber für einen Posten interviewt, der *nicht* in seine Abteilung fällt, wissen die anderen Teammitglieder die aufgewendete Zeit und Mühe als einen Beitrag *für das Team* zu schätzen. Derselbe Effekt zeigte sich beispielsweise, als sich der Chef der »Dallas Mafia«, Canfield, bereit erklärte, bei einem wichtigen Großkunden unter einem jüngeren Kollegen zu arbeiten, und als Charlie Baum, der Bereichsleiter bei Garden State, für die Kundennachbetreuung in die Rolle eines Assistenten des Verkaufsleiters schlüpfte. Natürlich muß ein Großteil der Beiträge der Führungskräfte in Zusammenhang mit ihren jeweiligen hierarchischen Rollen und Erfahrungen stehen. Aber ohne einen kontinuierlichen Fluß von Beiträgen, die über diese gegebenen Rollen hinausgehen, werden die einzelnen Personen der Chance beraubt, echte Arbeit für das Team zu leisten.

6. Festlegung und Befolgung von Verhaltensregeln, die denen anderer Teams ähneln.

Top-Manager müssen natürlich gemeinsam Zeit darauf verwenden, die Arbeit anderer zu überprüfen und Entscheidungen zu treffen. Wie bereits gesagt, liegt der wichtigste Unterschied zwischen den Diskussions- und Entscheidungsaktivitäten von Teams im Vergleich zu Arbeitsgruppen im Grad der gegenseitigem Verantwortung für die Ergebnisse getroffener Entscheidungen. Teams im Top-Management können einen höheren Grad wechselseitiger Verantwortung fördern, indem sie die in Kapitel 6 beschriebenen Verhaltensregeln aufstellen und befolgen, die allen Teams helfen, einen Fokus zu finden, hierarchische Beschränkungen zu vermeiden und Offenheit, Engagement und Vertrauen zu fördern.

Die eben besprochenen Muster von Aufgabenzuteilung und Team-Arbeitsprodukten sollten ebenfalls als klare Verhaltensregeln betrachtet werden. Indem die Top-Manager spezifische Teamaufgaben identifizieren, sie Einzelpersonen oder Untergruppen zur persönlichen Erledigung zuweisen und sicherstellen, daß ein Großteil dieser Aufgaben ohne Rücksicht auf Hierarchie und formale Position erledigt wird, liefern sie Arbeitsprodukte zur Erreichung der Team-Leistungsziele und die wiederum wirken sich erheblich auf die Unternehmensergebnisse aus.

Fazit

Die entscheidende in diesem Kapitel behandelte Frage lautet, wie man feststellen kann, wann die Leistungsziele eines Unternehmens ein Team an der Unternehmensspitze rechtfertigen. Die schwierige Entscheidung zwischen einer Arbeitsgruppe und einem Team ist kein einmaliges Ereignis. Gruppen an der Spitze müssen in regelmäßigen Abständen überprüfen, ob das von ihnen gewählte Modell den sich wandelnden Leistungsanforderungen, vor denen sie stehen, vollkommen gerecht wird. Durch die Entscheidung für die Option Arbeitsgruppe vermeiden Gruppen an der Unternehmensspitze das Risiko, den Sprung zu wagen und einen Fehlschlag zu erleiden. Teamleistung erfordert einen Zeitaufwand, der in den ohnehin vollgestopften Terminkalendern untergebracht werden muß; das bedeutet, daß Teamaktivitäten zur Vernachlässigung individueller Pflichten führen können. Eine gescheiterte Teaminitiative an der Unternehmensspitze erzeugt allgemeine Skepsis gegenüber Teams und kann sogar dazu führen, daß die Gruppe in die Haltung eines Pseudo-Teams verfällt; die wiederum ihre Leistungsfähigkeit zersetzt und schwer zu durchbrechen ist. Diese Schattenseiten stellen ein hohes Risiko dar, insbesondere wenn die Gruppe an der Spitze sich über die Vorteile eines Teams immer noch unsicher ist.

Andererseits verspricht eine Entscheidung für den Teamansatz ein beträchtliches Leistungspotential und wichtige Vorteile gegenüber der Option Arbeitsgruppe, von denen allerdings einige nicht gemessen werden können – so zum Beispiel die stärkere Überzeugung von der gemeinsamen Sache. Zusätzlich gibt es natürlich den greifbaren Vorteil des erhöhten Nutzens, der sich einstellt, wenn die Leistungsziele und die Arbeitsprodukte des Teams erreicht werden. Die Leistungsmöglichkeiten von Teams an der Unternehmensspitze dürfen nicht unterschätzt werden, und die Möglichkeit sollte nicht leichtfertig vom Tisch gewischt werden.

Schließlich hängen die mit dieser Entscheidung verbundenen Schwierigkeiten mit drei Beurteilungen zusammen, die viel Gespür verlangen: 1. ob der gemeinsame Anspruch der Gruppe durch die Summe der individuellen Leistungen erreicht werden kann; 2. wie es mit den wirklichen einzelnen Qualitäten, Fähigkeiten und Einstellungen der Führungskräfte steht; und 3. welches die Entscheidungen und die Einstellung des Teamführers sind. Unserer Erfahrung nach werden diese Fragen nur selten so sorgfältig erwogen, wie sie es verdienen.

Ob zwischen dem gemeinsamen Streben der Gruppe für das Unternehmen und den potentiellen einzelnen Beiträgen ihrer Mitglieder eine Kluft besteht, hängt von der Beurteilung einiger schwieriger Fragen ab. So haben wir zum Beispiel beobachtet, daß irgendeine Art von Teamleistung an der Unternehmensspitze erforderlich ist, wenn die Organisation vor einem tiefgreifenden Wandel steht, wie wir ihn in Kapitel 10 beschrieben haben. Ansonsten ist es naturgemäß schwierig, zu beurteilen, wie hoch das potentielle Leistungsmaximum der wichtigsten Führungskräfte ist. Talentierte und engagierte Manager, die Erkenntnisse und Erfolgsrezepte austauschen und einander unterstützen, können auch dann sehr viel erreichen, wenn sie kein Team sind. Allerdings werden sie nicht die Ärmel hochkrempeln und die Art von gemeinsamen Arbeitsprodukten und zusätzlicher Leistung liefern, die Teams kennzeichnen.

Auch die Qualitäten, Fähigkeiten und Einstellungen jedes einzelnen Mitglieds der Führungskräftegruppe müssen in Betracht gezogen werden. Eine »Auswahlmannschaft« aus hochkarätigen Managern kann als Arbeitsgruppe mehr erreichen als weniger fähige Leute. Wenn an der Spitze Fähigkeitsdefizite vorhanden sind, kann ein Teamansatz sinnvoll sein, weil ein echtes Team immer einen Weg findet, individuelle Mängel auszugleichen und für die Entwicklung von Fähigkeiten ein günstigeres, stärker leistungsorientiertes Umfeld zu schaffen. Auf der anderen Seite wäre das Leistungspotential eines Teams sogar noch höher, wenn es sich bei den Führungskräften um lauter »Stars« handelte, und vielleicht wären sogar die Aussichten auf Entstehung eines Hochleistungsteams günstiger.

Die Fähigkeiten und Einstellungen der Führungskräfte beeinflussen auch das Ausmaß der Risiken, die mit dem Schritt von der Arbeitsgruppe zum Teamansatz verbunden sind. Die konstruktiven Auseinandersetzungen und die harte Arbeit, die für den Aufbau von Vertrauen, gegenseitiger Abhängigkeit und wechselseitiger Verantwortung nötig sind, werden sich nicht einstellen, wenn nicht Offenheit und Aufrichtigkeit herrschen. Und da für Manager an der Spitze von Unternehmen und auf dem Höhepunkt ihrer Karriere der persönliche Einsatz so hoch ist, wird mit einer solchen Offenheit mehr riskiert als verletzte Gefühle und angekratzte Egos. Starke Individualisten werden sich vielleicht weigern, ihre persönlichen Ambitionen einem Team zu opfern – und wenn sie dazu gedrängt werden, kann es vorkommen, daß sie das Unternehmen verlassen.

Schließlich ist da noch die Führungsperson. Von den Führern an der Spitze der meisten Unternehmen wird erwartet, daß sie den Arbeitsgruppenansatz wählen. Selbst Gruppen an der Unternehmensspitze benötigen die Unterstützung und Ermutigung des Unternehmensleiters für eine offene Diskussion über die Wahl zwischen Gruppe und Team. Setzt sich der Unternehmensleiter nicht besonders ein, um die Teamoption deutlich und attraktiv erscheinen zu lassen, und bleibt er nicht beharrlich dabei, ein potentielles Team – und damit auch sich selbst – auf diesem Weg weiter voranzutreiben, so rückt die Arbeitsgruppe so zwangsläufig und reflexartig in den Vordergrund, daß die Entscheidung fast immer zu ihren Gunsten fällt. Wir sind der Meinung, daß mehr Unternehmensleiter ihren Kollegen die Teamoption nahebringen und mit ihnen offen und regelmäßig darüber diskutieren sollten.

Wir wollen nicht übermäßig viele Vorschriften machen, aber solche Diskussionen werden durch die sorgfältige Abwägung einiger Kernfragen sehr erleichtert. Diese Fragen helfen herauszufinden, ob die Gruppe imstande ist, ein gemeinsames Anliegen und Zielsetzungen für das Team zu finden, die erforderlichen Fähigkeiten zu versammeln und einen realistischen Teamarbeitsansatz zu formulieren. Zu diesem Zweck können die folgenden Fragen dienlich sein.

Existenzzweck und Ziele des Teams

1. Können wir den Auftrag (»mission«) des Unternehmens für unsere Gruppe in eine stärker teamspezifische, leistungsbezogene Aufgabe übersetzen, die auch weitreichende Leistungsziele einschließt, die wir gemeinsam in Teamarbeit erreichen können? Wenn ja, worin bestehen diese Leistungsziele?
2. Welche spezifischen Themen, Möglichkeiten oder Probleme wären für eine Anstrengung im Team und eine

Reihe gemeinsamer Arbeitsergebnisse geeignet? Können wir eine Probe machen, indem wir einen solchen Versuch in einem oder mehreren dieser Bereiche initiieren?

3. Wie können wir sicherstellen, daß wir unsere individuellen Prioritäten dem Anliegen und den Zielsetzungen der Gruppe unterordnen?

4. Wie können wir gegenseitig unsere gemeinsamen Fortschritte auf unsere Ziele zu messen und kontrollieren, wie erfolgreich wir dabei sind, ein Team zu werden?

Komplementäre Fähigkeiten

1. Verfügen wir über wichtige Fähigkeiten, die in unseren formalen Rollen und Verantwortlichkeiten nicht erschöpfend genutzt werden?

2. Können wir die grundlegenden Fähigkeiten und Erfahrungen unserer Gruppe besser nutzen, indem wir sowohl innerhalb als auch außerhalb unserer formalen und funktionalen Verantwortungsbereiche miteinander arbeiten?

3. Könnten einige von uns Fähigkeiten in anderen Bereichen aufbauen und dadurch die Fähigkeiten der Gruppe insgesamt stärken helfen?

4. Können wir die Zusammensetzung unserer Gruppe so verändern, daß wir auch in der Hierarchie weiter unten stehende Personen aufnehmen und damit unsere kollektive Fähigkeit zur Erreichung bestimmter Ziele stärken können?

Arbeitsansatz

1. Können wir hierarchische Muster durchbrechen, indem wir Aufgaben eher nach Fähigkeiten als nach der Position zuteilen? Können wir die Führungsaufgabe jemand anderem als dem Chef der Firma übertragen?

2. Welche spezifischen Regeln würden uns helfen, besser miteinander zu arbeiten und den Umfang unserer indi-

viduellen, echten Arbeitsbeiträge zu den Zielen der Gruppe auszugleichen?

3. Können wir unsere Gruppe in Untergruppen unterteilen, die sich besser für die Bearbeitung spezifischer Fragen, Möglichkeiten oder Probleme eignen?

4. Wie können wir am effektivsten die Bildung von Teams auf nachgeordneten Ebenen fördern?

Es gibt keine Garantie dafür, daß Antworten auf diese Fragen an der Unternehmensspitze zu Leistungen auf Teamebene führen. Jedenfalls aber helfen sie die Bedingungen schaffen, unter denen das Gefühl der Gruppe dafür, wann Gelegenheiten für ein Team geschaffen werden könnten, sich verstärkt. Und dadurch steigt die Wahrscheinlichkeit von Teamleistung. Das Konzept »Team an der Spitze« wird oft mißverstanden. Man braucht es wahrscheinlich nur dann wirklich, wenn die Organisation vor tiefgreifendem Wandel steht. Aber es ist nie eine »dumme« Option. Ob sie angebracht ist, hängt ausschließlich von der Leistungssituation und den betroffenen Einzelpersonen ab. Wir meinen, daß viele Top-Managementgruppen am besten als Arbeitsgruppen funktionieren; wir glauben auch, daß viele davon zu Teams werden können, insbesondere, wenn sie die Flexibilität des Konzeptes erkennen und sich nicht von falschen Vorstellungen darüber irreleiten lassen, wie sich Führungskräfteteams verhalten sollten. Weiter glauben wir, daß es sowohl möglich als auch nützlich ist, den Teamansatz anhand ausgewählter Problemstellungen auszuprobieren, bevor man sich endgültig vom Arbeitsgruppenansatz verabschiedet. Ein Team an der Spitze zu werden ist schwierig, aber nicht so schwer, wie viele glauben. Es ist eine wirkungsvolle Option, die mehr methodische Aufmerksamkeit verdient als ihr derzeit gewidmet wird.

Kapitel 12

Die Rolle des Top-Managements: Heranführung an die Hochleistungsorganisation

Die Rolle des Top-Managements im Hinblick auf Teams ist in Veränderung begriffen. In der Vergangenheit überließen Führungspersonen die Förderung von Teams anderen. In ihrem Bestreben, die Leistung zu verbessern, investierten sie ihre Zeit und Mühe in die Veränderung von Strategien, individuellen Aufgabenzuweisungen, größeren Organisationsformen, Managementprozessen und wichtigen Führungsinitiativen. Wenn es in einem Unternehmen bereits ein starkes Leistungsethos gab, bildeten sich nichtsdestotrotz viele echte Teams. Aber in Unternehmen, die nicht so leistungsorientiert waren, wie zum Beispiel Burlington Northern in den frühen 80er Jahren, trug die wohlwollende Gleichgültigkeit an der Spitze dazu bei, daß Teams eher die Ausnahme als die Regel waren.

Die primäre Rolle des Top-Managements ist es natürlich, die Organisation zur Leistung hinzuführen, und nicht, Teams zu schaffen. Außerdem bieten Teams kein Allheilmittel bei der Suche nach der besten Methode zur Bewältigung einer spezifischen Leistungsanforderung. Wenn Top-Manager den Einsatz von Teams erwägen, so müssen sie dies unter Rücksichtnahme auf Strategien, individuelle Aufgabenbereiche, Hierarchien und Strukturen, Unterstützung durch die unteren Managementebenen und bereichsübergreifende Arbeitsflüsse tun. Aus Gründen, die wir in diesem Buch wiederholt dargelegt haben, sind wir jedoch der Meinung, daß Teams heute eine viel größere Priorität haben als je zuvor. Einfach ausgedrückt: Teams werden die wichtigsten Bausteine für die Hochleistungsorganisation der Zukunft sein. Als Folge werden sich erfolgreiche Top-Manager zunehmend *sowohl um Leistung als auch um die Teams Gedanken machen, die dabei helfen werden, sie zu erbringen.*

Möglicherweise ist es vermessen zu behaupten, etwas so Einfaches und Bewährtes wie das Team könne das Leistungspotential der Organisation von morgen freisetzen. Aber es scheint, als ob Teams genau das täten – vor allem in herausragenden Unternehmen. Teams an der Spitze entwickeln zunehmend kraftvolle neue Visionen und setzen sie in die Tat um; zu Belegschaften mit wirklichem Handlungsspielraum gehören ausnahmslos Teams; erfolgreiche Aktivitäten zur Qualitätssteigerung und zur Neugestaltung von Geschäften stützen sich auf Teams. Das sind weder Einzelfälle noch Zufälle. Daher müssen Top-Manager, die höhere Leistungen anstreben, immer besser verstehen lernen, wie Teams funktionieren, und sie zunehmend fördern. Und das müssen sie selbst tun. Sie können es sich nicht leisten, diese Arbeit anderen zu überlassen.

Der Schlüssel zu der sich wandelnden Rolle des Top-Managements im Hinblick auf Teams liegt darin, seine Aufmerksamkeit, aber auch die Unternehmenspolitik und die Ressourcen nach jenen Teams auszurichten, die für die Leistung am wichtigsten sind. Mit Unternehmenspolitik meinen wir die praktizierten Verhaltensweisen, anhand derer alle Unternehmensangehörigen beurteilen, wie wichtig für die Top-Manager Teams wirklich sind und warum. Nur wenn bestimmte wichtige Elemente der Unternehmenspolitik Teambildung und Teamleistungen begünstigen, wird die Organisation insgesamt die Team-Möglichkeiten positiv beurteilen. Ob Teams und deren Leistungen dem Top-Management wirklich etwas bedeuten, zeigt sich insbesondere daran, welche Personen den Teams zugeteilt werden und welche Beförderungs- und Gehaltsentscheidungen damit verbunden sind.

Wenn die Mitgliedschaft in Teams nicht als Bestandteil

einer normalen und erfolgreichen Karriere behandelt wird, werden Teams auch nicht die besten Leute anziehen, Begeisterung wecken und besondere Leistungen erbringen. Solange die Leistungen einzelner mehr gelten als jene von Teams, werden die Mitarbeiter dem Beitritt zu Teams skeptisch gegenüberstehen. Wenn die Unternehmenspolitik jedoch sicherstellt, daß die Mitarbeiter regelmäßig Teamerfahrungen sammeln können und für ihre Teambeiträge ebenso belohnt werden wie für ihre individuellen Leistungen, werden Teambildung und Teamleistungen gefördert. Weiterhin ist es mit am lohnendsten, eine neue Möglichkeit für individuelle oder Teamleistung zu schaffen. Wenn Teams und Teammitglieder nicht gerecht an den neuen Möglichkeiten beteiligt werden, bleibt der Teamansatz im Vergleich zu den Werten der Einzelverantwortung und -leistung von zweitrangiger Bedeutung.

Entscheidender als die Unternehmenspolitik ist jedoch die Art und Weise, in der die Manager die Unternehmensressourcen sowie ihre eigene Zeit und Energie zur Förderung von Teamleistungen einsetzen. Hier hat das Top-Management eine dreifache Rolle. Erstens muß es feststellen, welche Teams den stärksten Einfluß auf die Leistung haben werden. Zweitens muß es wissen, wie es den Teams dabei helfen kann, sich auf der Leistungskurve aufwärts zu bewegen. Und drittens müssen Top-Manager wissen, wie sie mit den Fragen umzugehen haben, die als spezifisch für die verschiedenen Typen von Teams gelten: Teams, die führen, solche, die Empfehlungen abgeben, und solche, die etwas ausführen oder herstellen. Spitzenmanager, die die üblichen Herausforderungen gut kennen, denen sich alle Teams gegenübersehen, können hochwertige Beiträge leisten, um die spezifischen Aufgaben hervorzuheben, die die größte Bedeutung haben. Dieses Kennen beinhaltet zu verstehen, welche Unterschiede zwischen Teams und Arbeitsgruppe bestehen, und zu wissen, ob, wann und wie Teams bei der disziplinierten Schaffung der Rahmenbedingungen geholfen werden kann. Darüber hinaus können die Top-Manager viel bewirken, indem sie genau verfolgen, wo sich das betreffende Team auf der Leistungskurve befindet, und – wenn es sich um ein Pseudo-Team oder um ein Hochleistungsteam handelt – die richtige Vorgangsweise finden.

Um festzustellen, wo Teams am wichtigsten sind und welche spezifischen Kernfragen sich für die verschiedenen Teams erheben, sollten die Manager unterscheiden können zwischen Teams, die führen, Teams, die etwas ausführen oder herstellen und Teams, die Empfehlungen abgeben. Das scheint aufgrund unserer bisherigen Ausführungen auf der Hand zu liegen. Die meisten Top-Manager, die wir trafen, dachten jedoch eingeschränkter über Teams. Auf der intellektuellen Ebene verstanden sie natürlich die Unterschiede der hier beschriebenen verschiedenen Teamarten. Aber wenn sie tatsächlich mit den Leistungsanforderungen ihrer eigenen Unternehmen konfrontiert wurden, übersahen sie meist, wie vielfältig die Team-Möglichkeiten in Wirklichkeit sind. Der folgende Abschnitt befaßt sich mit dieser Problematik.

Teams mit Führungsaufgaben

Diese Teams gibt es von der Unternehmensspitze Über die strategischen Geschäftseinheiten bis zur Bereichs- oder Funktionsebene. Einem Führungsteam können Zigtausende von Leuten unterstellt sein oder eine Handvoll – solange das Team für irgendein Geschäft, ein laufendes Programm oder eine signifikante funktionale Aktivität zuständig ist, handelt es sich um ein Team mit Führungsaufgaben. Im Gegensatz zu Teams, die Empfehlungen abgeben (wie zum Beispiel Projektgruppen mit Sonderaufgaben), haben diese Teams typischerweise keinen klaren Schlußtermin. In gewissem Sinn ist ihre Arbeit nie zu Ende.

Normalerweise gilt, daß die Spitzenmanager die Arbeit aller Gruppen mit Führungsaufgaben verfolgen sollten. Oft aber läßt die Verantwortungsspanne des Top-Managements das nicht zu. So können zum Beispiel Robert Winters von Prudential und seine Geschäftsführungskollegen

(Kapitel 11) nicht jeder Führungsgruppe die gleiche Aufmerksamkeit widmen. Statt dessen richten sie – wie ihre Kollegen andernorts – ihr Augenmerk auf die Gruppen, welche die größte Bedeutung für die Leistungsfähigkeit des Unternehmens insgesamt haben.

Heute beschränkt sich die Aufmerksamkeit des Managements für Gruppen mit Führungsaufgaben auf die Überwachung individueller Verantwortungsbereiche und Leistungen. Immer mehr wird die Teamleistung in den Brennpunkt zu rücken sein. Zu den Herausforderungen, die besonders für Teams mit Führungsaufgaben gelten, zählen: 1. die Entscheidung zwischen Team und Arbeitsgruppe, 2. die Rolle des Teamführers und 3. das Problem der Übergabeprozesse. Wie bereits in unserer Besprechung von Teams an der Spitze in Kapitel 11 angemerkt, ist die Entscheidung zwischen Team und Arbeitsgruppe ebenso heikel wie wichtig. Viele mit Führungsaufgaben befaßte Gruppen können auch als Arbeitsgruppen effektiv funktionieren. Entscheidend – und zwar sowohl für die Gruppen selbst als auch für das Management – ist die Frage, ob die spezifische Leistungsanforderung einen Teamansatz mit all den dazugehörigen Risiken verlangt. Wenn die Summe individueller Bestleistungen ausreichen wird, so ist die Bemühung um Teamleistung eine Option, jedoch keine Notwendigkeit. Wenn die Gruppe andererseits eine wesentliche Mehrleistung erbringen muß, wofür echte, gemeinsame Arbeitsergebnisse verlangt werden, so sollten die betreffenden Manager das Risiko eingehen, von der Arbeitsgruppe zu einem potentiellen und schließlich zu einem echten Team überzugehen.

Wie das Top-Management potentiellen Teams mit Führungsaufgaben am besten dabei helfen kann, diesen Sprung zu schaffen, hängt teilweise davon ab, wie stark das Leistungsethos des betreffenden Unternehmens ist.

Unternehmen wie Hewlett-Packard und Motorola bringen meist schon dadurch Teams hervor, daß sie die richtige Personengruppe mit der richtigen Leistungsanforderung konfrontieren. Wenn das Leistungsethos jedoch nicht so stark ist, muß das Top-Management schärfere Aufmerksamkeit aufbringen. In solchen Fällen sollte es wahrscheinlich mit großer Sorgfalt die potentiellen Teams aussuchen, die es beobachten und unterstützen will, denn wenn die Bemühungen des Top-Managements nicht zur Entstehung eines oder mehrerer echter Teams führen, ist letzten Endes alles zu spät.

Die schwierigste Herausforderung für potentielle Teams mit Führungsaufgaben kommt oft dann, wenn sie spezifische Aufgaben, Zielsetzungen und kollektive Arbeitsprodukte für das Team festzulegen versuchen. Allzu oft verwechseln solche Teams den allgemeinen Unternehmenszweck mit dem spezifischen Zweck ihrer »kleinen Gruppe« an der Spitze. Das geschieht leicht, da der Zweck der kleinen Gruppe, die das Unternehmen führt, mit dem Selbstverständnis oder Zweck des Unternehmens selbst übereinstimmen oder sich daraus ergeben muß.

Damit sich ein echtes Team bilden kann, muß es einen besonderen Existenzzweck geben, der spezifische Gültigkeit für die kleine Gruppe hat und von den Teammitgliedern verlangt, daß sie ihre Ärmel hochkrempeln und zusammen arbeiten, um etwas zu schaffen, das über individuelle Endergebnisse hinausgeht. Wenn eine Gruppe von Managern nichts anderes tut, als auf Basis der an andere delegierten Aufgaben zu diskutieren und zu entscheiden, wird es ihr an den arbeitsproduktbezogenen Aktivitäten fehlen, die von einem echten Team gefordert sind. Wenn die Gruppe darüber hinaus die eigene Effektivität an der wirtschaftlichen Leistung des von ihr geführten Teils der Organisation mißt, dann hat sie sich keine Leistungsziele als *Team* gesetzt.

Das Top-Management kann ein solches Team wirkungsvoll unterstützen, indem es mit ihm bespricht, was die Gruppe in ihrer Eigenschaft als Team tun und wie sie ihre Leistungen messen sollte. Dazu muß sie bei ihrem Versuch unterstützt werden, das richtige Gleichgewicht zwischen der Arbeit der Einzelpersonen, delegierter Arbeit und Arbeitsprodukten des Teams zu finden und den richtigen Mix an potentiellen Fähigkeiten sowie die benötigten Ressourcen zu bestimmen. Ebenso wichtig ist es, daß das Top-Management fortwährend genau beobachtet, wie gut das Team im Lauf der Zeit selbst bei diesen Bemühungen vorankommt.

Darüber hinaus kann das Top-Management das Team unterstützen, indem es der zuständigen Führungskraft hilft, ihre Haltung und Fähigkeiten als Teamführer zu verbessern. Wie bereits in Kapitel 7 besprochen, müssen die meisten Teamführer, vor allem wenn sie Teams mit Führungsaufgaben vorstehen, ihre Teamführungsfähigkeiten »on the job« entwickeln, denn: 1. Die Leitung einer Arbeitsgruppe unterscheidet sich von der Leitung eines Teams. 2. Die Herausforderungen variieren von Fall zu Fall. Ein guter Manager geht davon aus, daß er den Großteil der Entscheidungen treffen muß und delegiert einen Großteil der Arbeiten, und das wird auch von ihm erwartet. Im Gegensatz dazu versucht ein guter Teamführer, einen teambezogenen Ansatz für die Entscheidungsfindung und Übernahme von Verantwortung zu finden. So trägt das Top-Management viel zum Erfolg der Teambemühung bei, wenn es ansonsten effektiven Führungskräften, die versuchen, den Übergang zu bewerkstelligen, besondere Aufmerksamkeit schenkt und die notwendige Unterstützung bereitstellt.

Wenn potentielle Teams mit Führungsaufgaben zu echten Teams oder Hochleistungsteams werden, kann das Top-Management einen wichtigen Beitrag leisten, indem es die von Veränderungen in der Mitgliedschaft und insbesondere in der Teamführung verursachten Übergangs- und Schlußsituationen besonders umsichtig handhabt. Wie bereits in Kapitel 8 gesagt, stellt ein neues Mitglied sowohl eine Bedrohung als auch eine Chance für ein Team dar. So kann das Top-Management dadurch helfen, daß es das Team einfach daran erinnert, besonderes Augenmerk auf das Vorgehen zur Integration des neuen Mitglieds zu legen. Andererseits stellt der Eintritt eines neuen Teamführers mehr als eine bloße Übergangssituation dar, wenn er von außen in das Team kommt. Daher sollte das Top-Management bestehenden Teammitgliedern den Vorzug geben, wo immer dies möglich ist. Wird ein »Neuer« als Teamführer ausgewählt, sollte das Top-Management das Team vorsichtig darauf vorbereiten, um zu verhindern, daß Schwung verlorengeht und die Teammitglieder frustriert werden.

Diese letzte Feststellung über neue Teamführer wird selbst von den Top-Managern in Unternehmen mit stark ausgeprägtem Leistungsethos oft übersehen. So verlor zum Beispiel die in Kapitel 9 beschriebene Sparte Medical Products von Dean Morton unnötigerweise an Schwung, als das Top-Management Morton durch Dick Alberting ersetzte. Den Präferenzen des Teams wurde anschließend nur wenig Beachtung geschenkt, und die Teammitglieder waren, wie dies in vielen echten Teams der Fall ist, überzeugt, einer von ihnen hätte die Position erhalten sollen. Als Folge verließen viele wichtige Leute das Unternehmen. Die Leistungen der Sparte blieben weiterhin gut, aber alle Betroffenen – Alberting, das Team, die Mitarbeiter, die Kunden und die Aktionäre – hätten wahrscheinlich von einer reibungslosen »Ballübergabe« mehr profitiert.

Teams, die Empfehlungen abgeben

Zu diesen Teams zählen »Task forces«, Projektgruppen sowie Gruppen in den Bereichen Buchprüfung, Qualität oder Sicherheit, die mit der Analyse und Lösung bestimmter Probleme beauftragt werden. Im Gegensatz zu den meisten Teams, die etwas leiten, herstellen oder ausführen, haben Teams, die Empfehlungen abgeben, typischerweise einen vorher festgelegten Abschlußtermin, obwohl einige, wie zum Beispiel Teams auf Werksebene, die für Sicherheit verantwortlich sind, möglicherweise dauerhafter sein können. Wenn das Top-Management eine solche Gruppe bittet, Leistungs- im Gegensatz zu Verwaltungsthemen (wie z. B. die Organisation der jährlichen Vertriebskonferenz) in Angriff zu nehmen, dann ist die Gruppe beinahe per definitionem »von Bedeutung«. Dementsprechend können Top-Manager die Zeit und Aufmerksamkeit, die sie auf solche Teams verwenden müssen am besten steuern, indem sie die Zahl dieser Teams begrenzen.

Die beiden wichtigen Punkte, die ausschließlich für Teams gelten, die Empfehlungen abgeben: ein rascher und konstruktiver Start und der Umgang mit den unvermeidlichen Schwierigkeiten von allen Seiten, die zur Implementation ihrer Empfehlungen erforderlich ist. Der Schlüssel für einen guten Start potentieller Empfehlungsteams liegt in einer klaren Satzung und in der richtigen Zusammensetzung. Projektgruppen müssen nicht nur wissen, warum und inwiefern ihre Bemühungen von Bedeutung sind, sondern sie brauchen auch eine klare Aussage darüber, wessen Teilnahme das Management verlangt und wie hoch der erforderliche Zeitaufwand sein wird. Das Management kann seinen Beitrag leisten, indem es sicherstellt, daß die potentiellen Teammitglieder die Fähigkeiten und den Einfluß haben, die erforderlich sind, um umsetzbare Empfehlungen abzugeben, die sich in der gesamten Organisation durchsetzen werden. Darüber hinaus kann das Management dem Team die nötige Kooperation sichern, indem es Türen öffnet und politische Hindernisse aus dem Weg räumt.

Eine Projektgruppe, von der wir bei Burlington Northern hörten (nicht das Intermodal-Team), veranschaulicht, welche Auswirkung es hat, wenn das Management für eine klare Satzung und die richtige Zusammensetzung sorgt. Die Firma forderte vierzehn Mitarbeiter auf, innerhalb von fünfundvierzig Tagen für das Marketing das bestgeeignete Organisationskonzept zu finden und entsprechende Empfehlungen abzugeben. Der Leiter des Marketing betraute Steve Brigance mit der Leitung dieser Initiative. Steve hatte schon einmal einer Projektgruppe vorgestanden, die eine Strategie für den Umgang mit Gewerkschaften entwickeln sollte. Diese Projektgruppe hatte jedoch unter einer schlecht definierten Satzung und mangelndem Engagement des Managements gelitten – und daher äußerte sich Steve zu der Aussicht, eine weitere Projektgruppe zu leiten, nicht gerade begeistert.

Er war entschlossen, kein zweites Mal dieselben Fehler zu machen. Also schickte er dem Leiter des Marketing eine vierseitige Beschreibung seiner Bedenken gegen die Aufgabenstellung der Projektgruppe. »Es mag zwar übertrieben formell und etwas unpassend erscheinen, dies schriftlich mitzuteilen«, schrieb Brigance, »aber ich habe das Gefühl, daß dieser Studie mit großer Wahrscheinlichkeit kein Erfolg beschieden sein wird, wenn wir uns nicht im voraus auf einen klar definierten Prozeß und eine Satzung einigen.«

Insbesondere bestand Brigance darauf, daß der Projektgruppe völlige Freiheit eingeräumt werden müsse, jegliche organisatorischen Ansätze zu erkunden, die ihr nützlich erschienen, auch wenn sie die Meinungen des Marketing-Chefs und anderer Manager ernsthaft in Frage stellten. Brigance bestand auch darauf, für die wirkliche Projektarbeit ein Kernteam auszuwählen, das nur aus ihm und vier weiteren der vierzehn Projektgruppenmitglieder bestehen sollte. Er suchte sich sorgfältig Leute mit dem richtigen Fähigkeitenmix zusammen, die das Unternehmen gut kannten, keine persönlichen Sonderinteressen hatten, und auf deren Aufrichtigkeit und harte Arbeit er zählen konnte. Brigances kleine Gruppe wuchs zu einem echten Team zusammen und lieferte innerhalb von fünfundvierzig Tagen eine Reihe sauber ausgearbeiteter Empfehlungen, die den bestehenden Marketingansatz mit überzeugenden Argumenten in Frage stellten. Das ist die gute Nachricht.

Die Implementierung aber erwies sich als Problem für sich. Weder das Team von Brigance noch das übergeordnete Management achteten ausreichend darauf, daß die Mitarbeiter, die für das Funktionieren der neuen organisatorischen Abmachungen sorgen sollten, in den Prozeß eingebunden wurden – weder vor noch nach der Abgabe der Empfehlungen. Nach nur allzu typischem Muster gab das Team seine Empfehlungen ab, führte eine lebhafte Diskussion mit dem Management und löste sich dann auf. Von den Leuten im Marketing, die von den Empfehlungen am stärksten betroffen waren, wurde nie verlangt, sich in die Grundlagen der empfohlenen Veränderungen einzuarbeiten, und sie taten es auch nicht. Da die Empfehlungen für die Marketingleute eine Reihe von Risiken mit sich brachten, überrascht es nicht besonders, daß sie – ob absichtlich oder unabsichtlich – einfach abwarteten, bis sich der Sturm im Top-Management gelegt hatte. Bald herrschte wieder Stille.

Selbst die erfolgreichsten Projektgruppen können in dieses Übergangsdilemma geraten. Um es zu vermeiden, muß das Top-Management in die Übergabe der Verantwortung an die für die Realisierung Verantwortlichen Zeit und Aufmerksamkeit investieren. Unseren Beobachtungen nach ist es fast immer so: je eher das Top-Management davon ausgeht, daß Empfehlungen »einfach passieren werden«, desto weniger wahrscheinlich wird das. Im schlechtesten Fall, wie im Beispiel von Brigances Team oder bei den in Kapitel 9 beschriebenen Projektgruppen von Brandywine, werden die akzeptierten Empfehlungen Managern übergeben, denen es sowohl an Verständnis als auch an Überzeugung fehlt, um sie in die Tat umzusetzen.

Im Gegensatz dazu werden die Empfehlungen einer Projektgruppe mit um so größerer Wahrscheinlichkeit implementiert, je stärker deren Mitglieder an diesem Prozeß beteiligt sind. Das Top-Management kann die in den Empfehlungen einer Projektgruppe liegenden Leistungschancen nutzen, indem es den Mitgliedern der Projektgruppe gestattet, diese Empfehlungen umzusetzen. Wenn jedoch die Last der Implementierung bei Außenstehenden liegt, kann das Top-Management die Leistungschance erheblich vergrößern, indem es sicherstellt, daß die Betreffenden so früh wie möglich in den Prozeß eingebunden werden – lange bevor die Empfehlungen in endgültiger Form vorliegen.

Eine solche Einbindung kann viele Formen annehmen, wie beispielsweise Teilnahme an Interviews, Mitarbeit an Analysen, Beitrag und Kritik von Vorschlägen sowie Durchführung von Experimenten und Versuchen. Zumindest sollten alle für die Implementierung zuständigen Personen zu Beginn des Projekts eine kurze Information über Zweck, Ansatz und Ziele der Projektgruppe erhalten und im Zuge der Arbeit regelmäßig über die Fortschritte informiert werden.

Je stärker die Verantwortlichen für die Realisierung beteiligt werden, desto mehr werden sie die Zeit nutzen, um die Empfehlungen kennenzulernen, sich mit ihnen zu identifizieren und sogar daran mitzuarbeiten. Die Veränderungsteams von DH&S verstanden zum Beispiel dieses Phänomen intuitiv und bezogen Hunderte von Partnern aus der ganzen Firma in ihre Aktivitäten ein, bevor ihre Empfehlungen ausgearbeitet waren. Eine verpatzte Übergabe ist fast immer die Achillesferse von Teams, die Empfehlungen abgeben.

Teams, die etwas ausführen oder herstellen

Diese Teams setzen sich aus Personen auf oder nahe der ausübenden Ebene zusammen, die für Basistätigkeiten in Forschung, Entwicklung, Betrieb, Marketing, Vertrieb, Service sowie anderen wertschöpfenden Tätigkeiten des Unternehmens zuständig sind. Mit einigen Ausnahmen – wie etwa Teams, die mit Produktentwicklung oder der Auslegung von Prozessen befaßt sind – gelten für solche Teams keine Fertigstellungstermine.

Wir sind der Meinung, daß sich das Top-Management bei der Entscheidung, welche dieser potentiellen Teams am wichtigsten für die Leistung sind, auf die Leistungsanforderungen an den Stellen im Unternehmen konzentrieren sollte, die wir die »entscheidenden Leistungspunkte« nennen – die Stellen, an denen Kosten und Nutzen der Produkte und Dienstleistungen des Unternehmens am unmittelbarsten beeinflußt werden. Solche Leistungspunkte könnten beispielsweise dort sein, wo Kundenbeziehungen gemanagt werden, wo Kundendienst geleistet wird, wo Produkte gestaltet werden und die Produktivität bestimmt wird. Wenn die Leistung an den entscheidenden Leistungspunkten von der Kombination vielfältiger Fähigkeiten, Perspektiven und Beurteilungen »in Echtzeit« abhängt, ist die Teamoption sinnvoll. Wenn andererseits ein auf individuellen Rollen und Verantwortlichkeiten aufbauendes Arrangement der beste Weg ist, den Kunden den gewünschten Nutzen zu den richtigen Kosten zu bieten, könnte sich der Einsatz eines Teams als unnötig und möglicherweise sogar kontraproduktiv erweisen.

Angesichts der Entwicklungen in der heutigen Welt wird es immer wahrscheinlicher, daß Teams in Zukunft in den meisten Unternehmen zu den vorrangigen Leistungsbausteinen werden. Es wird immer mehr Teams an der Basis geben, deren Leistungsanforderungen spezifische Ziele beinhalten, die mit Kundendienst, »total quality«, sowie kontinuierlicher Verbesserung und Innovation zusammenhängen. *Das bedeutet jedoch nicht, daß Teams immer notwendig sind.* In vielen Situationen wird die klare Arbeitsteilung, wie sie für Einzelverantwortung charakteristisch ist, auch weiterhin sinnvoll sein.

Wenn eine Organisation eine beträchtliche Anzahl von Teams an den entscheidenden Leistungspunkten benötigt, verlangt die bloße Herausforderung, eine so große Zahl von Teams auf der Leistungskurve nach oben zu bringen, eine Reihe sorgfältig gestalteter und leistungsorientierter Führungsprozesse. Um es ganz offen zu sagen, besteht das Problem für das Top-Management darin, die erforderlichen Systeme und die nötige Prozeßunterstützung zu schaffen, ohne den Anschein zu erwecken, Teams nur um ihrer selbst willen zu fördern.

Diese Aufgabe ist viel subtiler und schwieriger, als wir zunächst dachten. »Selbstverständlich«, würden die meisten Top-Manager sagen, »wollen wir starke Leistung. Und natürlich würden wir Teams niemals nur um ihrer selbst willen installieren.« Allerdings haben wir eine Reihe von Führungspersonen beobachtet, welche buchstäblich die Anzahl von Teams zu ihrem Hauptziel gemacht haben. Und wir haben beobachtet, daß noch mehr Manager völlig unbewußt in diese Falle tappen.

Das Problem liegt darin, daß die Mitarbeiter in Unternehmen die Worte des Managements nur allzu leicht als

Gesetz betrachten. Schließlich ist es für das Top-Management unmöglich, über die große Bedeutung von Teams für die Leistung zu sprechen, ohne über Teams an sich zu sprechen. Aber sehr oft, wenn sie sehr wohl über Teams sprechen – sogar ausdrücklich auf Leistung bezogen –, stellen die Mitarbeiter auf den unteren Ebenen diesen Zusammenhang nicht her. Und diese unbeabsichtigte Folge ist um so wahrscheinlicher, je eher das Management die Team-Initiative ankündigt, ohne sie an Leistung zu binden. Nur allzu oft und vor allem in Organisationen mit schwach ausgeprägtem Leistungsethos wird einfach nicht verstanden, worum es geht. Wenn es das Management dann verabsäumt, ständig auf den Zusammenhang zwischen Team und Leistung zu achten, wächst in der Organisation die Überzeugung, »dieses Jahr machen wir Teams«. Das endet damit, daß Initiative auf Team-Basis Großteil ihres Leistungspotential verliert; sie kann sogar Zynismus erzeugen.

Dieses Phänomen wird gut illustriert von der Geschichte einer richtungweisenden Team-Initiative in einem Unternehmen, das wir »Liquid Tech« nennen wollen. Wie ihre Kollegen in den meisten Organisationen heutzutage ist die Unternehmensleitung von Liquid Tech der Überzeugung, daß erfolgreiche neue Produkte nur in Teamarbeit entwickelt werden könnten. Sie beschloß, eine »Teamkultur« auf der Grundlage von »Leistung, Menschen und Prozessen« aufzubauen. Sie formulierte eine Reihe von Teamwerten, setzte einen Lenkungsausschuß ein und nahm andere teamfreundliche Anpassungen an Struktur und Abläufen vor. Sie veröffentlichte einen Leitfaden zur Bildung von Teams, in dem die Rollen des Teamführers und der Team-»Paten« im Management exakt definiert waren. Sie machte klar, daß die Beteiligung an Teams positive Auswirkungen auf die Karriere haben würde.

Oberflächlich betrachtet, stellte das Management von Liquid Tech eine beeindruckende Initiative auf die Beine. Aber bei Liquid Tech gibt es kein stark ausgebildetes Leistungsethos. »Leistung« war zwar neben »Menschen« und »Prozeß« zum Teil der neuen Team-Kultur erklärt worden;

man versäumte aber, den entscheidenden Zusammenhang zwischen jedem einzelnen Team und seiner spezifischen Leistungsanforderung herzustellen. Darüber hinaus ging das Top-Management davon aus, daß dieser eindrucksvolle Beginn genügen würde. Es bot keine weitere Hilfestellung oder Wertung als die oft wiederholte Ermahnung, Teams würden der Entwicklung neuer Produkte förderlich sein. Was aber am bedenklichsten war: Die Führung von Liquid Tech kümmerte sich nicht darum, ob sich *spezifische* Teams bei der Inangriffnahme besonderer Aufgaben zur Entwicklung neuer Produkte an die Rahmenbedingungen wie Zahl, Fähigkeiten, Existenzzweck, Ziele, Ansatz und Verantwortlichkeit hielten.

Wie vorherzusehen, waren die Ergebnisse enttäuschend. Dazu ein bezeichnender Kommentar von einem Angestellten über einen Bereich mit Dutzenden von Leuten: »Nehmen Sie zum Beispiel dieses ›Team‹. Es hat vielleicht zehn oder zwanzig übergeordnete Aufgabenstellungen – wenn man die alle zusammennimmt und einmal durchschüttelt, kommt im großen und ganzen unser altes Organigramm dabei heraus.«

Die neue Teamkultur von Liquid Tech brachte in Wirklichkeit keine neuen Teams hervor. Die bereits bestehenden – und in allen Organisationen sind Teams zu finden – gab es weiterhin. Die potentiellen Teams, die Probleme hatten, mühten sich auch weiterhin ab. Einige vielversprechende Gelegenheiten für Produktentwicklungen, die vielleicht von einem echten Teamansatz profitiert hätten, blieben ungenutzt. Um in der Terminologie dieses Buches zu bleiben: Die Team-Initiative bei Liquid Tech ergab im wesentlichen eine vorübergehende Stärkung des Teamarbeit-Gedankens, die Bildung vieler Pseudo-Teams und ein gerüttelt Maß an Zynismus. An der Leistung änderte sich weiter nichts. Das Top-Management von Liquid Tech, das sicher keine Herrschaft von Teams um ihrer selbst willen einführen wollte, hatte genau das getan.

Um ein Schicksal wie das von Liquid Tech zu vermeiden, sollte das Top-Management zur Unterstützung der

Teams Strukturen und Systeme schaffen, die sich an den Leistungsanforderungen, Maßstäben und Fähigkeiten orientieren, die zur Erreichung von umfassenden Teamleistungen an der Basis nötig sind. Dazu können eine Organisation der Arbeit um das Team als primäre Leistungseinheit und die Förderung von »just-in-time« durchgeführten Schulungen gehören. Solche Schulungen können die Bereiche Problemlösung, Entscheidungsfindung, Fähigkeiten für den Umgang miteinander und Führungsqualitäten zum Inhalt haben. Die Wahl hängt von den Leistungsanforderungen der einzelnen Teams ab.

Das Top-Management kann auch dadurch helfen, daß es Verfahren einführt, wie etwa Entlohnungssysteme »Bezahlung nach Kenntnissen« und »Teamleistung«, und daß es den Zugriff auf Fachwissen außerhalb des Teams erleichtert. Wichtiger als alles andere ist jedoch, daß das Top-Management die spezifischen Teams selbst mit klaren und überzeugenden Leistungsanforderungen konfrontiert und dann die Fortschritte sowohl in bezug auf die Teamgrundlagen *als auch* in bezug auf die Leistungsergebnisse konsequent verfolgt.

Teams und die Hochleistungsorganisation

Wir sind der Meinung, daß die Aussichten für Top-Manager, ihre Unternehmen zu Hochleistungsorganisationen zu machen, wesentlich steigen, wenn sie sich sowohl auf Leistung als auch auf die Teams, die sie erbringen, konzentrieren. Auch hier behaupten wir *nicht,* daß Teams die allein seligmachende Antwort sind. Sie sind jedoch ein wichtiger Teil des Puzzles – insbesondere deshalb, weil die Kraft, die Teams antreibt, die Verhaltensweisen und Werte widerspiegelt, die für Hochleistungsorganisationen notwendig sind, und weil Teams – einfach ausgedrückt – so praktisch sind.

Man ist sich heute einiger über die Möglichkeiten von Hochleistungsorganisationen als über die spezifischen Or-

ganisationsformen und Führungsansätze zu ihrer Unterstützung. Niemand, auch wir nicht, würde bestreiten, daß
Unternehmensmerkmale wie »kundenorientiert«, »infor-
mationsbewußt« oder »konzentriert auf ›total quality‹« von
großem Wert sind, und daß es gut ist, wenn Unternehmen
über eine »eigenverantwortliche Belegschaft« verfügen,
die »stets Verbesserungen anstrebt und innovativ denkt«.
Hinter diesen Merkmalen liegen sechs andere, von denen
nur eines – ausgewogene Leistungsergebnisse – ständig
übersehen wird, wenn man darüber diskutiert, in welche
Richtung die besten Unternehmen gehen.

1. Ausgewogene Leistungsergebnisse.

Zu Beginn dieses Buches regten wir an, daß die vorrangige Norm für die »neue beispielhafte Organisation« die Leistung selbst sein sollte. Unternehmen, die über einen längeren Zeitraum hinweg – sagen wir zehn Jahre – leistungsmäßig ständig besser abschneiden als die Mitbewer-
ber, sind Hochleistungsorganisationen – gleichgültig, wie
sie es geschafft haben. Mit dem Meilenstein eines Jahrzehnts läßt sich argumentieren. Es mag beispielsweise so
sein, daß die einzig wahren Hochleistungsorganisationen
ihre Konkurrenz auf ewig übertreffen. Aber es fällt uns
schwer, die Leistung als Schlüsselkriterium für Hochleistungsorganisationen in Frage zu stellen.

Auf einer Ebene ist Leistung als Merkmal der Hochleistungsorganisation einleuchtend. Aber das wird oft nicht
gesagt – womit die Leute im Glauben gelassen werden,
daß die anderen Merkmale von Hochleistung eher Ziele
als Mittel zum Zweck seien. Eine Gruppe von uns bekannten Managern veranschaulicht das. Als sie gebeten wurden, die Merkmale zu nennen, die ihrer Meinung nach ihr
Unternehmen als »Hochleistungsorganisation« kennzeichnen, kreuzten sie auf allen möglichen Listen alle Attribute
an bis auf eines – niemand schlug die Erreichung einer
spezifischen Leistung vor.

Von ebenso großer Bedeutung ist ein ausgewogenes

Leistungsethos, das den primären Interessengruppen von großen Unternehmen zugute kommt: Kunden, Mitarbeitern und Aktionären/Eigentümern. Nachweisliche Hochleistungsorganisationen wie Levi Strauss, Procter & Gamble, Hewlett-Packard und Goldman, Sachs sind alle für ihre ausgewogenen Leistungsziele bekannt. Sie sind konsequent bestrebt, ihren Mitarbeitern, Kunden und Aktionären ausgezeichnete Ergebnisse zu bieten. Es ist kein Zufall, daß sie die besten Leute anziehen, Kundengruppen von beneidenswerter Qualität haben und nachhaltig Höchst:erträge erzielen. Ebenso relevant sind die ausgewogenen Leistungsziele von Unternehmen, die die Betonung auf die Schaffung neuer beispielhafter Hochleistungsorganisationen für die Zukunft legen. Anerkannte Initiatoren organisatorischer Veränderungen wie General Electric, Motorola und IDS von American Express definieren klar und deutlich ihr Ziel, multidimensionale Leistungsergebnisse zu erzielen.

2. Klare, fordernde Ziele.

Gleichgültig ob sie unter der Bezeichnung »Vision«, »Mission oder Leitprinzip«, »taktische Absicht« oder »Treue zur vorgegebenen Richtung« laufen – der Existenzzweck des Unternehmens muß klare und fordernde Ziele definieren, die allen wichtigen Interessengruppen in- und außerhalb des Unternehmens zugutekommen. Zu oft sind offizielle Erklärungen zur Vision nichts weiter als schriftliche Versuche des Top-Managements, dem allgemein akzeptierten »Visionsbedürfnis« zu genügen. Diese Niederschriften kann wohl jeder nachlesen, und vielleicht sind sie sogar auf Wandtafeln verewigt, aber sie vermitteln den im Unternehmen arbeitenden Menschen, deren Verhaltensweisen und Wertvorstellungen sie beeinflussen sollen, kein wirkliches Gefühl der Sinnhaftigkeit. Zweckvorstellung, Bedeutung und Leistungsimplikationen einer Vision muß allen Betroffenen vermitteln, daß sie sowohl auf rationaler als auch auf emotionaler Ebene vom Erfolg des Unternehmens profitieren werden.

Nach den Sternen zu greifen, ist nicht bloß eine idealistische Vorstellung, ob in der Vergangenheit, Gegenwart oder Zukunft – Erbringer von Hochleistungen schaffen nicht nur Gewinne, sondern auch »Bedeutung«. So ist zum Beispiel die Wendung, »der Beste sein«, in Hochleistungsorganisationen häufig zu hören, wobei sie natürlich an verschiedenen Orten verschiedene Bedeutungen hat. Bei Hewlett-Packard bedeutet sie das Erreichen einer einzigartigen Kundenloyalität, bei Goldman, Sachs ist damit die Qualität des Klientenstamms gemeint, bei Knight-Ridder die Kundenbesessenheit, und bei McKinsey bedeutet sie nachhaltige Verbesserungen für die Klienten. Was immer die über den materiellen Verdienst hinausgehende Sinngebung sein mag – sie ist es, die die Leute stolz sein läßt, Teil einer anspruchsvollen und fordernden Gesamtinitiative zu sein.

3. Engagierte und zielgerichtete Führung.

Hochleistungsorganisationen folgen Führern, für die Leistung fast das Evangelium ist. Indem sie ihre Zeit und Aufmerksamkeit investieren und andere typische Verhaltensweisen zeigen, drücken solche Führungskräfte aus, daß sie stets ein Ziel für das Unternehmen im Auge haben und sich konsequent um das Maß an Kommunikation, Mitarbeitereinbindung, Evaluierung und Experimenten bemühen, das notwendig ist, um dieses Ziel zu erreichen. Wirklich engagierte Führer wecken in der gesamten Organisation die Zuversicht, daß die Bemühung um Leistung der beste Weg ist, um wirtschaftliche und persönliche Erfüllung zu finden.

Natürlich erfordert eine solche Führung keine Teams an der Unternehmensspitze. Aber in solchen Teams liegt unbestreitbar große Kraft, weil die Mitglieder einander so stark in Engagement und Fokus unterstützen. Und wenn eine Organisation vor einem tiefgreifenden Wandel steht, wie wir ihn in Kapitel 10 beschrieben haben, kann man sich Erfolg ohne die engagierte und zielgerichtete Führung eines echten Teams an der Spitze kaum vorstellen.

Vielleicht ist es ja Zufall, daß vorbildliche Hochleistungsorganisationen wie Goldman, Sachs, Pepsico, Pall Corporation und Motorola alles daran setzen, Teamleistung an der Unternehmensspitze aufrechtzuerhalten. Vielleicht aber auch nicht.

4. Eine motivierte Belegschaft, die sich zu Produktivität und ständigem Lernen bekennt.

Für Hochleistungsorganisationen charakeristische Eigenschaften wie »Lernbereitschaft«, »Anpassungsfähigkeit«, »Eigenregie« und »Unverwüstlichkeit« hängen von einer »kritischen Masse« von Mitarbeitern ab, die nicht nur zu Gewinnern werden wollen, sondern auch zu dem Wandel bereit sind, der dazu erforderlich ist. Leistung in einer sich rasch verändernden Welt erfordert Wandel. Und dieser wiederum muß verstanden und erprobt werden, bevor er in die Tat umgesetzt werden kann. Nur wenige Firmen können sich in ihrer Belegschaft Einstellungen wie »Dafür bin ich nicht zuständig« oder »Betrifft uns nicht« leisten. Statt dessen müssen die Mitarbeiter die Bereitschaft aufbringen, Fragen zu stellen, mit neuen Ansätzen zu experimentieren, aus Ergebnissen zu lernen und Verantwortung für die Durchsetzung von Veränderungen zu übernehmen.

Uns ist kein größeres Unternehmen mit einer motivierten und produktiven Belegschaft bekannt, das nicht bewußt Teams einsetzt. Wir haben das in den Werkshallen von Industrieunternehmen wie Ford, Weirton Steel und Sealed Air beobachtet, in High-tech-Labors und Montagehallen von Finnen wie Motorola, General Electric und Martin Marietta sowie in Finanz- und anderen gehobenen Dienstleistungsunternehmen wie Deloitte & Touche, IDS und Goldman, Sachs. Produktivität und Lernbereitschaft in der gesamten Organisation schaffen Teams – so einfach ist das.

5. Fähigkeiten als Quellen des Wettbewerbsvorteils.

Unternehmen sollten immer spezifische Vorzüge suchen und bestmöglich nutzen, wie etwa Zugang zu natürlichen

Ressourcen, Kontrolle über leistungsstarke Vertriebskanäle, starke Markennamen sowie Patente und andere staatliche Lizenzen. Allerdings herrscht auch allgemein Einigkeit darüber, daß die meisten Branchen in eine Epoche eingetreten sind, in der dauerhafter Wettbewerbsvorteil diejenigen fördern wird, die die Kernfähigkeiten und -kompetenzen entwickeln, mit denen sie eine Schlacht gewinnen können, die eher von »Bewegung als Position« abhängt. Innovation, kundenorientierter Service, Total Quality und stetige Verbesserung sind Beispiele für jene Fähigkeiten, die Unternehmen brauchen, um zu Hochleistungsorganisationen zu werden.

Kernfähigkeiten sind in jedem Fall von Teamfähigkeiten abhängig. Um beispielsweise Arbeitsflüsse auf Basis der Kundenbedürfnisse umzugestalten, sind Teams erforderlich, die über funktionale Grenzen hinweg arbeiten. Wann immer die Erzeugung zusätzlichen Werts davon abhängt, daß vielfältige Fähigkeiten, Erfahrungen und Beurteilungen gleichzeitig und kombiniert eingesetzt werden, ist eine Leistungsanforderung für ein Team gegeben. Darüber hinaus stellen Teams auch einen ausgezeichneten (meist unübertroffenen) Schmelztiegel für die »On-the-job«-Entwicklung von Fähigkeiten dar.

6. Offene Kommunikation und Wissensmanagement.

Eine Reihe von Fachleuten aus Wissenschaft, Wirtschaft und Presse ist der Überzeugung, daß Wissen zu einem ebenso knappen und bedeutenden Produktionsfaktor geworden ist wie Kapital und Arbeitskraft. Nur wenige zweifeln ernsthaft daran, daß die Informationstechnologie entscheidend für Hochleistung ist. Aber diese »Technologie« ist mehr als die Hard- und Software, in der manche die Grundlage für eine neue industrielle Revolution sehen. Sie beinhaltet auch die gemeinsamen Wertvorstellungen und Verhaltensnormen, welche offene Kommunikation und Wissensmanagement fördern. So meinte zum Beispiel ein Beobachter, daß es im »Unternehmen des Informationszeitalters« keine Wächter, sondern nur noch Führer gebe. Um nun die Unternehmensleistung zu »informatisieren«, müssen die richtigen Informationen zur richtigen Zeit an die richtigen Leute weitergeleitet werden, so daß sie sich auf die Leistung auswirken können. Darüber hinaus müssen die betreffenden Personen sich selbst in die Verantwortung für die Ergebnisse nehmen. Ansonsten wird diese weitreichende Eigenständigkeit zur Gefahr.

Wir haben gesehen, wie Teams offene Kommunikationen und Wissensmanagement fördern. Das Rapid-Response-Team von McKinsey (Kapitel 5) hat Wissensmanagement ausdrücklich als Teil seines Team-Anliegens. Es ist Beratern und deren Klienten dabei behilflich, Zugang zu Erfolgsmethoden aus aller Welt zu finden. Aber wie bereits mehrmals angemerkt, suchen alle echten Teams *ständig* nach neuen Fakten und geben Informationen sowohl innerhalb des Teams als auch an Außenstehende weiter. Echte Teams lernen und teilen mit, was immer nötig ist, um ihre Arbeit zu erledigen. Die »Türen« echter Teams stehen stets offen. Darüber hinaus wirkt sich der Einfluß des »erweiterten Teams« positiv auf die Kommunikation und das Wissensmanagement anderer aus.

Führende Denker haben eine Vielfalt faszinierender Vorstellungen über das Aussehen von Hochleistungsorganisationen entworfen, die diese Merkmale und Fähigkeiten besitzen. Peter Drucker beschreibt sie als »Orchester«, Quinn Mills als »Cluster«, Robert Waterman als »Adhocratie« und Ram Charan als »vernetzt«. Sogar einer von uns hat eine Lieblingsbeschreibung, nämlich »horizontale Organisation«. Trotz der breiten Palette von Vorstellungen scheinen sich all diese Beobachter über drei Dinge einig zu sein: Erstens werden die Organisationsstrukturen in Zukunft einfacher und flexibler sein als die starren Kommando – und Kontrollhierarchien, die das zwanzigste Jahrhundert beherrscht haben. Zweitens werden die Unternehmen ein Gleichgewicht anstreben, in dem Arbeit und Verhaltensweisen um Prozesse anstatt um Funktionen oder Aufgabenbereiche organisiert werden. Und drittens werden sie Teams zur zentralen Leistungseinheit des Unternehmens machen.

Fazit

Die zunehmende Betonung von Teams, die wir beobachten und befürworten, steigert eher den Wert anderer, vertrauter Aspekte von Richtung und Ziel einer Organisation als daß sie diese ersetzt. Das Top-Management wird seine Aufmerksamkeit weiterhin auf das Wo und Wie des Wettbewerbs (Strategieformulierungen), auf die Veränderung individueller Rollen und Aufgabenbereiche (neue Tätigkeitsbeschreibungen), auf die Neugestaltung von Zuständigkeiten (Umschichtung der Organigramm-Kästchen) und auf die Modifizierung von Managemetrichtlinien und -prozessen (Neufassung des Systems) richten. Allerdings glauben wir, daß es drei überzeugende Gründe dafür gibt, daß sich das Top-Management zunehmend dem Teamansatz zuwenden wird.

Erstens: Teams erhöhen die Leistungsfähigkeit von Einzelpersonen, Hierarchien und Führungsprozessen. Wie wir im gesamten Buch gezeigt haben, setzen gute Teamleistungen hochwertige Beiträge aller Teammitglieder voraus. Jeder einzelne muß zur Erreichung des Team-Existenzzwecks Engagement, Fähigkeiten und echte Arbeit beisteuern. Und das in gemeinsamer Arbeit, nicht in individueller Arbeit. Teams sind nur dann erfolgreich, wenn unter den Mitgliedern individuelle und wechselseitige Verantwortung herrscht. Dementsprechend gehen kollektive und individuelle Leistung Hand in Hand und das ist etwas, was Teams zu einem ausgezeichneten Medium sowohl für erhöhte Leistung als auch für persönliches Wachstum macht. Etwas überraschend ist vielleicht, daß die Teilnahme an einem Team für jene Teammitglieder, die wir kennenlernten, kein Karrierehindernis darstellte. Das genaue Gegenteil war der Fall. So stiegen zum Beispiel mehrere Mitglieder des ELITE-Teams, des Connectors-Teams, der »Dallas-Mafia« und der Teams, die bei DH&S den Wandel brachten, in höhere Managementpositionen auf und erhielten einen breiteren Verantwortungsbereich zugeteilt. Es würde uns schwerfallen, irgendwelche Personen zu finden, die durch ihre Mitgliedschaft in einem Team Nachteile erlitten hätten.

Teams verstärken auch die positive Wirkung grundlegender Managementprozesse wie Planung, Budgetierung und Evaluierung auf die Leistung. So sahen wir beispielsweise im Fall der Managementgruppe von Fred Mott beim *Tallahassee Democrat* einen Budgetierungsansatz durch ein Team an der Spitze. Durch die Forderung, daß Pläne und Budgets aller Abteilungen vom Abteilungsleiter und einem anderen Teammitglied als gemeinsames Arbeitsprodukt erstellt werden, profitiert der *Democrat* von einer besseren Koordination und Fokussierung. Derselbe Effekt entsteht, wenn Teams funktionsübergreifende Abläufe wie Produktionsentwicklung, Logistik und Auftragsbearbeitung vorantreiben. Motorola setzt Teams für Management und Integration des Zuliefermanagements ein (Kapitel 9), Kodak für seinen Schwarzweiß-Produktionsprozeß (Kapitel 7), und der *Democrat* für die Auftragsbearbeitung im Anzeigenverkauf. In all diesen Fällen sind Teams einmalig dafür geeignet, die für jeden wirklich funktionsübergreifenden Prozeß erforderlichen vielfältigen Fähigkeiten und Perspektiven auf die eigentlichen Leistungsziele des Prozesses selbst anzuwenden.

Im Gegensatz zu einer verbreiteten Einschätzung implizieren Teams nicht notwendigerweise die Zerstörung von Hierarchien. Ganz im Gegenteil. Teams und Hierarchien veranlassen einander zu höherer Leistung. Denn Strukturen und Hierarchien erzeugen Leistung innerhalb genau definierter Grenzen, die wiederum von Teams in produktiver Weise überbrückt werden, damit noch mehr und bessere Leistung möglich wird. Hierarchien und Strukturen helfen Unternehmen seit buchstäblich Hunderten von Jahren, mit Hilfe von Fokussierung, Aufteilung und sinnvoller Abgrenzung von Tätigkeiten, Aufgaben und Verantwortlichkeiten Wohlstand zu schaffen. Natürlich legt die prozeßorientierte Betrachtung von Organisationen nahe, daß einige dieser Grenzen sich nunmehr verschieben und die Hierarchien aufbrechen. Aber Hierarchien und Strukturen werden nicht verschwinden, solange sie einen Leistungsmehrwert schaffen. Und solange das so ist, bestehen echte Chancen für Teams überall dort, wo Hierarchien und Grenzen jene vielfältigen Fähigkeiten und Perspektiven behindern, die für optimale Ergebnisse erforderlich sind. So erfordert beispielsweise die Produktinnovation einerseits die Aufrechterhaltung exzellenter funktionaler Fähigkeiten durch Strukturen, während die funktional-einseitige Sichtweise durch Teams verhindert wird. Ähnlich erfordert die Produktivität auf der Arbeitsebene die Aufrechterhaltung von Richtungsvorgabe und Führung durch die Hierarchie, während selbststeuernde Teams für Motivation und Flexibilität sorgen.

Zum zweiten sind Teams praktikabel. Damit meinen wir, daß die meisten Leute in der Lage sind, Teams zum Funktionieren zu bringen. Umgekehrt sind viele Unternehmensführer unschlüssig, ja sogar skeptisch, wenn sie sich dem Verlangen nach »Orchestern«, »Netzwerken«, »Clusters« und ähnlichem gegenübersehen. Wie fasziniert sie verstandesmäßig von solchen Vorstellungen auch sein mögen zäh veranlagte Führungskräfte stellen bei vielen der neuen Organisationskonzepte offen die Frage, ob sie ihnen bei der Auseinandersetzung mit den unmittelbaren Leistungserfordernissen auch nur annähernd so gute Dienste leisten können wie die klar definierte Einzelverantwortung. Manche sehen sogar in diesen Bildern nichts weiter als Zusammenfassungen der Vorstellungen von den Merkmalen der Hochleistung. Als Folge sind sie nach wie vor im unklaren darüber, wie diese neuen Ideen genau umzusetzen sind. Mit Teams gibt es keine solche Schwierigkeiten. Teams leben von Aufgabenstellungen. Sie haben Teamführer, und sie verlangen Disziplin. Zugegeben, einige wichtige Erkenntnisse über Teams widersprechen der Intuition. Aber die überwältigende Mehrheit der Manager kann sich auf ihren gesunden Menschenverstand und ihre gegenwärtigen Kenntnisse verlassen, um Teams zum Funktionieren zu bringen.

Drittens und letztens erzielen Teams selbstverständlich Resultate. Wie die Geschichten in diesem Buch wiederholt gezeigt haben, fördern Teams alle sechs Merkmale von Hochleistungsorganisationen, beginnend mit den Leistungsergebnissen. Echte Teams leisten fast immer mehr als Einzelpersonen in ähnlicher Situation, die entweder separat oder als Arbeitsgruppe arbeiten. Teams helfen auch dabei, klare, leistungsorientierte Zielvorstellungen zu etablieren und zu vermitteln. Vielleicht veranschaulicht dies keine Geschichte besser als die der DH&S-Teams, die eine Zielvorgabe – vom »Wirtschaftsprüfer der Wirtschaftsprüfer« zu »echten Wirtschaftsberatern« zu entwickeln – zunächst definierten und dann überall in ihrer Firma verbreiteten. Diese neue Vision löste bei DH&S eine wahre Renaissance aus, die den Klienten, Mitarbeitern und Eigentümern der Firma – also den Partnern selbst – zugute kam.

In der DH&S-Story haben wir, wie beim Intermodal-Team von Burlington Northern, auch eine Führung mit starkem Engagement bei der Arbeit gesehen. Natürlich werden die Unternehmen auch weiterhin von der visionären Führung einzelner profitieren. Aber wie die Geschichte des Intermodal-Teams so schön zeigt, erbringt visionäre Führung durch ein Team an der Spitze besonders bemerkenswerte Resultate. Fast zwangsläufig regt eine solche Art der Führung andere Firmenangehörige aller Ebenen an, die Merkmale eines erweiterten Teams zu entwickeln, wie wir sie beim Intermodal-Team, aber auch bei der »Dallas-Mafia« (Kapitel 4) beobachten konnten, die ebenfalls ein Beispiel für visionäre Teamführung darstellt.

Dadurch trägt das Team an der Spitze selbstverständlich zum Entstehen des Leistungsfokus und der Begeisterung bei, die entscheidend sind für die Schaffung einer motivierten Mitarbeiterschaft, die sich auf Produktivität und auf Lernen, aber auch auf Fähigkeiten als Quellen des Wettbewerbsvorteils konzentriert. Jedes dieser Merkmale wird auch mit Hilfe von Teams an anderen Stellen der Organisation gefördert, vor allem mit solchen an der Basis. Dies war bei vielen Unternehmen klar ersichtlich, unter anderem bei Motorola, Sealed Air, Knight-Ridder, Kodak und General Electric.

Zusätzlich zu den schon erwähnten Beispielen zeigt sich die Macht eines Teams, eine Mitarbeiterschaft zu mobilisieren und Kernfähigkeiten aufzubauen, auch besonders gut an der Geschichte des General-Electric-Werks in Fort Edwards, New York. Bis vor etwa drei Jahren war Fort Edwards eines der traditionelleren Werke von General Electric – unter starkem gewerkschaftlichem Einfluß, streng hierarchisch aufgebaut und relativ unprofitabel. Heute sind die 400 Arbeiter in 27 Teams zusammengefaßt, die alle direkt dem Werksleiter unterstellt sind. Die Teams befinden sich auf unserer Teamleistungskurve in unterschiedlichen Abschnitten. Aber sie alle wählen ihre eigenen Teamführer, setzen ihre Ziele selbst fest und haben einen eigenen, spezifischen Arbeitsansatz. In weniger als zwei Jahren gelang es, die Produktivität des Werks zu steigern. Die Kosten sinken, die Kunden werden nach eigenen Angaben viel besser bedient als zuvor. Eine solche Begeisterung und starke Ausrichtung auf die Leistung in einer derart traditionellen Gewerkschaftshochburg* mag einem seltsam erscheinen. Aber die Beschäftigten ließen sich durch keines dieser Bedenken davon abhalten, eine Initiative zu begrüßen, die ihrer Meinung nach gut für sie selbst, gut für die Kunden, gut für das Management und gut für General Electric ist. Für uns ist das ein eindrucksvoller Beweis dafür, daß die meisten Menschen instinktiv mehr leisten wollen.

Natürlich können wir nicht beweisen, daß Teams für Hochleistung notwendig sind, obwohl wir aufrichtig da-

---

* Im Original »union-shop« = in den USA ein Betrieb, der nur Gewerkschaftsmitglieder einstellt oder Arbeitnehmer, die bereit sind, innerhalb von 30 Tagen der Gewerkschaft beizutreten.

von überzeugt sind. Aber wir können nachvollziehen und erläutern, warum so viele Propheten zukünftiger Organisationsformen Teams in ihre Vorstellungen miteinbeziehen. Echte Teams leben immer von Leistung. Sie können keinen Erfolg haben, ohne zu bestimmen, wie sie ihre individuellen und kollektiven Stärken mit der vor ihnen liegenden Aufgabe in Einklang bringen können. Teams sind unweigerlich leistungsstärker als Einzelpersonen und flexibler als große Organisationseinheiten. Teams fördern die Risikobereitschaft und Experimentierfreude, die Lernen, Veränderung und Ausbau von Fähigkeiten begünstigen. Schließlich stellen Teams eine Quelle von Motivation, Lohn und persönlichen Entwicklungsmöglichkeiten dar, an die firmenweite Vergütungssysteme und Karriereplanungen niemals heranreichen können. Wir meinen also, daß man fairerweise sagen muß, daß Teams in allen diesen Beziehungen der Mikrokosmos einer Hochleistungsorganisation selbst sind.

Das Top-Management kann Teams und Teamleistung aktiv fördern, anstatt einfach nur zu warten, daß sich außergewöhnliche Teams bilden. Sicherlich wird es von einem Unternehmer zum anderen unterschiedlich sein, wie und wann das Top-Management die Möglichkeiten zur Teambildung am besten nutzen kann. Darüber hinaus muß sich das Top-Management zunächst und vor allem auf die Leistung konzentrieren, nicht auf die Zahl der Teams. Trotzdem sind wir davon überzeugt, daß für jedes Unternehmen eine Reihe spezifischer Leistungsanforderungen gelten, für deren Bewältigung Teams das geeignetste und stärkste Instrument sind, das dem Top-Management zur Verfügung steht. Die entscheidende Rolle für Spitzenmanager besteht somit darin festzustellen, wo die Bildung von Teams sinnvoll ist, und dann sorgfältig darauf zu achten, daß Leistungsgelegenheiten für solche Teams geschaffen werden. Das beste an Teams ist: Sie können sofort etwas bewirken.

Ein Aufruf zum Handeln

Letzten Endes liegt die Team-Klugheit im Team selbst. Nicht in der Schaffung von Hochleistungsorganisationen, der Bewältigung von Veränderungen in Übergangsphasen, der Stärkung des Leistungsethos des Unternehmens oder der Suche nach neuen Führungsdimensionen. Sondern vielmehr in einer kleinen Gruppe von Personen, die sich so sehr für etwas engagieren, das größer ist als sie selbst, daß sie sich durchsetzen werden.

Unsere letzte Geschichte erzählt von einer solchen Gruppe. Irgendwann einmal hat jeder von uns – wir selbst, unsere Lektoren, Verleger, wissenschaftlichen Mitarbeiter und Berater – versucht, diese Geschichte aus allen möglichen logischen Gründen aus dem Buch zu verbannen: sie paßt nicht; sie spielt nicht in der Wirtschaft; sie ist nicht typisch; sie hat nicht die richtige Pointe zum richtigen Zeitpunkt. Wie die meisten Hochleistungsteams aber hat sich auch dieses gegen die Logik durchgesetzt. Vielleicht ist die Geschichte dieses Teams besser als jede andere geeignet, die Begeisterung und den Geist zu vermitteln, der im Zentrum unserer Argumentation steht.

Die »Killerbienen«

Als wir dieses Buch zu schreiben begannen, waren wir entschlossen, keine Beispiele aus dem Sport zu bringen, weil dieser das Thema »Teams« beherrscht und oft irreführende Analogien zeigt. Aber letzten Endes konnten wir der Geschichte von den Killerbienen einfach nicht widerstehen. Die »Killer Bees« sind das Basketballteam einer

High School in Bridgehampton, New York. Bridgehampton ist ein kleines Städtchen an der Südküste von Long Island, das mit Ausnahme der Sommermonate von hart arbeitenden, relativ bescheiden lebenden Leute bewohnt wird.

Winter in Bridgehampton heißt High-School-Basketball. Fast jeder Ortsansässige und auch viele Ferienhausbesitzer aus New York verfolgen das Schicksal der Killer Bees gewissenhaft – aus gutem Grund: Es ist ein unglaubliches Team. Seit 1980 sammelten sie die Rekordanzahl von 164 Siegen gegen 32 Niederlagen, qualifizierten sich sechsmal für die Vorrunde um die Meisterschaft von New York, gewannen den Titel zweimal und kamen zwei weitere Male ins Finale. Nicht schlecht für eine Schule, deren Gesamtschülerzahl seit 1985 von 67 auf 41 gesunken ist, von denen weniger als 20 männlich sind!

»Ich weiß wirklich nicht, warum wir so gut abgeschnitten haben«, meint John Niles, der die Bees bis 1991 trainierte. »Keiner der Spieler war jemals wirklich herausragend, aber sie scheinen immer sehr gut zusammenzuspielen. Ich glaube, die Gemeinde hat viel damit zu tun. Sie unterstützt das Team sehr – und das schon seit Jahren. Väter, Brüder und Vettern haben früher im Team gespielt, und Mütter, Schwestern und Cousinen sind immer da, um sie anzufeuern.«

Eine ziemliche Untertreibung. Niles hatte nie mehr als sieben Spieler, es gab nie einen Star, der die Profilaufbahn einschlug, und die Spieler waren auch nie besonders groß. Als Folge mußten Niles und seine Jungen andere Fähigkeiten und jedes Jahr neue Spielkonzepte entwickeln. Um zu gewinnen, mußten die Bees in Vielseitigkeit, Flexibilität und Geschwindigkeit unübertroffen sein. Ihr Spiel heißt »Team-Basketball«, und darin gehören sie zu den Besten weit und breit.

Wie Niles andeutet, gibt es allerdings noch eine weitere überzeugende Erklärung für den Erfolg der Bees: persönlicher Einsatz. Das übergeordnete Ziel der Killer Bees geht viel weiter als bei den meisten anderen Teams. Ihre Vision ist viel bedeutender, als nur Basketballspiele zu gewinnen. Sie sind entschlossen, ihrer Gemeinde Ehre und Anerkennung zu bringen, den Ruf ihres Teams und seiner Mitglieder zu verteidigen. Die Bees wissen, wozu sie da sind und warum.

Der Basketballsport ließ Bridgehampton enger zusammenrücken, und das macht uns, die wir aus anderen Orten kommen, ein wenig neidisch. Der Sport schafft bleibende Freundschaften unter den Spielern, bindet viele Familien in einen sozialen Kontext ein und verschafft einer kleinen Stadt ein Maß an Ehre und Anerkennung, das weit über das hinausgeht, was man normalerweise von ein paar Basketballsiegen erwarten könnte. Hier haben wir einen bedeutungsvollen Existenzzweck in seiner reinsten Form.

Dies alles nährt umgekehrt das unglaubliche Arbeitsethos und das Können, die dieses Team kennzeichnen. Die Jungen von Bridgehampton spielen im Hinterhof Basketball, noch bevor sie in die Schule kommen, und sie trainieren vor, während und noch nach ihrer Schulzeit – 365 Tage im Jahr. Wenn einer ausfällt, krank wird, die Schule beendet oder in eine andere Schule wechselt, springen seine Teamkameraden ein und machen weiter. Außerdem war Niles eindeutig nicht der einzige Teamführer. Während jedes Spiels entsteht und wechselt die Führung auf dem Spielfeld je nach Situation und beteiligten Spielern. Als sich Niles 1991 zurückzog, folgte ihm Carl Johnson nach, natürlich selbst ein ehemaliges Mitglied der Bees.

Die Bees scheinen stets mit der Herausforderung zu wachsen; seit Über 12 Jahren treten sie aus dem Hintergrund hervor und gewinnen gegen größere, eigentlich talentiertere Gegner. Im Jahr 1989 beispielsweise kündigte der Staat New York an, die Schule zu schließen und sie mit einer anderen zusammenzulegen. Eltern und Gönner der Schule kämpften monatelang gegen die Behörden, scheinbar aussichtslos. Als sich die Bees anschickten, das letzte Spiel dieser Saison zu bestreiten, schien die Schule verloren.

An diesem Abend hatten die Bees einen schlechten Start. Kurz vor Ende des Spiels lagen sie zurück, und es sah aus, als ob sie verlieren würden – als plötzlich die Nachricht eintraf, daß die Schulbehörde nachgegeben und der Schule ein weiteres Jahr gegeben hatte. Im »Bienenstock« – dem Turnsaal, in dem sie spielen – brach die Hölle los. Hervorgerufen durch die gute Nachricht, waren Rührung und Begeisterung überwältigend. Die Bees rafften sich auf, gewannen und kamen ein weiteres Mal in die Vorrunde – nur ein weiterer in einer Reihe von Dutzenden von Fällen, in denen sie einen schier aussichtslosen Rückstand noch in einen Sieg verwandeln konnten.

Wie bei den meisten Hochleistungsteams ist es Lohn genug, Mitglied der Bees zu sein. Niles bestand darauf, daß die schulischen Leistungen an erster Stelle zu stehen hätten. Alle seine Spieler schlossen die Schule ab, und die meisten gingen aufs College. Nur wenige Bees hatten jedoch genügend Talent, um in einer Collegemannschaft zu spielen, und keiner wurde ein Profi-Star. Dem Team anzugehören, bietet sicher keine finanziellen Vorteile – die Belohnung besteht ausschließlich in der Mitgliedschaft in einem einzigartigen und inspirierenden Hochleistungsteam, und später in vielen Erinnerungen.

Nur für den Fall, daß Sie denken, alles läge am Coach: John Niles trat 1991, gleichzeitig mit der Abschlußprüfung dreier wichtiger Spieler, von seinem Amt zurück. Natürlich bedeutete sein Abgang für die Jungen den Verlust eines hervorragenden Teamführers und Mentors. Nun hätte man zumindest eine Phase der Enttäuschung und des mühsamen Wiederaufbaus erwartet, vielleicht sogar das Ende der Super-Bees des vergangenen Jahrzehnts. Wer die Bees kannte, war allerdings nicht überrascht, als sie in der nächsten Saison wieder aus den Startlöchern kamen, als wäre nichts geschehen. Weiterhin gewannen sie gegen größere, bessere Gegner, weiterhin machten sie zum Entzücken ihrer Fans jeden Rückstand wett, weiterhin verschafften sie ihrer Stadt Ehre und Ansehen. Aber wir können die Entschlossenheit oder den Gemeinschaftsgeist dieses Teams nicht so gut beschreiben, wie Rick Murphy dies im *East Hampton Star* tat. Er kommentierte ein Spiel der Bees gegen einen schweren Gegner aus Port Jefferson, bei dem es um einen Platz in der Vorrunde ging, und das sie einfach gewinnen mußten:

Es sah alles nach einem Kantersieg für Port Jefferson aus, stimmt's? Falsch! ... Es wurde ein Kantersieg, ja, aber es waren die Bienen, die das Gemetzel leiteten ... Die Royals kamen wild entschlossen aus den Kabinen. Die Bees gaben sich damit zufrieden, weitgehend in ihrer Hälfte zu bleiben, und den viel größeren Spielern von Port Jefferson gefiel diese Taktik sehr ... Bei Halbzeit lagen die Bees nur knapp mit 3 Punkten zurück, aber bis zur Mitte des dritten Viertels baute Port seinen Vorsprung bis auf acht Punkte aus ... Und dann geschah es: der neue Coach Carl Johnson gab die Anweisung, auf dem ganzen Platz zu jenem hautnahen Pressing überzugehen, das nun schon über ein Jahrzehnt lang die Gegner entnervt. Diese Taktik war so wirkungsvoll, daß Bridgehampton das Spiel innerhalb von Minuten umgedreht hatte. LaMont Wyche, Terrel Tumer, Robert Jones und Co. verwandelten den Bienenstock in die reinste Hölle für die Gastmannschaft ... jemand brachte es auf den Punkt: »Die Bees raffen sich nicht auf, sie *laden* nach.«

Vielleicht wird all das eines Tages ein Ende haben. Wir kennen mit Sicherheit kein wie immer geartetes Hochleistungsteam, das so lange funktionierte. Aber es ist einiges mehr erforderlich als der Verlust eines Trainers, um den Geist dieses Hochleistungsteams zu brechen. Der Star beschreibt dies nach einem Sieg in einem kürzlichen Vorrunden-Spiel so:

Eine ebensogroße Gruppe von Bridgehampton-Fans war zwar nach dem Spiel immer noch ganz aus dem Häuschen, aber eigentlich nicht überrascht – obwohl ihre

Jungen als »Underdogs« in den Kampf gegangen waren, zumindest in den Augen des Komitees, das für die Rangliste in der Spielgruppe 11 zuständig war. Schließlich sind sie ja die Killer Bees. Sie erwarten den Sieg, und sie siegen. Es ist eine Tradition, und die Protokolle sagen alles. Kein anderes High-School-Basketballteam im Bundesstaat New York hat ähnliche Erfolge vorzuweisen.

Die Geschichte der Bees ist – wie jedes andere Sportteam – natürlich keine perfekte Analogie zur Wirtschaft. Aber diese Mannschaft weist einwandfrei die Merkmale eines Hochleistungsteams auf, wie wir sie beim Intermodal-Team von Burlington Northern, dem ELITE-Team des *Tallahassee Democrat,* dem Rapid-Response-Team und der »Dallas Mafia« gesehen haben: außergewöhnlichen Einsatz der Mitglieder füreinander und für Ziele und Leistung des Teams, aus dem ein ganz unglaublich starkes Ethos von Arbeit und Spaß entsteht, einander ergänzende und austauschbare Fähigkeiten, geteilte Führung und beeindruckende Resultate.

Wir alle würden gern bei den Bees spielen.

Ein Aufruf zum Handeln

Wir haben uns sorgfältig alle vernünftigen Gründe angehört, die gegen die Wahl der Teamoption sprechen; viele davon sind rational nachvollziehbar und verständlich, wenn nicht gar überzeugend. Wir haben für dieses Widerstreben zwar Verständnis, halten aber dennoch an unserer grundlegenden Feststellung fest: *die meisten der gegen den Einsatz von Teams vorgebrachten Argumente überwiegen die Vorteile von Teams nicht.* Die Möglichkeit zur Leistungssteigerung ist einfach zu groß, um Mißverständnisse, Unerfahrenheit, Unsicherheit oder falsche Annahmen – und sogar frühere Team-Fehlschläge – im Wege sein zu lassen. Darüber hinaus liegen die Risiken und Anstrengungen, die für eine gute Teamleistung notwendig sind, bei den meisten von uns im Bereich der Fähigkeiten.

Wenn Sie tief in Ihrem Innern trotz der Geschichten und Beispiele in diesem Buch immer noch nicht davon überzeugt sind, daß Teams einen beträchtlichen Leistungsunterschied bedeuten können, dann sollten Sie sich unbedingt selbst überzeugen. Sehen Sie sich einmal ein Spiel der Killer Bees an. Machen Sie sich auf die Suche nach den Teams, die zweifellos auch in Ihrer eigenen Organisation ungeachtet der Unternehmenskultur oder des Umfelds funktionieren. Suchen Sie sie, beobachten Sie sie in Aktion, schauen Sie sich ihre Resultate an. Sprechen Sie mit den Teammitgliedern darüber, was klappt und was nicht, und warum. Vielleicht haben Sie in diesem Buch nicht die Lehren gefunden, die Sie brauchen; aber Sie werden sie finden, wenn Sie sich mit den Teams in Ihrer unmittelbaren Umgebung befassen. Als wir begannen, dieses Buch zu schreiben, dachten auch wir, daß wir alles über Teams wüßten. Aber erst als wir uns in die wirkliche Welt der Teams begaben, lernten wir das Potential schätzen, das in ihnen steckt. Wir kennen keine bessere Methode zur Überzeugung von Zweiflern, als Teams in Aktion zu beobachten.

Für die, die bereits an Teams glauben, sagen wir: »Beginnen Sie damit, Teamleistung Wirklichkeit werden zu lassen!« Beginnen Sie bei irgendeiner Gruppe, zu der Sie gehören und die das Potential hat, ein Team zu werden. Fordern Sie aber nicht von sich selbst, teamähnlicher zu werden. Regen Sie statt dessen Open-end-Diskussionen über Leistung und Anliegen an, die Sie und Ihre Mitarbeiter zu einem Team machen könnten. Gehen Sie nochmals die Ziele der Gruppe durch: sind sie klar, spezifisch, meßbar und leistungsorientiert? Wenn nicht, überlegen Sie, wie Sie das ändern könnten. Fragen Sie sich, ob die Ziele spezifische Arbeitsprodukte des Teams erfordern, die Ergebnisse erbringen werden. Machen Sie sich keine Gedanken über Empfindlichkeiten oder teamähnliche Verhaltensweisen, bevor Sie nicht die Rahmenbedingungen in den Griff bekommen haben: geringe Zahl, Fähigkeiten, Existenzzweck, Ziele, Ansatz und Verantwortung. Vielleicht werden Sie überrascht sein, wie schnell sich die befürchteten Empfindlichkeiten in die Entschlossenheit verwandeln, einen Weg zu finden, all jene Ergebnisse zu erzielen, die Sie alle für so wichtig halten.

Schenken Sie den Fähigkeiten und Einstellungen in der Gruppe Aufmerksamkeit, nicht ihren Stilen und Persönlichkeiten. Wenn einige Teammitglieder Fähigkeitslücken aufweisen, überlegen Sie, wie die Gruppe ihnen die Aufmerksamkeit, Zeit und Unterstützung zuteil werden lassen kann, die sie benötigen, um die erforderlichen Fähigkeiten zu entwickeln und zur Teamleistung beizutragen. Wenn Mitglieder den Anforderungen einfach nicht gerecht werden, finden Sie einen Weg, sie zu umgehen oder auszutauschen. Geben Sie sich niemals mit durchschnittlichen Fähigkeiten zufrieden; es ist weit besser, das Thema entweder im Team oder beim zuständigen Management direkt zur Sprache zu bringen, als von Ihren Zielen abzurücken. Versuchen Sie aber vor allem nicht, Ihre Gruppe dazu zu bringen, zu einem Team zu werden, sondern geben Sie sich die Chance, Teamleistung zu erbringen. Sie werden von den Ergebnissen überrascht sein.

Wenn Sie in einer Position sind, in der Sie Teams unterstützen können, denen Sie nicht angehören, beginnen Sie bei den Pseudo-Teams, unter denen alle Organisationen leiden. Lassen Sie es nicht mehr zu, daß sie Sie oder andere hinters Licht führen. Hören Sie auf, sie Teams zu nennen, und verhindern Sie, daß sie sich weiterhin als Teams ausgeben. Bestehen Sie statt dessen darauf, daß diese Gruppen eine wirkliche Entscheidung zwischen Arbeitsgruppe und Team treffen. Nichts ist entmutigender, als einem Pseudo-Team anzugehören. Und nichts ist eindrucksvoller, als zu sehen, daß die Leute in einem solchen Pseudo-Team oder das höhere Management sich entschließen, etwas dagegen zu tun.

Wenden Sie sich als nächstes den potentiellen Teams zu, die am bedeutendsten für die Leistung sind. Vermeiden Sie es auch hier, diesen zu empfehlen, »ein Team zu werden«. Verlangen Sie statt dessen Leistung. Ermutigen Sie die Mitglieder oder bestehen Sie darauf, daß sie sich einem Anliegen widmen, das für sie von Bedeutung ist, und auf die Gruppe von Leistungszielen, für deren Erreichung sie sich gegenseitig in die Pflicht nehmen. Achten Sie darauf, daß ihr Arbeitsansatz auf kollektiven Arbeitsprodukten aufbaut, die zur Erreichung der Leistungsziele beitragen, und spicken Sie den Weg mit kleinen Preisen und Gewinnen. Falls nötig, sollten Sie das potentielle Team »in einem Raum einschließen«, bis es sich auf ein Gerüst von Zielen und Maßnahmen geeinigt hat. Sehen Sie sich die Fähigkeiten der Mitglieder genau an, und ermutigen Sie sie, dasselbe zu tun. Können sie das, was von ihnen erwartet wird, oder muß der Fähigkeitenmix ergänzt werden? Achten Sie vor allem darauf, daß etwas unternommen wird, um die entscheidenden Lücken zu füllen; kein Team wird Erfolg haben, wenn es an den richtigen Fähigkeiten fehlt. Wenn nötig, schicken Sie das potentielle Team zu Schulungen, aber geben Sie ihm zuerst die Chance, sich zusammenzuraufen, auch wenn das schwerfällt und Konflikte zum Vorschein bringt. Vor allem aber stören Sie das potentielle Team nicht, wenn es seine Ziele mit Begeisterung zu verfolgen beginnt und dabei vielleicht ein wenig übers Ziel hinausschießt. *Ungebremste Begeisterung ist der Motivationsantrieb für Teams.*

Schließlich: Bemühen Sie sich besonders und feiern Sie die Siege der Teams in Ihrer Organisation. Belohnen Sie sie für ihre Team-Erfolge, und übersehen Sie nicht die Kraft von positivem Feedback. Wir alle brauchen es wie die Luft zum Atmen. Und wenn Sie das Glück haben, ein Hochleistungsteam in die Welt gesetzt zu haben, so gehen Sie ihm aus der Bahn und sorgen Sie dafür, daß seine einzigartigen Erfolge und Eigenschaften auch dem Rest der Organisation bewußt werden. Und sollten Sie selbst das Glück haben und einem Hochleistungsteam angehören – viel Spaß an der Leistung!

ANHANG

Die für dieses Buch untersuchten Teams

Organisation	Team	Existenzzweck	Ergebnisse
Bridgehampton High School	Killer Bees	Zusammenhalt der Gemeinde durch Basketballsiege stärken	Mehr als 13 Jahre Spitzenleistungen im Basketball, darunter zwei Meistertitel und zwei Plazierungen unter den besten Vier
Burlington Northern	Intermodal	Aufbau neuer Geschäfte im Rahmen der Deregulierung	Wurde innerhalb eines Jahres nach Bildung des Teams zur Nr. 1 im kombinierten Gütertransport
BNR	Marketing	Entwicklung einer neuen Organisationsstruktur	Schuf eine neue an den Kundenbedürfnissen orientierte Struktur, die funktionale Schranken überwand
Citibank	War on problems	Verbesserung der Kundenbetreuung, mehr Flexibilität	Beträchtliche Verbesserung der Kundenzufriedenheit und des Service in elf Schlüsselbereichen
Conrail	Strategieteam	Deregulierung der Eisenbahnbranche	Leitete die vom Kongreß beschlossene Deregulierung in die Wege und schuf so das Umfeld für eine gesunde Finanzlage
Desert Storm	Log-Zelle	Rücktransport von Truppen und Ausrüstung aus der Wüste	Reibungsloser Rücktransport Hunderttausender Männer und Nachschubgüter in die USA in Rekordzeit
DH&S	Teams für vielfachen Wandel	Entwicklung einer neuen Geschäftsstrategie und eines neuen Führungsansatzes	Umkehrung eines zehn Jahre anhaltenden Trends sinkender realer Rentabilität; vom Schlußlicht zur Nummer eins bei der Zahl der neugewonnenen Kunden
Dun & Bradstreet	Clean slate	Reduktion der Umlaufzeit für Berichte	Umlaufzeit für Berichte von 7 auf 3 Tage reduziert

Organisation	Team	Existenzzweck	Ergebnisse
Dutchess Day School	Lehrkörper	Bessere Ratgeber für die Schüler werden	Keine substantielle Verbesserung
Eli Lilly	Smart needle I	Neue Produkte auf den Markt bringen	Einjähriger Entwicklungszyklus war Eli-Lilly-Rekord für ein medizinisches Produkt
Enron	Deal-to-Steel	Vermeiden von Engpässen in der Konstruktion	Einsparung von 10 Millionen $ in sechs Monaten und Einrichtung von Systemen für kontinuierliche Verbesserungen
Garden State Brickface	Bereich Irvington	Bereich Nr. 1 zu werden	Innerhalb von sechs Monaten ertragreichster, profitabelster Bereich
General Electric	Fort Edwards, Salisbury	Vielfältige Initiativen	Beträchtliche Verbesserungen bezüglich Qualität, Flexibilität und Geschwindigkeit im operativen Bereich, mit einer 30%igen Senkung von Arbeitsrückständen im ersten Jahr
Girl Scouts	Innovation-center	Rekrutierung von Mädchen, die Minderheiten angehören, sowie von Freiwilligen	Beträchtlich verbesserte Eingliederung von Minderheiten in Projektgebiet, Schaffung von Strukturen, Systemen und Anreizen für ähnliche Initiativen anderswo
Hewlett-Packard	Entwicklungsteam für Analysegeräte	Führung einer Geschäftseinheit	Verhalf diesem Geschäftsbereich zu den höchsten Gewinnspannen
Hewlett-Packard	Entwicklungsteam für medizinische Geräte	Schaffung einer Geschäftschance im Bereich Medizinische Produkte	Erfolgreiche Führung des Geschäfts nahezu ein Jahrzehnt lang

Organisation	Team	Existenzzweck	Ergebnisse
Knight-Ridder	ELITE	Beseitigung von Fehlern in der Anzeigenabteilung einer Zeitung	Umgestaltung des Anzeigen-/Produktionsprozesses, Senkung der Fehlerquote unter 1% und Verringerung der Verluste durch Fehler
Knight-Ridder	*Democrat*-Führungsgruppe	Management des Geschäftsbereichs der Zeitung	War 3 Jahre hintereinander leistungsstärkste Zeitung von Knight-Ridder
Kodak	Zebra (Schwarzweiß-Bereich)	Führung eines Geschäftsbereichs	Umkehr des Abwärtstrends, Verringerung des Lagerbestands und Senkung der Fehllieferungen um die Hälfte
McKinsey	Rapid Response	Entwicklung eines Netzwerks zum Austausch von Kenntnissen	Bewältigung einer um das Dreifache gestiegenen Zahl von Informationsansuchen durch Kliententeams; umfassendere, gezieltere Hilfe und schnellere Beantwortung
Motorola	Connectors	Entwicklung eines Systems für das Liefermanagement	Verbesserung der Qualität bei 50%iger Verringerung der Ausschußquote und 70%iger Verringerung verspäteter Lieferungen; Entwicklung neuer Fähigkeiten und Systeme für kontinuierliche Verbesserung
Motorola	Führung der Government Electronics Group	Sanierung großer Geschäftseinheiten	Steigerung der Gewinne zwischen 1988 und 1990 von 25 Mio $ auf 60 Mio $, Anstieg der Anlagenrendite von 6,5 auf 16,5%

Organisation	Team	Existenzzweck	Ergebnisse
New York City Partnership	Gründungsteam	Beitrag zur Bewältigung von New Yorks sozialen und wirtschaftlichen Problemen	Weitgehende Verbesserung der Zusammenarbeit zwischen öffentlichem und privatem Sektor, innovative Programme für Arbeitsbeschaffung, Wohnbau, Verbrechensbekämpfung
Pall Corporation	Unternehmensführung	Aufbau eines internationalen Unternehmens	Zwischen 1970 und 1980 höchster Ertrag für Aktionäre unter den *Fortune* »1000-Unternehmen«
Schulen im Rahmen des PBS-Programms	Lehrkörper-sowie Lehrkörper/Schüler-Teams	Schulbildung für benachteiligte Kinder	Große Fortschritte in bezug auf Anwesenheit, Noten, Testergebnissen und Collegezulassungen
Pfizer	E-beam	Aufbau einer Anlage in Rekordzeit	Errichtung einer Anlage nach dem neuesten Stand der Technik im Rahmen des Budgets und schneller als laut Zeitplan vorgesehen
Prudential	Führungsteam	Führung eines Unternehmens mit vielgestaltigen Geschäftsbereichen	Dauerhafte Leistungsverbesserung über 5 Jahre
Sealed Air	Fort Worth foam	Bestes Schaumstoffwerk des Unternehmens	Rekordgewinnmargen und Rekordumstellungszeiten
Sealed Air	Instasheeter	Entwicklung neuer Produkte	Entwicklung und Einführung eines neuen Produkts in Rekordzeit (13 Monate), was wesentlich zur Erreichung eines zweistelligen Absatzvolumens im Schlüsselproduktbereich beitrug

Organisation	Team	Existenzzweck	Ergebnisse
Sealed Air	Rockingham	Perfektion in der Herstellung	Ausschuß bei einem Produkt halbiert; bei anderer Produktlinie Stillstandszeit von 20% auf 5% reduziert, Mitarbeiter-Fehlzeiten auf 1,6% reduziert
Sealed Air	Totowa	Perfektion in der Herstellung	Marginale Verbesserungen der Produktivität
Weyerhaeuser	Plywood	Empfehlung von Veränderungen zwecks Leistungsverbesserung	Überzeugte das Management, in Geschäftszweig zu investieren, der zuvor als »tot« galt
Weyerhaeuser	Roundwood	Empfehlung von Veränderungen zur Verbesserung des Kundenservice	Hebung der Lieferleistung von 85% auf 95%, mit signifikanten Verbesserungen von Qualität und Rentabilität

BEISPIELE MIT VERÄNDERTEM NAMEN

Organisation	Team	Existenzzweck	Ergebnisse
Brandywine	Strategieteam	Verbesserung der Unternehmensleistung	Keine Leistungsverbesserung
Unternehmen A	Führungsgruppe	Führung des Unternehmens ohne Team an der Spitze	Keine Leistungsverbesserung
Unternehmen B	Führungsgruppe	Verbesserung der Teameffektivität	Keine Leistungsverbesserung
Unternehmen C	Führungsgruppe	Bildung eines Teams zur Sanierung eines Unternehmens	Zu früh für eine Beurteilung

Organisation	Team	Existenzzweck	Ergebnisse
ComTech Cellular	Unternehmensführung	Management des Inlandsgeschäftes	Keine substantiellen Verbesserungen
Cosmo Products	Unternehmensführung	Führung eines in Schwierigkeiten geratenen Unternehmens	Leistung stagnierte weiterhin
Dallas Mafia	Führungsteam	Verbesserung von Betriebsqualität und Rentabilität	Änderung von Unternehmensperspektive und Strategie, was eine Verbesserung von Fähigkeiten, Arbeitsmoral und Rentabilität bewirkte; völlig neue Gestaltung des Geschäftsmix in weniger als drei Jahren
Lake Geneva Multinational	Unternehmensführung	Bewertung und Entwicklung von Führungskräften	Verbesserung der Führungsqualität durch bessere Definition und Messung von Zielen und Leistung; Vergrößerung des Führungskräftepools um 25%, signifikante Erhöhung des Leistungsniveaus
Liquid Tech	Vielfältige	Produktentwicklung	Ähnlich wie Leistung ohne »Teams«
Scintil & Cleve	Nicht verwendet	Strategie- und Nachfolgeplanung	Enttäuschend
Metronome	Plattenlaufwerk	Entwicklung eines neuen Produkts	Noch nicht bekannt
Metronome	Faseroptik	Entwicklung eines neuen Produkts	Noch nicht bekannt
Metronome	Pünktliche Lieferung	Verringerung von Fehllieferungen	Fehllieferungen von 10% auf weniger als 4% gesenkt
Slader Field	Führungsgruppe	Umstrukturierung der Führungsebene	Keine wechselseitige Verantwortung

Ausgewählte Literatur

Beer, Michael, Russell Eisenstat, and Bert Spector. *The Critical Path to Corporate Renewal*. Boston: Harvard Business School Press, 1990.

Clifford, Donald K., Jr., and Richard E. Cavanagh. *The Winning Performance*. New York: Bantam Books, 1985.

Goodman, Paul A., and Associates. *Designing Effective Work Groups*. San Francisco: Jossey-Bass, 1986.

Hackman, J. Richard, ed. *Groups That Work (And Those That Don't)*. San Francisco: Jossey-Bass, 1990.

Hillkirk, John, and Gary Jacobson. *Grit, Guts and Genius*. Boston: Houghton Mifflin, 1990.

Hirschhorn, Larry. *Managing in the New Team Environment*. Reading, MA: Addison-Wesley, 1991.

Kidder, Tracy. *The Soul of a New Machine*. Boston: Atlantic-Little, Brown, 1981.

Kotter, John, and James Heskett. *Corporate Culture and Performance*. New York: Free Press, 1992.

Larson, Carl E., and Frank M. LaFasto. *Teamwork: What Must Go Right/What Can Go Wrong*, Newbury Park, CA: Sage Publications, 1989.

Mills, D. Quinn. *Rebirth of the Corporation*. New York: John Wiley, 1991.

Pascale, Richard Tanner. *Managing on the Edge*. New York: Simon & Schuster, 1990.

Peters, Tom. *Thriving on Chaos*. New York: Alfred A. Knopf, 1987.

Peters, Thomas J., and Robert H. Waterman, Jr. *In Search of Excellence*. New York: Harper & Row, 1982.

Rummler, Geary, and Alan Brache. *Improving Performance*. San Francisco: Jossey-Bass, 1990.

Schaffer, Robert H. *The Breakthrough Strategy*. Cambridge, MA: Ballinger, 1988.

Senge, Peter M. *The Fifth Discipline*. New York: Doubleday Currency, 1990.

Smith, Douglas K., and Robert C. Alexander. *Fumbling the Future*. New York: William Morrow, 1988.

Smith, Preston G., and Donald G. Reinert. *Developing Products in Half the Time*. New York: Van Nostrand Reinhold, 1991.

Stewart, Alex. *Team Entrepreneurship*. Newbury Park, CA: Sage Publications, 1989.

Waterman, Robert. *Managing the Adhocracy*. Knoxville, TN: Whittle, 1990.

Weisbord, Marvin R. *Productive Workplaces*. San Francisco: Jossey-Bass, 1989.

Zeitschriftenartikel

Bassin, Mark EdB. »Teamwork at General Foods: New & Improved.« *Personnel Journal* (May 1988), pp. 62 ff.

Chandler, Clay, and Paul Ingrassia. »Just as U.S. Firms Try Japanese Management, Honda Is Centralizing.« *The Wall Street Journal,* April 11, 1991.

Dubnicki, Carol. »Building High-Performance Management Teams.« *Healthcare Forum Journal* (May-June 1991), pp. 19–24.

Dumaine, Brian. »The Bureaucracy Busters.« *Fortune,* June 17, 1991, pp. 36–38ff.

Hardeker, Maurice, and Bryan K. Ward. »Getting Things Done.« *Harvard Business Review* (November-December 1987), pp. 112–119.

Hoerr, John. »Work Teams Can Rev Up Paper Pushers Too.« *Business Week,* November 28, 1988, pp. 64 ff.

–, »The Payoff from Teamwork.« *Business Week,* July 10, 1989, pp. 56–62.

Hoover, John, and Michael A. Pollack. »Management Discovers the Human Side of Automation.« *Business Week,* September 29, 1986, pp. 70–75.

House, Charles H. »The Return Map: Tracking Product Teams.« *Harvard Business Review* (January-February 1991), pp. 92–100.

Jacobson, Gary. »A Teamwork Ultimatum Puts Kimberly Clark's Mill Back on the Map.« *Management Review* (July 1989), pp. 28–31.

Katz, Ralph. »High Performing Research Teams.« *Wharton Magazine* (Spring 1982), pp. 29–34.

Kotkin, Joel. »The ›Smart Team‹ at Compaq Computer.« *Inc.* magazine (February 1986), pp. 48–55.

McCowan, Peter, and Cynthia McCowan. »Teaching Teamwork.« *Management Today* (September 1989), pp. 107–111.

Nulty, Peter. »The Soul of an Old Machine.« *Fortune,* May 21, 1990, pp. 67 ff.

Ostroff, Frank, and Doug Smith, »The Horizontal Organization.« The *McKinsey Quarterly,* no. 1 (1992), pp. 148–168.

Pantages, Angeline. »The New Order at Johnson Wax.« *Datamation,* March 15, 1990, pp. 103–106.

»Pat Biedar Stumbles onto the Right Path,« *Industry Week,* April 15, 1991, pp. 66–70.

Reich, Robert. »Entrepreneurship Reconsidered: The Team as Hero.« *Harvard Business Review* (May-June 1987), pp. 77–83.

»Team Tactics Can Cut Product Development Costs.« *Journal of Business Strategy* (September/October 1988), pp. 22–25.

Register

Namen fiktiver Firmen und Teams sind kursiv gesetzt

HEYNE BUSINESS

Marketing -
der Schlüssel
zum Erfolg

Rolf Strauch
Das Marketinglexikon
22/1021

Jay Conrad Levinson
**Guerilla Marketing
für Fortgeschrittene**
22/2029

Jay Conrad Levison
Guerilla Marketing
22/2014

Hans-Georg Lettau
Grundwissen Marketing
22/218

Gabriele Hoffacker
Telefonmarketing
22/284

Al Ries/Jack Trout
**Marketing fängt beim
Kunden an**
22/2022

Rolf Strauch
Das Werbelexikon
22/1028

22/1021

Heyne-Taschenbücher